本丛书由同济大学上海市人工智能社会治理协同创新中心
组织策划和资助出版

欧盟《人工智能法》研究

以立法过程为视角

朱　悦　著

Study of the EU
Artificial Intelligence Act

from the perspective
of the legislative process

上海人民出版社

丛书序

当前，在移动互联网、大数据、超级计算、传感网、脑科学等新理论新技术以及经济社会发展强烈需求的共同驱动下，新一代人工智能正在全球蓬勃发展，推动着经济社会各领域从数字化、网络化向智能化加速跃升。作为新一轮产业变革的核心驱动力，人工智能正深刻改变着人类的生产生活、消费方式以及思维模式，为经济发展和社会建设提供了新动能新机遇。

人工智能是影响面广的颠覆性技术，具有技术属性和社会属性高度融合的特征。它为经济社会发展带来了新机遇，也带来了新挑战，存在改变就业结构、冲击法律与社会伦理、侵犯个人隐私、挑战国际关系准则等问题，对政府管理、经济安全和社会稳定乃至全球治理产生深远影响。从国内外发展来看，人工智能的前期研发主要是由其技术属性推动，当其大规模嵌入社会与经济领域时，其社会属性有可能决定人工智能技术应用的成败。"技术"＋"规则"成为各国人工智能发展的核心竞争力。各国在开展技术竞争的同时，也在人工智能治理方面抢占制度上的话语权和制高点。因此，在大力发展人工智能技术的同时，我们必须高度重视其社会属性，积极预防和有效应对其可能带来的各类风险挑战，确保人工智能健康发展。

人工智能是我国重大的国家战略科技力量之一，能否加快发展新一代人工智能是事关我国能否抓住新一轮科技革命和产业变革机遇的战略问题。我国在加大人工智能研发和应用力度的同时，高度重视对人工智能可能带来的挑战的预判，最大限度地防范风险。习近平总书记多次强调，"要加强人工智能发展的潜在风险研判和防范，维护人民利益和国家安全，确保人工智能安全、可靠、可控"。2017年国务院发布的《新一代人工智能发展规划》也提出，要"加强人工智能相关法律、伦理和社会问题研究，建立保障人工智能健康发展的法律法规和伦理道德框架"，并力争到2030年"建成更加完善的人工智能法律法规、伦理规范和政策体系"。近年来，我国先后出台了《网络安全法》《数据安全法》《个人信息保护法》等一系列相关的法律法规，逐渐完善立法供给和适用；发布了《新一代人工智能治理原则——发展负责任的人工智能》《新一代人工智能伦理规范》，为从事人工智能相关活动的主体提供伦理指引。标准体系、行业规范以及各应用场景下细分领域的规制措施也在不断建立与完善。

人工智能产业正在成为各个地方经济转型的突破口。就上海而言，人工智能是上海重点布局的三大核心产业之一。为了推动人工智能"上海高地"建设，上海市先后出台了《关于本市推动新一代人工智能发展的实施意见》《关于加快推进上海人工智能高质量发展的实施办法》《关于建设人工智能上海高地　构建一流创新生态的行动方案（2019—2021年）》《上海市人工智能产业发展"十四五"规划》等政策文件。这些文件明确提出要"逐步建立人工智能风险评估和法治监管体系。鼓励有关方面开展人工智能领域信息安全、隐私保护、道德伦理、法规制度等研究"；"打造更加安全的敏捷治理，秉承以人为本的理念，统筹发展和安全，健全法规体系、标准体系、监管体系，更好地以规范促发展，为全球人工智能治理贡献上海智慧，推动人工智能向更加有利于人类社会的方向发展"。此外，上海还制定和发布了《上海市数据条例》和《人工智能安全发展上海倡议》，并且正在推进人工智能产业发展和智能网联汽车等应用场景的立法工作，加强协同创新和可信人工智能研究，为上海构建人工智能治理体系和实现城市数字化转型提供了强大的制度和智力支撑。

重视人工智能伦理、法律与治理已成为世界各国的广泛共识。2021年联合国教科文组织通过了首份人工智能伦理问题全球性协议《人工智能伦理问题建议书》，倡导人工智能为人类、社会、环境以及生态系统服务，并预防其潜在风险。美国、欧盟、英国、日本也在积极制定人工智能的发展战略、治理原则、法律法规以及监管政策，同时相关的研究也取得了很多成果。但总体而言，对人工智能相关伦理、法律与治理问题的研究仍处于早期探索阶段，亟待政产学研协同创新，共同推进。

首先，人工智能技术本身正处于快速发展阶段。在新的信息环境下，新一代人工智能呈现出大数据智能、群体智能、跨媒体智能、混合增强智能和智能无人系统等技术方向和发展趋势。与此同时，与人工智能相关的元宇宙、Web3.0、区块链、量子信息等新兴科技迅速发展并开始与经济社会相融合。技术的不断发展将推动各领域的应用创新，进而将持续广泛甚至加速影响人类生产生活方式和思维模式，会不断产生新的伦理、法律、治理和社会问题，需要理论与实务的回应。

其次，作为一种新兴颠覆性技术，人工智能是继互联网之后新一代"通用目的技术"，具有高度的延展性，可以嵌入到经济社会的方方面面。新一代人工智能的基本方法是数据驱动的算法，随着互联网、传感器等应用的普及，海量数据不断涌现，数据和知识在信息空间、物理空间和人类社会三元空间中的相互融合与互动将形成各种新计算，这些信息和数据环境的变化形成了新一代人工智能发展的外部驱动力。与此同时，人工智能技术在制造、农业、物流、金融、交通、娱乐、教育、医疗、养老、城市运行、社会治理等经济社会领域具有广泛的应用性，将深刻地改变人们的生产生活方式和思维模式。我们可以看到，人工智能从研究、设计、开发到应用的全生命周期都与经济社会深深地融合在一起，而且彼此的互动和影响将日趋复杂，这也要求我们的研究不断扩大和深入。

最后，我们不能仅将人工智能看成是一项技术，而更应该看到以人工智能为核心的智能时代的大背景。人类社会经历了从农业社会、工业社会再到信息社会的发展，当前我们正在快步迈向智能社会。在社会转型的时代背景下，以传统社会形态为基础的社会科学各学科知识体系需要不断更新，以有效地研究、解释与解决由人工智能等新兴技术所引发的新的社会问题。在这一意义上，人工智能伦理、法律与治理的研究不仅可以服务于人工智能技术的发展，而且也给哲学、经济学、管理学、法学、社会学、政治学等社会科学带来了自我审视、自我更新、自我重构的机遇。在智能时代下如何发现新的研究对象和研究方法，从而更新学科知识，重构学科体系，这是社会科学研究的主体性和自主性的体现。这不仅关涉个别二级学科的研究，更是涉及一级学科层面上的整体更新，甚至有关多个学科交叉融合的研究。从更广阔和长远的视角来看，以人工智能为核心驱动力的智能社会转型，为社会科学学科知识的更新迭代提供了良好契机。

纵观世界各国，人工智能技术的发展已经产生了广泛的社会影响，遍及认知、决策、就业和劳动、社交、交通、卫生保健、教育、媒体、信息获取、数字鸿沟、个人数据和消费者保护、环境、民主、法治、安全和治安、社会公正、基本权利（如表达自由、隐私、非歧视与偏见）、军事等众多领域。但是，目前对于人工智能技术应用带来的真实社会影响的测量和评价仍然是"盲区"，缺乏深度的实证研究,对于人工智能的治理框架以及对其社会影响的有效应对也需要进一步细化落地。相较于人工智能技术和产业的发展,关于人工智能伦理、安全、法律和治理的研究较为滞后,这不仅会制约我国人工智能技术和产业的进一步发展,而且会影响智能时代下经济社会的健康稳定发展。整合多学科力量,加快人工智能伦理、法律和治理的研究,提升"风险预防"和"趋势预测"能力,是保障人工智能高质量发展的重要路径。我们需要通过政产学研结合的协同创新研究,以社会实验的方法对人工智能的社会影响进行综合分析评价,建立起技术、政策、民众三者之间的平衡关系,并通过法律法规、制度体系、伦理道德等措施反馈于技术发展的优化,推动"人工智能向善"。

在此背景下,2021年新一轮上海市协同创新中心建设中,依托同济大学建设的上海市人工智能社会治理协同创新中心正式获批成立。中心依托学校学科交叉融合的优势以及在人工智能及其治理领域的研究基础,汇聚法学、经管、人文、信息、自主智能无人系统科学中心等多学科和单位力量,联合相关协同单位共同开展人工智能相关法律、伦理和社会问题研究与人才培养,为人工智能治理贡献上海智慧,助力上海城市数字化转型和具有全球影响力的科技创新中心建设。

近年来,同济大学在人工智能研究和人才培养方面始终走在全国前列。目前学校聚集了一系列与人工智能相关的国家和省部级研究平台:依托同济大学建设的教育部自主智能无人系统前沿科学中心,作为技术和研究主体的国家智能社会治理实验综合基地(上海杨浦),依托同济大学建设的上海自主智能无人系统科学中心、中国(上海)数字城市研究院、上海市人工智能社会治理协同创新中心等等;2022年同济大学获批建设"自主智能无人系统"全国重点实验室。这些平台既涉及人工智能理论、技术与应用领域,也涉及人工智能伦理、法律与治理领域，兼顾人工智能的技术属性和社会属性，面向智能社会发展开展学科建设和人才培养。同时，学校以人工智能赋能传统学科，推动传统学科更新迭代，实现多学科交叉融合，取得了一系列创新成果。在人才培养方面，学校获得全国首批"人工智能"本科专业建设资格，2021年获批"智能科学与技术"交叉学科博士点，建立了人工智能交叉人才培养新体系。

由上海市人工智能社会治理协同创新中心组织策划和资助出版的这套"人工智能伦理、法律与治理"系列丛书，聚焦人工智能相关法律、伦理、安全、治理和社会问题研究，内容涉及哲学、法学、经济学、管理学、社会学以及智能科学与技术等多个学科领域。我们将持续跟踪人工智能的发展及对人类社会产生的影响，充分利用学校的研究基础和学科优势，深入开展研究，与大家共同努力推动人工智能持续健康发展，推动"以人为本"的智能社会建设。

编委会

2022 年 8 月 8 日

目 录

CONTENTS

引言：欧盟《人工智能法》的全景图像

本书的目的是在合理的篇幅内，为读者理解和运用欧盟《人工智能法》（下称《人工智能法》）提供一幅成像准确、色彩丰富的全景图像。为此，不仅包括《人工智能法》的全文导读和中译全文，也收录了涵盖其立法过程上各个关键节点的多份重要文件。接下来，首先简述为什么需要一幅《人工智能法》的全景图像，然后逐次介绍这幅图像的主要组成，也就是本书的各个章节和附件。

相比于只抓住单个角度的成像，全景图像的优势在于引入更多的方位和角度。相比于最终版本的《人工智能法》，引入更多的方位和角度，意味着展示这部法律更多的景深和语境，探究其间更多的前因和后果。也就是说，纳入视野的不只有法律公布后的全文，还有《人工智能法》的整个立法过程和可以预见的后续进展。由此，可以从十个维度显著拓宽视野，看到先前难以看到的景象。

一是不仅看到写在《人工智能法》里的规则，还能看到没有写在这部法律里的其他规则。人工智能重塑社会的潜力有多大，相应调整社会各个领域，故而可能适用于人工智能的法律数量就有多大。《人工智能法》需要处理和其他大量法律的关系。即使只看最终的文本，《人工智能法》也包含了对近百部其他欧盟法律，特别是数字法律的修正、引致和协调。涉及这一问题的很多表述都非常简洁，甚至有所留白。如果未能通过考察立法过程理解这些表述写法，或者未能全面考察其他欧盟法律中和相关表述共同构成完整规则的内容，就有失之片面的风险。从实践层面而言，这意味着漏掉应当遵从的规则，从一开始就留有风险敞口。

二是不仅看到写在《人工智能法》里的规则，还能看到最终没有写进这部法律的那些表述。立法者的共识至少有两种，一种是关于何者应当写进法律的共识，还有一种是关于何者不应写进法律的共识。第一种都写在了法律的文本里，第二种却只能通过补充说明的方式进行非常有限的表达。然而，无论是理论探讨还是合规实践，知道立法者明确地赞同什么，很多时候都和知道立法者明确地不赞同什么一样的重要。诚然如此，证明有，相对简单；证明没有，非常困难。除非从立法过程找到直接的证据，或者从法律文本的历次演变和相关材料中形成有力的推论，很难阐明立法者确实否定了一项表述。对此，包含立法过程的全景图像常常不可或缺。

三是不仅看到写在《人工智能法》里的规则，还能看到这些规则如何一步一步切磋琢磨形成最终的表述。《人工智能法》已经固定成为静态的文字，人工智能的技术和应用却还在不断向前驱驰。以文字之有涯，逐技术之无限，迟早将会面临法律解释和适用上的难题。鉴于人工智能的发展速度，这一难题很可能来得比想象还要快。因此，未来不可避免地要对规则作一些扩张、类推或者软化，不是一板一眼地机械适用，而是从尺度、水位和平衡的角度出发，作出"不逾矩"的行政决定、司法判决或者合规决策。就此，如果不具备对立法过程中斟酌条文的整个过程的充分了解，特别是如何打磨写定表述的精准理解，很容易犯下错误。智慧和谬误间，有时只有毫厘的距离。

四是不仅看到写在《人工智能法》里的规则，还能看到这些规则接下来如何得到进一步的展开。计算机领域有句俗谚：复杂性不会消失，只能转移或者掩盖。对于人工智能这样一种复杂的技术，《人工智能法》这样的体量还远不足以构成一部全面的、体系的规则。还需要很多的细则。当然，这部法律已经用多个专条明确提出：将来应当制定多部各种类型的细则。尽管如此，特别是对于一些比较疑难的条文，欧盟的立法机关和执法机关更倾向于以非正式的方式颁布可以作为细则运用的文件。如果不了解立法过程，可能无法找全这些非常有用的文件，也就很容易得出有疏漏的结论。

五是不仅看到写在《人工智能法》里的规则，还能以尽可能贴近立法者的思维心绪的方式，架构起理解这部法律的体系。《人工智能法》的正文部分划分为多个条、节、编、章。为了详细解释这些条文，额外还有 180 个鉴于部分的相应条款。同一个节、编、章内部的条文当然会有密切的联系。不同的节、编、章之间是否存在体系上的联结，这些节、编、章和鉴于部分的相应条款之间的对应关系如何，则是一个不那么容易回答的问题。相同或者相近的概念出现在不同的节、编、章之中，并不意味着这些概念必然具有相同的含义，也并不意味着这些章节的条款一定可以一体加以解释。正文部分和鉴于部分的相应条款的对应通常没有什么严密的规则。尽管正文部分靠前的条款，通常也由鉴于部分靠前的条款加以解释，但具体是否存在一一对应的关系？一一对应究竟如何映射？这个鉴于条款是对应于正文的一条，还是只对应其中的一款、一项，甚至只对应其中一点？如果不能充分结合立法过程，深究多个跨越不同章节的条款在起草和谈判过程中是否确有通盘的考虑，深究正文条款如何因其争论、分化和补充，从而形成对应的鉴于条款，就很难准确地回答这些问题。

六是不仅看到写在《人工智能法》里的规则，还能穿透这些规则的薄薄纸面，尝试去看清楚谁在主张什么，谁得到了什么，这又是为什么。毋庸讳言，对于一部如此重要的立法，各个利益相关方都会想方设法加以影响。其中不仅有欧盟各个机关和各个成员国的利益，如果将镜头拉得足够近，还能看到欧盟各个机关内部的不同人员条块、欧盟各个成员国的不同人员部门和按照欧盟有关游说的制度参与其中的众多企业、公益组织和其他主体。通过在关键的时间点前后运用最能创造僵局或者打破僵局的游说策略，这些人员和组织都有可能在《人工智能法》的重要条款中贯彻自身的意图，铭刻自身的印记。例如，在关键点前后出现的若干份非正式文件——常常是在审议和谈判的现场散发，不拘格式，没有文号，不予归档，严格说来就只是一张写着一些和《人工智能法》有关的文字的纸——对这部法律中最重要的一些条款的形成发挥了举足轻重的作用。进而言之，无论是相对被动地合规，还是更加主动地建构乃至创造规则，理解法律背后的博弈得失及其成因，很多时候都要比理解纸面上的法律文本更加重要。纸面文本常常和当地的情势、制度和文化深刻纠缠在一起，无法清晰解离，也就无法得心应手地化为己用。通过仔细观察立法过程，特别是仔细观察立法过程中各相关方开门见山、简单直率的利益表达，如何化为己用的难题就会得到相当的简化。从法律文本回归到利益表达之后，一部分是世间人同此心，是大家都想要的利益，还有一部分利益代表了价值和文化上的基础分歧；一部分人坚决捍卫的利益，在另一部分人看来甚至可能是洪水猛兽。再从这个角度去观照《人工智能法》，乃至域外的更多法律，既可以摆脱被动惶恐，还可以超脱照搬照抄、不合国情世情的诟病。法律文本只是利益平衡的结果。重要的是看到纸面之下人同此心的那一部分利益，还有不能相通的另外一部分利益，然后根据自身需要，或者从利益平衡的受力薄弱点入手，实现最为简单高效的合规；或者调节合适的平衡点，形成更加合用的新规则。解离扬弃，化为己用。

七是不仅看到写在《人工智能法》里的规则，还能以批判性的态度，看到其中相对优质和相对劣质的部分，根据其坚实的程度形成策略。同样毋庸讳言的是，虽然立法一般而言是一项特别严肃、细致、认真的工作，但在问题特别困难、任务特别繁重、干扰项特别多的情况下，总是会有人手不足、时间不够、不够融贯的地方。绝大部分条款经过细心推敲，一小部分条款打磨未必足够，甚至存在最后时刻掺入的草率修改。识别出法律中写得比较好的部分和写得不够好的部分，对被动合规和主动立规都有很大的意义。如果不能识别条文的精巧之处，风险显而易见。被动合规依据的是对法律肤浅、片面、不尽准确的理解，甚至有可能南辕北辙。主动立规对于应当借鉴什么、不宜学习什么也会形成不准确的判断，或者没有能够借鉴其中实属优异之处，或者在加以借鉴的过程中犯下买椟还珠的疏忽，这些都需要仔细过滤和剔除。为了能够识别好的部分和不好的部分，特别需要关注立法过程，特别是立法最后时刻的变动。同时，我们也要关注后续进展，劣质条文很多时候需要通过第一时间制定细则的方式加以修补，缓解负面效应。

八是不仅看到写在《人工智能法》里的规则，还能看到确定的、必然的法律文本背后蕴藏的无穷的可能性和偶然性。如果没有一张全景图像，没有由全景图像支撑的对其增删查改、前因后果、利益平衡的理解，《人工智能法》就是一件规模可观、结构繁复、难以更动一分一毫的工艺品。也许不尽合理，也许存在疏漏，但很难充满自信地去评断，更难充满自信地去改进。相反，如果对前因后果和阴差阳错都有几分了解，知道其中好的部分就是好的部分、不好的部分就是不好的部分，就更有勇气大刀阔斧地去评断和改进。由此，看到的不再是一部颠扑不破的《人工智能法》，而是一部上下布满了薄弱、疏漏、冗余、不一致乃至误区的《人工智能法》，每一个这样的弱点都蕴含了让法律变得更加完善的可能性。再进一步，看到的就不再是一部静态的、死板的法律文本，而是一种动态的、变化的治理的可能性。对应到实践，就是在未来几年细则不断出台、监管合规角力、相关案件开始进入欧盟法院的时间点上，提前识别最为疑难的重要案件可能发生在什么节点，制度的未来走向可能在哪个节点上分岔，什么样的主张又最有可能因为克服了既有的弱点，从而将成为新的共识。

九是不仅看到写在《人工智能法》里的规则，还能跳脱出被动的观看的视角，开始探索主动创造规则的可能性。从必然性到偶然性、从偶然性再到未来的可能性，本身就是一个不断从被动立场向主动立场转化的过程，须知，虽然《人工智能法》的立法过程结束了，文本定稿了，各个参与方不会就此停歇，不会自行消灭，其所主张的利益也不会偃旗息鼓，不会自动消逝。许多人工智能监管的难题只是通过法律写入了下一步的"议程"，暂时延递到了之后的细则制定、监管执法甚至是欧盟法院和各成员国法院的司法判决当中。在这个意义上，向后看得有多远，向前看得就有多远。对过去谁在主张什么，谁得到了什么，这又是对为什么的理解，蕴含了对将来谁会主张什么，谁将得到什么，这又是对为什么的预见，进而又可能转化为我要主张什么，我会得到什么，这又是为什么的设想。或者说，不是死的法律，而是活的法律；不是势比人强，而是事在人为。

十是不仅看到写在《人工智能法》里的规则，还能从中看到新的机遇，逐渐勾勒出一部更好的人工智能治理规则的轮廓。继往是为了开来。如果只是为了遵从，很多时候甚至都不需要研究法律本身，根据未来两到三年陆续颁布的细则执行即可；如果只是为了游说，通常也没有必要对立法过程追究到特别深入的地步；正是为了设想一部更好的人工智能治理规则，才有必要回归纸面上的文本和其下的层累史。从解构中获取建构的原料。

为了展示所有的这些可能性，本书共三章及十五个附件，以下分别简要介绍。

本书将作为导读的第一章放置在《人工智能法》中译全文之前。主要目的是为使用全文提供适当且足够的语境。导读分三部分。一是介绍欧盟法律体系，特别是欧盟数字法律体系中和《人工智能法》存在关联的其他众多法律。二是回顾其立法过程的主要阶段，并简述每一阶段的争论对最终文本的主要影响。三是概括这一法律的主要特点，并且对如何理解每一条款进行导读，既可以提示条款的核心重难点，也说明是否会有针对条款的权威细则。

本书第二章是《人工智能法》的中译全文。其早期版本曾经在网络上发布过，也是当前国内通用的译本之一。收入本书的版本根据法律的最终版本和国内外多位师友的反馈作了上百处修订，相信在质量上有所提升。为了便于利用，本章开篇还有《人工智能法》鉴于部分的相应条款和正文部分条款的逐条对照表。这一表格由深度参与《人工智能法》立法过程的凯·曾纳（Kai Zenner）发布，是立法过程中各方人员实际使用的对照表，具有一定权威性。

本书在各项附件之前还有简要的结语。结语从五个方面探讨：为什么《人工智能法》将会成为未来全球范围内人工智能监管和合规最重要的水位线之一。从学理层面而言，就是《人工智能法》将会具备很强的"布鲁塞尔效应"。从实践层面而言，特别是高风险人工智能通过认证的第三方合格性评估和通用目的人工智能提供者得到认可的行为守则，很有可能在全球大部分国家和地区取得一次合规、多地复用、普遍认可的地位。

接下来是构成全景图像的主要部分的十五项附件。

附件一和附件二是与《人工智能法》重要性可谓并驾齐驱的两部法案。简言之，《人工智能法》主要规定人工智能的行政监管和行政责任，《产品责任指令》法案和《人工智能责任指令》法案主要规定人工智能的民事责任，包括无过错责任和过错责任。本书收入的两部法案均按其最新版本译出。其中，《产品责任指令》法案按2024年3月欧洲议会通过的版本译出，与未来生效版本之间不会再有实质的差异。《人工智能责任指令》法案则按2024年7月欧盟委员会根据《人工智能法》相应更正的版本译出。

附件三是2020年底欧盟委员会酝酿《人工智能法》提案期间，向各成员国征求意见时所得的反馈意见的选译。本书只选录了这些反馈意见中很小的一部分。尽管如此，对深入理解立法过程、形成立法全景图像来说，至少在三个方面是很有意义的。一是整体而言，《人工智能法》从酝酿到通过之间，有很强的延续性。四年前的难题，今天依然困难；四年后的难题，当时也不简单。二是可以从成员国的一些态度强烈的表述中，依稀看到最终版本中一些略显含糊、犹豫甚至软弱的表述的来源。三是其中的一些亮点，比如早在2020年，GPT-3实际就已经进入了欧盟立法者的视野。

附件四是欧盟人工智能立法进程中的重要机关就立法的一项重要题目答复一位重要人物的函件。具体来说，反映了欧盟立法机关对通用目的人工智能的训练数据版权问题的立场。内容甚短，但对我们理解《人工智能法》相关规则的具体形成，包括相关规则与《版权指令》的关系，相信会有一定用处。

附件五、附件六和附件九共同聚焦于通用目的人工智能监管这一话题。毫不夸张地说，这是立法过程中意义最重大、冲突最尖锐、前后变化也最剧烈的问题。《人工智能法》最终版本为通用目的人工智能设定的规则可以说颇为波澜不惊，掩盖了水面下的惊涛骇浪。就此，选译了这部分规则一个较为完善、曾经还形成了一定共识的早期版本，选译了2023年12月的最后一次立法机关三方谈判所形成的共识版本，以及直接导致这一剧烈变化的一份非正式文件。通过对比两个早期版本的表述、最终版本的表述和措辞毫不客气的非正式文件，相信可以探照出水面下更多的风光。

附件七、附件八和附件十同属于立法过程中常常用于表达重要、尖锐的异议的非正式文件。如果再将性质一致的附件九也加进来，可以看到，四份附件分别涵盖了人工智能主管机关的设立方式和权责配置、人工智能价值链上的责任配置、通用目的人工智能的规则设计和高风险人工智能系统界定等四个方面问题，从而也就基本涵盖了《人工智能法》中几乎所有既重要又疑难、到最后一刻还在争论不休的问题。四份附件都对最终的规则设计和表述产生了重要的影响，可以作为相关问题研究的起点之一。

附件十一和附件十二都与人工智能沙盒监管有关。无论是在欧盟，还是其他法域，沙盒监管都是平衡人工智能发展与安全、促进人工智能健康发展的重要监管手段。沙盒监管、试点监管、敏捷监管、精巧监管、智慧监管、聪明监管、实验监管……概念林林总总包罗万象，重要的问题在于面对真切存在的风险，究竟怎么办？或者说，如何通过具体的规则制定和环境建设，真的建成一个魔法般的"箱子"，对内灵活程度不设限，对外又充分隔离风险。就此，两份附件分别收录了目前欧盟范围内落实《人工智能法》沙盒监管最为细致的具体规则和实施报告。

附件十三和附件十四分别是欧盟人工智能办公室和欧洲人工智能委员会在接下来一段时间内的工作计划。《人工智能法》的大部分规则开始适用要等到2026年8月。两份计划有助于把握在此之前《人工智能法》可能取得的进展，从而相应开展合规。

附件十五是2024年5月，欧洲理事会谈判形成的《人工智能、人权、民主和法治框架公约》，有时简称为《人工智能公约》。这是当前全球范围内第一部有约束力的人工智能监管国际公约，其中包含各缔约国立法加以落实的要求。《人工智能法》则是第一部落实条约要求的立法。故此，理解《人工智能法》的全貌，不能忽略《人工智能公约》。

第一章 《人工智能法》导读

本章分三个小节，从不同角度导读《人工智能法》。首先，简要勾勒其在欧盟数字法律体系中的位置，介绍其与欧盟监管数据、算力和平台等领域的诸多法律的关系。实践层面，准确理解此间关系，是高效设计相关合规体系的前提。其次，简述《人工智能法》的立法过程和后续走向。或者说，如果在使用全文的过程中遇有疑惑，可以翻检立法中的哪些材料？可以期待哪些后续将会发布的文件？最后是本章的主体部分，先从整体角度对这部法律作一些概括，澄清一些针对这部法律可能存在的误区。再对《人工智能法》的每一条文，扼要说明立法过程中暴露的疑难问题，以及后续进展将会如何加以澄清。由此，能够尽可能确保比较准确地解释、适用和遵从《人工智能法》。

一、《人工智能法》和欧盟数字法律体系

《人工智能法》并非孤立存在。这部法律既是欧盟"数字十年"（Digital Decade）制度建设计划中最为重要的拼图之一，也和欧盟其他多部数字法律存在复杂的协调、补充或冲突关系。也就是说，其中很多文本都有不容忽视的"话外音"。从实践的角度看，《人工智能法》固然重要，但不可能为此投入所有的合规资源。必须在欧盟数字法律体系中为其找到一个适当的位置，梳理好这部法律和其他所有法律的关系，才能高效地设计一个处

处圆融、且成本可接受的组织架构和合规框架。

在欧盟数字法律体系中，与《人工智能法》关系最为密切的总共有八个大类。以下，大致按照相关法律和法案生效或提出的先后顺序来展开。

第一，旨在保护个人数据（我国常称为"个人信息"）的《通用数据保护条例》。综合而言，这是和《人工智能法》关联最大的一部法律，主要有五个方面的原因。其一，鉴于《通用数据保护条例》下个人数据的认定日趋宽泛，人工智能，特别是通用目的人工智能，其训练数据中常常包含相当数量的个人数据。由此，人工智能模型训练、微调和部署等所有后续流程都有可能构成个人数据处理活动，从而落入《通用数据保护条例》的适用范围。《人工智能法》与《通用数据保护条例》的竞合因而不是例外，而更接近于常态。其二，进而言之，人工智能模型，特别是通用人工智能模型本身亦有可能构成个人数据。欧盟内部对此意见依然不一。其三，两部法律在许多具体规则上也存在协调、补充或者冲突的关系，大致归为三类：对涉及个人数据的人工智能系统应用，明确是否为其增设《通用数据保护条例》下的合法性基础；对合格性评估和基础权利影响评估等人工智能合规义务，处理好这些义务和相关的，甚至是重合的个人数据保护义务的关系；对治理机构的设置和权力责任的配置，协调好其与个人数据保护机构和权责配置的关系。其四，欧盟层面的个人数据保护主管机关一直深度参与欧盟人工智能立法。在欧盟成员国的层面，绝大部分成员国都会指定个人数据保护主管机关同时担纲人工智能主管机关。换句话说，是由同一批人员和机构，用同样的思维和资源来监管。最后，从当前国内外的合规实践来看，需要开展《人工智能法》合规的实体，通常也是需要开展《通用数据保护条例》合规的实体，从而也是已然在此基础上构建起合规体系的实体。如果不能尽量对合规成果加以复用，经济效益上有浪费；如果不能令两类合规在各方面保持一致，监管调查下有风险。总之，《人工智能法》的监管与合规，很大程度上是《通用数据保护条例》的监管与合规的增补与适配，而不是一项另起炉灶的工作。值得一提的是，和个人数据保护有关的欧盟法律还有《电子隐私指令》。一旦涉及人工智能模型的端侧部署，将为合规引入许多额外的复杂性，特别是有效同意的获取。此处不再赘述。

第二，调整数据权属、促进云互联互通的《数据法》。由于四方面的因素，《人工智能法》和《数据法》的合规安排同样需要一体考虑。首先，《数据法》前半部分的主要内容，是赋予相关主体以访问权和携带权为主的数据权益。在人工智能以海量训练数据作为其"原油"的今天，如何得到数据或者捍卫数据，当然是一个重要的问题。对于需要得到训练数据的主体来说，《数据法》赋予的权益是一柄锐利的"矛"；对需要捍卫自有数据不被用于训练的主体来说，《数据法》中的权益除外条款，特别是排除经过私有复杂算法处理的数据的条款，使其不适用于访问或者携带的条款，则是一面厚实的"盾"。"矛"与"盾"间的刀光剑影，蕴涵着相当重大的数字经济利益间的平衡问题。其次，《数据法》为约定数据权益的合同设置了明确的公平规定。如果共享数据的合同，特别是超大型互联网平台和中小微型企业之间的合同不符合规定，则无效。实践中解决训练数据来源的合规问题，不能忽视这一条的存在。再次，《数据法》后半部分的主要内容，是解决云服务提供商的互联互通问题，既包括提高提供商之间的互操作性，也包括逐步削减在其间转换服务的费用。对于大部分没有能力自行购买和运维人工智能训练算力的中小微型企业来说，这些规则可以较好地提升购买和切换云上算力服务的使用体验、降低相应成本。反之，如果以面向欧盟提供云上算力作为其业务之一，则需保证互操作性、削减转换费用。最后，《数据法》还关系到安全多方计算、端侧部署、联邦学习等与人工智能安全合规密切相关的隐私计算在（至少是数据相关的）欧盟法律下如何评价，实效如何。总之，对人工智能企业，特别是训练数据、云上算力或者隐私计算在其业务中占据比较重要的地位的企业，《数据法》是人工智能合规体系中一块位置非同寻常的拼图。此外还有相关的《数据治理法》，不再赘述。

第三，监管超大型互联网平台，或者说所谓"守门人"的《数字服务法》和《数字市场法》。同样是考虑到四个方面的因素，《人工智能法》《数字服务法》和《数字市场法》需要在同一个组织架构和框架体系下设计和落地合规工作。首先，《人工智能法》下的人工智能系统提供者，特别是通用目的人工智能系统提供者，很多时候就是《数字服务法》和《数字市场法》下的超大型互联网平台和守门人。譬如，OpenAI 的 GPT-4o 等系统既适用《人工智能法》的规则，也有可能因其获认定为超大型互联网平台和守门人服务，从而适用《数字服务法》和《数字市场法》的规则。对很多我们耳熟能详的人工智能企业来说，《人工智能法》与《数字服务法》《数字市场法》的竞合不是例外，而更接近于常态。其次，《数字服务法》和《数字市场法》对特定应用场景中的人工智能模型设计了很多特别的披露、开示和审计义务。尤其是，一旦涉及数字广告、内容推荐或者电子商务，相应的人工智能模型（算法）本就需要承担程度常常高于《人工智能法》或者与其多有重叠的披露、审计和评估义务。如果不能在监管或合规中一体融贯处理，不仅额外造成相当大的监管与合规成本，很可能还在逻辑上引入许多冲突。再次，从三部法律监管的实施者来看，通用目的人工智能、超大型互联网平台和守门人的监管权责不仅都是主要地属于欧盟委员会，还共同地隶属于其中的通信网络、内容和技术总司。故此，执行三部法律的监管者通常具备相似的来源背景和资源工具，在监管过程中也伴随着大量正式或非正式的沟通协调。最后，从一些正在开展或者正在酝酿的监管实践来看，三部法律中的不同监管手段和合规义务确实为其提供了一个丰富多样、灵活取用的工具箱。三部法律在实践层面远非割裂的关系，而是可以根据人力物力的资源现状和前期具备的监管条件来全部或部分选取，从而达到多种监管目的的积木式的套件。因此，对那些我们耳熟能详的人工智能企业来说，要么逐步简并内部的数据、平台和人工智能合规条线，最终实现合众为一，要么不得不设置更加高度集中的协调部门，尽可能确保数据、平台和人工智能的合规风险不会相互外溢、彼此叠加。

第四，旨在保障网络安全，包括人工智能网络安全的《网络韧性法》等一系列法律。实际上，根据《人工智能法》第 15 条，符合相关的准确性、稳健性和网络安全要求，本来就是高风险人工智能系统的合格性的一部分，和其他合格性要求之间有很强的耦合。和数据隐私合规一样，人工智能合规不可能和网络安全分开实施。如果是通用目的人工智能，网络安全要求需要单独考虑。

第五，旨在解决人工智能民事责任问题的《产品责任指令》法案和《人工智能责任指令》法案。一言以蔽之，《人工智能法》主要规定人工智能监管的行政责任，两部法案主要规定人工智能的民事责任。循此，如果两部法案顺利通过，对合规实践来说，其与《人工智能法》至少一样重要，甚至很可能更加重要。具体来说，《产品责任指令》法案主要规定人工智能系统作为产品存在缺陷时的无过错责任（也称为严格责任），《人工智能责任指令》法案主要解决人工智能系统相关主体存在过错时的过错责任。两部立法既有继承的一面，也有创新的一面。先看继承的一面。两部法案所规定的涉及人工智能的缺陷、过错、举证、开示、损害等问题，在欧盟各成员国的民法系统和相关判例中都已经有了一些规定和实践。两部法案不是平地起高楼，而是对多个成员国的规则和实践加以协调统一，也有创新的一面。两部法案要么结合人工智能的技术特点扩展了缺陷的认定因素，要么将是否履行《人工智能法》中高风险人工智能系统的提供者和部署者义务作为过错的认定因素，两部法案还都规定了举证责任的附条件降低或者附条件倒置，也都对涉人工智能纠纷中请求方的证据开示需要给予相当的认可，这些都是超越绝大部分成员国现有的民法规则和实践的创新规则。不过，尽管两部法案分工清晰、彼此协调，具备共同构成《人工智能法》乃至整个欧盟数字法律体系重要组成部分的潜力，两部法案的未来命运却并不十分一致。《产品责任指令》法案实质上已经完成了立法流程，只需要在欧盟理事会经过纯粹流程性、无需正式表决的通过，就可以刊宪、生效并开始向各成员国国内法转化。预期这一流程将在 2024 年内完成。与此同时，由于诸多方面的因素，《人工智能责任指令》法案则是前途未卜，甚至很可能遭到放弃。总之，在人工智能的严格责任上，欧盟层面将有统一规则；在过错责任上，各成员国依然有自行其是的空间。不过需要补充的是，即使《人工智能责任指令》法案最终遭到放弃，各成员国的相关规则依然将会得到相当程度的统一。因为只要《人工智能法》开始生效，各国法院无疑会将是否履行其中规定的义务，特别是其中针对高风险人工智能所规定的义务作为认定过错、配置责任的重要因素。而这正是《人工智能责任指令》法案的主要内容。

第六，其他旨在促进人工智能，特别是通用目的人工智能发展的法律，特别是 2024 年刚刚通过的《欧洲高性能计算中心倡议》。主要通过建设算力设施、增加算力供给来促进人工智能的发展。

第七，其他适用于控制人工智能的能源消耗和环境代价的法律，包括《碳边界调整机制》条例和《高效能源指令》等一系列法律。概言之，只要研发和提供人工智能，就会涉及算力的使用；只要涉及算力的使用，就会涉及能源的消耗；只要涉及能源消耗，就会落入这一系列旨在控制能源消耗和其他环境代价、促进绿色可持续发展的法律的适用范围之内。从理论上讲，绿色可持续的法律甚至可以作为不只是个人智能法律，还包括整个数字法律体系的兜底性法律。实际上，《人工智能法》中多个章节，包括监管通用目的人工智能的章节，原本都包含明确的、实体的绿色可持续义务。由于多方面原因，这些义务在最终版本中几乎都是"轻轻放下"。大概五年内，《人工智能法》和其他若干绿色可持续法律都会迎来第一轮审查和评估。如果人工智能产业继续遵循规模法则前进，通用目的人工智能模型带来的能源消耗和其他环境代价相应以直线形式，甚至是指数级的形式上升，那些暂时没有进入《人工智能法》的繁重的实体性义务，预计都会在这个时点上回归。尽管如此，对处在规模法则前沿的这些企业来说，加强绿色可持续义务的影响通常来说相对有限。一方面，这些企业常常本身就有很强的工程能力。也就是说，本来就具备很强的监测、记录和运维算力运行状况的能力。由此，绿色可持续合规没有本质上的困难：并不需要额外研发和部署很多能力，只需要将既有的能力加以整合和包装。另一方面，有一小部分通用目的人工智能企业已经在绿色可持续方面做了很多理论、技术和工程的工作，对推进绿色议程乐见其成。

第八，预计在 2025 年上半年前公布全文的《数字公平法案》。名副其实，这部法案要解决的就是数字世界中的公平问题，或者在更宽泛的意义上，就是如何在数字世界中保护因为各种原因陷入弱势的个体消费者。回顾过往的欧盟数字法律，从《通用数据保护条例》，到《数字服务法》和《数字市场法》，再到《数据法》，其中要么包含对公平的原则性要求，要么包含具体的公平规则，特别是规定不公平合同的无效。在《人工智能法》中，"公平"二字却几乎不见踪影。这当然不是疏漏，而是延递了难题。在早期版本中，紧跟着第 25 条人工智能价值链上的责任的，就是规定价值链上经营者间合同公平性的条文。最后暂时删去这一条有多方面的诱因。一部分原因是：如果争议太大，则不妨留到后续的《数字公平法案》中去讨论。故此，《数字公平法案》预期将会包括针对人工智能价值链上经营者间合同公平性，包括人工智能经营者与使用者（注意不是部署者）间使用协议公平性的规定。在此之外，《数字公平法案》还会调整网页 Cookies、数字广告、交互设计等欧盟既有数字法律长期以来未有有效监管的问题。这些条款也会直接影响到人工智能产品或服务的前端设计，以及商业化模式的构建实施。法案文本已经基本形成，有望在 2024 年底前公布。

值得补充的是，以上八个类型远不是欧盟数字法律体系的全部，最多只能说是其中和人工智能的关系比较突出的一部分。在合规实践中不能忽略的，还有数字版权、在线媒体、电子商务、平台劳工、出口管制、（数字）维修权、网络无障碍等诸多领域的规则。再进一步，欧盟数字法律体系，不等于欧盟全部的数字法律。合规实践很多时候还需要考虑各成员国的具体情况，例如各成员国在自行转化指令过程中加入的更加严格的要求。

二、《人工智能法》的立法过程和后续走向

对《人工智能法》这样一部卷帙浩繁的长篇立法的准确理解，不能离开对其立法过程和后续走向的把握。如果不能完整、全面、准确把握其立法过程，则有可能望文生义，因为疏于文本表述中的细微之处而导致错误；如果不能完整、全面、准确把握其后续走向，则有可能自行其是，导致对法律文本的理解和欧盟监管机关和法院的理解出现偏差。于是，需要分别梳理立法过往和后续发展中对理解《人工智能法》最为重要的一些要点。

《人工智能法》的立法过程可以大致分为五个阶段。本书附录对每一阶段都收录了代表性的文件。下文简要介绍每一阶段的大致情况，并简述各个阶段对法律最终文本最主要的影响。

第一个阶段是在 2017 年到 2021 年 4 月间，由欧盟委员会和其他多个欧盟机关共同酝酿《人工智能法》提案。这个阶段以非正式程序为主，相关的材料也比较分散，所以很少为人所瞩目。尽管如此，如果不对这一阶段加以研究，有可能会误认为很多难题是新的问题。实际并非如此。通过对酝酿期间的材料加以研究，特别是对其中七年以来一直非常"顽固"的问题加以研究，可以很好地识别出一些人工智能治理的老大难。或者说，像国家安全、分类分级、治理结构、监管沙盒和通用目的人工智能治理这些领域的制度设计，都是结构性的难题，不存在简单的解决方案。2019 年到 2020 年之间谈不拢的，2023 年到 2024 年还是谈不拢。故此，《人工智能法》最后时刻的一些纷争、"突袭"和反复基本上都不是突如其来的，甚至连对 GPT 系列模型的监管的纷争也不是，实际都是酝酿阶段以来不甘心的反对声音的延续。

第二个阶段是 2021 年 4 月到 2022 年 11 月间，欧盟理事会和欧洲议

会审议法案，并由欧盟理事会在 2022 年 11 月率先完成审议。欧盟理事会在提案的几乎所有最重要的条文中，都引入了更为偏向发展的调整。事后来看，这些调整大部分也都写到了最终的《人工智能法》当中。

第三个阶段是 2022 年 12 月到 2023 年 6 月间，欧洲议会完成法案的审议。其间最为重要的时间节点，就是 2022 年 12 月 1 日，ChatGPT 开始面向全球提供服务。这意味着欧洲议会打了一个时间差：一般来说在立法中话语权要更强一些的欧盟理事会，由于其"过分"地高效，恰好错过了通用目的人工智能展现其能力的时间点。如果再晚几个月，也许欧盟理事会不会只有一两个条款来"打发"这个问题。节奏上相对迟缓的欧洲议会，反而赶上了这个机会。所以说，拖延症偶尔也会带来一些好处。不过，如果仔细比较，可以看到欧洲议会虽然提了很多相对严格、颇为具体甚至超前的设想，但这些设想大部分都在后续的谈判过程中慢慢被"过滤"掉了。当然，也不是没有收获。除了一部分写入最终的《人工智能法》中，相比之前其他的数字立法，欧洲议会保留了一定的监督本法实施的权力，至少是名义上保留了一定的话语权。

第四个阶段是 2023 年 6 月到 2023 年 12 月间，欧盟委员会、欧盟理事会和欧洲议会共同完成三方谈判，逐条敲定法案内容。欧盟的各种立法，很大程度上是在三方谈判这道环节中写出来的。长期以来，三方谈判只是欧盟立法过程中一道非正式、不引人瞩目、完全不公开的流程。法律正式通过生效之后，一轮轮谈判记录成为专业领域人士才会偶尔关心的档案材料。近些年来，特别是在数字立法这一领域，由于法律越来越难读，涉及的案值也越来越大，三方在谈判中究竟达成了什么结论，开始不时成为各方争论的焦点。到了《人工智能法》，由于法律的文本更加难读，调整的人工智能的产业价值也更大，理解三方谈判的过程和结果对于理解这部法律将会更加重要，甚至是不可或缺。2023 年这 6 个月间，总共举行了三次政治性三方谈判和约三十次技术性三方谈判。绝大部分重大疑难条款的主体表述是正在政治性三方谈判，特别是 2023 年 12 月 6 日至 9 日举行的第三次政治性三方谈判上决定的。很多不那么重要，但也不能疏忽的条款的主体表述，则是在一次次的技术性三方谈判中敲定的。这些三方谈判的相关文件不仅包含关于立法过程的大量信息，其结论可以说就是具象化的立法意图。其中的争议和结论，也是嗣后起草各项细则时非常重要的参考资料。实际上，所谓监管指南，很少会完全重新起草，更多还是汇编、筛选和再次争论立法谈判中已经审议过的材料。由于篇幅等原因——每一次三方谈判的材料，厚度几乎都是这本已然不薄的书的两倍，本书没有收录谈判中的材料。不过，这并不代表这些材料不重要。此外，本书附件收录的非正式文件，几乎都是为了影响当时正在进行的谈判而准备，也实质性地影响了当时的谈判。

第五个阶段是 2023 年 12 月到 2024 年 8 月间，经过一系列大大小小的余波之后，写定、公布并开始实施《人工智能法》。从理论层面而言，这一阶段只是进行一些文书工作，将三方谈判的结论落实到法案正文当中，相应补写鉴于部分的条款，经过法律—语言学的检查校对之后翻译成欧盟各成员国的官方语言，再行刊宪生效；从实践层面而言，对于太过重要的法律，这一阶段不可能只是一些文书工作，如何才算是忠实于谈判的结论，鉴于部分条款如何表述，甚至在法律—语言学检查阶段是否依然能够设法加入实质性修改，都是一场场隐性的博弈。具体来说，这一阶段又可以划分为三个子阶段：一是 2024 年 3 月 14 日欧洲议会正式通过勘误版本的《人工智能法》之前，依然可以看到不少细微但无疑是实质性的修改。二是 3 月 14 日到 5 月 21 日欧盟理事会正式通过《人工智能法》之前，还有不少细微的文字上的修改，包括修正了第 2 条第 12 款开源例外等条款上的一些明显错误。三是 5 月 21 日到 7 月 12 日《人工智能法》正式刊宪颁布，在更新其中所引致的法律的版本、补上相关官员的签字后，可以说才终于尘埃落定。

《人工智能法》之后的走向，可以大致归为八个类别。

一是欧盟其他相关立法的推进。第一节已经大致讨论过。当前，欧盟各机关在人工智能监管，乃至整个数字监管领域基本达成了共识：接下来的几年内，工作重心将由制定新的法律转向执行已有法律。整体而言，除了《产品责任指令》法案、《人工智能责任指令》法案、《数字公平法案》和未来可能的有关人工智能节能减排的专门立法之外，再进行其他新立法的概率非常小。即使是这几部立法，也不是全部能够通过。值得说明的是，对于国家安全、军事和金融等领域，《人工智能法》明确其不适用或需协调的领域不在此列。这些领域有可能按其自身节奏推进人工智能相关的法律。

二是欧盟层面授权法案和实施法案的制定。简言之，会不断地用一部部相对轻量级的法案，澄清《人工智能法》中一些最为困难、重大的条款。

三是欧盟层面发布的监管指南。除非和其他欧盟法律、欧盟法院判决或者三方谈判已经明确的立法意图相抵触，监管指南值得合规实践的充分信任。不值得信任的，都是极少数的情况。除了合法利益、科研处理等众所周知的老大难条款，《通用数据保护条例》的监管指南已经基本实现了主要条文的全覆盖。鉴于《人工智能法》监管指南制定的起草要更早，目前来看人力更加充分、需求也更迫切，监管指南有可能在 2026 年前即覆盖相当比例的主要条文。

四是欧盟标准化机构制定的统一标准。概言之，作为主体部分的高风险人工智能的合规义务及其合格性评估，都有几乎一一对应的统一标准正在制定。这些标准的制定进展目前来看比较顺利，预计会在 2024 年底到 2025 年上半年间形成待报批或者接近待报批的全文。如果统一标准不能如期完成，欧盟委员会可以颁布暂时使用的共同规格，暂时作为合格性评估的标准。

五是欧盟委员会批准的行为守则。对通用目的人工智能来说，这很可能是实践中最为重要的合规资源。对已经在治理方面投入相当资源的人工智能企业来说，这也是将治理投资转化为竞争优势的绝佳契机。尽管行为守则的起草由企业所主导，欧盟委员会也在尝试拓展参与起草的范围。第一批行为守则的草案将在 2024 年年内完成，有望在 2025 年中获得正式的批准。

六是成员国层面的相关立法，包括监管沙盒等领域的立法。

七是成员国层面发布的监管指南，特别是法国、德国（包括各州）、意大利、西班牙等市场规模相对较大，其主管机关在数据保护和人工智能领域相对活跃的成员国所发布的指南。

八是欧盟和成员国层面不同来源的其他可以作为指南利用的文件。主要包括人工智能系统登记、事件报告、价值链上经营者间互助协议等条款的相对模板，以及一些非正式的文件。

其他还有很多材料，例如欧盟和各成员国层面在与监管对象点对点沟通中形成的材料，也有相当价值。不再赘述。

三、《人工智能法》的整体理解和条文导读

首先讨论对《人工智能法》的整体理解，然后针对各项条文做简要导读。为了避免重复，整体理解更多偏重于误区的纠正，简要导读集中于极少数重难点，也会概述条文上后续的进展。

整体理解有五点。第一，这是一部重视发展先于安全的法律。传统认为欧盟法律偏向强监管、重视安全先于发展的观点，对《人工智能法》来说不尽适用。很多重要条款都明确或隐性地留有空间。理论研究和合规实践需要积极发掘和利用这些空间。第二，这是一部隶属产品立法框架的法律。如果其中确有漏洞，通常应当适用《通用产品安全条例》加以填补。或者说，如果确实出现不够具体、无所适从的情形，既有的产品安全评估和认证制度可以提供相对可靠的参照。第三，这是一部风险分类逻辑杂糅的法律，没有截然分明的风险分类分级。实践中，这意味着不能预设人工智能系统只属于禁止性实践、高风险应用、特定人工智能系统或者通用目的人工智能系统的其中一个类别，而是逐个核查其是否属于每一类别的

条件。人工智能系统完全有可能同时属于不止一个类别，从而需要叠加实施不同的合规要求。第四，这是一部很大程度还是"目录"、有待日后根深叶茂的法律。无论是理论研究还是合规实践，因而都可以避免太多的揣测，静待相应条款上足够具体的细则出台。或者说，到2026年8月《人工智能法》主体部分规则开始适用之前，相应合规的细则文件、评估项目和检测方法应当大体已经完备。第五，如果现在就需要开始在全球范围内为人工智能合规设计基线，高风险人工智能及其合格性评估的整套规则应当是最可接受、最可落地的选择之一。能够取得最好的复用效果。

接下来按顺序对每一条文进行导读。

第1条是本法的宗旨。除非在学理上加以考究，一般没有需要特别注意之处。其中更强调发展，而非安全。

第2条是本法的适用范围。有五个方面值得注意。一是本条实际同时确立了欧盟人工智能法律体系中的行为范畴和主体范畴。二是适用国家安全和国防例外时，不能假设其当然涵盖军民两用和情报用途的情形，需要单独讨论。三是在国际执法和司法合作中引入了充分性的要求。此处的充分性，就是《通用数据保护条例》等法律中的充分性。四是本条包含众多的例外，很多时候可以结合使用，取得较高的合规确定性。但是，特别是在使用第6款的科研例外和第12款的自由、免费且开源例外时，应当保持谨慎。科研例外至今没有完全清晰的界定，自由、免费且开源例外的条件整体而言比较严苛。五是第10款对纯粹个人非职业活动中的使用活动的豁免，值得稍加说明。概言之，其涵盖范围介于《数字服务法》中的非职业活动和《通用数据保护条例》中的纯粹个人或家庭事务之间，表述上也有所杂糅。循此，可能为开源或端侧人工智能提供一定的额外空间。

第3条是本法的定义。最为重要的定义大致有这样一些：人工智能系统、提供者和部署者和其他经营者、实质性修改和与通用目的人工智能相关的一系列定义。逐个简要说明解释和适用的思路。有关人工智能系统，将会很快出台监管指南。有关提供者、部署者和其他经营者，将会在

2026年前出台监管指南。值得一提的是，此处在最后时刻删除了使用者的定义，主要就是为了和第2条相应修改保持一致，排除非职业目的使用的情形。有关实质性修改，这是欧盟产品安全法律中一个长期沿用、颇为复杂的概念，应当和《通用产品安全条例》《产品责任法案》等法律和法案中的同一概念作体系解释。在欧盟和成员国层面也已经积累了一定数量的概念。最后，有关通用目的人工智能的细则也会很快出台。

第4条是本法对人工智能素养的规定。一般没有需要特别注意之处。实践落地大致相当于开展培训。值得一提的是，人工智能素养在早期版本中编号为第4b条。原本的第4a条是什么呢？最后被挪到鉴于部分的第27条。如果列为正文第4a条，人工智能的各项伦理原则将是所有人工智能系统都需要遵从的原则性规定；现在，不仅不再直接具备效力，甚至也不能通过法律解释的途径间接产生效力——鉴于部分第27条在正文中没有直接对应的条文。《人工智能法》不是没有回应人工智能伦理这个问题，而是已经作出了态度立场相当明晰的回应。

第5条本法对禁止性人工智能实践的规定。一言以蔽之，特别是其中涉及生物识别的部分，远远谈不上禁止，更多只是程序繁琐、条件严格的限制。欧盟委员会很快将会制定有关禁止性人工智能实践的指南，相应指南预期将在2025年上半年出台。

第6条是本法对高风险人工智能分类规则的规定。除了附件一和附件三的区分外，第3款对四类相对"简单"的人工智能系统的排除不仅是本条文中最为关键的一款，甚至有可能是整部《人工智能法》中——特别是对合规实践来说——最为重要的一款。简单来说，这一款意味着一定程度上将高风险人工智能系统的认定权力从监管机关下放到了企业。附件收录的有关非正式文件，可以为研究其渊源提供一定参考。2026年之前，对本条的解释适用，特别是第3款的解释适用，将会制定非常详细、包含许多案例的监管指南。应当等待其出台后的相应解释和适用。

第7条是本法对修正附件三、增加或缩减高风险人工智能系统应用的涵盖范围的规则。对一些疑难的边界案例，本条提供了综合判断其是否具备高风险的考虑因素。

第 8 条至第 15 条是本法对高风险人工智能系统的要求。这无疑是《人工智能法》的主体，也是最受关注的部分之一，但其解释和适用并没有看起来那么困难。对于这里的每一条款，都会在 2026 年或之前出台包括检查项和评估方法的技术标准。保持关注即可。然而，如果通用目的人工智能系统，特别是前沿水平的通用目的人工智能系统同时构成高风险人工智能系统，需要同时遵从此外各项规则，实践中没有那么容易。

第 16 条至第 24 条是本法对高风险人工智能系统价值链上各相关主体义务的规定。尽管这无疑也是《人工智能法》的主体、最受关注的部分之一，但同样也是监管细则和合规资源最为集中、方便取用的部分。其中很多还是欧盟产品安全立法中的"标准动作"。可能存在的重大难点依然在于通用目的人工智能系统，特别是日志留存的具体范围和后续汇交。

第 25 条和第 26 条也类似。由于相关指南和示范合同已经开始起草，预计将在 2026 年 8 月条款开始适用前正式颁布，尽管本条在理论上有很大的挖掘空间，实践中预计不会有多少困难。除非少数情况，照搬微调即可。当然，还是涉及大型互联网平台或者通用目的人工智能的情形，合同的公平性需要在审查时一并考虑。如果同时还涉及个人数据或者《数据法》下的数据，一组相关的合同最好是一并审查，避免遗留"三不管"的风险。

第 27 条是本法对高风险人工智能系统的基本权利影响评估的规定。欧洲议会曾主张将此作为普遍适用的要求，但未能成功。本条的重要性因此明显下降。即使确实需要进行评估，在涉及个人数据保护的场景中，基本权利影响评估基本上是一个"减配版"的个人信息保护影响评估。

第 28 条至第 48 条，还有第 72 条大体上都是欧盟产品安全立法中相当标准的条款。如果已对其基于合格性评估的产品安全法律体系比较熟悉，一般没有特别需要注意之处。

第 49 条和第 71 条是本法对人工智能系统登记制度的规定。除非涉及工程细节相当繁复且价值极高的通用目的人工智能下登记，一般没有特别需要注意之处。如果涉及，则需逐案讨论。登记系统和信息模板都会很快出台。

第50条是本法对特定人工智能系统，包括生成式人工智能系统的规定。质言之，就是什么时候需要标注，什么时候不需要标注，以及应当以何种方式标注。2026年以前，将会出台有关标注规则的适用范围和标注要求的具体尺度的细则。

第51条至第56条、第88条至第95条主要是本法对通用目的人工智能的规定。和高风险人工智能的情况类似，由于问题重大、各方关注，相关的细则可以说每一时每一刻都在逐步完善。理论上可以做很多探讨，实践则相对简单。等待第一批次级立法、监管指南和行为守则出台，然后根据自身条件微调。值得补充的是，由于多方原因，科学小组将会在相关监管的早期发挥重要作用。

第57条至第63条是本法对人工智能监管沙盒的规定。不仅可以关注欧盟委员会正在推进的次级立法，还可以关注西班牙作为前期试点已经通过的国内立法。全文中译收录为本书的附件十四。值得说明的有两点：一是对《通用数据保护条例》有所突破，但实际效应有待观察。二是真实世界沙盒试验的涵盖范围，包括其是否可能涵盖智能汽车路试、智能工厂小（中）试、互联网平台在线灰度试验或者AB试验、通用目的人工智能的分阶段发布和相关测试等在产业界通行的实践，这一点非常重要。

第64条至第70条是本法对人工智能治理结构，包括欧洲人工智能委员会和欧盟委员会下设人工智能办公室等机关的设立组成和权责配置的规定，以及成员国层面对国家主管机关和单一联络点的指定。本条对理论研究和监管实践特别重要。根本问题始终都是不同机关间的权责协调。法律条文虽然复杂，但已相当全面清晰。相关的三则附件提供了进一步的信息。

第73条是本法对事件报告的规定。实践中，遵从和使用相关细则和模板即可。

第74条至第84条是本法对人工智能执法的规定。同样颇为复杂，涉及横向纵向层面的诸多协调问题。一定程度上，这部分的复杂性是第64—70条所蕴涵的复杂性的延续。当前而言，主要有四个方面值得密切关注。首先其中涉及大量的信息提供义务，可能涵盖数据、代码、模型、日志等人工智能开展研发、投放市场和提供服务的各个方面。尽管已经明确商业秘密需要得到保护，具体的界限不经过具体案例的"切磋琢磨"，很难明确界定。特别是在涉及通用目的人工智能时，如果相关的数据量级特别庞大，超过监管机关的处理能力，可能发生预期之外的困难。其次，重复执法很难完全避免。再次，如何撤回或召回，特别是不具备实体产品形态的人工智能系统，又如何在没有及时撤回或召回的情况下加以适当限制，都是立法谈判过程中有过争议但没有达成百分之百的一致的问题。最后，第80条高风险人工智能系统错误分类的纠正和第82条合规人工智能系统的风险处置，可以说都是立法设想当中发挥兜底作用的措施。需要通过合适的"第一案"澄清其涵义。

第85条至第87条是本法对个体权利和违规举报的单独规定。此处获解释权的设置争议很大。后续很可能需要通过不止一个欧盟法院层面的案件加以明确。

第96条是对欧盟委员会制定指南的要求。相应进度值得密切关注。其他没有特别需要注意之处。

第97至第98条也是对欧盟委员会的要求。

第99条至第101条是本法罚则。在相关的次级立法或者监管指南通过之前，《通用数据保护条例》的行政罚款裁量指南具有一定的参考意义。

第102条至第113条是本法终则。除需要分门别类整理的生效日期之外，一般没有特别需要注意之处。

第二章 《人工智能法》译文[*]

鉴于部分条款	正文部分条款
第1条	第1条
第2条	第1条
第3条	第1条和第5条
第4条	影响评估，无直接对应
第5条	影响评估，无直接对应
第6条	第1条
第7条	第1条
第8条	第1条
第9条	第2条
第10条	第2条第7款
第11条	第2条第5款
第12条	第3条第1项
第13条	第3条第4项
第14条	第3条第34项
第15条	第3条第35项和第3条第36项

[*] 在使用《人工智能法》时，可以参照以上鉴于部分条款和正文部分条款间的对照表。对正文部分的条款的解释，应当和与之对应的鉴于部分条款保持一致。该表由深度参与立法过程的凯·曾纳（Kai Zenner）分享，也是立法过程中相关各方实际使用的对照表，有一定的权威性。

鉴于部分条款	正文部分条款
第 16 条	第 3 条第 40 项
第 17 条	第 3 条第 41 项、第 3 条第 42 项和第 3 条第 43 项
第 18 条	第 3 条第 39 项
第 19 条	第 3 条第 44 项
第 20 条	第 4 条
第 21 条	第 2 条第 1 款
第 22 条	第 2 条第 1 款和第 2 条第 4 款
第 23 条	第 2 条
第 24 条	第 2 条第 3 款
第 25 条	第 2 条第 6 款和第 2 条第 8 款
第 26 条	影响评估，无直接对应
第 27 条	人工智能高级别专家组意见，无直接对应
第 28 条	第 5 条
第 29 条	第 5 条第 1 款第 a 项和第 5 条第 1 款第 b 项
第 30 条	第 5 条第 1 款第 g 项
第 31 条	第 5 条第 1 款第 c 项
第 32 条	第 5 条第 1 款第 h 项
第 33 条	第 5 条第 1 款第 h 项和附件二
第 34 条	第 5 条第 2 款
第 35 条	第 5 条第 3 款
第 36 条	第 5 条第 4 款
第 37 条	第 5 条第 5 款
第 38 条	第 5 条第 4 款第 h 项和第 5 条第 2 款至第 7 款
第 39 条	第 5 条第 4 款第 h 项和第 5 条第 2 款至第 7 款
第 40 条	第 5 条第 4 款第 h 项和第 5 条第 2 款至第 7 款
第 41 条	第 5 条第 4 款第 h 项和第 5 条第 2 款至第 7 款
第 42 条	第 5 条第 1 款第 h 项
第 43 条	第 5 条第 1 款第 e 项

  续　表

鉴于部分条款	正文部分条款
第 44 条	第 5 条第 1 款第 f 项
第 45 条	第 5 条
第 46 条	第 6 条和第 8 条
第 47 条	第 6 条第 1 款和附件一
第 48 条	第 6 条第 2 款和附件三
第 49 条	第 102 条至第 110 条和附件一 B 节
第 50 条	第 6 条第 1 款和附件一 A 节
第 51 条	第 6 条第 1 款和附件一 A 节
第 52 条	第 6 条第 2 款和附件三
第 53 条	第 6 条第 4 款至第 8 款
第 54 条	第 6 条第 2 款和附件三第 1 项
第 55 条	第 6 条第 2 款和附件三第 2 项
第 56 条	第 6 条第 2 款和附件三第 3 项
第 57 条	第 6 条第 2 款和附件三第 4 项
第 58 条	第 6 条第 2 款和附件三第 5 项
第 59 条	第 6 条第 2 款和附件三第 6 项
第 60 条	第 6 条第 2 款和附件三第 7 项
第 61 条	第 6 条第 2 款和附件三第 8 项第 a 点
第 62 条	第 6 条第 2 款和附件三第 8 项第 b 点
第 63 条	第 6 条第 2 款和附件三
第 64 条	第 8 条
第 65 条	第 9 条
第 66 条	第 10—15 条
第 67 条	第 10 条
第 68 条	第 10 条
第 69 条	第 10 条
第 70 条	第 10 条
第 71 条	第 11、12 条

鉴于部分条款	正文部分条款
第 72 条	第 13 条
第 73 条	第 14 条
第 74 条	第 15 条
第 75 条	第 15 条
第 76 条	第 15 条
第 77 条	第 15、42 条
第 78 条	第 15、42、43 条
第 79 条	第 16 条
第 80 条	第 16 条第 1 项
第 81 条	第 16 条至第 21 条
第 82 条	第 22 条
第 83 条	第 22—25 条
第 84 条	第 25 条第 1 款
第 85 条	第 25 条第 1 款第 c 点
第 86 条	第 25 条第 2 款
第 87 条	第 25 条第 3 款
第 88 条	第 25 条第 4 款
第 89 条	第 25 条第 4 款
第 90 条	第 25 条第 4 款
第 91 条	第 26 条
第 92 条	第 26 条第 7 款
第 93 条	第 26 条和第 27 条
第 94 条	第 26 条第 10 款
第 95 条	第 26 条第 10 款
第 96 条	第 27 条
第 97 条	第 3 条第 63 项
第 98 条	第 3 条第 63 项
第 99 条	第 3 条第 63 项

鉴于部分条款	正文部分条款
第 100 条	第 3 条第 66 项
第 101 条	第 53 条、附件九和附件十一
第 102 条	第 53 条中有关开源的规则
第 103 条	第 53 条中有关开源的规则
第 104 条	第 53 条中有关开源和版权的规则
第 105 条	第 53 条中有关版权的规则
第 106 条	第 53 条中有关版权的规则
第 107 条	第 54 条中有关版权的规则
第 108 条	第 54 条中有关版权的规则
第 109 条	第 53 条
第 110 条	第 3 条第 64 项、第 3 条第 65 项、第 3 条第 67 项和第 51 条
第 111 条	第 51 条和附件十三
第 112 条	第 52 条
第 113 条	第 52 条
第 114 条	第 55 条
第 115 条	第 55 条
第 116 条	第 56 条
第 117 条	第 56 条
第 118 条	《数字服务法》
第 119 条	《数字服务法》
第 120 条	《数字服务法》
第 121 条	第 40、41 条
第 122 条	第 42 条
第 123 条	第 43 条
第 124 条	第 43 条
第 125 条	第 43 条
第 126 条	第 33、43 条
第 127 条	第 39 条

鉴于部分条款	正文部分条款
第 128 条	第 3 条第 23 项、第 43 条
第 129 条	第 48 条
第 130 条	第 46 条
第 131 条	第 49、71 条
第 132 条	第 50 条第 1 款、第 50 条第 3 款
第 133 条	第 50 条第 2 款
第 134 条	第 50 条第 4 款
第 135 条	第 50 条第 7 款
第 136 条	第 50 条中有关《数字服务法》的规则
第 137 条	第 50 条
第 138 条	第 57 条
第 139 条	第 57、58 条
第 140 条	第 59 条
第 141 条	第 60、61 条
第 142 条	第六章
第 143 条	第 62 条
第 144 条	第六章
第 145 条	第 16、31 条和附件六
第 146 条	第 63 条
第 147 条	第 43 条
第 148 条	附件七
第 149 条	第 65、66 条
第 150 条	第 67 条
第 151 条	第 68、69 条
第 152 条	第 84 条
第 153 条	第 70 条
第 154 条	第 70 条
第 155 条	第 72、73 条

续 表

鉴于部分条款	正文部分条款
第 156 条	第 74 条
第 157 条	第 77 条
第 158 条	金融服务人工智能治理的相关规则
第 159 条	就意图用于执法目的的人工智能系统， 与附件三第 1 项相关的治理规则
第 160 条	欧洲层面执法机关的协同行动
第 161 条	第 75 条
第 162 条	第 88 条
第 163 条	第 90 条
第 164 条	第 89 条、第 91—93 条、第 94 条
第 165 条	第 95 条
第 166 条	第 2、95 条
第 167 条	第 78 条
第 168 条	第 99、100 条
第 169 条	第 101 条
第 170 条	第 85 条
第 171 条	第 86 条
第 172 条	第 87 条
第 173 条	第 97 条
第 174 条	第 112 条
第 175 条	第 98 条
第 176 条	辅助性和比例性原则，无直接对应
第 177 条	第 111 条
第 178 条	第 113 条
第 179 条	第 113 条
第 180 条	欧洲数据保护局和欧洲数据保护监督员的意见，无直接对应

欧洲议会和欧盟理事会规定人工智能的统一规则，
并修正 300/2008 号、167/2013 号、168/2013 号、
2018/858 号、2018/1139 号和 2019/214 号条例以及
2014/90/EU 号、2016/797 号和 2020/1828 号指令的 2024/1689
号条例（《人工智能法》）
（与欧洲经济区相关的文本）

欧洲议会和欧盟理事会，

考虑到《欧盟运作条约》，特别是其中的第 16 条和第 114 条，

考虑到欧盟委员会的建议，

向国家议会递交法律草案后，

考虑到欧洲经济和社会委员会的意见，[1]

考虑到欧洲中央银行的意见，[2]

考虑到欧洲数据保护委员会和欧洲数据保护监督员的联合意见，

考虑到地区委员会的意见，[3]

按照普通立法程序行事，[4]

鉴于：

（1）本条例的目的是改善内部市场的运作，特别是为联盟内符合联盟价值观的人工智能系统的开发、投放市场、提供服务和加以使用制定统一的法律框架，促进以人为本和值得信赖的人工智能的应用，同时确保对健康、安全和《欧盟基本权利宪章》（下称《宪章》）所规定的基本权利的

---

[1] 官方公报，517，2021 年 12 月 22 日，第 56 页。

[2] 官方公报，115，2022 年 3 月 11 日，第 5 页。

[3] 官方公报，97，2022 年 2 月 28 日，第 60 页。

[4] 欧洲议会 2024 年 3 月 13 日立场（尚未刊载于《官方公报》）和理事会 2024 年 5 月 21 日决定。

高度保护，包括民主、法治和环境保护，防止人工智能系统在联盟内产生有害的影响，并且支持创新。本条例确保基于人工智能的商品和服务的跨境自由流动，从而防止成员国对人工智能系统的开发、营销和使用施加限制，除非本条例明确对其授权。

（2）本条例的适用应符合《宪章》所载的欧盟价值观，促进对个人、企业、民主和法治以及环境的保护，同时促进创新和就业，并且使得欧盟成为采用可信人工智能的领导者。

（3）人工智能系统可以很容易地部署在经济和社会的众多部门，包括以跨越边境的方式部署，并在整个联盟内流转。一些成员国已在探索通过国家规则的方式，以确保人工智能的可信度和安全性，并确保其开发和使用符合关于基本权利的义务。不同的国家规则可能会导致内部市场支离破碎，降低开发、进口或使用人工智能系统的经营者的法律确定性。因此，为了实现可信赖的人工智能，应确保在整个欧盟范围内提供一致和高水平的保护，同时应根据《欧盟运作条约》第 114 条，规定经营者的统一义务，保证在整个内部市场整齐划一地保障压倒性的公共利益和个人权利，从而防止出现阻碍人工智能系统及相关产品和服务在内部市场自由流通、创新、部署和使用的分歧。如果本条例包含关于在处理个人数据方面保护个人的具体规则，涉及限制为执法目的使用人工智能系统进行远程生物特征识别、为执法目的使用人工智能系统对自然人进行风险评估以及为执法目的使用人工智能系统进行生物特征分类，则就这些具体规则而言，本条例宜以《欧盟运作条约》第 16 条为依据。有关这些具体规则和对《欧盟运作条约》第 16 条的援引，应咨询欧洲数据保护委员会。

（4）人工智能是一个快速发展的技术族，能够为各行各业和社会活动带来广泛的经济、环境和社会效益。通过改进预测、优化运营和资源配置，以及为个人和组织个性化可用的数字解决方案，人工智能的使用可以为企业提供关键的竞争优势，并支持有益于社会和环境的成果，例如在医疗保健、农业、食品安全、教育和培训、媒体、体育、文化、基础设施管理、能源、运输和物流、公共服务、安全、司法、资源和能源效率、环境监测、生物多样性和生态系统的保护和修复，以及气候变化的减缓和适应。

（5）同时，根据其具体应用、使用情况和技术发展水平，人工智能可能产生风险，并对受欧盟法律保护的公共利益和基本权利造成损害。这种损害可能是物质性的，也可能是非物质性的，包括身体、心理、社会或经济的损害。

（6）鉴于人工智能可能对社会产生的重大影响以及建立信任的必要性，人工智能及其监管框架的发展必须符合《欧盟条约》第2条所载的欧盟价值观、各项条约和《宪章》所载的基本权利和自由。作为前提条件，人工智能应是以人为本的技术。人工智能应作为人类的工具，最终目的是提高人类福祉。

（7）为了确保在健康、安全和基本权利方面为公众利益提供一致和高水平的保护，应为所有高风险人工智能系统制定统一的规则。这些规则应与《宪章》保持一致，并应当是非歧视性的，且符合欧盟的国际贸易承诺。这些规则还应考虑到《欧洲数字权利宣言》和《数字十年原则》以及人工智能高级别专家组的《值得信赖的人工智能的伦理准则》。

（8）因此，需要制定一个联盟层面的法律框架，规定关于人工智能的统一规则，以促进内部市场开发、使用和采纳人工智能，同时满足对公共利益的高度保护，如健康和安全以及对基本权利的保护，包括联盟法律承认和保护的民主、法治和环境保护。为实现这一目标，应制定规范对特定人工智能系统投放市场、提供服务和加以使用的规则，从而确保内部市场的顺利运作，并且使得这些系统能够受益于商品和服务自由流动的原则。这些规则应明确而有力地保护基本权利，支持新的创新性解决方案，使欧洲的公共和私人行为者能够创建符合欧盟价值观的人工智能系统生态系统，并释放欧盟所有地区数字化转型的潜力。本条例规定了这些规则以及支持创新的措施，尤其关注包括初创企业在内的小微型企业，从而支持欧盟理事会[1]提出的目标，即促进欧洲以人为本的人工智能发展，并在安全、可信和合乎道德的人工智能发展方面成为全球领导者，同时确保按照欧洲议会[2]的确切要求来保护道德原则。

（9）应当根据765/2008号条例[3]、768/2008/EC号决定[4]以及2019/1020号条例（"新立法框架"）[5]，制定适用于高风险人工智能系统投放市场、投入使用的统一规则。本条例中规定的关于人工智能系统的投放市场、提供服务和加以使用的统一规则应适用于各个部门，并且，根据其采取的立法新框架的方法，不应影响现有的联盟法律，特别是关于数据保护、消费者保护、基本权利、就业和工人保护以及产品安全的法律，本条例是对这些法律的补充。因此，这些欧盟法律规定的消费者和其他可能受到人工智能系统负面影响的人的所有的权利和救济措施，包括根据1985年7月25日关于有关缺陷产品责任的法律、法规和行政规定的相近的85/374/EEC号指令[6]对可能的损害进行赔偿的权利和救济措施，均不受影响且完全适用。此外，在就业和工人保护方面，本条例不应影响欧盟有关社会政策的法律以及与欧盟法律不一致的国家劳动法，这些法律涉

---

[1] 欧盟理事会2020年10月1日和2日特别会议结论，EUCO 13/20，2020年10月1日和10月2日，第6页。

[2] 欧洲议会2020年10月20日决议，其中向委员会提出了关于人工智能、机器人和相关技术伦理问题的框架建议，2020/2012（INL）。

[3] 欧洲议会和欧盟理事会2008年7月9日765/2008号条例，规定了与产品销售有关的认证和市场监督要求，并废止339/93号条例（EEC）（官方公报，218，2008年8月13日，第30页）。

[4] 欧洲议会和欧盟理事会2008年7月9日有关产品营销共同框架，并废止理事会93/465/EEC号决定的768/2008/EC号决定（官方公报，218，2008年8月13日，第82页）。

[5] 欧洲议会和欧盟理事会2019年6月20日关于市场监督和产品合格性的2019/1020号条例，修订2004/42/EC号指令以及765/2008号和305/2011号条例（与欧洲经济区相关的文本）（官方公报，169，2019年6月25日，第1—44页）。

[6] 欧盟理事会1985年7月25日85/374/EEC号指令，涉及成员国有关缺陷产品责任的法律、法规和行政规定的相近性（官方公报，210，1985年8月7日，第29页）。

及就业和工作条件，包括工作场所的健康和安全以及雇主和工人之间的关系。本条例也不应影响行使成员国和联盟承认的基本权利，包括罢工或采取成员国特定劳资关系制度所涵盖的其他行动的权利或自由，以及根据国家法律进行谈判、缔结和执行集体协议或采取集体行动的权利。本条例不应影响欧洲议会和欧盟理事会的相应指令中旨在改善平台工作条件的规定。此外，本条例旨在通过制定具体的要求和义务，包括人工智能系统的透明度、技术文件和记录保存方面的要求和义务，加强现有权利和救济措施的有效性。此外，本条例对参与人工智能价值链上的各经营者所规定的义务，应在不影响国家法律的情况下适用，这些国家法律符合欧盟法律，具有限制使用特定的人工智能系统的效力，但这些法律不属于本条例的范围，或追求的是本条例所追求的目标之外的其他合法公共利益目标。例如，考虑到联合国关于儿童权利的第 25 号一般性意见，只要国家劳动法和未成年人也就是未满 18 岁的个人的保护法并非专门针对人工智能系统并追求其他合法的公共利益目标，就不应受到本条例的影响。

（10）保护个人数据的基本权利尤其受到 2016/679 号条例[1] 和 2018/1725 号条例[2] 以及 2016/680 号[3] 指令的保障。2002/58/EC 号[4] 指

[1] 欧洲议会和欧盟理事会 2016 年 4 月 27 日关于在个人数据处理方面保护自然人以及关于此类数据自由流动，废止 95/46/EC 号指令的 2016/679 号条例（《通用数据保护条例》）（官方公报，119，2016 年 5 月 4 日，第 1 页）。
[2] 欧洲议会和欧盟理事会 2018 年 10 月 23 日关于在欧盟机构、团体、办公室和机关处理个人数据时保护自然人以及关于此类数据自由流动，并废止 45/2001 号条例和 1247/2002/EC 号决定的 2018/1725 号条例（官方公报，295，2018 年 11 月 21 日，第 39 页）。
[3] 欧洲议会和欧盟理事会 2016 年 4 月 27 日关于在主管机关为预防、调查、侦查或起诉刑事犯罪或执行刑事处罚之目的处理个人数据方面保护自然人以及关于此类数据自由流动，并废止 2008/977/JHA 号理事会框架决定的 2016/680 号指令（官方公报，119，2016 年 5 月 4 日，第 89 页）。
[4] 欧洲议会和欧盟理事会 2002 年 7 月 12 日关于在电子通信领域处理个人数据和保护隐私的 2002/58/EC 号指令（《关于隐私和电子通信的指令》）（官方公报，201，2002 年 7 月 31 日，第 37 页）。

令还为保护私人生活和通信保密性，包括为终端设备中存储和访问任何个人和非个人数据设定了条件。这些欧盟法案为可持续和负责任的数据处理提供了基础，包括相应数据集中包含个人数据和非个人数据的情况。本条例并不寻求影响有关个人数据处理的现行欧盟法律的适用，包括有权监督这些文件的遵从状况的独立监督机构的任务和权力。只要人工智能系统的设计、开发或使用涉及个人数据的处理，本条例也不影响人工智能系统的提供者和部署者作为数据控制者或处理者所承担的义务，这些义务源自国家或欧盟关于保护个人数据的法律。此外，还需说明的是，数据主体继续享有此类联盟法律赋予他们的所有权利和保障，包括与完全自动化的个人决策相关的权利，其中也包括画像相关的权利。根据本条例制定的关于人工智能系统投放市场、提供服务和加以使用的统一规则，应有助于有效实施并使数据主体的权利和其他救济措施得以行使，这些权利和救济措施受到关于保护个人数据和其他基本权利的欧盟法律的保障。

（11）本条例不应影响 2022/2065 号条例[1]有关中介服务提供者责任的规定。

（12）本条例中的"人工智能系统"概念应当明确界定，并且应当与从事人工智能工作的国际组织的成果紧密对齐，以确保法律上的确定性，促进国际趋同和广泛接受，同时提供适应该领域的技术快速发展的灵活性。此外，这一概念应基于人工智能系统的关键特征，这些特征使其有别于较简单的传统软件系统或编程方法，不应涵盖仅基于自然人所定义的规则自动执行操作的系统。人工智能系统的一个主要特点是具有推理能力。这种推理指的是获得输出的过程，如预测、内容、建议或决策，也指代人工智能系统从输入／数据中推导出模型和／或算法的能力，人工智能系统还可以影响物理环境和虚拟环境。在构建人工智能系统时，能够进行推理

---

[1] 欧洲议会和欧盟理事会 2022 年 10 月 19 日关于数字服务单一市场，并修正 2000/31/EC 号指令的 2022/2065 号条例（《数字服务法》）（官方公报，277，2022 年 10 月 27 日，第 1 页）。

的技术包括：从数据中学习如何实现特定目标的机器学习方法；从待解决任务的编码知识或符号表示中进行推理的基于逻辑和基于知识的方法。人工智能系统的推理能力不仅仅限于基本的数据处理、学习、推理或建模。"基于机器"一词指的是人工智能系统在机器上运行这一事实。明确或隐含目标的提法强调的是：人工智能系统可以根据明确界定的目标或者隐含的目标而运行。人工智能系统的目标可能不同于人工智能系统在特定环境中的预期目的。就本条例而言，环境应被理解为人工智能系统运行的场景，而人工智能系统产生的输出则反映了人工智能系统执行的不同功能，包括预测、内容、建议或决定。人工智能系统在设计上具有不同程度的自主性，这意味着它们的行动在一定程度上独立于人类的参与，并具有在没有人类干预的情况下运行的能力。人工智能系统在部署后可能表现出的适应性是指自主学习的能力，允许系统在使用过程中发生变化。人工智能系统可以独立使用，也可以作为产品的一个组成部分，无论该系统是实际集成到产品中（嵌入式的），还是服务于产品的功能而没有集成到产品中（非嵌入式的）。

（13）本条例中提到的"部署者"概念应解释为在授权之下使用人工智能系统的任何自然人或法人，包括公共机关、机构或其他团体，但在个人的非职业活动中使用人工智能系统的情况除外。根据人工智能系统的类型，该系统的使用可能会影响到部署者以外的人。

（14）本条例中使用的"生物数据"的概念应根据2016/679号条例第4条第14项、2018/1725号条例第3条第18项、2016/680号指令第3条第13项而定义。生物数据可用于自然人的认证、识别或分类，以及自然人情感的识别。

（15）本条例中使用的"生物识别"的概念应界定为自动识别人的身体、生理和行为特征，如面部、眼球运动、体形、声音、韵律、步态、姿态、心率、血压、气味和击键特征，目的是通过比较个人的生物数据和参考数据库中存储的个人生物数据来确定个人身份，无论个人是否同意。这不包括旨在用于生物验证，而是包括用于鉴别的人工智能系统，相应系统，单纯出于获得服务、解锁设备或安全进入场所的目的，其唯一目的是确认特定自然人就是他或她声称的那个人，以及确认自然人的身份。

（16）本条例中使用的"生物分类"概念应界定为根据生物类别数据将自然人归入特定的类别。这些特定的类别可能涉及性别、年龄、发色、眼色、文身、行为或个性特征、语言、宗教、少数民族成员身份、性取向或政治倾向等方面。这不包括与另一项商业服务有内在联系的作为纯粹辅助功能的生物识别分类系统，也就是说，由于客观的技术原因，该功能不能在没有主要服务的情况下使用，并且对该功能的整合不是规避本条例规则的适用性的手段。例如，在线市场上使用的对面部或身体特征进行分类的过滤器有可能构成此类辅助功能，因为其只能用于与主要服务相关的部分，而主要服务是通过允许消费者预览产品在其身上的显示效果并帮助消费者作出购买决定来销售产品的。在线社交网络服务中使用的过滤器对面部或身体特征加以分类，以便部署者添加或修改图片或视频，也可视为辅助功能，因为如果没有社交网络服务的主要服务，即在线分享内容，就不能使用这种过滤器。

（17）本条例中使用的"远程生物识别系统"概念应从功能上加以定义，这是一种人工智能系统，用于在自然人没有主动参与的情况下，通常是在一定距离之外，通过将一个人的生物数据与参考数据库中的生物数据进行比较，从而识别其身份，而不论所使用的生物数据的特定技术、程序或类型如何。这种远程生物识别系统通常用于同时感知多个人或其行为，以便在没有自然人主动参与的情况下极大地便利对自然人的识别。这不包括旨在用于生物验证，而是包括用于鉴别的人工智能系统，相应系统单纯出于获得服务、解锁设备或安全进入场所的目的，其唯一目的是确认特定自然人就是他或她声称的那个人，以及确认自然人的身份。这种排除的理由是，与远程生物识别系统相比，这类系统对自然人基本权利的影响可能较小，因为远程生物识别系统可用于处理许多人的生物数据，而无需这些人的积极参与。在实时系统中，生物数据的采集、比对和识别都是在瞬间或接近瞬间进行的，或在任何情况下都没有明显的延迟。在这方面，不应存在通过设定轻微的延迟来规避本条例关于实时使用有关人工智能系统的规则的空间。实时系统涉及使用"实时"或者"近乎实时"的材料，如摄像机或其他具有类似功能的设备生成的录像片段。相比之下，"事后"系统则是生物数据已经得到采集，只是在延迟之后才进行比对和识别。这涉及在对有关自然人使用该系统之前已经生成的材料，如闭路电视摄像机或私人设备生成的图片或录像。

（18）本条例中使用的"情绪识别系统"的概念应界定为根据自然人的生物数据识别或推断其情绪或意图的人工智能系统。这是指诸如快乐、悲伤、愤怒、惊讶、厌恶、尴尬、兴奋、羞愧、蔑视、满意和娱乐等情绪或意图。这不包括身体状态，如疼痛或疲劳。例如用于检测职业飞行员或司机疲劳状态以防止事故发生的系统。这也不包括仅仅检测容易察觉的表情、手势或动作，除非这是用来识别或推断情绪的。这些表情可以是基本的面部表情，如皱眉或微笑，或者一些手势，如手、手臂或头部的动作，或者一个人的声音特征，如提高声音或低声说话。

（19）公众可进入场所的概念应理解为任何数量不特定的自然人可以进入的有形场所，而不论该场所是私有还是公有，也不论该场所可用于何种活动，例如商业场所，如商店、餐馆、咖啡馆；服务业场所，如银行、专业活动、招待；体育业场所，如游泳池、健身房、体育场；交通业场所，如公共汽车、地铁和火车站、机场；娱乐业场所，如电影院、剧院、博物馆、音乐厅和会议厅；休闲或其他场所，如公共道路和广场、公园、森林、游乐场。如果不考虑潜在的容纳能力或安全限制，一个场所也应归类为公众可进入的场所，即使进入该场所必须满足若干预先确定的条件，如购买门票或交通工具票证、事先登记或达到一定年龄。与此相反，如果根据与公共安全或安全保障直接相关的欧盟或国家法律，或者根据对特定场所拥有相关权利的人明确表示的意思，一处场所仅限于特定和明确的自然人进入，则不应被视为公众可进入的场所。即使存在相反的迹象或情况，如禁止或限制进入的标志，仅凭进入的事实可能性，如门未上锁、栅栏门开着，并不意味着可以进入。只有相关员工和服务提供者才能进入的公司、工厂、办公室和工作场所不属于公众可进入场所。公众可进入场所不应包括监狱或边境管制区域。其他一些区域可能既包括不对公众开放的区域，也包括对公众开放的区域，例如私人住宅楼的走廊，这是进入医生办公室或机场所必需的。网络空间也不包括在内，因为这不是物理空间。然而，特定空间是否对公众开放，应根据具体情况具体分析。

（20）为了从人工智能系统中获得最大的利益，同时保护基本权利、健康和安全，并实现民主的控制，人工智能素养应使得提供者、部署者和受影响者具备必要的概念，以便就人工智能系统作出知情的决定。这些概念可能因相关背景而异，可包括了解人工智能系统开发阶段中技术要素的正确应用、使用过程中应采取的措施、解释人工智能系统输出结果的适当方式，以及对于受影响者而言，了解在人工智能协助下做出的决定将如何影响他们所需的知识。在应用本条例时，人工智能素养应为人工智能价值链中的所有相关参与者提供必要的见解，以确保适当的合规性和正确的执行。此外，广泛实施人工智能素养措施并采取适当的后续行动，可有助于改善工作条件，并最终维持联盟中值得信赖的人工智能的巩固和创新之路。欧洲人工智能委员会应支持欧盟委员会[*]推广人工智能素养工具，提高公众对使用人工智能系统的好处、风险、保障措施、权利和义务的认识和理解。委员会和成员国应与利益相关方合作，促进起草自愿性的行为守则，以提高从事人工智能开发、运营和使用的人员的人工智能素养。

（21）为了确保公平的竞争环境，有效保护联盟个人的权利和自由，本条例制定的规则应以非歧视的方式适用于人工智能系统的提供者，无论

---

[*] 译者注：以下简称"委员会"，不要与欧洲人工智能委员会混淆，后续但凡涉及欧洲人工智能委员会或者其他委员会，都会保留全称。

其是在联盟内建立还是在第三国建立，也适用于在联盟内建立的人工智能系统的部署者。

（22）鉴于其数字化的性质，特定的人工智能系统应属于本条例的范围，即使其既没有投放市场，也没有提供服务，也没有在欧盟内加以使用。例如，在欧盟内设立的经营者将特定服务承包给在欧盟外设立的经营者，由人工智能系统执行特定的高风险活动，就属于这种情况。在这种情况下，欧盟以外的经营者所使用的人工智能系统可以处理在欧盟境内合法收集并从欧盟转移的数据，并向欧盟内的签约经营者提供该人工智能系统在处理过程中产生的输出结果，而无需将该人工智能系统投放到欧盟市场、提供服务或在欧盟境内加以使用。为防止规避本条例，并确保有效保护欧盟境内的自然人，本条例也应适用于在第三国设立的人工智能系统的提供者和部署者，只要这些系统产生的输出结果意图在欧盟境内使用。尽管如此，考虑到现有安排以及未来与外国合作伙伴进行信息和证据交换合作的特殊需要，本条例不应适用于在国家或欧洲层面与欧盟或其成员国缔结的执法和司法合作或国际协议框架内行事的第三国公共机关和国际组织，条件是该第三国或国际组织在保护个人基本权利和自由方面提供充分的保障。在相关情况下，这也可包括受第三国委托执行具体任务以支持此类执法和司法合作的实体的活动。成员国与第三国之间，或欧盟、欧洲刑警组织和其他欧盟机构与第三国和国际组织之间，通过双边方式建立了此类合作框架或协议。根据《反恐怖主义法》对执法和司法机关进行监督的主管机关应评估这些合作框架或国际协定是否包括关于保护个人基本权利和自由的适当保障措施。受到协助的成员国机关和联盟机构、办公室以及在联盟内使用此类输出的机构仍有责任确保其使用符合联盟法律。在今后修订这些国际协定或缔结新协定时，缔约方应尽最大努力使这些协定符合本条例的要求。

（23）本条例也应适用于作为人工智能系统提供者或部署者的联盟机构、团体、办公室和机关。

（24）如果，只要人工智能系统出于军事、国防或国家安全目的投放市场、提供服务或加以使用，无论这些系统是否经过修改，无论开展这些活动的是哪类实体，例如是公共实体还是私营实体，都应被排除在本条例的适用范围之外。关于军事和国防目的，《欧盟条约》第4条第2款和第2章第5节所涵盖的成员国和欧盟共同防卫政策的具体情况证明这种排除是合理的，这些具体情况受国际公法的管辖，因此，国际公法是在军事和国防活动中使用致命武力和其他人工智能系统的更适当的法律框架。至于国家安全目的，将其排除在外的理由是：根据《欧盟条约》第4条第2款，国家安全仍是成员国的专属职能，以及国家安全活动的特定性质和业务需要和适用于这些活动的特定国家规则。尽管如此，如果为军事、国防或国家安全目的而开发、投放市场、提供服务或加以使用的人工智能系统在这些目的之外临时或永久地用于其他目的，例如民用目的或人道主义目的、执法或公共安全目的，这样的系统将落入本条例的范围。在这种情况下，为军事、国防或国家安全以外的目的使用该系统的实体应确保该系统符合本条例，除非该系统已经符合本条例。为军事、国防或国家安全等除外目的以及民用或执法等一个或多个非除外目的而投放市场或投入使用的人工智能系统属于本条例的适用范围，应确保这些系统的提供者遵守本条例。在这些情况下，人工智能系统可能属于本条例范围这一事实不应影响开展国家安全、国防和军事活动的实体，无论开展这些活动的实体属于何种类型，为国家安全、军事和国防目的使用人工智能系统的可能性，因为这些目的的使用被排除在本条例范围之外。为民用或执法目的投放市场的人工智能系统，无论是否经过修改，出于军事、国防或国家安全目的加以使用，均不应属于本条例的范围，无论开展这些活动的实体属于何种类型。

（25）本条例应支持创新，尊重科学自由，而不应损害研发活动。因此，有必要将专门为科学研究和开发目的而开发和提供服务的人工智能系统和模型排除在其范围之外。此外，有必要确保该条例不会影响人工智能系统或模型在投放市场或提供服务之前的科学研发活动。至于以产品为导向的人工智能系统或模型的研究、测试和开发活动，在这些系统和模型提供服务或投放市场之前，本条例的规定也不应适用。但这并不影响属于本条例适用范围的人工智能系统因研发活动而投放市场或提供服务时遵守本条例的义务，也不影响有关监管沙盒和在真实世界条件下进行测试的规定的适用。此外，在不影响上述关于专门为科学研究和开发目的而开发和提供服务的人工智能系统的前提下，可能用于开展任何研究和开发活动的任何其他人工智能系统仍应遵守本条例的规定。在任何情况下，任何研发活动都应按照公认的科学研究道德和专业标准进行，并应根据适用的欧盟法律进行。

（26）为了对人工智能系统采用一套合比例和有效的具有约束力的规则，应遵循明确界定的基于风险的方法。这种方法应根据人工智能系统可能产生的风险的强度和范围来调整此类规则的类型和内容。因此，有必要禁止特定的不可接受的人工智能实践，规定高风险人工智能系统的要求和相关经营者的义务，并规定特定人工智能系统的透明度义务。

（27）虽然基于风险的方法是一套合比例和有效的约束性规则的基础，回顾委员会任命的独立人工智能高级别专家组 2019 年制定的《值得信赖的人工智能的伦理准则》非常重要。在这些准则中，高级别专家组制定了七项不具约束力的人工智能伦理原则，这些原则应有助于确保人工智能是值得信赖的、符合伦理道德的。这七项原则包括：人类主体和监督；技术稳健性和安全性；隐私和数据治理；透明度；多样性、非歧视和公平；社会和环境福祉以及问责制。在不影响本条例和任何其他适用的联盟法律的法律约束力要求的前提下，这些指南有助于设计一个符合《宪章》和作为联盟基础的价值观的连贯、可信和以人为本的人工智能。根据独立人工智能高级别专家组的指南，人类主体和监督意味着人工智能系统的开发和使用是为人服务的工具，尊重人的尊严和个人自主权，其运行方式可由人类进行适当控制和监督。技术稳健性和安全性是指：开发和使用人工智能系统的方式应当能够在出现问题时保持稳健，并能抵御试图改变人工智能系统的使用或性能的行为，从而允许第三方使用，并最大限度地减少意外伤害。隐私和数据管理是指人工智能系统的开发和使用符合现有的隐私和数据保护规则，同时处理的数据在质量和完整性方面符合高标准。透明度是指人工智能系统的开发和使用方式应允许适当的可追溯性和可解释性，同时让人类意识到他们与人工智能系统进行了交流或互动，并适当告知部署者该人工智能系统的能力和局限性，以及受影响者的权利。多样性、非歧视和公平性是指人工智能系统的开发和使用方式应包括不同的参与者，并促进平等获取、性别平等和文化多样性，同时避免联盟或国家法律所禁止的歧视性影响和不公平偏见。社会和环境福祉是指以可持续和环保的方式开发和使用人工智能系统，并使全人类受益，同时监测和评估对个人、社会和民主的长期影响。在可能的情况下，这些原则的适用应当转译为人工智能模型的设计和使用。在任何情况下，这些原则都应作为根据本条例起草行为守则的基础。鼓励所有利益相关者，包括产业界、学术界、公民社会和标准化组织，在制定自愿性的最佳实践和标准时酌情考虑这些伦理原则。

（28）除了人工智能的许多有益用途外，该技术也可能遭到滥用，并为操纵、剥削和社会控制实践提供新颖且强大的工具。这种实践特别有害，具有滥用性质，应予以禁止，因为这种实践违背了欧盟尊重人的尊严、自由、平等、民主和法治的价值观以及欧盟的基本权利，包括不受歧视的权利、数据保护和隐私权以及儿童权利。

（29）人工智能的操纵技术可被用来劝说人们做出不想从事的行为，或通过诱导其做出决定来对其加以欺骗，从而颠覆和损害他们的自主、决策和自由选择。在市场上投放、提供服务或使用特定的人工智能系统，其目的或效果是实质性地扭曲人的行为，从而可能造成重大的伤害，特别是对身体、心理健康或经济利益产生足够重要的不利影响，这是特别危险的，因此应予禁止。这类人工智能系统采用潜意识的成分，例如人们无法感知的音频、图像、视频刺激，因为这些刺激超出了人的感知范围，或者采用其他操纵或欺骗技术，以人们无法意识到的方式颠覆或损害人的自主、决策或自由选择，或者即使意识到了，人们仍然被欺骗，或者无法控制或抵制。例如，脑机界面或虚拟现实就可能促进这种情况的发生，因其允许对呈现给人的刺激进行更大程度的控制，这些刺激可能相应地以明显有害的方式实质性地扭曲人的行为。此外，人工智能系统还可能以其他方式利用个人或特定群体，由于年龄、欧洲议会和理事会 2019/882 号指令[1] 所指的残疾或特定的社会或经济状况，相应社会或经济状况可能使得这些人更容易受到剥削，例如生活极端贫困的人、少数民族或宗教少数群体。此类人工智能系统可被投放市场、提供服务或加以使用，其目的或效果是实质性地扭曲个人的行为，并对该人或其他个人或群体造成，或者有合理可能性地造成重大的危害，包括可能长期累积的危害，因此应予禁止。如果扭曲行为是人工智能系统之外的因素造成的，而这些因素又不在提供者或部署者的控制范围之内，也就是说，人工智能系统的提供者或部署者可能无法合理地预见和缓解这些因素，则可能无法推定有扭曲行为的意图。在任何情况下，提供者或部署者不一定要具备造成重大伤害的意图，只要这种伤害是由人工智能操纵或剥削行为造成的。对此类人工智能行为的禁止是对欧洲议会和理事会 2005/29/EC 号指令[2] 所载规定的补充，特别是在任何情况下都禁止对消费者造成经济或金融损害的不公平商业行为，无论这些行为是通过人工智能系统还是其他方式实施的。本条例对操纵性和剥削性实践的禁止不应影响医疗方面的合法实践，如精神疾病的心

[1] 欧洲议会和欧盟理事会 2019 年 4 月 17 日关于产品和服务的无障碍要求的 2019/882 号指令（官方公报，151，2019 年 6 月 7 日，第 70 页）。

[2] 欧洲议会和欧盟理事会 2005 年 5 月 11 涉及内部市场中企业对消费者的不公平商业行为，并修订欧洲议会和欧盟理事会 84/450/EEC 号指令、97/7/EC 号指令、98/27/EC 号指令和 2002/65/EC 号指令，以及欧洲议会和欧盟理事会 2006/2004 号条例的 2005/29/EC 号指令（《不公平商业行为指令》）（官方公报，149，2005 年 6 月 11 日，第 22 页）。

理治疗或身体康复，如果这些实践是根据适用的法律和医疗标准进行的，例如得到个人或其法定代表人的明确同意。此外，符合适用法律的常见的合法商业行为，如广告领域的行为，本身不应被视为构成有害的人工智能操纵行为。

（30）应当禁止基于自然人的生物数据（如个人的面部或指纹）来推导或推断个人的政治观点、工会成员身份、宗教或哲学信仰、种族、性生活或性取向的生物分类系统。这项禁令不包括根据生物数据对按照欧盟或国家法律获取的生物数据集进行合法标记、过滤或分类，例如根据头发颜色或眼睛颜色对图像进行分类，这可能用于执法领域。

（31）由公共或私人行为者为自然人提供社会评分的人工智能系统可能导致歧视性结果和排斥特定群体。这类人工智能系统可能会侵犯尊严和不受歧视的权利以及平等和公正的价值观。这类系统根据与自然人在多种场景中的社会行为有关的多个数据点或者已知、推断或预测的特定时期的个人或个性特征，对自然人或其群体进行评估或分类。从此类人工智能系统中获得的社会评分可能会导致自然人或其整个群体在社会环境中受到有害或不利影响，而这些环境与最初生成或收集数据的场景无关，或者导致与其社会行为的严重程度不合比例或不合理的不利待遇。因此，应禁止人工智能系统采用这种不可接受的评分方法，导致这种有害或不利的结果。这一禁令不应影响自然人根据国家和欧盟法律为特定目的而进行的合法的评估行为。

（32）为执法目的使用人工智能系统在公共场所对自然人进行实时远程生物识别，对有关个人的权利和自由具有特别的侵扰性，因为这类系统可能影响大部分人的私生活，使人产生始终受到监视的感觉，并间接地妨碍行使集会自由和行使其他基本权利。用于对自然人进行远程生物识别的人工智能系统在技术上的不准确性可能会导致存在偏差的结果并产生歧视性影响。在涉及年龄、民族、种族、性别或残疾时，这一点尤为重要。此外，使用这种实时运行的系统，其影响具备即时性，进一步检查或纠正的机会有限，给执法活动所涉及的人的权利和自由带来了更大的风险。

（33）因此，应当禁止为执法目的使用这些系统，除非在详尽列出和严格界定的情况下，使用这些系统对实现重大公共利益是严格必要的，其重要性超过了风险。这些情况包括：寻找特定犯罪受害者，包括失踪人员；自然人的生命或人身安全受到特定的威胁或者受到恐怖袭击；确定本条例附件所述刑事犯罪的犯罪人或嫌疑人的位置或身份，条件是这些刑事犯罪在有关成员国应受到监禁判决或拘留令的惩罚，惩罚的期限至少为四年，而且该成员国的法律对此有明确规定。根据国家法律，这种监禁判决或拘留令的门槛有助于确保罪行的严重程度足以证明使用实时远程生物鉴别系统是合理的。此外，附件当中提到的刑事犯罪清单是以理事会2002/584/JHA 号框架决定[1]中列出的 32 种刑事犯罪为基础的，同时考虑到在实践中特定的刑事犯罪可能比其他刑事犯罪干系更大，考虑到损害或可能的负面后果在严重性、可能性和规模上可能存在的差异，在实际追查所列不同刑事罪行的犯罪人或嫌疑人的定位或识别工作中，采用实时远程生物鉴别技术在可预见的程度上应是必要且合比例的。欧洲议会和欧盟理事会 2022/2557 号指令[2]第 2 条第 4 点所定义的关键基础设施的严重破坏也可能导致对自然人生命或人身安全迫在眉睫的威胁，在这种情况下，这种关键基础设施的中断或破坏将导致对自然人的生命或人身安全迫在眉睫的威胁，包括对向民众提供基本供应品或行使国家核心职能造成严重的损害。此外，本条例应保留执法、边境管制、移民或庇护机关根据联盟和国家法律规定的身份检查条件，在当事人在场的情况下进行身份检查的能力。特别是，执法、边境管制、移民或庇护机关应能根据欧盟或国家法律

---

[1] 欧盟理事会 2002 年 6 月 13 日关于欧洲逮捕令和成员国之间的移交程序的 2002/584/JHA 号框架决定（官方公报，190，2002 年 7 月 18 日，第 1 页）。

[2] 欧洲议会和欧盟理事会 2022 年 12 月 14 日关于关键实体韧性，并废止理事会 2008/114/EC 号指令的 2022/2557 号指令（官方公报，333，2022 年 12 月 27 日，第 164 页）。

使用信息系统来识别在身份检查期间拒绝被识别或无法说明或证明其身份的人，而无需根据本条例事先获得授权。例如，这可能是一个涉及犯罪、不愿或因事故或健康状况而无法向执法机关透露其身份的人。

（34）为了确保以负责任且合比例的方式使用这些系统，还必须规定，在详尽无遗地列出的狭义解释的每一种情况下，都应当考虑到特定的因素，特别是引起请求的情况的性质，使用这些系统对所有有关人员的权利和自由造成的后果，以及使用这些系统所提供的保障和条件。此外，在公共场所为执法目的使用实时远程生物识别系统，只能部署用于确认具体目标个人的身份，并应仅限于在时间、地理和个人范围方面绝对必要的情况，尤其应考虑到有关的威胁、受害者或犯罪者的证据或迹象。除非本条例另有规定，只有在有关执法当局完成了基本权利影响评估，并在本条例规定的数据库中登记了该系统，才可授权在公众可进入的空间使用实时远程生物识别系统。寻人数据库应当适宜于上述每种情况下的每种使用案例。

（35）在公共场所为执法目的使用实时远程生物识别系统，每次使用都应得到司法机关或其决定对成员国具有约束力的独立行政机关的明确和具体授权。这种授权原则上应在使用该系统识别特定的个人或多人之前获得。在有正当理由的紧急情况下，即在需要使用有关系统，因而实际上和客观上不可能在开始使用之前获得授权的情况下，这一规则应允许例外。在这种紧急情况下，使用应限制在严格必要的最低限度，并受制于适当的保障措施和条件，这些措施和条件由国家法律确定，并由执法机关本身在每个紧急使用的个案中具体规定。此外，在这种情况下，执法机关应在提出申请的同时，说明未能及早提出申请的原因，不得无故拖延，最迟应在24小时内提出申请。如果这种授权被拒绝，则应立即停止使用与该授权有关的实时生物鉴别系统，并应弃置和删除与这种使用有关的所有数据。这些数据包括人工智能系统在使用过程中直接获得的输入数据，以及与该授权相关的使用结果和输出结果。这不应包括根据其他国家或欧盟法律合法获取的输入数据。在任何情况下，不得仅根据远程生物识别系统的输出结果作出对个人产生不利法律影响的决定。

（36）为了按照本条例以及国家规则中规定的要求执行任务，应将"实时生物识别系统"的每次使用情况通知有关国家市场监督管理机关和国家数据保护机关。已收到通知的国家市场监督管理机关和国家数据保护机关应向委员会提交关于"实时生物识别系统"使用情况的年度报告。

（37）此外，应当在本条例规定的详尽框架内，规定只有在有关成员国决定在其国内法的详细规则中明确规定可以授权在其领土内使用这类系统，才可能根据本条例在其领土内使用。因此，根据本条例，成员国仍可完全不对这种可能性加以规定，或仅就本条例所确定的可证明有理由授权使用的特定目标规定这种可能性。这些国家规则最迟应在其通过后 30 天内通知委员会。

（38）为执法目的而使用人工智能系统对公共场所的自然人进行实时远程生物识别，必然涉及生物数据的处理。本条例基于《欧盟运作条约》第 16 条禁止此类使用的规则，除特定的例外情况之外，应作为特别法适用于 2016/680 号指令第 10 条所载的生物数据处理规则，从而以详尽的方式规范此类使用和所涉及的生物数据处理。因此，此类使用和处理只能在符合本条例规定的框架的范围内进行，而不能在该框架之外，由主管机关以执法为目的，根据 2016/680 号指令第 10 条所列的理由使用此类系统并处理相关数据。在此背景下，本条例无意为根据 2016/680 号指令第 8 条处理个人数据提供合法性基础。然而，在公共场所为执法以外的目的使用实时远程生物识别系统，包括由主管机关使用，不应包括在本条例规定的有关为执法目的使用此类系统的具体框架内。因此，为执法以外的目的使用此类系统不应受本条例规定的授权要求和可能使本条例生效的国内法适用细则的限制。

（39）在使用人工智能系统进行生物识别时涉及的生物数据和其他个人数据的任何处理，除与本条例规定的为执法目的在公共场所使用实时远程生物识别系统有关外，应继续遵守 2016/680 号指令第 10 条规定的所有要求。对于执法以外的目的，2016/679 号条例第 9 条第 1 款和 2018/1725 号条例第 10 条第 1 款禁止处理生物数据，但不包括这些条款规定的有限的例外情况。在适用 2016/679 号条例第 9 条第 1 款时，远程生物特征识别用于执法以外的目的的内容已经落入国家数据保护机关的禁止决定之下。

（40）根据《欧盟条约》和《欧盟运作条约》所附《关于联合王国和爱尔兰在自由、安全和司法领域的立场的第 21 号议定书》第 6a 条，爱尔兰不受第 5 条第 1 款第 g 点中规定的规则的约束，只要这些规则适用于在警务合作和刑事司法合作领域的活动中使用生物分类系统；不受第 5 条第 1 款第 d 点中规定的规则的约束，只要这些规则适用于该条款所涵盖的人工智能系统的使用；不受根据《欧盟运作条约》第 16 条通过的本条例第 5 条第 2—6 款和第 26 条第 10 款的约束，只要这些规则涉及成员国在开展《欧盟运作条约》第三部分第五篇第 4 章或第 5 章范围内的活动时对个人数据的处理，其中爱尔兰不要求遵守根据《欧盟运作条约》第 16 条所制定的规定刑事司法合作或警务合作形式的规则的约束。

（41）根据《欧盟条约》和《欧盟运作条约》所附的关于丹麦立场的第 22 号议定书第 2 条和第 2a 条，丹麦不受第 5 条第 1 款第 1 段第 g 点中规定的规则的约束，只要该规则适用于在警务合作和刑事司法合作领域的活动中使用生物分类系统；也不受第 5 条第 1 款第 1 段第 d 点中规定的规则的约束，只要这些规则适用于该条款所涵盖的人工智能系统的使用；也不受根据《欧盟运作条约》第 16 条通过的本条例第 5 条第 2—6 款和第 26 条第 10 款的约束或适用，只要这些规则涉及成员国在开展《欧盟运作条约》第三部分第五篇第 4 章或第 5 章范围内的活动时对个人数据的处理。

（42）根据无罪推定原则，欧盟的自然人应始终根据其实际行为进行判断。在没有基于客观可核实事实的合理怀疑自然人参与犯罪活动且未经人工评估的情况下，绝不应当仅根据其画像、个性特征或特点，如国籍、出生地、居住地、子女人数、债务、汽车类型等，对自然人的行为进行由人工智能预测的判断。因此，应禁止对自然人进行风险评估，以评估其犯罪的风险，应禁止根据对自然人的画像或对其个性特征和特点的评估来预测实际的或潜在的刑事犯罪的发生。在任何情况下，这一禁止都不涉及也不触及并非基于个人画像或者个性特征或特点的风险分析，例如使用风险分析的人工智能系统根据可疑交易评估企业的金融欺诈风险，或使用风险分析工具预测海关机关将麻醉品或非法货物本地化的可能性，例如根据已知的贩运路线而预测。

（43）应禁止将人工智能系统投放市场、为这一特定目的提供服务或者加以使用，这些系统通过从互联网或闭路电视录像中无针对性地获取面部图像来创建或扩大面部识别数据库，因为这种实践会增加大规模监控的感觉，并可能导致严重侵犯基本权利，包括隐私权。

（44）人们对旨在识别或推断情绪的人工智能系统的科学依据表示严重的关切，特别是在不同的文化和不同的情境下，甚至在同一个人身上，情绪的表达都有很大差异。这类系统的主要缺点包括可靠性有限、缺乏特异性和通用性有限。因此，根据生物数据识别或推断自然人情绪或意图的人工智能系统可能导致歧视性的结果，并可能侵犯相关人员的权利和自由。考虑到工作或教育方面的权力不平衡，再加上这些系统的侵扰性，这些系统可能会导致特定自然人或整个自然人群体受到有害或不利的待遇。因此，应禁止将旨在用于检测个人在工作场所和教育相关情况下的情绪状态的人工智能系统投放市场、提供服务或使用。这一禁令不应包括严格出于医疗或安全原因考虑而投放市场的人工智能系统，如用于治疗的系统。

（45）数据保护法、非歧视法、消费者保护法和竞争法等欧盟立法所禁止的实践不受本条例影响。

（46）高风险人工智能系统只有在符合特定的强制性要求的情况下才能进入欧盟市场、提供服务或加以使用。这些要求应确保在欧盟提供的高风险人工智能系统，或其输出在欧盟加以使用的高风险人工智能系统，不会对欧盟法律承认和保护的重要欧盟公共利益构成不可接受的风险。根据立法新框架的方法，正如委员会 2022 年关于实施欧盟产品规则的《蓝皮书指南》的通知[1]所阐明的，一般的规则是，同一产品需要考虑欧盟的若干立法，如关于医疗器械的 2017/745 号条例[2]和关于体外诊断器械的 2017/746 号条例[3]或关于机械的 2006/42/EC 号指令[4]，因为只有当产品符合所有适用的欧盟统一立法时，才能提供服务。为确保一致性并避免不必要的行政负担或成本，对于包含一个或多个高风险人工智能系统的产品，本条例的要求以及附件部分所列的欧盟统一立法的要求适用于该产品，其提供者应灵活地作出运营操作决定，以最佳方式确保包含一个或多个人工智能系统的产品符合欧盟统一立法的所有适用要求。识别为高风险的人工智能系统应仅限于那些对欧盟内人员的健康、安全和基本权利有重大有害影响的系统，这种限制应最大限度地减少对国际贸易的任何潜在限制，如果有的话。

（47）人工智能系统有可能对人的健康和安全产生不利影响，特别是当这些系统作为产品的安全组件时。欧盟统一立法的目标是促进产品在内部市场的自由流动，并确保只有安全和符合要求的产品才能进入市场，与此相一致，重要的是，产品作为一个整体，其数字组件，包括人工智能系统，可能产生的安全风险应得到适当的预防和缓解。例如，越来越多的自

[1] 官方公报，247，2022 年 6 月 29 日，第 1 页。

[2] 欧洲议会和欧盟理事会 2017 年 4 月 5 日关于医疗器械的，并修订 2001/83/EC 号指令、178/2002 号条例和 1223/2009 号条例，并废止 90/385/EEC 号和 93/42/EEC 号理事会指令的 2017/745 号条例（官方公报，117，2017 年 5 月 5 日，第 1 页）。

[3] 欧洲议会和欧盟理事会 2017 年 4 月 5 日关于体外诊断医疗器械，并废止 98/79/EC 号指令和 2010/227/EU 号委员会决定的 2017/746 号条例（官方公报，117，2017 年 5 月 5 日，第 176 页）。

[4] 欧洲议会和欧盟理事会 2006 年 5 月 17 日关于机械，并修订 95/16/EC 号指令的 2006/42/EC 号指令（官方公报，157，2006 年 6 月 9 日，第 24 页）。

主机器人，无论是在制造领域还是在个人协助和护理领域，都应该能够在复杂的环境中安全运行并执行其功能。同样，在生命和健康风险特别高的卫生部门，日益复杂的诊断系统和支持人类决策的系统应该是可靠和准确的。

（48）在将人工智能系统列为高风险时，人工智能系统对《宪章》所保护的基本权利造成的不利影响程度特别重要。这些权利包括人的尊严权、尊重私人和家庭生活权、保护个人数据权、言论和信息自由权、集会和结社自由权、不受歧视权、受教育权、消费者保护权、工人权利、残疾人权利、性别平等、知识产权、获得有效救济和公平审判的权利、辩护权和获无罪推定权、良善管理权。除这些权利外，必须强调的是，《欧盟条约》第24条和《联合国儿童权利公约》关于数字环境的第25号一般性意见作了进一步阐述，规定儿童享有特定的权利，这两项公约都要求考虑儿童的脆弱性，并为其福祉提供必要的保护和照顾。在评估人工智能系统可能造成的危害的严重程度时，包括在涉及人的健康和安全方面，也应考虑到《宪章》规定，并在欧盟政策中实施的获得高度的环境保护的基本权利。

（49）至于作为产品或系统安全组件的高风险人工智能系统，或其本身属于欧洲议会和理事会300/2008号条例[1]、欧洲议会和理事会167/2013号条例[2]范围内的产品或系统、欧洲议会和欧盟理事会168/2013号条例[3]、欧洲议会和欧盟理事会2014/90/EU号指令[4]、欧洲议会和欧盟理

[1] 欧洲议会和理事会2008年3月11日关于民用航空安全领域共同规则，并废止2320/2002号条例的300/2008号条例（官方公报，97，2008年4月9日，第72页）。
[2] 欧洲议会和理事会2013年2月5日关于农林车辆审批和市场监管的167/2013号条例（官方公报，60，2013年3月2日，第1页）。
[3] 欧洲议会和欧盟理事会2013年1月15日关于两轮或三轮汽车和四轮车审批和市场监督的168/2013号条例（官方公报，60，2013年3月2日，第52页）。
[4] 欧洲议会和欧盟理事会2014年7月23日关于海洋设备，并废止理事会96/98/EC号指令的2014/90/EU号指令（官方公报，257，2014年8月28日，第146页）。

事会 2016/797 号指令[1]、欧洲议会和欧盟理事会 2018/858 号条例[2]、欧洲议会和欧盟理事会 2018/1139 号条例[3]，以及欧洲议会和欧盟理事会 2019/2144 号条例[4]，宜对这些法案加以修订，以确保委员会在根据这些法案未来通过任何相关的授权法案或实施法案时，根据各部门的技术和监管的特殊性，并在不干扰既有的治理结构、合格性评估、执行机制以及其中建立的主管机构的情况下，考虑本条例对高风险人工智能系统规定的强制性要求。

（50）对属于特定的欧盟统一立法范围内的，作为产品的安全组件，或者作为产品本身的人工智能系统，如果有关产品根据相关欧盟统一立法在第三方合格性评估机构进行合格性评估，则宜根据本条例将其归类为高风险。具体而言，此类产品包括机械、玩具、电梯、用于潜在爆炸性气体环境的设备和保护系统、无线电设备、压力设备、娱乐船设备、索道装

---

[1] 欧洲议会和欧盟理事会 2016 年 5 月 11 日关于欧盟内部铁路系统互操作性的 2016/797 号指令（官方公报，138，2016 年 5 月 26 日，第 44 页）。

[2] 欧洲议会和欧盟理事会 2018 年 5 月 30 日关于机动车辆及其挂车，以及用于此类车辆的系统、组件和独立技术单元的审批和市场监督，并修订 715/2007 号和 595/2009 号条例，并废止 2007/46/EC 号指令的 2018/858 号条例（官方公报，151，2018 年 6 月 14 日，第 1 页）。

[3] 欧洲议会和欧盟理事会 2018 年 7 月 4 日关于民用航空领域共同规则和建立欧盟航空安全局，并修订 2111/2005 号、1008/2008 号、996/2010 号、376/2014 号以及欧洲议会和理事会 2014/30/EU 号指令和 2014/53/EU 号指令，并废止欧洲议会和理事会条例 552/2004 号条例和 216/2008 号条例以及理事会 3922/91 号条例的 2018/1139 号条例（官方公报，212，2018 年 8 月 22 日，第 1 页）。

[4] 欧洲议会和欧盟理事会 2019 年 11 月 27 日关于机动车辆及其挂车，以及用于此类车辆的系统、组件和独立技术单元在一般安全和保护车内人员及易受伤害的道路使用者方面的类型批准要求，并修订欧洲议会和欧盟理事会 2018/858 号条例，并废止 78/2009 号条例、欧洲议会和欧盟理事会 78/2009 号、79/2009 号和 661/2009 号条例，以及欧盟委员会 631/2009、406/2010、672/2010、1003/2010、1005/2010 号条例、1008/2010、1009/2010、19/2011、109/2011、458/2011、65/2012、130/2012、347/2012、351/2012、1230/2012 和 2015/166 号条例的 2019/2144 号条例（官方公报，325，2019 年 12 月 16 日，第 1 页）。

置、燃烧气体燃料的设备、医疗器械和体外诊断医疗器械。

（51）根据本条例将人工智能系统归类为高风险并不一定意味着以人工智能系统为安全组件的产品，或作为产品的人工智能系统本身，根据适用于该产品的相关欧盟统一立法中规定的标准被视为"高风险"。欧洲议会和欧盟理事会 2017/745 号条例和欧洲议会和欧盟理事会 2017/746 号条例就是明显的例子，其中为中等风险和高风险产品提供了第三方合格性评估。

（52）至于独立的人工智能系统，即除开作为产品安全组件或作为产品本身的高风险人工智能系统之外的其他系统，如果根据其预期目的，考虑到可能造成伤害的严重性及其发生的概率，其对人的健康和安全或基本权利造成伤害的风险很高，而且其用于本条例具体规定的一些预先确定的领域，那么将其归类为高风险系统是适当的。确定这些系统所依据的方法和标准与今后修订高风险人工智能系统清单所设想的方法和标准相同，考虑到技术的快速发展以及人工智能系统使用方面的潜在变化，委员会应有权通过授权法案对高风险人工智能系统清单进行修订。

（53）同样重要的是要澄清，在一些具体的情况下，本条例预先规定的领域所提到的人工智能系统不会导致对这些领域所保护的法律利益造成重大损害的风险，因为这些系统不会对决策产生实质性影响，或不会对这些利益造成实质性损害。就本条例而言，不对决策结果产生实质性影响的人工智能系统应理解为不影响决策的实质内容，从而不影响决策结果的人工智能系统，无论是人为决策还是自动决策。如果满足以下一个或多个条件，就可以这样理解。第一个条件应该是，人工智能系统的目的是执行范围狭窄的程序性任务，例如将非结构化数据转换为结构化数据的人工智能系统、将收到的文件分类的人工智能系统或用于检测大量应用程序中重复内容的人工智能系统。这些任务的范围很窄，性质有限，只会带来有限的风险，不会因为在所列举的环境中使用而增加风险。第二个条件应该是，人工智能系统执行的任务旨在改进先前完成的人类活动的结果，而该活动可能与所列举的目的有关。考虑到这些特点，人工智能系统只是为人类活动提供了一个附加层，从而降低了风险。例如，本标准适用于旨在改进先前起草的文件中所用语言的人工智能系统，例如在专业语气、学术语言风格方面，或通过使文本与特定品牌信息保持一致。第三个条件应该是人工智能系统旨在检测决策模式或偏离先前的决策模式的情况。此时风险也会有所降低，因为人工智能系统的使用是在先前完成的人工评估之后进行的，人工智能系统不是要在没有经过适当的人工审查的情况下替代或者影响人类评估。例如，这类人工智能系统可以在给一位教师打分时，事后检查该教师是否偏离了打分模式，以发现潜在的不一致或异常。第四个条件应该是，人工智能系统旨在执行的任务只是与所列的目的相关的评估的准备工作，从而使系统输出的可能的影响非常小，不会对接下来的评估造成风险。例如，这一标准涵盖了文件处理的智能解决方案，其中包括索引、搜索、文本和语音处理或将数据链接到其他数据源等各种功能，或用于翻译初始文件的人工智能系统。在任何情况下，如果附件三中提到的人工智能系统意味着 2016/679 号条例第 4 条第 4 款和 2016/680 号指令第 3 条第 4 款以及 2018/1725 号条例第 3 条第 5 款所指的画像，则应认为该人工智能系统对自然人的健康、安全或基本权利构成明显的损害风险。为确保可追溯性和透明度，根据上述标准，认为附件三所述人工智能系统不属于高风险的提供者应在该系统投放市场或提供服务前起草评估文件，并应根据要求向国家主管机关提供该文件。此类提供者有义务在根据本条例建立的欧盟数据库中登记该系统。为了进一步实际执行附件三所述人工智能系统在特殊情况下不属于高风险的标准，委员会应在与人工智能委员会协商后，提供具体的实际执行准则，并附上人工智能系统高风险和非高风险使用案例的全面的实例清单。

（54）由于生物数据是构成特殊类别的个人数据，只要其使用是欧盟和国家相关法律所允许的，将生物识别系统的几种关键用例归类为高风险用例是适当的。用于对自然人进行远程生物识别的人工智能系统在技术上的不准确性可能会导致有偏差的结果并产生歧视性影响。这在涉及年龄、民族、种族、性别或残疾时尤其如此。因此，鉴于远程生物识别系统所带来的风险，应将其归类为高风险系统。这不包括旨在用于生物验证，包括用于鉴别的人工智能系统，相应系统，单纯出于获得服务、解锁设备或安全进入场所的目的，其唯一目的是确认特定自然人就是他或她声称的那个人，以及确认自然人的身份。此外，意图用于根据基于生物数据的受2016/679号条例第9条第1款保护的敏感属性或特征进行生物分类的人工智能系统，只要本条例未曾加以禁止，以及本条例未曾加以禁止的情感识别系统，应被归类为高风险系统。仅用于网络安全和个人数据保护措施的生物识别系统不应被视为高风险系统。

（55）关于关键基础设施的管理和运行，将2022/2557号指令附件一第8点所列的意图用作关键数字基础设施管理和运行的安全组件的人工智能系统列为高风险系统是适当的，因为这些系统的故障或失灵可能会危及大规模人员的生命和健康，并导致社会和经济活动的正常进行受到明显干扰。关键基础设施，包括关键数字基础设施的安全组件是用来直接保护关键基础设施的物理完整性或人员和财产的健康与安全的系统，但并非系统运行所必需。这些组件的故障或失灵可能直接导致关键基础设施的物理完整性受到威胁，从而危及人员和财产的健康与安全。仅用于网络安全目的的组件不应被视为安全组件。此类关键基础设施的安全组件的例子可包括云计算中心的水压监测系统或火警控制系统。

（56）在教育领域部署人工智能系统，对于促进高质量的数字教育和培训，让所有学习者和教师获得并分享必要的数字技能和能力，包括媒体素养和批判性思维，从而积极参与经济、社会和民主进程非常重要。然而，在教育或职业培训中使用的人工智能系统，尤其是用于确定入学或录取、将人员分配到各级教育和职业培训机构或计划、评估个人的学习成果、评估对个人适当的教育水平并对个人将接受或能够接受的教育和培训水平产生实质性的影响，或者用于监测和检测学生在考试中的违纪行为的人工智能系统，应当归类为高风险人工智能系统，因为其可能决定一个人一生的教育和职业生涯，从而影响其确保生计的能力。如果设计和使用不当，这些系统可能具有特别的侵扰性，并可能侵犯受教育和培训的权利以及不受歧视的权利，并使历史上的歧视模式永久化，例如针对妇女、特定年龄群体、残疾人或特定的种族或民族血统或性取向的人的歧视。

（57）在就业、工人管理和自雇职业中使用的人工智能系统，特别是用于招聘和选拔人员，用于做出影响工作合同关系晋升和终止的决定，用于根据个人行为、个人特征或特点分配任务，用于监测或评估工作合同关系中的人员，也应当列为高风险，因为这些系统可能会对这些人的未来职业前景、生计和工人权利产生重大影响。与工作相关的合同关系应通过委员会 2021 年的工作计划中提及的平台，让雇员和提供服务的人员切实参与其中。在与工作相关的合同关系中，在整个招聘过程以及在对人员的评估、晋升或留用过程中，此类系统可能会延续历史上的歧视模式，例如针对妇女、特定年龄群体、残疾人或特定的种族或民族血统或性取向的人的歧视。用于监测这些个人的表现和行为的人工智能系统也可能损害他们的数据保护和隐私的基本权利。

（58）另一个值得特别考虑的使用人工智能系统的领域，是获得和享受特定的必要的私人和公共服务和福利，这是人们充分参与社会或提高生活水平所必需的。特别是，申请或接受公共机关提供的基本公共援助福利和服务，即医疗保健服务、社会保障福利，在生育、疾病、工伤事故或年老和失业情况下提供的社会保护以及社会和住房援助的自然人，通常依赖于这些福利和服务，相对于负有权责的机关来说处于弱势地位。如果机关使用人工智能系统来决定是否应给予、拒绝、减少、取消或收回这些福利和服务，包括受益人是否合法享有这些福利或服务，这些系统可能会对人们的生计产生重大影响，并可能侵犯他们的基本权利，如社会保护权、不受歧视权、人的尊严权或有效补救权，因此应被列为高风险系统。尽管如此，本条例不应妨碍公共行政部门开发和使用创新方法，因为更广泛地使用合规和安全的人工智能系统将使公共行政部门受益，前提是这些系统不会给法人和自然人带来高风险。此外，用于评估自然人的信用分数或信用度的人工智能系统应被归类为高风险人工智能系统，因为它们决定了这些人获得金融资源或住房、电力和电信服务等基本服务的机会。用于此目的的人工智能系统可能会导致对个人或群体的歧视，并延续历史上的歧视模式，例如基于种族或民族血统、性别、残疾、年龄、性取向的歧视，或造成新形式的歧视性影响。然而，根据本条例，欧盟法律规定的用于检测提供金融服务过程中的欺诈行为以及用于计算信贷机构和保险企业资本要求的尽职审慎目的的人工智能系统不应被视为高风险系统。此外，用于自然人健康和人寿保险风险评估和定价的人工智能系统也会对人们的生活产生重大影响，如果设计、开发和使用不当，可能会侵犯他们的基本权利，并可能对人们的生活和健康造成严重后果，包括金融排斥和歧视。最后，用于对自然人的紧急呼叫进行评估和分类的人工智能系统，或用于调度或确定优先调度紧急第一反应服务的人工智能系统，包括警察、消防员和医疗援助，以及紧急医疗保健病人分流系统，也应归类为高风险，因为它们是在非常危急的情况下对人的生命和健康及其财产做出决定。

（59）鉴于执法机关的角色和责任，执法机关涉及人工智能系统的特定用途的行动具有很大程度的权力不平衡的特点，可能导致监控、逮捕或剥夺自然人的自由，以及对《宪章》所保障的基本权利的其他不利影响。特别是，如果人工智能系统没有经过高质量数据的训练，在性能、准确性或稳健性方面没有达到足够的要求，或者在投放市场或以其他方式提供服务之前没有经过适当的设计和测试，这些系统可能会以歧视性或其他不正确或不公正的方式将人筛选出来。此外，重要的程序性基本权利，如获得有效救济和公正审判的权利，以及辩护权和无罪推定的行使，可能会受到阻碍，特别是在此类人工智能系统不够透明、可解释和有记录的情况下。因此，在相关欧盟和国家法律允许使用的范围内，将一些意图用于执法领域的人工智能系统归类为高风险系统是适当的，因为在执法领域，准确性、可靠性和透明度对于避免不利影响、保持公众信任以及确保可问责性和有效救济尤为重要。鉴于有关活动的性质和相关风险，这些高风险人工智能系统应特别包括意图由执法机关或代表执法机关或由联盟机构、办公室或支持执法机关的机构用于评估自然人成为刑事犯罪受害者的风险的人工智能系统，如测谎仪和类似工具，在调查或起诉刑事犯罪的过程中，用于评估证据的可靠性，以及在本条例未禁止的范围内，用于评估自然人犯罪或再犯罪的风险，而不仅仅是基于对自然人的特征分析，或基于对自然人或群体的个性特征或以往犯罪行为的评估，用于侦查、调查或起诉刑事犯罪过程中的特征分析。专门用于税务和海关机关行政程序的人工智能系统，以及根据欧盟反洗钱立法执行行政任务、分析信息的金融情报单位使用的人工智能系统，不应被归类为执法机关为预防、侦查、调查和起诉刑事犯罪而使用的高风险人工智能系统。执法部门和机关使用人工智能工具不应成为不平等或排斥的因素。不应忽视使用人工智能工具对嫌疑人辩护权的影响，特别是难以获得关于这些系统运作的有意义信息，以及因此难以在法庭上质疑其结果，尤其是对遭到调查的个人来说。

（60）在移民、庇护和边境管制管理中使用的人工智能系统影响到的人往往处于特别弱势的地位，他们依赖于主管公共机关的行为的结果。因此，在这些情况下使用的人工智能系统的准确性、非歧视性和透明度对于保证尊重受影响者的基本权利，特别是他们的自由行动权、不受歧视权、私人生活和个人数据受保护权、受国际保护权和得到良好管理权尤为重要。因此，在欧盟和各国相关法律允许使用的范围内，将旨在由主管公共机关或代表主管公共机关或负责移民、庇护和边境管制管理领域任务的欧盟机构、办公室或机关使用的人工智能系统归类为高风险系统是适当的，如测谎仪和类似工具，用于评估进入成员国领土或申请签证或庇护的自然人所构成的特定风险、协助主管公共机关审查庇护、签证和居留许可申请及相关投诉，包括对证据可靠性的相关评估，目的是确定申请身份的自然人的资格，以便在移民、庇护和边境管制管理方面发现、识别或辨认自然人，但旅行证件除外。本条例涵盖的移民、庇护和边境控制管理领域的人工智能系统应符合欧洲议会和欧盟理事会 2013/32/EU 号指令[1]、欧洲议会和欧盟理事会 810/2009 号条例[2]以及其他相关立法规定的相关程序要求。在移民、庇护和边境控制管理中使用人工智能系统，在任何情况下都不应被成员国或联盟机构、机关或团体用作规避其根据经 1967 年 1 月 31 日议定书修正的 1951 年 7 月 28 日《关于难民地位的公约》所承担的国际义务的手段，也不应被用于以任何方式违反不遣返原则，或剥夺进入联盟领土的安全和有效的合法途径，包括获得国际保护的权利。

（61）考虑到用于司法和民主进程的特定人工智能系统对民主、法治、个人自由以及获得有效救济和公平审判的权利可能产生的重大影响，应将其归类为高风险系统。特别是，为了应对潜在的偏见、错误和不透明的风险，应将旨在由司法机关或代表司法机关使用的人工智能系统定为高风险系统，以协助司法机关研究和解释事实和法律，并将法律适用于一系列具体事实。当替代性争议解决程序的结果对当事方产生法律效力时，拟由替代性争议解决机构用于上述目的的人工智能系统，也应视为高风险系统。使用人工智能工具可以支持法官的决策权或司法独立，但不应取而代之，因为最终决策必须仍然是人类驱动的活动和决定。然而，这种限定不应延伸到纯粹用于辅助性行政活动的人工智能系统，这些活动并不影响个案中的实际司法行政，如司法判决、文件或数据的匿名化或假名化、人员之间的沟通、行政性任务等。

（62）在不影响关于政治广告透明度和针对性的相应条例[3]规定的规则的情况下，为应对《宪章》第 39 条规定的投票权受到不当外部干预的

[1]欧洲议会和欧盟理事会 2013 年 6 月 26 日关于授予和撤销国际保护的共同程序的 2013/32/EU 号指令（官方公报，180，2013 年 6 月 29 日，第 60 页）。
[2]欧洲议会和欧盟理事会 2009 年 7 月 13 日 810/2009 号条例（《共同体签证法》）（官方公报，243，2009 年 9 月 15 日，第 1 页）。
[3]欧洲议会和欧盟理事会关于政治广告透明度和定向的……条例。

风险，以及对民主和法治产生不利影响的风险，旨在用于影响选举或全民投票结果或自然人在选举或全民投票中的投票行为的人工智能系统应被归类为高风险人工智能系统，但自然人不直接接触其输出结果的人工智能系统除外，例如从行政和后勤角度组织、优化和结构化政治运动的工具。

（63）根据本条例，人工智能系统归类为高风险人工智能系统这一事实不应解释为表明，根据其他联盟法律或与联盟法律相容的国家法律，如关于保护个人数据、使用测谎仪和类似工具或其他系统检测自然人情绪状态的法律，使用该系统是合法的。任何此类使用均应完全按照《宪章》以及适用的欧盟次级法律和国家法律的要求继续进行。除非本条例另有明确规定，否则本条例不应被理解为提供处理个人数据，包括相关的特殊类别个人数据的合法性基础。

（64）为降低投放市场或提供服务的高风险人工智能系统的风险，并确保高水平的可信度，特定的强制性要求应适用于高风险人工智能系统，同时考虑到人工智能系统的预期目的和使用环境，以及提供者建立的风险管理系统。提供者为遵守本条例的强制性要求而采取的措施应考虑到普遍认可的人工智能技术水平，并与本条例的目标合比例且有效。按照委员会2022年关于实施欧盟产品规则的《蓝皮书指南》的通知中阐明的"新立法框架"的方法，一般的规则是，一个产品可能需要考虑多个欧盟立法，因为只有当产品符合所有适用的欧盟统一立法时，才能提供服务。本条例的要求所涉及的人工智能系统的危险与现有的欧盟协调法案涉及不同的方面，因此本条例的要求将对现有的欧盟协调法案进行补充。例如，包含人工智能系统的机械或医疗设备产品可能会带来相关欧盟协调法规中规定的基本健康和安全要求未涉及的风险，因为该部门法规不涉及人工智能系统特有的风险。这就要求同时且互补地适用不同的法律法规，并对其进行补充。为确保一致性并避免不必要的行政负担或成本，对于包含一个或多个高风险人工智能系统的产品，本条例附件列举的立法新框架的要求适用于该产品，其提供者应在运营决策方面具有灵活性，以最佳方式确保包含一个或多个人工智能系统的产品符合欧盟统一立法的所有适用要求。例如，这种灵活性可能意味着提供者决定将本条例要求的部分必要测试和报告流程、信息和文件整合到附件部分所列现有欧盟统一立法要求的现有文件和程序中。这不应以任何方式损害提供者遵从所有适用要求的义务。

（65）风险管理系统应包括一个连续的、迭代的过程，在高风险人工智能系统的整个生命周期中进行规划和运行。这一过程应旨在确定和减轻人工智能系统对健康、安全和基本权利的相关风险。应当定期对风险管理系统进行审查和更新，以确保其持续有效性，并对根据本条例作出的任何重大决定和采取的行动进行说明和记录。这一过程应确保提供者根据人工智能系统的预期目的和可合理预见的滥用情况，包括人工智能系统与其运行环境之间的相互作用可能产生的风险，识别风险或不利影响，并针对已知和可合理预见的人工智能系统对健康、安全和基本权利的风险实施缓解措施。风险管理系统应根据人工智能的先进技术水平，采取最为适当的风险管理措施。在确定最为合适的风险管理措施时，提供者应记录和解释所做的选择，并在相关的时候让专家和外部利益相关者参与进来。在确定可合理预见的对高风险人工智能系统的误用时，提供者应涵盖人工智能系统的用途，这些用途虽然不直接包括在预期目的和使用说明中，但根据特定人工智能系统的具体特点和使用情况，可合理预期将由容易预测到的人类行为导致相应的用途。任何高风险人工智能系统，按照其预期目加以使用，或在可合理预见的滥用条件下加以使用，有关的已知的或可预见的情况，凡是可能导致健康和安全风险或者基本权利的风险，都应包括在提供者提供的使用说明中。这是为了确保部署者在使用高风险人工智能系统时了解并考虑到这些风险。根据本条例确定和实施针对可预见滥用的风险缓解措施，不应要求提供者针对高风险人工智能系统采取具体的额外训练措施来解决这些问题。然而，鼓励提供者在必要和适当的情况下，应考虑采取这些额外的训练措施，以减少合理的可预见的误用。

（66）在风险管理、所使用数据集的质量和相关性、技术文件和记录保存、透明度和向部署者提供信息、人工监督、稳健性、准确性和网络安全方面，应当对高风险人工智能系统提出要求。这些要求是有效降低健康、安全和基本权利风险所必需的，并且没有其他对交易而言限制性较小的措施可以加以合理利用，从而避免对交易造成不合理的限制。

（67）高质量数据和获取高质量数据在提供结构和确保许多人工智能系统的性能方面发挥着至关重要的作用，特别是在使用涉及模型训练的技术时，目的是确保高风险人工智能系统按预期安全运行，并且不会成为欧盟法律禁止的歧视来源。用于训练、验证和测试的高质量数据集需要实施适当的数据治理和管理实践。用于训练、验证和测试的数据集，包括标签，应具有相关性和足够的代表性，并在其最大程度上不存在错误，而且从系统的预期目的来看应是完整的。为便于遵守欧盟数据保护法，如2016/679号条例，数据治理和管理实践应包括：就个人数据而言，数据收集的原始目的应当透明；数据集还应具有适当的统计属性，包括与高风险人工智能系统的预期使用对象相关的个人或群体。此外，数据集还应特别注意减少数据集中可能存在的偏差，这些偏差可能会影响个人的健康和安全，对基本权利产生负面影响，或导致欧盟法律禁止的歧视，尤其是在数据输出会影响未来操作的输入（反馈回路）的情况下。例如，偏差可能是基础数据集所固有的，特别是在使用历史数据时，或者是在现实世界环境中落实系统时产生的。人工智能系统提供的结果可能会受到这些固有偏差的影响，这些偏差可能会逐渐增大，从而延续和扩大现有的歧视，特别是对特定的弱势群体，包括种族或族裔群体的人的歧视。在开发和测试人工智能系统时，要求数据集尽可能完整无误，这不应影响隐私保护技术的使用。特别是，数据集应在其预期目的所要求的范围内，考虑到人工智能系统预期使用的特定的地理、场景、行为或功能环境所特有的特征、特性或要素。与数据管理相关的要求可通过求助于提供认证合规服务的第三方来遵守，这些服务包括验证数据管理、数据集完整性以及数据训练、验证和测试实践，只要确保符合本条例的数据要求即可。

（68）为了开发和评估高风险人工智能系统，特定的行为者，如提供者、公告机关和其他相关实体，如数字创新中心、测试实验设施和研究人员，应能够在各自活动领域内获取和使用与本条例相关的高质量数据集。委员会建立的欧洲共同数据空间，以及促进企业间和政府间在公共利益方面的数据共享，将有助于为人工智能系统的训练、验证和测试提供可信、负责和非歧视性的高质量数据访问。例如，在健康领域，欧洲健康数据空间将以保护隐私、安全、及时、透明和可信的方式，并通过适当的机构管理，促进对健康数据的非歧视性访问，并在这些数据集上对人工智能算法进行训练。提供或支持数据访问的相关主管机关，包括部门主管机关，也可支持为人工智能系统的训练、验证和测试提供高质量数据。

（69）必须在人工智能系统的整个生命周期之内保障隐私权和个人数据受保护的权利。在这方面，欧盟数据保护法规定的数据最小化原则和通过设计和默认方式保护数据的原则在处理个人数据时适用。提供者为确保遵守这些原则而采取的措施不仅包括匿名化和加密，还包括使用允许数据不动算法动的技术，以及允许在不影响本条例规定的数据管理要求的情况下，在各方之间传输或复制原始数据或结构化数据本身的情况下对人工智能系统进行训练。

（70）为了保护他人的权利免受人工智能系统中的偏见可能导致的歧视，在例外情况下，提供者应在确保对高风险人工智能系统进行偏见检测和纠正的严格必要范围内，在对自然人的基本权利和自由采取适当保障措施的前提下，并在适用本条例规定的所有适用条件以及2016/679号条例、2016/680号指令和2018/1725号条例规定的条件之后，作为2016/679号条例第9条第2款第g项和2018/1725号条例第10条第2款第g项所指的重大公共利益事项，依然能够处理特殊类别的个人数据。

（71）掌握关于高风险人工智能系统如何开发及其在整个生命周期中如何运行的可理解的信息，对于实现这些系统的可追溯性、验证是否符合本条例的要求以及监测其运行情况和市场监测至关重要。这就要求保存记录和提供技术文件，其中包含评估人工智能系统是否符合相关要求和促进市场后监测所需的信息。这些信息应包括系统的一般特点、能力和局限性，所使用的算法、数据、训练、测试和验证过程，以及相关风险管理系统的文件，并以清晰和全面的形式绘制。在人工智能系统的整个生命周期内，技术文件都应适当地保持更新。此外，高风险人工智能系统应在技术上允许自动记录系统使用期间的事件，也就是日志。

（72）为了解决与特定的人工智能系统的不透明和复杂性相关的关切，并且帮助部署者履行本条例规定的义务，应当要求高风险人工智能系统在投放市场或提供服务前具备透明度。高风险人工智能系统的设计应使得部署者能够了解人工智能系统的工作原理，评估其功能，并理解其优势和局限性。高风险人工智能系统应附有适当的使用说明信息。这些信息应包括人工智能系统的特点、功能和性能限制。这些信息应包括与使用高风险人工智能系统有关的可能的已知的和可预见的情况，包括可能影响系统行为和性能的部署者的行为，在这些情况下人工智能系统可能导致健康、安全和基本权利的风险，提供者预先确定和评估合格性的变化，以及相关的人工监督措施，包括便于部署者解释人工智能系统输出的措施。透明度，包括随附的使用说明，应有助于部署者使用系统并支持他们作出知情决策。除此以外，部署者应能更好地根据对其适用的义务正确选择他们意图使用的系统，了解预期的用途和排除的用途，并正确和适当地使用人工智能系统。为了提高使用说明中信息的可读性和易读性，在适当情况下，应包括举例方式的说明，例如关于人工智能系统的局限性以及预期用途和排除用途。提供者应确保包括使用说明在内的所有文件都包含有意义、全面、可获取和可理解的信息，同时考虑到目标部署者的需求和可预见的知识。使用说明应以有关成员国确定的目标部署者所易于理解的语言提供。

（73）在设计和开发高风险人工智能系统时，应当使得自然人能够监督其运作，确保其按预期使用，并在系统的生命周期内消除其影响。为此，系统提供者应在系统投放市场或提供服务前确定适当的人工监督措施。特别是，在适当的情况下，这些措施应保证系统受到内置的操作限制，这些限制不能被系统本身所推翻，并能对人类操作者作出反应，而且被指派进行人为监督的自然人应具有履行这一职责所必需的能力、培训和授权。此外，还必须酌情确保高风险人工智能系统包括一些机制，以指导和通知接受人工监督的自然人，使其在知情的情况下决定是否、何时以及如何进行干预，以避免负面后果或风险，或在系统未按预期运行时停止运行。考虑到特定生物鉴别系统的错误匹配会对个人造成严重后果，因此，宜规定对这些系统加强人的监督，以便部署者不得根据该系统产生的识别结果采取任何行动或作出任何决定，除非至少有两个自然人分别加以核实和确认。这些人可以来自一个或多个实体，包括操作或使用系统的人。这项要求不应造成不必要的负担或延误，只要将不同人员的单独核实自动记录在系统生成的日志中即可。鉴于执法、移民、边境管制和庇护等领域的特殊性，在欧盟或国家法律认为适用这一要求不合比例的情况下，不应适用这一要求。

（74）高风险人工智能系统应在其整个生命周期内始终如一地运行，并根据其预期目的和先进的技术水平，达到适当的准确性、稳健性和网络安全水平。鼓励委员会和相关组织及利益相关方适当考虑降低人工智能系统的风险和负面影响。应在随附的使用说明中宣布预期的性能指标水平。敦促提供者以清晰易懂的方式向部署者传达这一信息，避免误解或误导性陈述。欧盟关于法定计量的立法，包括2014/31/EU号指令[1]和2014/32/EU号指令[2]，旨在确保计量准确性，并帮助提高商业交易的透明度和公

[1] 欧洲议会和欧盟理事会2014年2月26日关于统一成员国有关在市场上销售非自动称重仪器的法律的指令的2014/31/EU号指令（官方公报，96，2014年3月29日，第107页）。
[2] 欧洲议会和欧盟理事会2014年2月26日关于统一成员国有关在市场上提供测量仪器的法律的2014/32/EU号指令（官方公报，96，2014年3月29日，第149页）。

平性。在此背景下，委员会应与利益相关的各方和组织，如计量和基准制定机构合作，酌情鼓励制定人工智能系统的基准和测量方法。在此过程中，委员会应注意到从事与人工智能有关的计量学和相关衡量指标工作的国际合作伙伴，并与其开展合作。

（75）技术稳健性是高风险人工智能系统的关键要求。这些系统应当能够抵御因系统内部限制或系统运行环境，如错误、故障、不一致、意外情况而导致的有害或其他不良行为。因此，应采取技术和组织措施，确保高风险人工智能系统的稳健性，例如设计和开发适当的技术解决方案，以防止或尽量减少有害或不良行为。例如，这些技术解决方案可包括使系统在出现特定异常情况或运行超出特定预定边界时安全中断其运行的机制，即故障安全计划。如果不能防范这些风险，可能会导致安全影响或对基本权利产生负面影响，例如由于人工智能系统产生的错误决定或错误或有偏见的输出。

（76）网络安全在确保人工智能系统具有抵御恶意第三方利用系统漏洞改变其使用、行为、性能或破坏其安全属性的能力方面发挥着至关重要的作用。针对人工智能系统的网络攻击可以利用人工智能的特定资产，如针对训练数据集的数据投毒或针对训练模型的对抗性攻击或成员推断攻击，或利用人工智能系统数字资产或底层信息和通信技术基础设施中的漏洞。因此，为确保网络安全水平与风险相适应，高风险人工智能系统的提供者应采取适当措施，如安全控制，并酌情考虑底层的信息和通信技术基础设施。

（77）在不影响本条例规定的稳健性和准确性要求的前提下，属于欧洲议会和欧盟理事会的相应条例范围内的高风险人工智能系统，根据相应条例，可通过满足相应条例所规定的网络安全基本要求来证明符合本条例的网络安全要求。当高风险人工智能系统满足相应条例的基本要求时，只要根据相应条例发布的欧盟合格性声明或部分合格性声明证明达到了这些要求，就应视为符合本条例规定的网络安全要求。为此，根据相应条例，对根据本法规被归类为高风险人工智能系统的具有数字元素的产品进行网络安全风险评估时，应考虑人工智能系统在未经授权的第三方试图改变其使用、行为或性能方面的网络韧性风险，包括人工智能特有的漏洞，如数据投毒或对抗性攻击，以及本法规要求的相关基本权利风险。

（78）本条例规定的合格性评估程序应适用于具备由欧洲议会和欧盟理事会的相应条例所涵盖的数字元素，以及根据本条例归类为高风险人工智能系统的产品的基本网络安全要求。然而，该规则不应导致降低相应条例所涵盖的具有数字元素的关键产品的必要保证水平。因此，作为本规则的克减，属于本条例范围内的高风险人工智能系统，同时根据相应条例被定性为具有数字要素的重要且关键产品，并且本条例附件提及的基于内部控制的合格性评估程序适用于该系统，就相应条例的基本网络安全要求而言，该系统须遵从相应条例的合格性评估规定。在这种情况下，对于本条例涵盖的所有其他方面，应适用本条例附件中基于内部控制的合格性评估规定。基于欧盟网络安全局在网络安全政策方面的知识和专长，以及根据2019/881号条例[1]分配给欧盟网络安全局的任务，委员会应与欧盟网络安全局就人工智能系统的网络安全相关问题开展合作。

（79）将一个特定的自然人或法人，定义为提供者，对将高风险人工智能系统投放市场或提供服务负责，是适当的，无论该自然人或法人是否为设计或开发该系统的人。

（80）作为《联合国残疾人权利公约》的缔约国，欧盟及其成员国在法律上有义务保护残疾人不受歧视，促进其平等对待，确保残疾人在与其他人平等的基础上获得信息和通信技术和系统，并确保尊重残疾人的隐私。鉴于人工智能系统的重要性和使用量日益增加，在所有新技术和服务中应用通用设计原则，应确保每个可能受人工智能技术影响或使用人工智

---

[1] 欧洲议会和欧盟理事会2019年4月17日关于欧盟网络安全局和信息与通信技术网络安全认证，并废除526/2013号条例的2019/881号条例（官方公报，151，2019年6月7日，第15页）。

能技术的人，包括残疾人，都能以充分考虑其固有尊严和多样性的方式，充分和平等地使用人工智能技术。因此，提供者必须确保完全符合无障碍要求，包括2016/2102号指令[1]和2019/882号指令。提供者应确保在设计上符合这些要求。因此，应尽可能将必要措施纳入高风险人工智能系统的设计中。

（81）提供者应建立健全的质量管理体系，确保完成规定的合格性评估程序，起草相关文件，并建立健全的市场监测体系。高风险人工智能系统的提供者，如果根据相关的欧盟部门法有义务建立质量管理体系，则应有可能将本条例规定的质量管理体系要素作为其他欧盟部门法规定的现有质量管理体系的一部分。在未来的标准化活动，或者由委员会通过的指南中，也应考虑本条例与现行欧盟部门法之间的互补性。公共机关为其自身使用的高风险人工智能系统提供服务时，可酌情采用和实施质量管理体系规则，作为在国家或地区一级采用的质量管理体系的一部分，同时考虑到该部门的特殊性以及相关公共机关的权限和组织。

（82）为了能够执行本条例，并为经营者创造一个公平竞争的环境，同时考虑到提供数字产品的不同形式，必须确保在任何情况下，在欧盟设立的个人都能向机关提供关于人工智能系统合规性的所有必要信息。因此，在欧盟境外设立的提供者在欧盟境内提供其人工智能系统之前，应通过书面授权任命一名在欧盟境内设立的授权代表。该授权代表发挥关键作用，确保未在欧盟设立场所的提供者在欧盟投放市场或提供服务的高风险人工智能系统符合规定，并担任其在欧盟设立的联系人。

（83）鉴于人工智能系统价值链的性质和复杂性，并且根据立法新框架的原则，必须确保法律的确定性，并促进对本条例的遵从。因此，有必要明确价值链上的相关经营者的作用和具体义务，如可能促进人工智能系

[1] 欧洲议会和欧盟理事会2016年10月26日关于公共部门机构网站和移动应用程序的无障碍性的2016/2102号指令（官方公报，327，2016年12月2日，第1页）。

统发展的进口者和分销者。在特定情况下，这些经营者可能会同时扮演多个角色，因此应累计地履行与这些角色相关的所有义务。例如，经营者可同时担任分销者和进口者。

（84）为了确保法律的确定性，有必要澄清，在特定的条件下，任何分销者、进口者、部署者或其他第三方都应视为高风险人工智能系统的提供者，并因此承担所有相关的义务。如果该方在已投放市场或提供服务的高风险人工智能系统上冠以自己的名称或商标，尽管如此行事不妨碍合同中规定以其他方式分配义务的安排，或者如果该方对已投放市场或提供服务的高风险人工智能系统进行实质性修改，使其仍然属于第6条所指的高风险人工智能系统，则属于这种情况。或者如果其修改了一个人工智能系统，包括通用人工智能系统的预期用途，而该人工智能系统尚未被归类为高风险系统，并且其已经投放市场或提供服务，根据第6条的规定，该人工智能系统成为高风险人工智能系统。这些规定的适用不应妨碍本条例应与之共同适用的特定的新立法框架部门立法中的具体规定。例如，745/2017号条例第16条第2款规定，特定的修改不应视为可能影响其符合适用要求的设备修改，应继续适用于属于该法规意义上的医疗设备的高风险人工智能系统。

（85）通用人工智能系统本身可用作高风险人工智能系统，也可作为其他高风险人工智能系统的组成部分。因此，由于其特殊性，并为了确保在人工智能价值链上公平分担责任，除非本条例另有规定，否则此类系统的提供者应与相关高风险人工智能系统的提供者密切合作，使其能够遵守本条例规定的相关义务，并遵守根据本条例设立的主管机关的规定。

（86）如果根据本条例规定的条件，最初将人工智能系统投放市场或提供服务的提供者不应再视为本条例意义上的提供者，而且该提供者没有明确排除将人工智能系统转变为高风险人工智能系统的可能性，则先前的提供者仍应密切合作，提供必要的信息，并提供合理预期的技术准入和其他协助，以履行本条例规定的义务，特别是关于高风险人工智能系统的合格性评估的义务。

（87）此外，如果高风险人工智能系统是相关新立法框架部门立法所涵盖的产品的一个安全组件，而该系统没有独立于产品投放市场或提供服务，则相关新立法框架立法所定义的产品制造者应遵守本条例所规定的提供者的义务，并特别确保嵌入最终产品中的人工智能系统符合本条例的要求。

（88）在人工智能价值链中，多个相关方往往不仅提供人工智能系统、工具和服务，而且还提供由提供者纳入人工智能系统的组件或流程，其目的有多种，包括模型训练、模型再训练、模型测试和评估、纳入软件或模型开发的其他方面。这些当事方在面向高风险人工智能系统提供者的价值链中发挥着重要作用，其人工智能系统、工具、服务、组件或流程被集成到该系统中，并应通过书面协议向该提供者提供必要的信息、能力、技术访问和基于先进技术水平的其他援助，以使提供者能够在不损害其自身知识产权或商业秘密的情况下完全遵守本条例规定的义务。

（89）向公众提供工具、服务、流程或人工智能组件，但通用人工智能模型除外的第三方，如果这些工具、服务、流程或人工智能组件是在自由、免费且开源的许可下提供的，则不应强制要求其遵守针对人工智能价值链责任的要求，特别是针对使用或集成这些工具、服务、流程或人工智能组件的提供者的要求。除通用人工智能模型外，应鼓励自由、免费且开源的工具、服务、流程或人工智能组件的开发者实施广泛采用的文档实践，如模型卡和数据卡，以此加快人工智能价值链上的信息共享，从而在欧盟推广值得信赖的人工智能系统。

（90）委员会可制定并建议高风险人工智能系统提供者与提供高风险人工智能系统所使用或集成的工具、服务、组件或流程的第三方之间的自愿示范合同条款，以促进价值链上的合作。在制定自愿示范合同条款时，委员会还应考虑到适用于特定部门或商业案例的可能合同要求。

（91）鉴于人工智能系统的性质及其使用可能对安全和基本权利造成

的风险，包括需要确保适当监测人工智能系统在现实生活中的表现，为部署者规定具体的责任是适当的。部署者尤其应采取适当的技术和组织措施，确保其按照使用说明使用高风险的人工智能系统，并应酌情规定监测人工智能系统运作和保存记录方面的特定其他义务。此外，部署者应确保被指派执行本条例规定的使用说明和人工监督的人员具备必要的能力，特别是适当的人工智能知识水平、培训和适当履行这些任务的权力。这些义务不应影响欧盟或国家法律规定的与高风险人工智能系统有关的其他部署者义务。

（92）本条例不妨碍雇主根据欧盟或国家法律和惯例，包括关于向雇员通报和咨询的一般框架的 2002/14/EC 号指令[1]，就提供服务人工智能系统的决定向工人或其代表通报或咨询的义务。在其他法律文书中规定的信息或信息和咨询义务未得到满足的情况下，仍有必要确保工人及其代表了解在工作场所部署高风险人工智能系统的计划。此外，这种知情权对于本条例所依据的保护基本权利的目标是辅助性且必要的。因此，本条例应规定这方面的信息要求，而不影响工人的任何现有的权利。

（93）虽然与人工智能系统有关的风险可能来自此类系统的设计方式，但风险也可能来自此类人工智能系统的使用方式。因此，高风险人工智能系统的部署者在确保基本权利得到保护方面起着至关重要的作用，是对提供者在开发人工智能系统时所承担义务的补充。部署者最了解高风险人工智能系统将如何具体使用，因此能够识别开发阶段未预见的潜在重大风险，因为部署者更准确地了解使用环境、可能受影响的人群或群体，包括弱势群体。附件提到的高风险人工智能系统的部署者在向自然人提供信息方面也起着关键作用，在作出或协助作出与自然人有关的决定时，部署者应酌情向自然人提供信息，告知其将使用高风险人工智能系统。这些信

[1] 欧洲议会和欧盟理事会 2002 年 3 月 11 日 2002/14/EC 号指令，该指令建立了一个向欧洲共同体雇员提供信息和咨询的总体框架——欧洲议会、欧盟理事会和委员会关于雇员代表的联合声明（官方公报，80，2002 年 3 月 23 日，第 29 页）。

息应包括预期目的和决策类型。部署者还应告知自然人其有权获得本条例规定的解释。对于用于执法目的的高风险人工智能系统，应根据 2016/680 号指令第 13 条履行这一义务。

（94）为执法目的使用人工智能系统进行生物识别时涉及的任何生物数据处理都需要遵守 2016/680 号指令第 10 条，该条规定，只有在严格必要的情况下，在适当保障数据主体的权利和自由的前提下，并经欧盟或成员国法律授权，才允许进行此类处理。在获得授权的情况下，此类使用还需遵守 2016/680 号指令第 4 条第 1 款规定的原则，包括合法性、公平性和透明度、目的限制、准确性和存储限制。

（95）在不影响适用的欧盟法律，特别是 2016/679 号条例和 2016/680 号指令的情况下，考虑到事后远程生物识别系统的侵入性，事后远程生物识别系统的使用应受到保障措施的约束。事后生物识别系统的使用应始终做到适度、合法且严格必要，因此在识别的个人、地点、时间范围方面应具有针对性，并以合法获取的视频录像的封闭数据集为基础。在任何情况下，事后远程生物识别系统都不应用于执法框架，从而导致普遍监控。在任何情况下，事后远程生物识别的条件都不应成为规避实时远程生物识别的禁止条件和严格例外的依据。

（96）为了有效确保基本权利得到保护，受公法管辖的高风险人工智能系统的部署者，或提供公共服务的私人经营者和部署附件三所述的特定高风险人工智能系统的经营者，如银行或保险实体，应在提供服务前进行基本权利影响评估。私人实体也可以提供对个人重要的公共服务。提供此类公共性服务的私人经营者与公共利益任务相关，如教育、医疗保健、社会服务、住房、司法管理等领域。基本权利影响评估的目的是使得部署者确定可能受影响的个人或个人群体的权利所面临的具体风险，并确定在这些风险具体化的情况下应采取的措施。影响评估应确定部署者按照预期目的使用高风险人工智能系统的相关程序，并应包括对意图使用该系统的时间段和频率以及在具体使用环境中可能受到影响的自然人和群体的具体类别的描述。评估还应当包括确定可能影响这些人或群体基本权利的具体伤害风险。在进行评估时，部署者应考虑到与适当评估影响有关的信息，包括但不限于高风险人工智能系统提供者在使用说明中提供的信息。根据所确定的风险，部署者应确定在这些风险成为现实的情况下应采取的措施，例如包括在具体使用情况下的治理安排，如根据使用说明进行人为监督的安排，或投诉处理和补救程序，因为这些安排在具体使用情况下可能有助于减轻对基本权利的风险。在进行评估后，部署者应通知相关市场监督管理机关。在适当情况下，为收集进行影响评估所需的相关信息，高风险人工智能系统的部署者，特别是在公共部门使用人工智能系统时，可让利益相关方，包括可能受人工智能系统影响的群体的代表、独立专家和公民社会组织参与进行这种影响评估，并设计在风险具体化的情况下应采取的措施。人工智能办公室应开发一个调查问卷模板，以促进遵守和减少部署者的行政负担。

（97）应明确界定通用人工智能模型的概念，并将其与人工智能系统的概念区分开来，以确保法律的确定性。定义应基于通用人工智能模型的关键功能特征，特别是通用性和胜任各种不同任务的能力。这些模型通常通过自我监督、无监督或强化学习等各种方法在大量数据上进行训练。通用人工智能模型可以通过各种方式投放市场，包括通过库、应用编程接口（API）、直接下载或实物拷贝。这些模型可以进一步修改或微调为新的模型。虽然人工智能模型是人工智能系统的重要组成部分，但其本身并不构成人工智能系统。人工智能模型需要添加更多的组件，例如用户界面，才能成为人工智能系统。人工智能模型通常被集成到人工智能系统中，成为人工智能系统的一部分。本条例为通用人工智能模型和构成系统风险的通用人工智能模型提供了具体的规则，这些规则也应适用于这些模型被集成到人工智能系统中或构成人工智能系统的一部分的情况。应该理解的是，一旦通用人工智能模型投放市场，通用人工智能模型提供者的义务就应适用。当通用人工智能模型的提供者将自己的模型集成到自己的人工智能系统中并在市场上销售或提供服务时，该模型应视为已投放市场，因此，除人工智能系统的义务外，本条例中有关模型的义务也应继续适用。在任何情况下，当自有模型用于纯粹的内部流程，而这些流程对于向第三方提供产品或服务并不重要，且自然人的权利不受影响时，本条例中针对模型规定的义务不应适用。考虑到其潜在的重大负面影响，具有系统性风险的通用人工智能模型应始终遵守本条例规定的相关义务。该定义不应涵盖在投放市场前仅用于研究、开发和原型设计活动的人工智能模型。这并不影响在此类活动之后将模型投放市场时遵守本条例的义务。

（98）虽然模型的通用性也可以通过参数数量等标准来确定，但至少有十亿个参数并使用大量数据通过大规模自监督进行训练的模型，应视为显示出显著的通用性，并且能够胜任各种不同的任务。

（99）大型生成式人工智能模型是通用人工智能模型的典型范例，因为它们可以灵活地生成内容，如文本、音频、图像或视频形式的内容，可随时适应各种不同的任务。

（100）当一个通用人工智能模型集成到一个人工智能系统中或成为其组件之一时，该系统应视为一个通用人工智能系统，因为这种集成使该系统有能力服务于各种目的。通用人工智能系统可以直接使用，也可以集成到其他人工智能系统中。

（101）通用人工智能模型的提供者在人工智能价值链中具有特殊的作用和责任，因其所提供的模型可能构成一系列下游系统的基础，而这些系统往往是由下游提供者提供的，下游提供者需要充分了解模型及其功能，以便能够将这些模型集成到他们的产品中，并履行本条例或其他条例规定的义务。因此，应预见适度的透明度措施，包括起草和不断更新文件，以及提供有关通用人工智能模型的信息，供下游提供者使用。技术文件应由通用人工智能模型提供者编制并不断更新，以便在人工智能办公室和国家主管机关提出要求时提供给它们。本条例的多个附件分别概述了此类文件中包含的最基本的要件。委员会应能够根据不断发展的技术，通过授权法案对附件进行修订。

（102）包括模型在内的软件和数据在自由、免费且开源许可下发布，允许公开共享，部署者可以自由地访问、使用、修改和重新发布这些软件和数据或其修改版本，可以促进市场研究和创新，并为联盟经济提供重要的增长机会。在自由、免费且开源许可下发布的通用人工智能模型，如果其参数，包括权重、模型架构信息和模型使用信息是公开的，则应视为确保了高水平的透明度和开放性。如果许可允许部署者运行、复制、分发、研究、更改和改进软件和数据，包括模型，但必须注明模型的原始提供者，并遵守相同或类似的分发条款，那么相应许可也应视为自由、免费且为开源的。

（103）自由、免费且开源的人工智能组件涵盖软件和数据，包括模型和通用人工智能模型、工具、服务或人工智能系统的流程。自由、免费且开源的人工智能组件可通过不同的渠道提供，包括在开放存储库中开发。就本条例而言，有偿提供或以其他方式商业化的人工智能组件，包括通过软件平台提供与人工智能组件相关的技术支持或其他服务，或出于改善软件安全性、兼容性或互操作性以外的原因使用个人数据，不应享受自由、免费且开源人工智能组件的例外规定，但微型企业之间的交易除外。通过开源提供人工智能组件这一事实本身不应构成商业化。

（104）通用人工智能模型的提供者，如果其模型参数，包括权重、模型结构信息和模型使用信息，是在自由、免费且开源的许可下发布的，则应在通用人工智能模型的透明度相关要求方面享有例外，除非这些模型被认为会带来系统性风险，在这种情况下，模型是透明的并且附有开源许可，不应视为排除遵守本条例规定的义务的充分理由。在任何情况下，鉴于在自由、免费且开源许可下发布通用人工智能模型并不一定披露有关用于模型训练或微调的数据集以及如何确保尊重版权法的大量信息，因此为通用人工智能模型提供的不遵守透明度相关要求的例外情况不应涉及编制有关模型训练所用内容的摘要的义务，以及制定尊重欧盟版权法的政策的义务，特别是确定和尊重根据 2019/790 号指令[1]第 4 条第 3 款表达的权利保留的义务。

（105）通用目的人工智能模型，特别是能够生成文本、图像和其他内容的大型生成模型，为艺术家、作家和其他创作者及其创作内容的创作、传播、使用和消费方式带来了独特的创新机遇，但也带来了挑战。开发和训练此类模型需要获取大量文本、图像、视频和其他数据。在这种情况下，文本和数据挖掘技术可广泛地用于检索和分析这些内容，而这些内容可能受到版权和相关权利的保护。对受版权保护内容的任何使用都必须获得相关权利人的授权，除非适用相关的版权例外和限制。2019/790 号指令引入了例外和限制，允许在特定条件下为文本和数据挖掘的目的复制和提取作品或其他主体。根据这些规则，权利人可以选择保留对其作品或其他主体的权利，以防止文本和数据挖掘，除非是为了科学研究的目的。在以适当方式明确保留选择退出权的情况下，通用人工智能模型的提供者如果想对这些作品进行文本和数据挖掘，需要获得权利人的授权。

（106）将通用人工智能模型投放到欧盟市场的提供者应确保遵守本条例中的相关义务。为此，通用人工智能模型提供者应制定政策，尊重欧盟关于版权和相关权利的法律，特别是识别和尊重权利人根据 2019/790 号指令第 4 条第 3 款表达的权利保留。任何将通用人工智能模型投放到欧盟市场的提供者都应遵守这一义务，无论这些通用人工智能模型的训练所依据的版权相关行为发生在哪个司法管辖区。这对于确保通用人工智能模型提供者之间的公平竞争环境是必要的，任何提供者都不能通过采用低于欧盟规定的版权标准在欧盟市场上获得竞争优势。

（107）为了提高通用人工智能模型的预训练和训练中使用的数据的透明度，包括受版权法保护的文本和数据，此类模型的提供者应就通用模型

---

[1] 欧洲议会和欧盟理事会 2019 年 4 月 17 日关于数字单一市场版权和相关权利，并修订 96/9/EC 号和 2001/29/EC 号指令的 2019/790 号指令（官方公报，130，2019 年 5 月 17 日，第 92 页）。

训练中使用的内容制定并公开足够详细的摘要。在适当考虑保护商业秘密和商业机密信息的同时，该摘要的范围应在总体上全面，而不是在技术上详细，以方便包括版权持有者在内的合法权益方行使和执行其在欧盟法律下的权利，例如列出用于训练模型的主要数据收集或数据集，如大型的私有或公共的数据库或数据档案，并对所使用的其他数据来源进行叙述性的解释。人工智能办公室宜提供一个摘要模板，该模板应简单、有效，并允许提供者以叙述形式提供所需的摘要。

（108）关于对通用人工智能模型提供者规定的义务，即制定尊重欧盟版权法的政策，并公开提供用于训练的内容摘要，人工智能办公室应监督提供者是否履行了这些义务，而无需对训练数据的版权合规性进行逐项核查或评估。本条例不影响欧盟法律规定的版权规则的执行。

（109）对适用于通用人工智能模型提供者的义务的遵从，应与模型提供者的类型相适应且合比例，并且排除为非职业目的或者为科学研究目的而开发或使用模型的人遵守义务的必要性，但应当鼓励其自愿遵从这些要求。在不影响欧盟版权法的情况下，遵从这些义务应适当考虑提供者的规模，并且允许中小型企业，包括初创企业，采用简化的合规方式，这些方式不应造成过高的成本，也不应阻碍对这些模型的使用。在对模型进行修改或微调的情况下，提供者的义务应仅限于修改或微调，例如，在现有技术文件中补充有关修改的信息，包括新的训练数据源，以此来遵守本条例规定的价值链义务。

（110）通用人工智能模型可能带来系统性的风险，其中包括但不限于：与重大事故、关键部门中断和对公众健康与安全的严重后果有关的任何实际的或可合理预见的负面影响；对民主进程、公共和经济安全的任何实际的或可合理预见的负面影响；非法、虚假或歧视性内容的传播。系统性风险应被理解为随着模型能力和模型范围的增加而增加，可能在模型的整个生命周期中出现，并受到滥用条件、模型可靠性、模型公平性和模型安全性、模型自主程度、获取工具的途径、创新或组合的模态、发布和传播策略、移除护栏的可能性和其他因素的影响。特别是，迄今为止，国际层面的进路已确定需要关注以下风险：潜在的故意滥用或与人类意图对齐的并非故意的控制问题；化学、生物、辐射和核风险，如降低准入门槛的方式，包括武器开发、设计获取或使用；攻击性网络能力，如发现、利用或操作使用漏洞的方式；交互作用和工具使用的影响，包括控制物理系统和干扰关键基础设施的能力等；模型复制自身或"自我复制"或训练其他模型的风险；模型可能导致有害偏见和歧视的方式，给个人、社区或社会带来风险；为虚假信息提供便利或损害隐私，给民主价值观和人权带来威胁；特定事件可能导致连锁反应，产生相当大的负面影响，可能影响到整个城市、整个领域的活动或整个社区。

（111）建立一种将通用人工智能模型分类为具有系统风险的通用人工智能模型的方法是适当的。由于系统性风险源于特别高的能力，如果通用人工智能模型根据适当的技术工具和方法进行评估，具有高影响能力，或由于其影响范围而对内部市场产生重大影响，则应将其视为具有系统性风险。通用人工智能模型中的高影响能力是指与先进水平的通用人工智能模型中记录的能力相匹配或超过这些能力的能力。在模型投放市场后或部署者与模型互动时，可以更好地了解模型的全部能力。根据本条例生效时的技术水平，以浮点运算数（FLOPs）衡量的通用人工智能模型训练所用的累计计算量是模型能力的相关近似值之一。用于训练的计算量是在部署前旨在提高模型能力的各项活动和方法（如预训练、合成数据生成和微调）中所用计算量的累积。因此，应设定一个FLOPs的初始阈值，如果通用人工智能模型达到了这个阈值，就可以推定该模型是一个具有系统风险的通用人工智能模型。这一阈值应随着时间的推移而调整，以反映技术和产业的变化，如算法的改进或硬件效率的提高，并且应当辅之以模型能力的基准和指标。为了相关的信息，人工智能办公室应与科学界、产业界、社会和其他专家合作。用于评估高影响力能力的阈值以及工具和基准，应当能够有力地预测通用人工智能模型的通用性、能力和相关系统风险，并可考虑到模型投放市场的方式或可能影响的部署者数量。作为对这一制度的补充，如果发现某个通用人工智能模型的能力或影响等同于设定阈值所涵盖的能力或影响，则委员会应有可能做出个别决定，将该模型指定为具有系统性风险的通用人工智能模型。这一决定应基于对附件所列标准的整体评估，如训练数据集的质量或规模、业务和最终部署者的数量、其输入和输出模态、其自主程度和可扩展性，或其可使用的工具。如果模型被指定为具有系统性风险的通用人工智能模型的提供者提出合理的请求，委员会应考虑该请求，并可决定重新评估该通用人工智能模型是否仍可被视为具有系统性风险。

（112）还有必要明确具有系统风险的通用人工智能模型的分类的程序。达到高影响能力适用阈值的通用人工智能模型应被推定为具有系统风险的通用人工智能模型。提供者最迟应在满足要求或得知通用人工智能模型将满足导致推定的要求两周后通知人工智能办公室。这一点与FLOPs门槛尤其相关，因为通用人工智能模型的训练需要大量的规划，包括计算资源的前期分配，因此，通用人工智能模型的提供者能够在训练完成之前就知道其模型是否会达到阈值。在此通知的背景下，提供者应当能够证明，由于其特殊性，通用人工智能模型在特殊情况下不会带来系统性风险，因此不应被归类为具有系统性风险的通用人工智能模型。这些信息对于人工智能办公室预测具有系统风险的通用人工智能模型的市场投放很有价值，提供者可以尽早开始与人工智能办公室接触。这对于计划以开源方式发布的通用人工智能模型尤为重要，因为在开源模型发布后，确保遵守本条例规定义务的必要措施可能更加难以实施。

（113）如果委员会意识到一个通用人工智能模型符合归类为具有系统性风险的通用模型的要求，而以前并不知道或相关提供者没有通知委员会，委员会应有权将其归类为具有系统性风险的通用模型。除了人工智能办公室的监测活动外，有条件的警报系统应确保人工智能办公室从科学小组那里了解到有可能被归类为具有系统风险的通用人工智能模型。

（114）对于存在系统性风险的通用人工智能模型的提供者，除了为通用人工智能模型的提供者规定的义务外，还应规定旨在识别和减轻这些风险并确保适当水平的网络安全保护的义务，无论是作为独立模型提供还是嵌入人工智能系统或产品中提供。为实现这些目标，该条例应要求提供者对模型进行必要的评估，特别是在首次投放市场之前，包括对模型进行对抗测试并记录在案，也可酌情通过内部或独立外部测试进行。此外，具有系统性风险的通用人工智能模型的提供者应持续评估和降低系统性风险，包括制定风险管理政策，如问责制和治理流程，实施后市场监测，在整个模型生命周期内采取适当措施，并与整个人工智能价值链的相关参与者合作。

（115）具有系统性风险的通用人工智能模型的提供者应评估和减轻可能的系统性风险。如果尽管努力识别和预防与可能带来系统性风险的通用人工智能模型有关的风险，但该模型的开发或使用仍造成了严重事件，通用人工智能模型提供者应毫不拖延地跟踪该事故，并向委员会和国家主管机关报告任何相关信息和可能的纠正措施。此外，在整个模型生命周期内，提供者应酌情确保对模型及其物理基础设施提供适当水平的网络安全保护。与恶意使用或攻击相关的系统性风险的网络安全保护应充分考虑模型的意外泄漏、未经许可的发布、规避安全措施，以及防御网络攻击、未经授权的访问或模型失窃。可以通过确保模型权重、算法、服务器和数据集的安全来促进这种保护，例如通过信息安全的操作安全措施、具体的网络安全政策、适当的技术和既定解决方案，以及网络和物理访问控制，以适应相关情况和所涉及的风险。

（116）人工智能办公室应鼓励和促进行为守则的起草、审查和修改，同时考虑到国际的进路。可以邀请所有通用人工智能模型的提供者参与。为确保行为守则反映最新情况并适当考虑到各种不同的观点，人工智能办公室应与相关国家主管机关合作，并可酌情与公民社会组织和其他利益相关方和专家，包括科学小组协商，以起草守则。行为守则应涵盖通用人工智能模型和具有系统风险的通用模型提供者的义务。此外，关于系统性风险，行为守则应有助于在联盟层面建立系统性风险类型和性质的风险分类，包括其来源。行为守则还应侧重于具体的风险评估和缓解措施。

（117）行为守则应当成为通用人工智能模型提供者正确履行本条例规定义务的核心工具。提供者应能依靠行为守则来证明其遵守了相关义务。通过实施法案，委员会可决定批准一项行为守则，并使其在联盟内具有普遍效力，或者，如果在本条例开始适用时，行为守则无法最终确定，或人工智能办公室认为其不够充分，委员会也可决定为履行相关义务提供共同规则。一旦统一标准公布并被人工智能办公室评估为适合于涵盖相关义务，遵守统一标准的提供者应被推定为具备合格性。此外，如果没有行为守则或统一标准，或选择不依赖这些规范或标准，通用人工智能模型的提供者应能够使用其他适当的方法来证明其合格性。

（118）本条例对人工智能系统和模型进行监管，对将其投放市场、提供服务或在欧盟使用的相关市场行为者规定了特定要求和义务，从而补充了 2022/2065 号条例对将此类系统或模型嵌入其服务的中介服务提供者规定的义务。如果这些系统或模型被嵌入指定的超大型在线平台或超大型在线搜索引擎中，则须遵守 2022/2065 号条例规定的风险管理框架。《人工智能法》的相应义务因而应当推定为已经履行，除非在此类模型中出现并识别到了 2022/2065 号条例未曾涵盖的重大系统性风险。在此框架内，超大型在线平台和超大型搜索引擎的提供者有义务评估其服务的设计、运作和使用所产生的潜在系统性风险，包括服务中使用的算法系统的设计如何可能导致此类风险，以及潜在滥用所产生的系统性风险。这些提供者还有义务采取适当的缓解措施，以尊重基本权利。

（119）考虑到不同的欧盟法律文件的适用范围内的数字服务的快速创新和技术演进，特别是考虑到其接收者的使用和感知，本条例所涉及的人工智能系统可作为 2022/2065 号条例意义上的中介服务或部分中介服务提供，该条例应以技术中立的方式进行解释。例如，人工智能系统可用于提供在线搜索引擎，特别是在人工智能系统，如在线聊天机器人，原则上对所有网站进行搜索，然后将搜索结果纳入其现有知识体系，并使用更新后的知识生成结合不同信息来源的单一输出的情况下。

（120）此外，本条例规定特定的人工智能系统的提供者和部署者有义务能够检测和披露这些系统的输出是人为生成或操纵的，这与促进有效实施 2022/2065 号条例特别相关。这尤其适用于超大型在线平台或超大型在线搜索引擎提供者的义务，即识别和降低因传播人为生成或操纵的内容而可能产生的系统性风险，特别是对民主进程、公民言论和选举进程产生实际或可预见负面影响的风险，包括通过虚假信息产生的风险。

（121）标准化应发挥关键作用，为提供者提供技术解决方案，确保其符合本法规，并与最新技术保持一致，以促进创新以及单一市场的竞争力和增长。遵守 1025/2012 号条例[1]中定义的统一标准应成为提供者证明符合本法规要求的一种手段，这些标准通常应反映先进技术水平。因此，应根据 1025/2012 号法规第 5 条和第 6 条，鼓励所有利益相关方，特别是小微型企业、消费者组织以及环境和社会利益相关方参与标准制定，以实现利益的平衡。为了促进合规，委员会应及时发布标准化申请。在准备标准化要求时，委员会应咨询人工智能咨询论坛和理事会，以收集相关专业知识。然而，在没有相关统一标准可供参考的情况下，委员会应能够通过实施法案，并在与人工智能咨询论坛协商后，为本条例下的特定要求制定共同规格。

当标准化要求未被任何欧洲标准化组织接受时，或者当相关的统一标准未能充分解决基本权利问题时，当统一标准不符合要求时，当适当的统

---

[1] 欧洲议会和欧盟理事会 2012 年 10 月 25 日关于欧洲标准化，并修订欧洲议会和欧盟理事会 89/686/EEC 号和 93/15/EEC 号指令以及 94/9/EC 号、94/25/EC 号、95/16/EC 号、97/23/EC 号、98/34/EC 号、2004/22/EC 号、2007/23/EC 号、2009/23/EC 号和 2009/105/EC 号指令，并废止欧洲议会和欧盟理事会 87/95/EEC 号决定和 1673/2006/EC 号决定的 1025/2012 号条例（官方公报，316，2012 年 11 月 14 日，第 12 页）。

一标准迟迟未被采用时，共同规格应作为一种例外性质的备用解决方案，以促进提供者履行遵守本条例要求的义务。如果由于有关标准的技术复杂性而导致统一标准迟迟未获通过，委员会在考虑制定共同规格之前应考虑到这一点。在制定共同规格时，鼓励委员会与国际合作伙伴和国际标准化机构合作。

（122）适当的是，在不影响使用统一标准和共同规格的情况下，高风险人工智能系统的提供者，如果其经过训练和测试的数据反映了人工智能系统意图使用的特定的地理、行为、场景或功能环境，则应推定为符合本条例规定的数据治理要求中的相关措施。在不影响本条例规定的稳健性和准确性相关要求的情况下，根据欧洲议会和理事会 2019/881 号条例第 54 条第 3 款，且其参考文件已在《官方公报》上公布，只要网络安全认证或合格性声明或其部分内容涵盖了本条例的网络安全要求，则应推定已根据该条例的网络安全计划获得认证或已发布合格性声明的高风险人工智能系统符合本条例的网络安全要求。

（123）为了确保高风险人工智能系统的高度可信性，这些系统在投放市场或提供服务之前应接受合格性评估。

（124）为了最大限度地减轻操作者的负担并避免任何可能的重复，对于采用新立法框架方法的现有欧盟统一立法所涵盖的与产品有关的高风险人工智能系统，应将这些人工智能系统是否符合本条例的要求作为该立法已预见的合格性评估的一部分进行评估。因此，本条例要求的适用性不应影响相关具体的新立法框架立法下合格性评估的具体逻辑、方法或一般结构。

（125）鉴于高风险人工智能系统的复杂性和与之相关的风险，有必要为涉及公告机构的高风险人工智能系统制定一套适当的合格性评估程序，即所谓的第三方合格性评估。然而，鉴于专业的上市前认证机构目前在产品安全领域的经验，以及所涉及风险的不同性质，至少在本条例实施的初期阶段，限制第三方合格性评估对与产品无关的高风险人工智能系统的适用范围是适当的。因此，作为一般规则，此类系统的合格性评估应由提供者自行负责进行，唯一的例外是意图用于生物识别的人工智能系统。

（126）为了在需要时进行第三方合格性评估，国家主管机关应根据本条例对公告机构加以公告，条件是这些机构符合一系列要求，特别是独立性、能力、无利益冲突和适当的网络安全要求。国家主管机关应通过委员会根据 768/2008 号决定附件一第 R23 条开发和管理的电子公告工具，向委员会和其他成员国发送对于这些机构的公告。

（127）根据欧盟在世界贸易组织《技术性贸易壁垒协定》中所作的承诺，只要根据第三国法律设立的合格性评估机构符合本条例的适用要求，且欧盟已就此缔结协定，就足以促进相互承认合格性评估机构所产生的合格性评估结果，而不论这些机构设立在哪一领土。为此，委员会应积极探索可能的国际文件，特别是与第三国缔结相互承认协议。

（128）根据欧盟统一立法公认的对产品进行实质性修改的概念，只要发生可能影响高风险人工智能系统遵守本条例的变化，如操作系统或软件结构的变化，或系统的预期目的发生变化，该人工智能系统就应被视为新的人工智能系统，应进行新的合格性评估。但是，如果人工智能系统在投放市场或提供服务后继续"学习"，即自动适配其功能的执行方式，其算法和性能发生的变化不应构成实质性修改，前提是这些变化已由提供者预先确定，并在进行合格性评估时进行评估。

（129）高风险人工智能系统应带有 CE 标志，以表明其符合本条例，从而可在内部市场自由流动。对于嵌入产品中的高风险人工智能系统，应贴上物理 CE 标志，并可辅以数字 CE 标志。对于仅以数字方式提供的高风险人工智能系统，应使用数字 CE 标志。成员国不得对符合本条例规定并带有 CE 标志的高风险人工智能系统的市场投放或提供服务设置不合理的障碍。

（130）在特定的情况下，快速获得创新技术可能对人的健康和安全、保护环境和气候变化以及整个社会至关重要。因此，在公共安全或保护自然人的生命和健康、环境保护以及保护关键工业和基础设施资产的特殊情况下，市场监督管理机关可以授权将未经合格性评估的人工智能系统投放市场或提供服务。在本条例规定的有正当理由的情况下，执法机关或公安机关可以不经市场监督管理机关授权而使用特定的高风险人工智能系统提供服务，但必须在使用期间或使用之后申请授权，不得无故拖延。

（131）为了促进委员会和成员国在人工智能领域的工作，并提高对公众的透明度，应要求高风险人工智能系统的提供者，与欧盟现有的相关统一立法范围内的产品有关的系统除外，以及认为附件中提到的因克减而不属于高风险的人工智能系统的提供者，在委员会建立和管理的欧盟数据库中登记自己和有关其人工智能系统的信息。在使用附件所列的高风险人工智能系统之前，身为公共机关、机构或团体的高风险人工智能系统部署者应在该数据库中登记，并选择其意图使用的系统。

其他部署者应有权自愿如此行事。数据库的这一部分应免费向公众开放，信息应易于浏览、理解和机器可读。数据库还应方便部署者使用，例如提供搜索功能，包括通过关键词，使公众能够找到附件八所列的相关信息以及高风险人工智能系统所对应的附件三所列风险领域的相关信息。对高风险人工智能系统的任何实质性修改也应在欧盟数据库中登记。对于执法、移民、庇护和边境管制管理领域的高风险人工智能系统，应在数据库的安全非公开部分履行登记义务。对安全非公开部分的访问应严格限制于委员会以及市场监督管理机关对其国家数据库部分的访问。关键基础设施领域的高风险人工智能系统只能在国家一级登记。根据欧洲议会和欧盟理事会 2018/1725 号条例，委员会应是欧盟数据库的控制者。为确保数据库在部署后能充分发挥功能，建立数据库的程序应包括由委员会制定功能规范和独立审计报告。委员会在作为欧盟数据库的数据控制者执行任务时，应考虑网络安全和与危险有关的风险。为了最大限度地向公众提供和使用数据库，包括通过数据库提供的信息，应符合 2019/882 号指令的要求。

（132）特定的旨在与自然人互动或生成内容的人工智能系统，无论是否符合高风险的条件，都可能带来假冒或欺骗的具体风险。因此，在特定的情况下，这些系统的使用应遵守具体的透明度义务，同时不影响对高风险人工智能系统的要求和义务，并应考虑到执法的特殊需要，遵守有针对性的例外规定。特别是，自然人应被告知他们正在与人工智能系统互动，除非从自然人的角度来看，这一点是显而易见的，因为考虑到使用的情况和场景，自然人具备了合理的充分知情权、观察力和谨慎性。在履行这项义务时，应考虑到因年龄或残疾而属于弱势群体的个人的特点，只要人工智能系统也意图与这些群体互动。此外，如果系统通过处理自然人的生物数据，能够识别或推断出这些人的情绪或意图，或将其归入特定类别，则应通知自然人。这些特定类别可能涉及性别、年龄、发色、眼色、文身、个人特征、种族血统、个人偏好和兴趣等方面。此类信息和通知应以无障碍的格式提供给残疾人。

（133）各种人工智能系统可以生成大量的合成内容，而人类越来越难以将这些内容与人类生成的真实内容区分开来。这些系统的广泛可用性和日益增强的能力对信息生态系统的完整性和信任度产生了重大影响，引发了大规模的误导和操纵、欺诈、冒名顶替和欺骗消费者等新风险。鉴于这些影响、快速的技术发展以及对追踪信息来源的新方法和技术的需求，应当要求这些系统的提供者嵌入技术解决方案，以便能够以机器可读的格式进行标记，并检测出输出是由人工智能系统而非人类生成或操纵的。在技术可行的情况下，这些技术和方法应当足够可靠、可互操作、有效和稳健，同时考虑到现有技术或这些技术的组合，如水印、元数据识别、证明内容出处和真实性的加密方法、日志记录方法、指纹或其他适当的技术。在履行这一义务时，提供者还应考虑到不同类型内容的特殊性和局限性，以及该领域的相关技术和市场发展情况，以及如同公认的先进技术水平所反映的那样，这些技术和方法是否可以在系统层面或模型的层面实施，包括是否可以在生成内容的通用人工智能模型的层面实施，从而促进人工智能系统下游提供者履行这一义务。为了保持适度，可以设想这一标识义务不应涵盖主要为标准的编辑过程提供辅助功能的人工智能系统，或者未对部署者提供的输入数据或其语义进行实质性修改的人工智能系统。

（134）除系统提供者采用的技术解决方案外，使用人工智能系统生成或处理与现有人物、地点或事件明显相似的图像、音频或视频内容，并使人误以为是真实的（深度伪造）的部署者、遵守这一透明度义务不应被解释为使用该系统或其输出会妨碍《宪章》所保障的表达自由权和艺术与科学自由权，特别是当内容属于明显具有创造性、讽刺性、艺术性或虚构性的作品或节目的一部分时，但须适当保障第三方的权利和自由。在这些情况下，本条例规定的深度伪造的透明度义务仅限于以适当方式披露此类生成或篡改内容的存在，不妨碍作品的展示或欣赏，包括作品的正常开发和使用，同时保持作品的实用性和质量。此外，对于人工智能生成或篡改的文本，如果其发布的目的是为了向公众提供有关公共利益问题的信息，也应承担类似的披露义务，除非人工智能生成的内容经过了人工审查或编辑控制的过程，而且自然人或法人对内容的发布负有编辑责任。

（135）在不影响这些义务的强制性和全面适用性的情况下，委员会还可以鼓励和促进在联盟一级起草行为守则，以促进有效履行关于检测和标注人工生成或操纵内容的义务，包括支持，在适当情况下，使得检测机制便于使用的实践安排，支持促进其与价值链中其他行为者合作，传播内容或检查其真实性和来源的实践安排，并支持使得公众能够有效区分人工智能生成内容的内容源。

（136）本条例规定特定人工智能系统的提供者和部署者有义务能够检测和披露这些系统的输出是人为生成或操纵的，这与促进有效实施2022/2065号条例特别相关。这尤其适用于超大型在线平台或超大型在线搜索引擎提供者的义务，即识别和降低因传播人工生成或操纵的内容而可能产生的系统性风险，特别是对民主进程、公民言论和选举进程产生实际或可预见的负面影响的风险，包括通过虚假信息产生的风险。根据本条例对人工智能系统生成的内容进行标注的要求，不影响2022/2065号条例第16条第6款规定的托管服务提供者处理根据第16条第1款收到的非法内容通知的义务，也不应影响对具体内容非法性的评估和决定。该评估应完全参照有关内容合法性的规则进行。

（137）遵守本条例规定的人工智能系统的透明度义务不应被解释为表明根据本条例或其他联盟和成员国法律使用该系统或其输出是合法的，并且不应影响联盟或国家法律规定的人工智能系统部署者的其他透明度义务。

（138）人工智能是一个迅速发展的技术族，需要监管监督和安全受控的实验空间，同时确保负责任的创新，并纳入适当的保障和风险缓解措施。为确保法律框架能促进创新、面向未来并能抵御干扰，成员国应确保其国家主管机关在国家一级建立至少一个人工智能监管沙盒，以促进在严格的监管监督下开发和测试创新的人工智能系统，然后再将这些系统投放市场或以其他方式提供服务。成员国也可通过参与现有监管沙盒或与一个或多个成员国主管机关联合建立沙盒来履行这一义务，只要这种参与能为参与的成员国提供同等水平的国家覆盖。监管沙盒可以以物理、数字或混合形式建立，既可容纳实物产品，也可容纳数字产品。建立机构还应确保监管沙盒有足够的资源，包括财力和人力。

（139）人工智能监管沙盒的目标应当是通过在开发和上市前阶段建立受控实验和测试环境来促进人工智能创新，以确保创新的人工智能系统符合本条例和其他相关的欧盟和成员国立法；通过监管沙盒，加强创新者的法律确定性，加强主管机关对人工智能使用的机遇、新风险和影响的监督和理解，促进机关和公司的监管学习，包括着眼于法律框架的未来调整，支持与参与人工智能监管沙盒的机关合作和分享最佳实践，并加快市场准入，包括消除对小微型企业、初创企业的障碍。监管沙盒应在整个欧盟范围内广泛使用，并应特别关注包括初创企业在内的小微型企业对监管沙盒的可及性。参与人工智能监管沙盒应重点关注那些会给提供者和潜在提供者带来法律不确定性的问题，以便在联盟内进行人工智能创新和实验，并促进循证的监管学习。因此，对人工智能监管沙盒中的人工智能系统的监管应涵盖系统投放市场或提供服务前的开发、训练、测试和验证，以及可能需要新的合格性评估程序的实质性修改的概念和发生。在此类人工智能系统的开发和测试过程中发现的任何重大风险，都应加以适当的缓解，如果做不到这一点，则应暂停开发和测试过程。

在适当的情况下，建立人工智能监管沙盒的国家主管机关应与其他相关机关合作，包括监督基本权利保护的机关，并可允许人工智能生态系统中的其他参与者参与，如国家或欧洲标准化组织、公告机关、测试和实验设施、实验室、欧洲数字创新中心以及利益相关方和公民社会组织。为确保在欧盟范围内统一实施并实现规模经济，宜制定监管沙盒实施的共同规则以及参与监管沙盒的相关机构之间的合作框架。根据本条例建立的人工智能监管沙盒不应妨碍允许建立其他沙盒以确保遵守本条例之外的其他立法。在适当情况下，负责这些其他监管沙盒的相关主管机关应考虑使用这些沙盒的好处，以确保人工智能系统符合本条例。经国家主管机关和人工智能监管沙盒参与者同意，也可在人工智能监管沙盒框架内运行和监督真实世界条件下的测试。

（140）本条例应为人工智能监管沙盒中的提供者和潜在提供者提供合法性基础，使其仅在特定条件下，根据 2016/679 号条例第 6 条第 4 款和第 9 条第 2 款 g 项，以及 2018/1725 号条例第 5、6 和 10 条，并在不影响 2016/680 号指令第 4 条第 2 款和第 10 条的情况下，使用为其他目的收集的个人数据，在人工智能监管沙盒内开发符合公共利益的特定人工智能系统。2016/679 号条例、2018/1725 号条例和 2016/680 号指令规定的数据控制者的所有其他义务和数据主体的权利仍然适用。特别是，本条例不应提供 2016/679 号条例第 22 条第 2 款第 b 项和 2018/1725 号条例第 24 条第 2 款第 b 项所指的合法性基础。沙盒中的提供者和潜在提供者应确保采取适当的保障措施，并与主管机关合作，包括遵循主管机关的指导，迅速、真诚地采取行动，以充分降低在沙盒开发、测试和实验过程中可能出现的任何已识别的对安全、健康和基本权利的重大风险。

（141）为了加快附件所列的高风险人工智能系统的开发和投放市场

的进程，重要的是，这些系统的提供者或潜在提供者也可以受益在真实世界条件下测试这些系统的具体制度，而无需参与人工智能监管沙盒。然而，在这种情况下，考虑到此类测试可能对个人造成的后果，应确保本条例为提供者或潜在提供者引入适当和充分的保障和条件。除此以外，这些保障应包括要求自然人在知情同意的情况下参与真实世界条件下的测试，但执法部门除外，因为在这种情况下征求知情同意会妨碍人工智能系统的测试。根据本条例，主体对参与此类测试的同意有别于且不影响数据主体根据相关数据保护法对其个人数据处理的同意。同样重要的是，要最大限度地降低风险，并使主管机关能够进行监督，因此要求潜在提供者向市场监督主管机关提交真实世界测试计划，在欧盟范围内的数据库中的专门部分登记测试，但存在一些有限的例外情况，设定测试期限，要求为属于特定弱势群体的人提供额外的保障措施，以及一份书面协议，确定潜在提供者和部署者的角色和责任，并由参与真实世界测试的主管机关进行有效监督。此外，还应适当设想额外的保障措施，以确保人工智能系统的预测、建议或决定能够被有效推翻和弃置，并确保个人数据受到保护，并在主体撤回参与测试的同意时被删除，同时不损害其根据欧盟数据保护法作为数据主体的权利。在数据传输方面，还应当设想，为在真实世界条件下进行测试而收集和处理的数据只能传输到欧盟以外的第三国，前提是根据欧盟法律实施适当和适用的保障措施，特别是根据欧盟数据保护法规定的个人数据传输依据，而对于非个人数据，则应根据欧盟法律，如2022/868号条例[1]和2023/2854号条例[2]，实施适当的保障措施。

（142）为确保人工智能带来有益于社会和环境的成果，鼓励成员国

[1] 欧洲议会和欧盟理事会2022年5月30日关于欧洲数据治理，并修订2018/1724号条例的2022/868号条例（《数据治理法》）（官方公报，152，2022年6月3日，第1页）。

[2] 欧洲议会和欧盟理事会2023年12月13日关于公平获取和使用数据的统一规则，并修订2017/2394号条例和2020/1828号指令的2023/2854号条例（《数据法》）（官方公报，2023/2854，2023年12月22日，ELI: http://data.europa.eu/eli/reg/2023/2854/oj）。

支持和促进人工智能解决方案的研究和开发，以支持有益于社会和环境的成果，例如基于人工智能的解决方案，通过分配足够的资源，包括公共和联盟资金，增加残疾人的无障碍环境，解决社会经济不平等，或实现环境目标，并在适当情况下，在符合资格和选择标准的前提下，特别考虑追求这些目标的项目。这些项目应基于人工智能开发者、不平等和非歧视、无障碍、消费者、环境和数字权利方面的专家以及学术界之间的跨学科合作。

（143）为了促进和保护创新，必须特别考虑到作为人工智能系统提供者或部署者的小微型企业，包括初创企业的利益。为此，成员国应制定针对这些经营者的举措，包括提高认识和信息沟通。成员国应向在欧盟拥有登记办公室或分支机构的小微型企业，包括初创企业提供优先进入人工智能监管沙盒的机会，前提是它们满足资格条件和选择标准，且不排除其他提供者和潜在提供者在满足相同条件和标准的情况下进入沙盒。成员国应利用现有渠道，并在适当情况下建立新的专门渠道，与小微型企业、初创企业、部署者、其他创新者以及适当情况下的地方公共机关进行沟通，通过提供指导和答复有关本条例实施的询问，在小微型企业的整个发展道路上为其提供支持。在适当情况下，这些渠道应共同协作，发挥协同作用，并确保对小微型企业，包括初创企业和部署者的指导具有一致性。此外，成员国应促进小微型企业和其他相关利益方参与标准化制定过程。此外，在指定机构确定合格性评估的费用时，应考虑到小微型企业，包括初创企业的具体利益和需求。委员会应通过透明的磋商，定期评估小微型企业，包括初创企业的认证和合规成本，并与成员国合作降低这些成本。例如，与强制性文件和与监管机关沟通有关的翻译费用可能会对提供者和其他经营者，特别是规模较小的提供者和经营者构成重大成本。成员国应确保其确定和接受的用于相关提供者文件和与经营者沟通的语言之一，是尽可能多的跨境部署者能够广泛理解的语言。为了满足包括初创企业在内的小微型企业的特殊需求，委员会应根据人工智能委员会的要求，为本条例所涵盖的领域提供标准化模板。此外，委员会应配合成员国的努力，为所有提供者和部署者提供一个单一的信息平台，提供与本条例有关的易于使用的信息，组织适当的宣传活动，以提高对本条例所产生的义务的认识，并评估和促进与人工智能系统有关的公共采购程序中最佳实践的趋同。最近才从 2003/361/EC 号建议[1]的附件所指的小型企业转变为中型企业的中型企业应当可以利用这些支持措施，因为这些新的中型企业有时可能缺乏必要的法律资源和培训，以确保正确理解和遵守相关规定。

（144）为了促进和保护创新，人工智能需求响应平台、委员会和成员国在国家或联盟层面实施的所有相关欧盟资助计划和项目，如数字欧洲计划、地平线欧洲计划，应酌情为实现本条例的目标作出贡献。

（145）特别是，为了最大限度降低因市场缺乏知识和专业技能而导致的实施风险，并促进提供者，特别是小微型企业，包括初创企业和公告机关，遵守本条例规定的义务，委员会和成员国在国家或欧盟层面建立的人工智能需求平台、欧洲数字创新中心以及测试和实验设施应为本条例的实施作出贡献。在其使命和职权范围内，各自尤其可以向提供者和公告机关提供技术和科学支持。

（146）此外，考虑到一些规模很小的经营者的创新成本，为了确保合比例性，允许微型企业以简化的方式履行最昂贵的义务之一，即建立质量管理体系，这将减少这些企业的行政负担和成本，同时不影响保护水平和遵守高风险人工智能系统要求的必要性。委员会应制定指南，明确规定微型企业以这种简化方式履行质量管理体系的要素。

（147）适当的是，委员会应尽可能为根据任何相关欧盟统一立法建立或获得认可的机构、团体或实验室使用测试和实验设施提供便利，这些机构、团体或实验室应在该欧盟统一立法所涵盖的产品或器械合格性评估范

---

[1] 委员会 2003 年 5 月 6 日关于微型、小型和中型企业定义的建议（官方公报，124，2003 年 5 月 20 日，第 36 页）。

围内履行任务。根据 2017/745 号和 2017/746 号条例，医疗器械领域的专家小组、专家实验室和参考实验室尤其如此。

（148）本条例应建立一个治理框架，既能在国家层面协调和支持本条例的实施，又能在联盟层面建设能力，并整合人工智能领域的利益相关方。本条例的有效实施和执行需要一个治理框架，以便在联盟层面协调和建立中央专业知识。根据委员会的相应决定[1]，委员会成立人工智能办公室，其任务是发展联盟在人工智能领域的专业知识和能力，并促进联盟人工智能立法的实施。成员国应为人工智能办公室的任务提供便利，以支持在联盟一级发展联盟的专门知识和能力，并加强数字单一市场的运作。此外，应设立一个由成员国代表组成的欧洲人工智能委员会、一个整合科学界的科学小组和一个咨询论坛，为在国家和联盟层面实施本条例提供利益相关方的意见。联盟专业知识和能力的发展还应包括利用现有资源和专业知识，特别是通过与在联盟一级执行其他立法的背景下建立的结构协同增效，以及与相关的欧洲高性能计算联合体和数字欧洲计划下的人工智能测试和实验设施协同增效。

（149）为促进本条例的顺利、有效和协调实施，应成立欧洲人工智能委员会。欧洲人工智能委员会应反映人工智能生态系统的各种利益，并由成员国代表组成。欧洲人工智能委员会应负责一系列咨询任务，包括就与本条例实施有关的事项，包括与本条例规定的要求有关的执行事项、技术规范或现行标准，发表意见、建议、咨询或提供指导，并就与人工智能有关的具体问题向委员会和成员国及其国家主管机关提供咨询。为了让成员国在指定其在欧洲人工智能委员会中的代表时有一定的灵活性，这些代表可以是属于公共实体的任何人员，其应具有相关的能力和权力，以促进国家一级的协调，并为实现欧洲人工智能委员会的任务做出贡献。欧洲人工智能委员会应设立两个常设分组，为市场监督管理机关和公告机关就分别

---

[1] 委员会 2024 年 1 月 24 日建立欧洲人工智能办公室的 C（2024）390 号决定。

与市场监督管理机关和公告机关有关的问题开展合作和交流提供平台。根据 2019/1020 号条例第 30 条的规定，市场监督常设分组应作为本条例的行政合作小组。根据 2019/1020 号条例第 33 条规定的相应委员会的作用和任务，欧洲人工智能委员会应通过开展市场评估或研究来支持市场监督常设分组的活动，特别是为了确定本条例中需要市场监督管理机关之间进行具体和紧急协调之处。欧洲人工智能委员会可酌情设立其他常设或临时分组，以研究具体问题。欧洲人工智能委员会还应酌情与活跃在欧盟相关立法背景下的欧盟相关机构、专家组和网络合作，尤其包括那些活跃在欧盟数据、数字产品和服务相关法规下的机构、专家组和网络。

（150）为确保利益相关者参与本条例的实施和应用，应设立一个咨询论坛，为欧洲人工智能委员会和委员会提供建议和技术知识。为确保利益相关者在商业利益和非商业利益之间的多样性和平衡性，以及在商业利益类别中，小微型企业和其他企业的代表性，咨询论坛应涵盖工业界、初创企业、小微型企业、学术界，包括社会合作伙伴在内的社会组织，以及基本权利机构、欧盟网络安全局、欧洲标准化委员会、欧洲电工标准化委员会和欧洲电信标准协会等。

（151）为支持本条例的实施和执行，特别是人工智能办公室对通用人工智能模型的监测活动，应设立一个由独立专家组成的科学小组。组成科学小组的独立专家应根据人工智能领域最新的科学或技术专业知识进行遴选，并应公正、客观地执行任务，确保在执行任务和开展活动过程中获得的信息和数据的保密性。为加强有效执行本条例所需的国家能力，成员国应能够请求科学小组专家库为其执法活动提供支持。

（152）为了支持充分执行人工智能系统和加强成员国的能力，应建立欧盟人工智能测试支持机构，并提供给成员国。

（153）成员国在本条例的适用和执行方面发挥着关键作用。为此，各成员国应指定至少一个公告机关和至少一个市场监督管理机关作为国家主管机关，负责监督本条例的适用和执行。成员国可根据本国具体的组织特点和需要，决定指定任何类型的公共实体来执行本条例所指的国家主管机关的任务。为了提高成员国的组织效率，并在成员国和欧盟层面建立与公众和其他对应方的单一联系点，每个成员国都应指定一个市场监督管理机关作为单一联系点。

（154）国家主管机关应独立、公正且不偏不倚地行使权力，以维护其活动和任务的客观性原则，确保本条例的适用和实施。这些机构的成员应避免采取任何与其职责不符的行动，并应遵守本条例规定的保密规则。

（155）为了确保高风险人工智能系统的提供者能够考虑到使用高风险人工智能系统的经验，以改进其系统及设计和开发过程，或及时采取任何可能的纠正行动，所有提供者都应建立后市场监测系统。在相关情况下，后市场监测应包括分析与其他人工智能系统，包括其他设备和软件的相互作用。后市场监测不应涵盖作为执法机关的部署者的敏感操作数据。这一系统也是确保人工智能系统在投放市场或提供服务后继续"学习"可能产生的风险能够得到更有效、更及时处理的关键。在这种情况下，还应要求提供者建立一个系统，向有关机关报告因使用其人工智能系统而导致的任何严重事件，即导致死亡或严重损害健康的事故或故障、严重和不可逆转地破坏关键基础设施的管理和运行、违反旨在保护基本权利的欧盟法律规定的义务或严重破坏财产或环境。

（156）本条例是欧盟统一立法，为确保本条例规定的要求和义务得到适当有效的执行，应全面适用 2019/1020 号条例建立的市场监督和产品合规制度。根据本条例指定的市场监督管理机关应拥有本条例和 2019/1020 号条例规定的所有执法权力，并应独立、公正、无偏见地行使权力和履行职责。虽然大多数人工智能系统不受本条例具体要求和义务的约束，但当人工智能系统出现风险时，市场监督管理机关可根据本条例对所有人工智能系统采取措施。由于属于本条例范围内的联盟机构、机关和团体的特殊性，指定欧洲数据保护监督员作为它们的主管市场监督管理机关是合适的。这不应妨碍成员国指定国家主管机关。市场监督活动不应影响被监督实体独立执行任务的能力，如果欧盟法律要求这种独立性。

（157）本条例不影响监督保护基本权利的欧盟法律适用情况的相关国家公共机关或机构，包括平等机构和数据保护机关的权限、任务、权力和独立性。如有任务需要，这些国家公共机关或机构还应有权查阅根据本条例创建的任何文件。应制定具体的保障程序，以确保对健康、安全和基本权利构成风险的人工智能系统进行充分和及时的执法。针对此类有风险的人工智能系统的程序应适用于有风险的高风险人工智能系统，违反本条例规定的禁止实践而投放市场、提供服务或使用的被禁系统，以及违反本条例规定的透明度要求而提供的有风险的人工智能系统。

（158）联盟金融服务立法包括内部治理和风险管理规则和要求，这些规则和要求在受监管金融机构提供这些服务的过程中，包括当其使用人工智能系统时适用。为确保统一适用和执行本条例规定的义务以及联盟金融服务立法的相关规则和要求，负责监督和执行金融服务立法的主管机关，特别是欧洲议会和欧盟理事会 575/2013 号条例[1]、2008/48/EC 号指令[2]、2009/138/EC 号指令[3]、2013/36/EU 号指令[4]、2014/17/EU 号指令[5] 和

[1] 欧洲议会和欧盟理事会 2013 年 6 月 26 日关于信贷机构和投资公司的审慎要求，并修订 648/2012 号条例的 575/2013 号条例（官方公报，176，2013 年 6 月 27 日，第 1 页）。

[2] 欧洲议会和欧盟理事会 2008 年 4 月 23 日关于消费者信贷协议的，并废止理事会 87/102/EEC 号指令的 2008/48/EC 号指令（官方公报，133，2008 年 5 月 22 日，第 66 页）。

[3] 欧洲议会和欧盟理事会 2009 年 11 月 25 日，关于保险和再保险业务的 2009/138/EC 号指令（《偿付能力二》）（官方公报，335，2009 年 12 月 17 日，第 1 页）。

[4] 欧洲议会和欧盟理事会 2013 年 6 月 26 日关于信贷机构活动准入以及信贷机构和投资公司的审慎监管，并修订 2002/87/EC 号指令，并废止 2006/48/EC 号和 2006/49/EC 号指令的 2013/36/EU 号指令（官方公报，176，2013 年 6 月 27 日，第 338 页）。

[5] 欧洲议会和欧盟理事会 2014 年 2 月 4 日关于消费者住宅不动产信贷协议，并修订 2008/48/EC 和 2013/36/EU 指令以及 1093/2010 号条例的 2014/17/EU 号指令（官方公报，60，2014 年 2 月 28 日，第 34 页）。

2016/97 号条例[1]中定义的主管机关，涉及受监管和监督金融机构提供或使用的人工智能系统，应在其各自权限范围内指定主管机构，负责监督本条例的实施，包括市场监督活动，除非成员国决定指定另一机构履行这些市场监督任务。这些主管机关应拥有本条例和关于市场监督的 2019/1020号条例规定的所有权力，以执行本条例的要求和义务，包括开展事后市场监督活动的权力，这些活动可酌情纳入相关欧盟金融服务立法规定的现有监督机制和程序。适当的设想是，在根据本条例作为市场监督管理机关行事时，负责监督根据 2013/36/EU 号指令受监管的信贷机构的国家机构，如果参与了根据理事会 1024/2013 号条例[2]建立的单一监督机制，则应毫不迟延地向欧洲中央银行报告在其市场监督活动过程中发现的可能与欧洲中央银行根据该条例规定的审慎监督任务有关的任何信息。为了进一步加强本条例与适用于根据欧洲议会和欧盟理事会 2013/36/EU 号指令监管的信贷机构的规则之间的一致性，还应将提供者在风险管理、营销后监控和文件方面的部分程序性义务纳入 2013/36/EU 号指令规定的现有义务和程序中。为避免重叠，还应考虑对提供者的质量管理系统和高风险人工智能系统部署者的监控义务进行有限度的克减，只要这些义务适用于受2013/36/EU 号指令监管的信贷机构。同样的制度应适用于 2009/138/EU 号指令规定的保险和再保险业务以及保险控股公司，2016/97/EU 指令规定的保险中介机构，以及其他类型的金融机构，这些机构应遵守根据相关欧盟金融服务立法制定的内部治理、安排或流程要求，以确保金融部门的一致性和平等待遇。

（159）对于附件所列举的高风险人工智能系统，只要这些系统用于执法、移民、庇护和边境管制管理目的，或者用于司法行政和民主进程的目

---

[1]欧洲议会和欧盟理事会 2016 年 1 月 20 日关于保险分销的 2016/97 号指令（官方公报，26，2016 年 2 月 2 日，第 19 页）。

[2]欧盟理事会 2013 年 10 月 15 日赋予欧洲中央银行有关信贷机构审慎监管政策的具体任务的 1024/2013 号条例（官方公报，287，2013 年 10 月 29 日，第 63 页）。

的，每个市场监督管理机关都应拥有有效的调查和纠正权力，至少包括有权获取正在处理的所有个人数据和执行任务所需的所有信息。市场监督管理机关应能完全独立地行使权力。本条例对其获取敏感业务数据的任何限制，不应影响 2016/680 号指令赋予其所有的权力。本条例中关于向国家数据保护机关披露数据的任何除外规定都不应影响这些机构当前或未来超越本条例范围的权力。

（160）成员国的市场监督管理机关和委员会应能够提议联合行动，包括由市场监督管理机关或市场监督管理机关与委员会联合开展的联合调查，其目的是促进合规、查明不合规情况、提高认识，并针对发现在多个成员国构成严重风险的特定类别的高风险人工智能系统提供与本条例有关的指导。应根据 2019/1020 号条例第 9 条开展促进合规的联合行动。人工智能办公室应为联合调查提供协调支持。

（161）对于建立在通用人工智能模型基础上的人工智能系统，有必要明确国家和联盟一级的责任和权限。为避免权限重叠，如果人工智能系统基于通用人工智能模型，且模型和系统系由同一提供者所提供，则应在欧盟层面通过人工智能办公室进行监管，为此，该办公室应拥有 2019/1020 号条例所指的市场监督管理机关的权力。在所有其他情况下，国家市场监督管理机关仍负责人工智能系统的监管。然而，对于部署者可直接用于至少一个被归类为高风险的目的的通用人工智能系统，市场监督管理机关应与人工智能办公室合作，对其合规性进行评估，并相应地通知欧洲人工智能委员会和其他市场监督管理机关。此外，如果市场监督管理机关因无法获得与高风险人工智能系统所基于的通用人工智能模型相关的特定信息而无法完成对高风险人工智能系统的调查，市场监督管理机关应能够请求人工智能办公室提供协助。在这种情况下，应类推适用 2019/1020 号条例第六章中关于跨境案件互助的程序。

（162）为了最好地利用集中的联盟专门知识和联盟一级的协同作用，对通用人工智能模型提供者的义务进行监督和执行的权力应当是委员会的职权。委员会应当委托人工智能办公室执行这些任务,同时不影响委员会的组织权力以及成员国和联盟之间基于条约的权限划分。人工智能办公室应能采取一切必要行动,监督本条例在通用人工智能模型方面的有效实施。人工智能办公室应当能够根据其监测活动的结果,或应市场监督管理机关的要求,按照本条例规定的条件,主动调查可能违反有关通用人工智能模型提供者规则的行为。为支持对人工智能办公室进行有效监督,应规定下游提供者可就可能违反通用人工智能系统提供者规则的行为提出投诉。

(163)出于补充通用人工智能模型的治理系统的考虑,科学小组应支持人工智能办公室的监测活动,并可在特定情况下向人工智能办公室发出有条件的警报,从而触发调查等后续行动。如果科学小组有理由怀疑通用人工智能模型在联盟一级构成具体且可识别的风险,就应该这样做。此外,当科学小组有理由怀疑一个通用人工智能模型符合可导致被归类为具有系统性风险的通用人工智能模型的标准时,也应属于这种情况。为了使科学小组具备执行这些任务所需的信息,应建立一个机制,使得科学小组能够要求委员会令提供者提供文件或信息。

(164)人工智能办公室应当能够采取必要行动,监督本条例规定的通用人工智能模型提供者义务的有效实施和遵守情况。人工智能办公室应当能够根据本条例规定的权力调查可能的违规行为,包括要求提供文件和信息,进行评估,以及要求通用人工智能模型提供者采取措施。在进行评估时,为了利用独立的专业知识,人工智能办公室应当能够让独立专家代表其进行评估。应通过要求采取适当措施,包括在发现系统性风险的情况下采取风险缓解措施,以及限制在市场上提供、撤回或召回模型等方式,强制履行这些义务。作为本条例规定的程序性权利之外所需的保障措施,通用人工智能模型的提供者应享有2019/1020号条例第18条规定的程序性权利,该权利应以类推方式适用,但不影响本条例规定的更具体的程序性权利。

（165）按照本条例的要求开发高风险人工智能系统以外的其他人工智能系统，可能导致在欧盟更多地采用合乎道德和值得信赖的人工智能。应鼓励非高风险人工智能系统的提供者制定行为守则，包括相关的治理机制，以促进自愿适用于高风险人工智能系统的部分或全部强制性要求，这些要求应根据系统的预期目的和所涉及的较低风险进行调整，并考虑到可用的技术解决方案和行业最佳实践，如模型卡和数据卡。还应鼓励所有人工智能系统——无论是否高风险——的提供者和模型的提供者，并酌情鼓励其部署者，在自愿的基础上适用与欧洲可信人工智能伦理准则要素、环境可持续性、人工智能素养措施、人工智能系统的包容性和多样化设计与开发等有关的额外要求，在设计和开发人工智能系统时，酌情让利益相关方，如企业和公民社会组织、学术和研究组织、工会和消费者保护组织参与进来，以及开发团队的多样性，包括性别平衡等。为确保自愿行为守则行之有效，守则应基于明确的目标和关键绩效指标，以衡量这些目标的实现情况。在制定守则时，应酌情让有关各方参与，例如商界和公民社会组织、学术界和研究机构、工会和消费者保护组织。委员会可制定包括部门性质在内的倡议，以促进阻碍人工智能发展的跨境数据交换的技术壁垒的降低，包括数据访问的基础设施、不同类型数据的语义和技术的互操作性。

（166）重要的是，根据本条例不属于高风险的与产品有关的人工智能系统，不需要遵守为高风险人工智能系统规定的要求，尽管如此，在投放市场或提供服务时仍然应是安全的。为促进实现这一目标，2023/988 号条例[1]将作为安全网而适用。

---

[1] 欧洲议会和欧盟理事会 2023 年 5 月 10 日关于通用产品安全，并修订欧洲议会和理事会 1025/2012 号条例以及欧洲议会和欧盟理事会 2020/1828 号指令，并废止欧洲议会和理事会 2001/95/EC 号指令以及欧洲理事会 87/357/EEC 号指令的 2023/988 号条例（与欧洲经济区相关的文本）（官方公报，135，2023 年 5 月 23 日，第 1—51 页）。

（167）为确保联盟和国家主管机关之间的信任和建设性合作，参与实施本条例的各方应根据联盟或国家法律，尊重在执行任务过程中获得的信息和数据的机密性。在执行任务和开展活动时，其应特别保护知识产权、商业机密信息和商业秘密、本条例的有效实施、公共和国家安全利益、刑事或行政诉讼程序的完整性以及机密信息的完整性。

（168）应通过实施处罚和其他执行措施来强制遵守本条例。成员国应采取一切必要的措施，确保本条例的规定得到执行，包括对违反本条例的行为规定有效、适度且阻遏性的处罚，并遵守一事不再理原则。为了加强和统一对违反本条例行为的行政处罚，应规定对特定的违法行为的行政罚款上限。在评估罚款金额时，成员国应根据具体情况考虑所有相关情况，尤其应适当考虑侵权行为及其后果的性质、严重程度和持续时间，以及提供者的规模，特别是如果提供者是小微型企业，包括初创企业。欧洲数据保护监督员应有权对本条例范围内的联盟机构、机关和团体处以罚款。

（169）本条例对通用人工智能模型提供者规定的义务应通过罚款等方式强制执行。为此，还应对违反这些义务的行为规定适当的罚款额度，包括不遵守委员会根据本条例要求采取的措施，并根据合比例性原则规定适当的时效期限。委员会根据本条例作出的所有决定都将根据《欧盟运作条约》的规定，接受欧盟法院的审查。

（170）欧盟法和国家法已经为权利和自由受到使用人工智能系统不利影响的自然人和法人提供了有效的救济措施。在不影响这些救济措施的前提下，任何有理由认为本条例的规定遭到违反的自然人或法人都有权向相关市场监督管理机关提出申诉。

（171）当部署者以本条例规定的特定的高风险系统的输出结果为主要依据作出决定，并对其产生法律效力或类似的重大影响，而受影响者认为该决定对其健康、安全或基本权利产生不利影响时，受影响者应有权要求解释。这种解释应明确而有意义，并应为受影响者行使其权利提供依据。这不应适用于欧盟或国家法律已经规定了例外或限制的人工智能系统的使用，并且应在欧盟法律尚未规定这一权利的范围内适用。

（172）作为违反本条例行为的"吹哨人"，应得到关于保护违法行为举报者的欧盟立法所保障的保护。因此，欧洲议会和欧盟理事会2019/1937号指令[1]应适用于对违反本条例行为的举报以及对举报者的保护。

（173）为了确保必要时可以调整管理框架，应授权委员会根据《欧盟运作条约》第290条通过法案，以修订附件所列举的欧盟统一立法、附件所列举的高风险人工智能系统、附件所列举的有关技术文件的规定、附件中欧盟合格性声明的内容、附件中有关合格性评估程序的规定、建立高风险人工智能系统的规定，基于质量管理系统评估和技术文件评估的合格性评估程序应适用于这些系统；具有系统风险的通用人工智能模型分类规则中的阈值以及补充基准和指标；附件中具有系统风险的通用人工智能模型的指定标准；附件中通用人工智能模型提供者的技术文件；附件中通用人工智能模型提供者的透明度信息。特别重要的是，委员会应在筹备工作中开展适当的磋商，包括专家层面的磋商，并按照2016年4月13日《关于更好地制定法律的机构间协议》[2]中规定的原则开展这些磋商。特别是，为确保平等参与授权法案的准备工作，欧洲议会和欧盟理事会的专家与成员国的专家同时应收到所有文件，相应专家应系统地参加委员会专家小组关于准备授权法案的会议。

（174）鉴于技术的快速发展以及有效实施本条例所需的专业技术知识，委员会应在本条例生效之日起三年后对其进行评估和审查，此后每四年评估和审查一次，并向欧洲议会和理事会报告。此外，考虑到对本条

---

[1] 欧洲议会和欧盟理事会2019年10月23日关于保护对违反欧盟法律行为的举报人的2019/1937号指令（官方公报，305，2019年11月26日，第17页）。
[2] 官方公报，123，2016年5月12日，第1页。

例适用范围的影响，委员会应每年评估一次修订附件三清单和禁止行为清单的必要性。此外，在本条例生效后四年内，以及此后每四年，委员会应评估并向欧洲议会和欧盟理事会报告是否有必要修订附件三中的高风险领域、第四章透明度义务范围内的人工智能系统、监督和治理系统的有效性，以及关于通用人工智能模型节能开发的标准化可交付成果的开发进度，包括是否有必要采取进一步措施或行动。最后，在生效后两年内，以及此后每三年，委员会应评估自愿行为守则的影响和有效性，以促进高风险人工智能系统以外的系统应用第三编第二章中的要求，以及可能对此类人工智能系统产生的其他额外要求。

（175）为确保本条例实施条件的统一，应赋予委员会实施权力。这些权力应根据 182/2011 号条例[1]行使。

（176）由于本条例的目的是改善内部市场的运作，促进以人为本、值得信赖的人工智能的应用，同时确保对健康、安全和《宪章》规定的基本权利，包括民主、法治和环境保护的高度保护，使其免受联盟内的人工智能系统的有害影响，并且支持创新，相应目标无法由成员国充分实现，并且由于行动的规模或影响，可以在联盟层面更好地实现，联盟可根据《欧盟运作条约》第 5 条规定的辅助性原则采取措施。根据该条规定的比例性原则，本条例不超出实现该目标所需的范围。

（177）为了确保法律的确定性，确保经营者有一个适当的适应期，并避免对市场的干扰，包括确保人工智能系统使用的连续性，本条例适用于，在其一般性适用日期生效之前已经投放市场或提供服务的高风险人工智能系统——仅自该适用日期起，这些系统的设计或预期目的经历了重大改变。需要说明的是，在这方面，重大改变的概念应被理解为实质等同于实质性修改的概念，后者仅用于本条例所定义的高风险人工智能系统。作

---

[1] 欧洲议会和欧盟理事会 2011 年 2 月 16 日规定成员国对欧盟委员会行使执行权力的控制机制的规则和一般原则的 182/2011 号条例（官方公报，55，2011 年 2 月 28 日，第 13 页）。

为例外情况，并考虑到公共责任，作为附件所列举的法案建立的大型信息技术系统组成部分的人工智能系统的经营者，以及意图由公共机关使用的高风险人工智能系统的经营者，应采取必要步骤，分别在 2030 年底前和生效后 6 年内遵守本条例的要求。

（178）鼓励高风险人工智能系统的提供者在过渡期内就开始自愿遵守本条例规定的相关义务。

（179）本条例应自其生效起两年后起适用。然而，考虑到与以特定方式使用人工智能有关的不可接受的风险，禁止性规定应自本条例生效后 6 个月起开始适用。虽然这些禁止性规定的全部效力将随着本条例的管理和执行的建立而发生，但对禁止性规定适用的期待对于考虑不可接受的风险非常重要，并且对其他程序产生影响，如民法中的程序。此外，与管理和合格性评估系统有关的基础设施应在该日期之前提供服务，因此，关于公告机关和治理结构的规定应自本条例生效后 12 个月起适用。鉴于技术进步和采用通用人工智能模型的速度非常迅速，通用人工智能模型提供者的义务应在本条例生效起 12 个月后适用。行为守则最迟应在相关规定生效前的 3 个月准备就绪，以便提供者能够及时证明遵守了规定。人工智能办公室应确保分类规则和程序与技术发展同步。此外，各成员国应制定处罚规则，包括行政罚款，并通知委员会，确保在本条例生效之日前得到适当有效的执行。因此，有关处罚的规定应在本条例生效起 12 个月后适用。

（180）根据 2018/1725 号条例第 42 条第 2 款，与欧洲数据保护监督员和欧洲数据保护委员会进行了磋商，并于 2021 年 6 月 18 日发表了意见。

已经通过了该条例，条例正文如下。

第一编

第1条 宗旨

1. 本条例的目的是改善内部市场的运作，促进以人为本、值得信赖的人工智能的应用，同时确保对健康、安全和《宪章》规定的基本权利，包括民主、法治和环境保护的高度保护，使其免受联盟内的人工智能系统的有害影响，并且支持创新。

2. 本条例规定了：

（a）关于人工智能系统在欧盟的市场投放、提供服务和加以使用的统一规则；

（b）对特定人工智能实践的禁止；

（c）对高风险人工智能系统的具体要求以及相应系统的经营者的义务；

（d）特定人工智能系统的统一透明度规则；

（e）通用人工智能模型投放市场的统一规则；

（f）关于市场监测、市场监督治理和执法的规则；

（g）支持创新的措施，重点是小微型企业，包括初创企业。

第2条 范围

1. 本条例适用于：

（a）在欧盟境内将人工智能系统投放市场或提供服务或将通用人工智能模型投放市场的提供者，无论这些提供者是设立于，还是位于欧盟境内或者第三国；

（b）在联盟内设立场所或者位于联盟内的人工智能系统部署者；

（c）场所位于第三国或者位于第三国的人工智能系统提供者和部署者，其系统产生的输出用于欧盟；

（d）人工智能系统的进口者和分销者；

（e）产品制造者以自己的名称或商标将人工智能系统与其产品一起投放市场或提供服务；

（f）未在欧盟境内设立场所的提供者的授权代表；

（g）位于联盟内的受影响者。

2. 对于根据第 6 条第 1 款和第 6 条第 2 款被列为高风险人工智能系统的、与附件一第 B 节所列欧盟统一立法涵盖的产品有关的人工智能系统，仅适用本条例第 112 条。第 57 条仅在本条例对高风险人工智能系统的要求已纳入欧盟统一立法的情况下适用。

3. 本条例不适用于欧盟法律范围之外的领域，在任何情况下都不得影响成员国在国家安全方面的权限，无论成员国委托哪一类实体执行与这些权限有关的任务。

本条例不适用于专门为军事、国防或国家安全目的而投放市场、提供服务或经修改或不经修改而使用的人工智能系统，无论从事这些活动的实体属于何种类型。

本条例不适用于未在欧盟投放市场或提供服务的人工智能系统，如果其输出在欧盟仅用于军事、国防或国家安全目的，无论开展这些活动的实体属于何种类型。

4. 本条例不适用于根据第 1 款属于本条例范围内的第三国公共机关或国际组织，如果这些机关或组织在与欧盟或一个或多个成员国进行执法和司法合作的国际合作或协议框架内使用人工智能系统，条件是该第三国或国际组织在保护个人基本权利和自由方面提供充分保障。

5. 本条例不影响 2000/31/EC 号指令第二章第 4 节中有关中介服务提供者责任的规定的适用。

6. 本条例不适用于专为科学研究和开发目的而开发和提供服务的人工智能系统和模型，包括其输出。

7. 关于保护个人数据、隐私和通信保密的欧盟法律适用于与本条例规定的权利和义务有关的个人数据处理。在不影响本条例第 10 条第 5 款和第 59 条规定的安排的情况下，本条例不影响 2016/679 号条例和 2018/1725 号条例以及 2002/58/EC 和 2016/680 号指令。

8. 本条例不适用于人工智能系统或模型在投放市场或提供服务前的任何研究、测试和开发活动；这些活动的开展应遵守适用的欧盟法律。在真实世界条件下进行的测试不在此豁免范围内。

9. 本条例不妨碍与消费者保护和产品安全相关的其他欧盟法律所规定的规则。

10. 本条例不适用于在纯粹个人非职业活动中使用人工智能系统的自然人部署者的义务。

11. 本条例不妨碍联盟或成员国保留或引入在雇主使用人工智能系统方面更有利于保护工人权利的法律、法规或行政规定，或鼓励或允许适用更有利于工人的集体协议。

12. 本条例规定的义务不适用于根据自由、免费且开源许可发布的人工智能系统，除非这些系统作为高风险人工智能系统或者属于第 5 条和第 50 条的人工智能系统投放市场或提供服务。

第 3 条 定义

1. 人工智能系统是一种基于机器的系统，设计为以不同程度的自主性运行，在部署后可能表现出适应性，并且为了明确或隐含的目标，从其接收的输入中推断如何生成可影响物理或虚拟环境的输出，如预测、内容、建议或决定。

2. "风险" 是指发生危害的可能性和危害的严重性的组合。

3. "提供者" 是指开发人工智能系统或通用人工智能模型，或已开发人工智能系统或通用人工智能模型，并将其投放市场或以自己的名义或商标提供服务的自然人或法人、公共机关、机构或其他团体，无论有偿还是无偿。

4."部署者"是指在其授权下使用人工智能系统的任何自然人或法人、公共机关、机构或其他团体，但在个人非职业活动中使用人工智能系统的情况除外。

5."授权代表"是指位于或设立在欧盟的任何自然人或法人，他们接受了人工智能系统或通用人工智能模型提供者的书面授权，分别代表其履行和执行本条例规定的义务和程序。

6."进口者"是指位于或设立于欧盟的任何自然人或法人，将带有在欧盟以外设立的自然人或法人的名称或商标的人工智能系统投放市场。

7."分销者"是指供应链中除提供者或进口者之外，在欧盟市场上提供人工智能系统的任何自然人或法人。

8."经营者"指提供者、产品制造者、部署者、授权代表、进口者或分销者。

9."投放市场"是指在欧盟市场上首次提供人工智能系统或通用人工智能模型。

10."在市场上提供"是指在商业活动中提供人工智能系统或通用人工智能模型，供在联盟市场上销售或使用，无论有偿还是无偿。

11."提供服务"是指将人工智能系统直接提供给部署者首次使用，或供其在联盟内按预期目的自用。

12."预期目的"是指提供者在使用说明、宣传或销售材料和声明以及技术文件中提供的信息所规定的人工智能系统的预期用途，包括具体的使用环境和条件。

13."可合理预见的误用"是指人工智能系统的使用方式与其预期目的不符，但可能是由可合理预见的人类行为或与其他系统，包括其他人工智能系统的互动造成的。

14."产品或系统的安全组件"是指产品或系统的一个组件，该组件对该产品或系统具有安全功能，或其故障或失灵危及人或财产的健康和安全。

15. "使用说明"是指提供者特别为告知部署者人工智能系统的预期目的和正确使用而提供的信息。

16. "人工智能系统的召回"是指任何旨在实现向提供者返还或使其停止服务或禁止使用提供给部署者的人工智能系统的措施。

17. "撤回人工智能系统"是指任何旨在阻止供应链中的人工智能系统在市场上销售的措施。

18. "人工智能系统的性能"是指人工智能系统实现其预期目的的能力。

19. "公告机关"是指负责制定和实施评估、指定和公告合格性评估机构以及对其监督的必要程序的国家机关。

20. "合格性评估"是指证明本条例第三编第二章中有关高风险人工智能系统的要求是否得到满足的过程。

21. "合格性评估机构"指进行第三方合格性评估活动的机构,包括测试、认证和检验。

22. "通知机构"是根据本条例和其他相关的联盟统一立法而通知的合格性评估机构。

23. "实质性修改"是指人工智能系统在投放市场或提供服务后发生的修改,这种修改在提供者最初的合格性评估中没有预见到或没有计划,并因此影响人工智能系统符合本条例第三编第二章规定的要求,或导致人工智能系统被评估的预期目的发生修改。

24. "CE 合格性标识"(CE 标识)是指这样一种标识,提供者通过该标识表明人工智能系统符合本条例第三编第二章中规定的要求,以及统一规定产品贴标销售的条件的其他适用的欧盟立法("欧盟统一立法")。

25. "后市场监测系统"是指人工智能系统提供者为收集和审查从使用其投放市场或提供服务的人工智能系统中获得的经验而开展的所有活动,目的是确定是否需要立即采取任何必要的纠正或预防措施。

26. "市场监督管理机关"指根据 2019/1020 号条例开展活动和采取措

施的国家机关。

27. "统一标准"是指 1025/2012 号条例第 2 条第 1 款第 c 项定义的欧洲标准。

28. "共同规格"是指 1025/2012 号条例第 2 条第 4 款定义的一套技术规格，该规格提供了遵守本条例规定的特定要求的方法。

29. "训练数据"指通过拟合可学习的参数来训练人工智能系统的数据。

30. "验证数据"是指用于对经过训练的人工智能系统进行评估、调整其不可学习参数和学习过程等的数据，以防止欠拟合或过拟合；验证数据集可以是一个单独的数据集，也可以是训练数据集的一部分，以固定或可变的方式加以切分。

31. "验证数据集"是指一个不同的数据集或者训练数据集的一部分，无论是以固定还是可变方式划分。

32. "测试数据"是指用于对人工智能系统进行独立评估的数据，以确认该系统在投放市场或提供服务前的预期性能。

33. "输入数据"是指提供给人工智能系统或由人工智能系统直接获取的数据，系统根据这些数据产生输出。

34. "生物数据"系指与自然人的身体、生理或行为特征有关的由特定技术处理所产生的个人数据，如面部图像或指纹和掌纹数据。

35. "生物识别"是指自动识别人的身体、生理、行为和心理特征，通过将该人的生物数据与数据库中存储的个人生物数据进行比较，从而确认该人的身份。

36. "生物验证"是指通过自动化、一对一验证的方式，将个人的生物数据与之前提供的生物数据进行比较，验证自然人的身份。

37. "特殊类别个人数据"是指 2016/679 号条例第 9 条第 1 款、2016/680 号指令第 10 条和 2018/1725 号条例第 10 条第 1 款中提及的个人数据类别。

38. "敏感业务数据"是指与预防、侦查、调查和起诉刑事犯罪活动有关的业务数据，披露这些数据会损害刑事诉讼程序的整全性。

39. "情感识别系统"指根据自然人的生物数据识别或推断其情感或意图的人工智能系统。

40. "生物分类系统"是指根据自然人的生物数据将其归入特定类别的人工智能系统，除非该系统附属于另一项商业服务，且因客观技术原因而严格必要。

41. "远程生物识别系统"系指一种人工智能系统，其目的是在没有自然人主动参与的情况下，通常通过将一个人的生物数据与参考数据库中的生物识别数据进行比较，远距离识别自然人的身份。

42. "'实时'远程生物识别系统"是指一种远程生物鉴别系统，在该系统中，生物数据的采集、比较和识别都是在没有明显延迟的情况下进行的。这不仅包括即时识别，还包括有限的短暂延迟，以避免规避本条例。

43. "'事后'远程生物识别系统"指实时远程生物识别系统之外的远程生物识别系统。

44. "公众可进入的场所"是指任何公有或私有的、可供人数不确定的自然人进入的有形场所，不论是否适用特定的进入条件，也不论潜在的容量限制。

45. "执法机关"是指：

（a）任何主管预防、调查、侦查或起诉刑事犯罪或执行刑事处罚，包括保障和预防对公共安全的威胁的公共机关；或

（b）受成员国法律委托，为预防、调查、侦查或起诉刑事犯罪或执行刑事处罚，包括保障和预防对公共安全的威胁而行使公共权力的任何其他机构或实体。

46. "执法"指执法机关或代表执法机关为预防、调查、侦查或起诉刑事犯罪或执行刑罚而开展的活动，包括保障和预防对公共安全的威胁。

47. "人工智能办公室"指委员会促进人工智能系统的实施、监测和监督以及人工智能治理的职能。本条例中对人工智能办公室的引致，应当

解释为引致委员会。

48．"国家主管机关"指以下任何一方：公告机关和市场监督管理机关。关于欧盟机构、团体、办公室和机关提供服务或加以使用的人工智能系统，本条例中引致的国家主管机关或市场监督管理机关，应当解释为引致欧洲数据保护监督员。

49．"严重事件"是指直接或间接导致以下任何情况的人工智能系统事故或故障：

（a）致人死亡或严重损害人的健康；

（b）严重和不可逆转地破坏关键基础设施的管理和运行；

（c）违反旨在保护基本权利的联盟法律规定的义务；

（d）对财产或环境造成严重损害。

50．"个人数据"是指2016/679号条例第4条第1点所定义的个人数据。

51．"非个人数据"指2016/679号条例第4条第1点所定义的个人数据之外的数据。

52．"画像"是指2016/679号第4条第4点所定义的任何形式的个人数据的自动化处理；或就执法机关而言——2016/680号指令第3条第4点所定义的个人数据的自动化处理；或就欧盟机构、团体、办公室或机关而言——2018/1725号条例第3条第5点所定义的个人数据的自动化处理。

53．"真实世界测试计划"是指描述在真实世界条件下测试的目标、方法、地理、人口和时间范围、监测、组织和开展的文件。

54．"沙盒计划"是指参与提供者与主管机关之间商定的文件，其中描述了在沙盒内开展活动的目标、条件、时间框架、方法和要求。

55．"人工智能监管沙盒"是指由主管机关建立的一个具体和受控的框架，为人工智能系统的提供者或潜在提供者提供在监管监督下根据沙盒计划在有限的时间内开发、训练、验证和测试创新人工智能系统的可能性。

56．"人工智能素养"是指这样的技能、知识和理解，使提供者、使用者和受影响者在考虑到各自在本条例中的权利和义务时，能够在知情的情况下部署人工智能系统，并认识到人工智能的机遇和风险以及可能造成的损害。

57."真实世界条件下的测试"是指在实验室或其他模拟环境之外的实际条件下，为预期目的对人工智能系统进行的临时测试，目的是收集可靠且可信的数据，评估和验证人工智能系统是否符合本条例的要求；只要符合第53条或第54a条规定的所有条件，实际条件下的测试不应视为将人工智能系统投放市场或提供服务。

58."测试主体"，就真实世界测试而言，是指在真实世界条件下参加测试的自然人。

59."知情同意"系指测试主体在被告知与测试主体决定参加的测试有关的各方面情况之后，自由、具体、明确和自愿地表示愿意在真实世界的条件下参与这项测试。

60."深度伪造"是指由人工智能生成或操纵的图像、音频或视频内容，这些内容与现有的人员、物体、地点或其他实体或事件相似，会让人误以为是实在的或真实的。

61."广泛侵权"是指违反保护个人利益的联盟法律的任何作为或不作为：

（a）损害或可能损害居住在除该成员国以外的至少两个成员国的个人的集体利益，在这一成员国中（i）作为或不作为源起或发生；（ii）相关的提供者或其授权代表设立；或（iii）在部署者实施侵权行为时，部署者设立；

（b）保护个人利益，对个人集体利益造成、导致或可能造成损害，并具有共同的特征，包括同一非法行为、同一利益受到侵犯，以及由同一经营者在至少三个成员国同时实施。

62."关键基础设施"是指提供2022/2557号指令第2条第4款所指的基本服务所必需的资产、设施、设备、网络或系统，或其中的一部分。

63. "通用人工智能模型"是指这样一个人工智能模型，包括在使用大量数据进行大规模自我监督训练时，无论该模型以何种方式投放市场，都显示出显著的通用性，能够胜任各种不同的任务，并可集成到各种下游系统或应用中。这不包括在投放市场前用于研究、开发和原型设计活动的人工智能模型。

64. 通用人工智能模型中的"高影响能力"是指与先进水平的通用人工智能模型中记录的能力相匹配或超过这些能力的能力。

65. "联盟层面的系统性风险"是指通用人工智能模型的高影响能力所特有的风险，因其影响范围广泛而对内部市场产生重大影响，并对公众健康、安全、公共安全、基本权利或整个社会产生实际或可合理预见的负面影响，可在整个价值链中大规模传播。

66. "通用人工智能系统"是指以通用人工智能模型为基础的人工智能系统，该系统具有服务于各种目的的能力，既可直接使用，也可集成到其他人工智能系统中。

67. "浮点运算"是指涉及浮点数的任何数学运算或赋值，浮点数是实数的一个子集，在计算机上通常以固定精度的整数表示，并以固定基数的整数指数加以缩放。

68. "下游提供者"指集成了人工智能模型的人工智能系统，包括通用人工智能系统的提供者，无论该模型是由其自身提供并进行垂直整合，还是由其他实体基于合同关系而提供。

第 4 条　人工智能素养

人工智能系统的提供者和部署者应采取措施，考虑其技术知识、经验、教育和培训以及人工智能系统的使用环境，并考虑人工智能系统将用于哪些人或群体，尽其最大努力确保其工作人员和代表其处理人工智能系统操作和使用的其他人员具有足够的人工智能知识水平。

第二编　禁止的人工智能实践

第 5 条　禁止的人工智能实践

1. 禁止下列人工智能实践：

（a）投放市场、提供服务或加以使用人工智能系统，该系统采用超出个人意识的潜意识技术或有目的的操纵或欺骗技术，其目的或效果是通过明显损害一个人或一群人做出知情决定的能力，实质性地扭曲该人或一群人的行为，从而导致该人做出其本来不会做出的决定，造成或可能造成对该人、另一人或一群人的重大伤害；

（b）投放市场、提供服务或加以使用人工智能系统，利用特定个人或特定群体因其年龄、残疾或特定社会或经济状况而具有的任何弱点，以实质性扭曲该人或属于该群体的人的行为，造成或有合理可能造成该人或他人重大伤害为目的或效果；

（c）将根据自然人或其群体的社会行为或已知、推断或预测的个人或个性特征，在一定时期内对其进行评估或分类的人工智能系统投放市场、提供服务或加以使用，相应系统的社会得分可导致以下任何一种或两种情况：

i 在与最初生成或收集数据的场景无关的社会场景下，对特定自然人或其整个群体的有害或不利待遇；

ii 对特定自然人或群体的有害或不利待遇，而这种待遇是不合理的，或与其社会行为或其严重性不合比例的；

（d）投放市场、提供服务或加以使用人工智能系统，对自然人进行风险评估，以评估或预测自然人实施刑事犯罪的风险，而这完全是基于对自然人的画像或对其个性特征和特点的评估；这一禁令不适用于这样的人工智能系统，其根据与犯罪活动直接相关的客观且可核实的事实，支持人类对特定个人是否参与犯罪活动的评估；

（e）投放市场、为此特定目的提供服务或加以使用人工智能系统，通过从互联网或闭路电视录像中无区别地爬取面部图像来创建或扩展面部识别数据库；

（f）投放市场、为此特定目的提供服务或加以使用人工智能系统，在工作场所和教育机构领域推断自然人的情绪，但出于医疗或安全原因，有意将人工智能系统提供服务或投放市场的情况除外；

（g）投放市场、为此特定目的提供服务或加以使用生物分类系统，根据生物数据对自然人进行个体层面的分类，以推导或推断其种族、政治观点、工会成员身份、宗教或哲学信仰、性生活或性取向。这项禁令不包括根据生物数据对合法获取的生物数据集，如图像，进行标注或过滤，也不包括在执法领域对生物数据进行分类；

（h）在公共场所为执法目的使用"实时"远程生物识别系统，除非这种使用相应地为下列目标之一所严格必要的：

i 有针对性地搜寻特定的绑架、贩卖人口和性剥削受害者，以及搜寻失踪人员；

ii 防止对自然人的生命或人身安全构成确切、重大且紧迫的威胁，或防止真实存在或真实可预见的恐怖袭击威胁；

iii 为了对附件二所述罪行进行刑事调查、起诉或执行刑事处罚，对涉嫌犯有刑事罪行的人进行定位或身份识别，而这些罪行在相关成员国最长可被判处刑期最短不少于四年的监禁或拘留。

本款第 h 项不影响《通用数据保护条例》第 9 条有关为执法以外目的而处理生物数据的规定。

2. 为第 1 款第 d 项所述任何目标而在可进入的公共场所使用"实时"远程生物识别系统，只能用于第 1 款第 h 项所述的目的，以确认具体目标个人的身份，并应考虑以下因素：

（a）导致可能使用该系统的情况的性质，特别是在不使用该系统的情况下所造成的损害的严重性、可能性和规模；

（b）使用该系统对所有有关的人的权利和自由造成的后果，特别是这些后果的严重性、可能性和大小。

此外，为实现第 1 款第 2 分款第 h 项所述的任何目标而在公众可进入的场所使用"实时"远程生物识别系统进行执法时，应根据授权使用该系统的国家法律，遵守与使用有关的必要且合比例的保障措施和条件，特别是在时间、地理和个人限制方面。只有在执法机关完成了第 27 条规定的基本权利影响评估，并根据第 49 条的规定在数据库中登记了该系统后，才可授权在公共场所使用"实时"远程生物识别系统。不过，在有正当理由的紧急情况下，可以不经登记就开始使用该系统，但登记工作必须在没有无故拖延的情况下完成。

3. 关于第 1 款第 2 分款第 h 项和第 2 款，每次在公共场所为执法目的使用"实时"远程生物识别系统，应当事先得到使用该系统的成员国司法机关或独立行政机关的授权，该机关的决定对使用该系统的成员国具有约束力，授权针对理据充分的申请，并且根据第 5 款提到的国家法律的具体规则作出。但是，在有正当理由的紧急情况下，可以在没有授权的情况下开始使用该系统，但应及时申请授权，最迟不得超过 24 小时。如果该授权被拒绝，则应立即停止使用，并应立即弃置和删除所有数据以及使用的结果和输出。

主管司法机关或其决定具有约束力的独立行政机关只有在根据客观证据或向其提交的明确迹象，确信使用有关"实时"远程生物识别系统对实现第 1 款第 h 项所规定的目标之一是必要并合比例的时候，特别是在时间以及地理和个人范围方面仍限于严格必要的情况下，才应给予授权。主管司法机关或其决定具有约束力的独立行政机关在对申请做出决定时，应考虑第 2 款提及的因素。应确保司法机关或其决定具有约束力的独立行政机关不得仅根据远程生物识别系统的输出结果做出对个人产生不利法律影响的决定。

4. 在不影响第 3 款的情况下，每次为执法目的在公共场所使用"实时"远程生物识别系统，均应按照第 5 款提及的国家规则通知有关市场监督管理机关和国家数据保护机关。通知至少应包含第 6 款规定的信息，不得包括敏感业务数据。

5. 成员国可在第 1 款第 2 分款第 h 项、第 2 款和第 3 款所列的范围和条件下，为执法目的，决定提供全部或部分授权在公共场所使用实时远程生物识别系统的可能性。有关成员国应在其国内法中就第 3 款所述授权的申请、签发、行使、监督和报告制定必要的详细规则。这些规则还应具体说明，在第 1 款第 2 分款第 h 项所列的目标中，包括在第 h 项第 3 点所指的刑事犯罪中，主管机关可授权为执法目的使用这些系统。成员国最迟应在这些规则通过后 30 天内将其通知委员会。

成员国可根据欧盟法律，就远程生物识别系统的使用制定限制性更强的法律。

6. 成员国的国家市场监督管理机关和国家数据保护机关，如被告知根据第 4 款为执法目的在可公开进入的场所使用"实时"远程生物识别系统，应向委员会提交关于此类使用情况的年度报告。为此，委员会应向成员国及国家市场监督管理机关和数据保护机关提供一个模板，其中包括主管司法机关或独立行政机关作出的对根据第 3 款提出的授权请求具有约束力的决定的数目及其结果的信息。

7. 委员会应根据成员国基于第 6 款所述年度报告的汇总数据，发布关于为执法目的在公共场所使用"实时"远程生物识别系统的年度报告，其中不应包括相关执法活动的敏感业务数据。

8. 本条不影响人工智能的实践违反其他联盟法律时适用的禁止性规定。

第三编　高风险人工智能系统

第 1 节　将人工智能系统分类为高风险

第 6 条　高风险人工智能系统分类规则

1. 无论人工智能系统是否独立于第 a、b 点所述的产品投放市场或提供服务，只要满足以下两个条件，该人工智能系统就应被视为高风险系统：

（a）人工智能系统意图用作产品的安全组件，或者人工智能系统本身就是附件一所列的欧盟统一立法所涵盖的产品；

（b）根据第a点，其安全组件为人工智能系统的产品，或作为产品的人工智能系统本身，必须接受第三方合格性评估，以便根据附件一所列的欧盟统一法，将该产品投放市场或提供服务。

2. 除第1款所指的高风险人工智能系统外，附件三所指的人工智能系统也应被视为高风险系统。

3. 根据对第2款的克减，如果人工智能系统对自然人的健康、安全或基本权利不构成重大损害风险，包括不对决策结果产生重大影响，则不应视为高风险系统。

如果符合以下一项或多项条件，则第1分款适用：

（a）人工智能系统旨在执行范围狭窄的程序性任务；

（b）人工智能系统旨在改进先前完成的人类活动的结果；

（c）人工智能系统的目的是检测决策模式或偏离先前决策模式的情况，而不是在未经适当人工审查的情况下取代或影响先前完成的人工评估；或

（d）该人工智能系统的目的是为附件三所列的用例进行相关评估做准备。

尽管存在本款第一项的规定，但如果附件三提及的人工智能系统对自然人进行画像，则该系统应始终被视为高风险系统。

4. 认为附件三所述人工智能系统不属于高风险系统的提供者应在该系统投放市场或提供服务之前将其评估结果记录在案。该提供者应履行第49条第2款规定的登记义务。应国家主管机关的要求，提供者应提供评估文件。

5. 委员会应在征求欧洲人工智能委员会的意见后，在本条例生效后

18个月内，根据第96条的规定，提供具体实施本条款的指南，并附上人工智能系统高风险和非高风险使用案例的综合实例清单。

6. 委员会有权根据第97条通过授权法案，通过增加新条件或修订已经规定的条件，以修正第3款第2分款，如果具备确切且可靠的证据表明存在属于附件三范围的人工智能系统，但不会对健康、安全和基本权利造成重大危害。

7. 委员会应根据第97条通过授权法案，通过删除已经规定的条件，以修正第3款第2分款，只要有具体和可靠的证据表明有必要这样做，以保持欧盟对健康、安全和基本权利的保护水平。

8. 根据本条第6、7款通过的对第3款第2分款规定的条件作出的修改，不得降低欧盟在保护健康、安全和基本权利方面的整体水平，应确保与根据第7条第1款通过的授权法案保持一致，并考虑到市场和技术的发展。

第7条　对附件三的修正

1. 委员会有权根据第97条通过授权法案，对附件三进行修正，增加或修改符合以下两个条件的高风险人工智能系统的用例：

（a）拟在附件三所列的任何领域使用的人工智能系统；

（b）人工智能系统有可能对健康和安全造成危害，或对基本权利造成不利影响，而且这种风险等同于或大于附件三已提及的高风险人工智能系统所造成的危害或不利影响。

2. 为第1款第b项的目的，在评估一个人工智能系统对健康和安全造成危害的风险或对基本权利造成不利影响的风险是否等同于或大于附件三已提及的高风险人工智能系统造成危害的风险时，委员会应考虑以下标准：

（a）人工智能系统的预期目的；

（b）已使用或可能使用人工智能系统的程度；

（c）人工智能系统处理和使用的数据的性质和数量，特别是是否处理特殊类别的个人数据；

（d）人工智能系统自主性的程度，以及人类推翻可能导致潜在伤害的决定或建议的可能性；

（e）人工智能系统的使用在多大程度上对健康和安全造成了损害，对基本权利产生了不利的影响，或者在多大程度上引起了人们对这种损害或不利影响的可能性的严重关注，例如，提交给国家主管机关的报告或有据可查的指控，或酌情提交的其他报告所表明的情况；

（f）这种损害或不利影响的潜在程度，特别是其严重程度及其影响多数人或不合比例地影响特定群体的能力；

（g）可能受到损害或不利影响的人在多大程度上依赖人工智能系统产生的结果，特别是由于实际或法律原因而无法合理地选择不接受该结果；

（h）权力不平衡的程度，或可能受到伤害或不利影响的人相对于人工智能系统部署者而言处于弱势地位的程度，特别是由于地位、权力、知识、经济或社会环境或年龄等原因；

（i）人工智能系统产生的结果在多大程度上易于纠正或逆转，同时考虑到现有的纠正或逆转的技术解决方案，其中对健康、安全、基本权利有不利影响的结果不应被视为易于纠正或逆转；

（j）部署人工智能系统对个人、群体或整个社会的好处的程度和可能性，包括对产品安全的可能改进；

（k）现有欧盟立法在多大程度上规定了：

i 针对人工智能系统带来的风险采取有效的救济措施，但不包括损害赔偿要求；

ii 采取有效措施预防或最大限度地降低这些风险。

3. 委员会有权根据第 97 条通过授权法案，修改附件三的清单，删除同时满足以下两个条件的高风险人工智能系统：

（a）考虑到第 2 款所列标准，有关的高风险人工智能系统不再对基本

权利、健康或安全构成任何重大风险;

(b)删除不会降低欧盟法律对健康、安全和基本权利的总体保护水平。

第2节 对高风险人工智能系统的要求

第8条 符合要求

1. 高风险人工智能系统应符合本章规定的要求,同时考虑到其预期目的以及人工智能和人工智能相关技术的公认技术水平。在确保遵守这些要求时,应考虑到第9条所述的风险管理系统。

2. 如果产品包含人工智能系统,而本条例的要求以及附件一A节所列欧盟统一立法的要求适用于该产品,则提供者应负责确保其产品完全符合欧盟统一立法要求的所有适用要求。在确保第1款中提及的高风险人工智能系统符合本节所规定的要求时,为了确保一致性、避免重复和尽量减少额外的负担,提供者应可选择酌情将其提供的有关其产品的必要检测和报告过程、信息和文件纳入附件一A节所列欧盟统一立法要求的现有文件和程序中。

第9条 风险管理系统

1. 应建立、实施、记录和维护与高风险人工智能系统有关的风险管理系统。

2. 风险管理系统应被理解为在高风险人工智能系统的整个生命周期内规划和运行的一个持续迭代过程,需要定期进行系统审查和更新,其应包括以下步骤:

(a)识别和分析高风险人工智能系统在按照其预期用途使用时可能对健康、安全或基本权利造成的已知和可合理预见的风险;

(b)估计和评估高风险人工智能系统在按照其预期目的和在可合理预见的滥用条件下使用时可能出现的风险;

（c）根据对从第72条提及的后市场监测系统中收集到的数据的分析，评估其他可能出现的风险；

（d）根据以下各段的规定，采取适当的、有针对性的风险管理措施，以应对本款第a点所确定的风险。

3. 本款所指的风险只涉及那些通过开发或设计高风险人工智能系统或提供充分的技术信息可以合理减轻或消除的风险。

4. 第2款第d项提及的风险管理措施应适当考虑第二章规定的各项要求的综合应用所产生的影响和可能的相互作用，以便更有效地将风险降至最低，同时在执行措施以满足这些要求时实现适当的平衡。

5. 第2款第d项所述的风险管理措施应使与每种危险相关的残余风险以及高风险人工智能系统的总体残余风险被判定为可以接受。

在确定最合适的风险管理措施时，应确保以下各点：

（a）通过充分设计和开发高风险人工智能系统，在技术上可行的情况下，消除或减少根据第2款确定和评估的风险；

（b）酌情实施适当的缓解和控制措施，以应对无法消除的风险；

（c）根据第13条的规定提供必要的信息，并酌情对部署者进行培训。

出于消除或减少与使用高风险人工智能系统有关的风险的考虑，应适当考虑部署者的技术知识、经验、教育、预期的培训以及意图使用该系统的假定环境。

6. 应当测试高风险人工智能系统，以确定最适当和最有针对性的风险管理措施。测试应确保高风险人工智能系统能始终如一地达到预期目的，并符合本章规定的要求。

7. 测试程序可包括根据第60条在真实世界条件下进行的测试。

8. 对高风险人工智能系统的测试应酌情在整个开发过程的任何时候进行，无论如何应在投放市场或提供服务之前进行。应根据事先确定的指标和概率阈值进行测试，这些指标和阈值应适合高风险人工智能系统的预期目的。

9. 在实施第1—7款所述风险的管理系统时，提供者应考虑高风险人工智能系统的预期目的是否可能对18岁以下的个人产生不利影响，并酌情对其他弱势群体产生不利影响。

10. 对于高风险人工智能系统的提供者而言，如果其内部风险管理流程须符合相关部门联盟法律的要求，则第1—9款所述方面可作为根据该法律制定的风险管理程序的一部分，或与之相结合。

第10条 数据和数据治理

1. 使用数据训练模型技术的高风险人工智能系统，应在使用符合第2—5款所述质量标准的训练、验证和测试数据集的基础上开发。

2. 训练、验证和测试数据集应遵守适合人工智能系统预期目的的适当的数据治理和管理实践。这些实践应特别涉及：

（a）相关的设计选择；

（b）数据收集过程和数据来源，如果是个人数据，还应说明收集数据的初始目的；

（c）相关的数据准备处理操作，如注释、标记、清理、更新、丰富和汇总；

（d）提出假设，特别是关于数据应衡量和代表的信息的假设；

（e）评估所需数据集的可用性、数量和适用性；

（f）审查可能存在的偏差，这些偏差可能影响人员的健康和安全，对基本权利产生负面影响，或导致欧盟法律所禁止的歧视，特别是在数据输出影响未来的运营投入的情况下；

（g）采取适当措施，发现、防止和减少根据第f项确定的可能的偏见；

（h）确定妨碍遵守本条例的相关的数据差距或缺陷，以及如何解决这些差距或缺陷。

3. 训练、验证和测试数据集应具有相关性和充分的代表性，并在最大可能的范围内没有错误，并且从预期目的来看是完整的。数据集应具有适当的统计特性，包括在适用的情况下，与意图使用高风险人工智能系统的个人或群体有关的统计特性。数据集的这些特性可以在单个数据集或数据集组合的层面上得到满足。

4. 数据集应在预期目的要求的范围内，考虑到高风险人工智能系统预期使用的具体地理、场景、行为或功能环境的特征或要素。

5. 在确保根据第 2 款第 f 项和第 g 项对高风险人工智能系统进行偏差检测和纠正的严格必要范围内，此类系统的提供者可例外地处理 2016/679 号条例第 9 条第 1 款、2016/680 号指令第 10 条和 2018/1725 号条例第 10 条第 1 款中提及的特殊类别个人数据，但须适当保障自然人的基本权利和自由。除 2016/679 号条例、2016/680 号指令和 2018/1725 号条例的规定外，以下所有条件均应适用，以便开展此类处理：

（a）通过处理其他数据，包括合成数据或匿名数据，无法有效实现偏差检测和纠正；

（b）特殊类别的个人数据在个人数据的重复使用方面受到技术限制，并采取先进水平的安全和隐私保护措施，包括假名化；

（c）特殊类别的个人数据须遵守相关措施，以确保所处理的个人数据安全、受保护、具备适当的保障措施，包括严格的访问记录和控制，以避免滥用，并确保只有经授权的人才能访问这些个人数据，并承担适当的保密义务；

（d）不得将为本款之目的处理的特殊类别的个人数据传输、转让或以其他方式提供给其他方；

（e）一旦偏差得到纠正或个人数据的保存期结束，以先到期者为准，即删除特殊类别的个人数据；

（f）根据 2016/679 号条例、2016/680 号指令和 2018/1725 号条例进行的处理活动记录，包括处理特殊类别个人数据对于检测和纠正偏见是严格必要的，且这一目标无法通过处理其他数据来实现。

6. 对于不使用涉及模型训练技术的高风险人工智能系统的开发，第2—5款仅适用于测试数据集。

第 11 条　技术文件

1. 高风险人工智能系统的技术文件应在该系统投放市场或提供服务之前编制，并应不断更新。

技术文件的编制应当以能够证明高风险人工智能系统符合本章规定要求的方式编制，并以清晰和全面的形式向国家主管机关和公告机关提供必要的信息，以评估人工智能系统是否符合这些要求。其至少应包含附件四所列的要件。小微型企业，包括初创企业，可以简化方式提供附件四中规定的技术文件要素。为此，委员会应针对小型和微型企业的需要制定简化的技术文件格式。如果小微型企业，包括初创企业，选择以简化方式提供附件四所要求的信息，则应使用本款提及的表格。公告机关应接受该表格用于合格性评估。

2. 如果附件一 A 节所列法律涵盖了和特定产品相关的高风险人工智能系统投放市场或投入使用，则应编制一份单一的技术文件，其中包含第 1 款规定的所有信息，以及这些法律所要求的信息。

3. 委员会有权根据第 97 条的规定通过授权法案，对附件四进行必要的修改，以确保在技术进步的情况下，技术文件能提供评估系统是否符合本章要求的所有必要信息。

第 12 条　记录留存

1. 高风险人工智能系统应在技术上允许自动记录系统生命周期内的事件，即日志。

2. 为了确保人工智能系统功能的可追溯程度与系统的预期目的相适应，日志记录功能应能够记录与以下方面相关的事件：

（a）确定可能导致人工智能系统产生第 79 条第 1 款意义上的风险或

进行实质性修改的情况；

（b）促进第 72 条所述的后市场监测；以及

（c）监督第 26 条第 6 款所述高风险人工智能系统的运行。

3. 对于附件三第 1 项 a 点所述的高风险人工智能系统，日志记录能力至少应具备以下功能：

（a）记录每次使用系统的时间，每次使用的开始日期和时间以及结束日期和时间；

（b）系统对输入数据进行核对的参考数据库；

（c）搜索结果匹配的输入数据；

（d）第 14 条第 5 款所述参与核查结果的自然人的身份。

第 13 条　透明度和向部署者提供信息

1. 高风险人工智能系统的设计和开发应确保其操作具有足够的透明度，使部署者能够解释系统的输出并加以适当使用。应确保适当类型和程度的透明度，以遵守第 3 节规定的提供者和部署者的相关义务。

2. 高风险人工智能系统应附有适当的数字格式或其他形式的使用说明，其中包括简明、完整、正确和清晰的信息，这些信息应与部署者相关、便于部署者使用和理解。

3. 使用说明应至少包含以下信息：

（a）在适用的情况下，提供者及其授权代表的身份和联系方式；

（b）高风险人工智能系统的特点、能力和性能限制，包括：

i 其预期目的；

ii 高风险人工智能系统经过测试和验证并可预期的准确性水平，包括第 15 条所指的度量、稳健性和网络安全，以及可能对预期的准确性水平、稳健性和网络安全产生影响的任何已知的和可预见的情况；

iii 任何已知的或可预见的、与高风险人工智能系统按其预期目的使用或在可合理预见的滥用条件下使用有关的、可能导致第 9 条第 2 款所述的健康和安全或基本权利风险的情况；

ⅳ 在适用情况下，人工智能系统提供与解释其输出相关的信息的技术能力和特点；

ⅴ 在适用情况下，该系统对意图使用该系统的特定个人或群体的性能；

ⅵ 在适用情况下，考虑到人工智能系统的预期目的，提供输入数据的规格，或所使用的训练、验证和测试数据集方面的任何其他相关信息；

ⅶ 在适用的情况下，提供信息，使得部署者能够解释系统的输出结果并加以适当使用。

（c）对高风险人工智能系统及其性能所做的修改，如果有的话，这些修改是由提供者在初次合格性评估时预先确定的；

（d）第14条所述的人工监督措施，包括为便于部署者解释人工智能系统的输出结果而采取的技术措施；

（e）所需的计算和硬件资源，高风险人工智能系统的预期寿命，以及任何必要的维护和保养措施，包括其频率，以确保该人工智能系统的正常运行，包括软件更新；

（f）在相关情况下，说明人工智能系统所包含的机制，使得部署者能够根据第12条的规定适当地收集、储存和解释日志。

第14条 人类监督

1. 高风险人工智能系统的设计和开发方式，包括适当的人机交互接口工具，应能在人工智能系统使用期间由自然人进行有效监督。

2. 人的监督应旨在防止或最大限度地减少高风险人工智能系统在按其预期目的使用时或在可合理预见的滥用条件下使用时可能对健康、安全或基本权利造成的风险，特别是在尽管适用了本章规定的其他要求但这种风险依然存在的情况下。

3. 监督措施应与人工智能系统的风险、自主程度和使用环境合比例，并应通过以下一种或所有类型的措施加以确保：

（a）提供者在高风险人工智能系统投放市场或提供服务之前，在技术上可行的情况下，在该系统中确定和建立的措施；

（b）提供者在将高风险人工智能系统投放市场或提供服务之前确定的、适合由部署者实施的措施。

4. 为执行第 1、2、3 款，向部署者提供高风险人工智能系统时，应酌情并根据具体情况，使被指派进行人工监督的自然人能够使用该系统：

（a）适当了解高风险人工智能系统的相关能力和局限性，并能适当监测其运行情况，以及发现和处理异常情况、功能失调和意外表现；

（b）始终意识到自动依赖或过度依赖高风险人工智能系统产生的输出结果（"自动化偏差"）的可能趋势，特别是对于用于为自然人决策提供信息或建议的高风险人工智能系统；

（c）正确解释高风险人工智能系统的输出结果，同时考虑现有的解释工具和方法；

（d）在任何特定情况下决定不使用高风险人工智能系统，或以其他方式忽略、推翻或逆转高风险人工智能系统的输出；

（e）通过"停止"按钮或类似程序，干预高风险人工智能系统的运行或中断系统，使系统停止在安全状态。

5. 对于附件三第 1 点 a 项所述的高风险人工智能系统，第 3 款所述的措施应确保外，部署者不得根据该系统产生的识别结果采取任何行动或做出任何决定，除非至少有两个具有必要的能力、培训和授权的自然人分别加以核实和确认。

在欧盟或国家法律认为适用这一要求不合比例的情况下，至少由两个自然人分别进行核查的要求不应适用于用于执法、移民、边境管制或庇护目的的高风险人工智能系统。

第 15 条　准确性、稳健性和网络安全

1. 在设计和开发高风险人工智能系统时，应使其达到适当的准确性、

稳健性和网络安全水平，并在其整个生命周期内始终在这些方面保持一致。

2. 为解决如何衡量本条第 1 款规定的适当准确性和稳健性水平以及任何其他相关性能指标的技术问题，委员会应与利益相关方和组织，如计量和基准制定机构合作，酌情鼓励制定基准和计量方法。

3. 高风险人工智能系统的准确度等级和相关准确度指标应在随附的使用说明中公布。

4. 高风险人工智能系统应尽可能避免系统内部或系统运行环境中可能出现的错误、故障或不一致，特别是由于系统与自然人或其他系统的互动而造成的错误、故障或不一致。在这方面应采取技术和组织措施。

高风险人工智能系统的稳健性可通过技术冗余解决方案来实现，其中可能包括备份或故障安全计划。

高风险人工智能系统在投放市场或提供服务后仍在继续学习，其开发方式应尽可能消除或减少可能有偏差的输出，影响未来操作输入的风险（"反馈回路"），并采取适当的缓解措施。

5. 高风险人工智能系统应具备韧性，以防未经授权的第三方试图利用系统漏洞改变其使用、输出或性能。

旨在确保高风险人工智能系统网络安全的技术解决方案应与相关情况和风险相适应。

处理人工智能特定漏洞的技术解决方案应酌情包括以下措施：预防、检测、应对、解决和控制试图篡改训练数据集（"数据投毒"）或篡改用于训练的预训练组件（"模型投毒"）的攻击，旨在导致模型出错的输入（"对抗性示例"或"模型规避"）、保密性攻击或者模型的缺陷。

第 3 节　高风险人工智能系统的提供者和部署者
以及其他各方的义务

第 16 条　高风险人工智能系统提供者的义务

高风险人工智能系统的提供者应：

（a）确保其高风险人工智能系统符合本编第二章的要求；

（b）在高风险人工智能系统上标明其名称、登记商号或登记商标、联系地址，如无法标明，则在包装或随附文件上标明；

（c）具有符合第17条规定的质量管理体系；

（d）留存第18条提及的文件；

（e）在其控制下保存第20条所述高风险人工智能系统自动生成的日志；

（f）确保高风险人工智能系统在投放市场或提供服务之前经过第43条所述的相关合格性评估程序；

（g）根据第43条的规定，起草欧盟合格性声明；

（h）根据第48条的规定，在高风险人工智能系统上加贴CE标志，以表明其符合本条例的规定；

（i）遵守第49条第1款所述的登记义务；

（j）采取必要的纠正措施，并提供第21条所要求的信息；

（k）应国家主管机关的合理要求，证明高风险人工智能系统符合第2节的要求；

（l）确保高风险人工智能系统符合关于无障碍要求的2019/882号指令和2016/2102号指令。

第17条 质量管理系统

1. 高风险人工智能系统的提供者应建立质量管理体系，确保遵守本条例。该系统应以书面政策、程序和指令的形式系统有序地加以记录，并至少包括以下方面：

（a）合规策略，包括遵守合格性评估程序和管理修改高风险人工智能系统的程序；

（b）用于高风险人工智能系统的设计、设计控制和设计验证的技术、程序和系统行动；

（c）用于高风险人工智能系统的开发、质量控制和质量保证的技术、程序和系统行动；

（d）在开发高风险人工智能系统之前、期间和之后要进行的检查、测试和验证程序，以及进行这些程序的频率；

（e）应采用的技术规格，包括标准，如果没有完全采用相关的统一标准，或没有涵盖第2节所列的所有相关要求，应采用何种手段确保高风险人工智能系统符合这些要求；

（f）数据管理的系统和程序，包括数据获取、数据收集、数据分析、数据标示、数据存储、数据过滤、数据挖掘、数据汇总、数据保留，以及在高风险人工智能系统投放市场或提供服务前和为投放市场或提供服务而进行的与数据有关的任何其他操作；

（g）第9条提及的风险管理系统；

（h）根据第72条的规定，建立、实施和维护市场后监测系统；

（i）根据第73条报告严重事件的相关程序；

（j）处理与国家主管机关、其他相关机构（包括提供或支持数据访问的机构）、公告机关、其他经营者、客户或其他相关方的沟通；

（k）所有相关文件和信息的记录保存系统和程序；

（l）资源管理，包括与供应安全有关的措施；

（m）问责框架，规定管理层和其他工作人员在本款所列各方面的责任。

2. 第1款所述各方面的实施应与提供者组织的规模合比例。在任何情况下，提供者都应尊重为确保其人工智能系统符合本条例所要求的严格程度和保护水平。

3. 对于高风险人工智能系统的提供者来说，如果根据相关的欧盟部门法必须履行质量管理系统方面的义务，那么第1款描述的内容可以是该法律规定的质量管理系统的一部分。

4. 对于须遵守欧盟金融服务立法对其内部治理、安排或流程要求的金融机构，除第 1 款第 g、h 和 i 点外，建立质量管理体系的义务应视为通过遵守相关欧盟金融服务立法的内部治理安排或流程规则来履行。在这种情况下，应考虑本条例第 40 条提及的任何统一标准。

第 18 条　文件留存

1. 在人工智能系统投放市场或提供服务后的 10 年内，提供者应当应国家主管机关的处置而留存：

（a）第 11 条提及的技术文件；

（b）第 17 条提及的有关质量管理体系的文件；

（c）在适用的情况下，与公告机关批准的变更有关的文件；

（d）公告机关发布的决定和其他文件，如适用；

（e）第 47 条所述的欧盟合格性声明。

2. 各成员国应确定在第 1 款所述期限内，国家主管机关仍可处置该段所述文件的条件，如果在其领土上设立的提供者或其授权代表在该期限结束前破产或停止活动。

3. 根据欧盟金融服务立法，作为金融机构的提供者，其内部治理、安排或流程须符合相关要求，因此应将技术文件作为根据相关欧盟金融服务立法保存的文件的一部分进行保存。

第 19 条　自动生成日志

1. 高风险人工智能系统的提供者应保存第 12 条第 1 款所述由其高风险人工智能系统自动生成的日志，只要这些日志在其控制范围内。在不影响适用的欧盟或国家法律的情况下，日志的保存期限应与高风险人工智能系统的预期目的相适应，至少为 6 个月，除非适用的欧盟或国家法律，特别是欧盟关于保护个人数据的法律另有规定。

2. 根据欧盟金融服务立法，金融机构的内部管理、安排或流程必须符合相关要求，提供者应保存其高风险人工智能系统自动生成的日志，作为根据相关金融服务立法保存的文件的一部分。

第 20 条　纠正行动和提供信息的义务

1. 高风险人工智能系统的提供者如认为或有理由认为其投放市场或提供服务的高风险人工智能系统不符合本条例的规定，应立即采取必要的纠正措施，使该系统符合规定，酌情予以撤回、禁用或召回。其应通知有关高风险人工智能系统的分销者，并酌情通知部署者、授权代表和进口者。

2. 当高风险人工智能系统存在第 79 条第 1 款意义上的风险，且提供者意识到该风险时，则应立即与报告风险的部署者（如适用）合作调查原因，并通知其提供高风险人工智能系统所在成员国的市场监督管理机关，以及根据第 44 条为高风险人工智能系统颁发认证的公告机关（如适用），特别是不合规的性质和采取的任何相关纠正措施。

第 21 条　与主管机关的合作

1. 高风险人工智能系统的提供者应在主管机关提出合理要求时，向该机关提供证明高风险人工智能系统符合第 2 节规定的要求所需的所有信息和文件，其语言应为有关成员国确定的联盟官方语言，易于该机关理解。

2. 在国家主管机关提出合理要求后，提供者还应酌情允许提出要求的国家主管机关查阅高风险人工智能系统自动生成的第 12 条第 1 款所述的日志，只要这些日志在其控制之下。

3. 对国家主管机关根据本条规定获得的任何信息，应当按照第 70 条规定的保密义务处理。

第 22 条　授权代表

1. 在联盟外设立的提供者在联盟市场上提供其系统之前，应通过书面授权，指定一名在联盟内设立的授权代表。

2. 提供者应使其授权代表能够执行本条例规定的任务。

3. 授权代表应执行提供者授权中规定的任务。授权代表应根据请求，以国家主管机关确定的联盟机构官方语言之一，向市场监督管理机关提供一份授权副本。就本条例而言，应授权代表执行以下任务：

（a）核实欧盟合格性声明和技术文件是否已经拟定，以及提供者是否已经执行了适当的合格性评估程序；

（b）在高风险人工智能系统投放市场或提供服务后 10 年内，向国家主管机关和第 74 条第 10 款所指的国家机关提供指定授权代表的提供者的详细联系信息、欧盟合格性声明副本、技术文件，以及（如适用）公告机关签发的认证；

（c）在国家主管机关提出合理要求时，向其提供证明高风险人工智能系统符合第 2 节规定的要求所需的所有信息和文件，包括根据第 b 点保存的信息和文件，包括查阅第 12 条第 1 款所述的由高风险人工智能系统自动生成的日志，只要这些日志在提供者的控制之下；

（d）应主管机关的合理要求，就后者对高风险人工智能系统采取的任何行动与主管机关合作，特别是减少和降低高风险人工智能系统带来的风险；

（e）在适用的情况下，遵守第 51 条第 1 款所述的登记义务，或者如果登记由提供者自己进行，则确保附件八第 3 点所述的信息正确无误。

授权书应授权其授权代表，在与确保遵守本条例有关的所有问题上，与提供者一同，或代替提供者，接受主管机关的问询。

4. 如果授权代表认为或有理由认为提供者的行为违反了本条例规定的义务，则应终止授权。在这种情况下，授权代表还应立即向其所在成员国的国家监管机关，并在适用情况下向相关公告机关通报任务终止情况及其原因。

第 23 条　进口者的义务

1. 在将高风险人工智能系统投放市场之前，该系统的进口者应确保该系统符合本条例的规定，方法是核实：

（a）该人工智能系统的提供者已执行了第 43 条所述的相关合格性评估程序；

（b）提供者已根据第 11 条和附件四编制了技术文件；

（c）系统带有所需的 CE 标志，并附有欧盟合格性声明和使用说明；

（d）提供者已根据第 22 条第 1 款的规定任命了授权代表。

2. 如果进口者有充分理由认为高风险人工智能系统不符合本条例的规定，或者系统是伪造的，或者附有伪造的文件，在该人工智能系统符合规定之前，进口者不得将该系统投放市场。如果高风险人工智能系统具有第 79 条第 1 款所指的风险，进口者应将此情况通知人工智能系统的提供者、授权代表和市场监督管理机关。

3. 进口者应在高风险人工智能系统及其包装或随附文件上注明其名称、登记商号或登记商标以及联系地址。

4. 进口者应确保，当高风险人工智能系统由其负责时，在适用的情况下，储存或运输条件不会危及该系统符合第 2 节规定的要求。

5. 进口者应在人工智能系统投放市场或提供服务后的 10 年内，保存一份由公告机关签发的认证副本（如适用）、使用说明和欧盟合格性声明。

6. 进口者应在国家主管机关提出合理要求时，以其易于理解的语言向其提供所有必要的资料和文件，包括按照第 5 款保存的资料和文件，以证明高风险人工智能系统符合第 2 节的要求。为此，它们还应确保向这些机关提供技术文件。

7. 进口者应就国家主管机关采取的任何行动与国家主管机关合作，特别是为减少和降低高风险人工智能系统带来的风险。

第24条 分销者的义务

1. 在市场上销售高风险人工智能系统之前，分销者应核实高风险人工智能系统是否带有所需的 CE 合格性标识，是否附有欧盟合格性声明和使用说明的副本，以及系统的提供者和进口者，如适用，是否分别遵守了第 16 条 b 点和第 23 条第 3 款规定的义务。

2. 如果分销者根据其掌握的信息认为或有理由认为高风险人工智能系统不符合第 2 节规定的要求，在该系统符合这些要求之前，分销者不得在市场上销售该高风险人工智能系统。此外，如果该系统存在第 79 条第 1 款所指的风险，分销者应酌情将此情况通知该系统的提供者或进口者。

3. 分销者应确保，当高风险人工智能系统由其负责时，在适用的情况下，储存或运输条件不会危及该系统符合第 2 节的要求。

4. 分销者如根据其掌握的信息认为或有理由认为其在市场上提供的高风险人工智能系统不符合第 2 节规定的要求，则应采取必要的纠正措施，使该系统符合这些要求，撤回或召回该系统，或应确保提供者、进口者或任何有关经营者酌情采取这些纠正措施。如果高风险人工智能系统存在第 79 条第 1 款所指的风险，分销者应立即将此情况通知该系统的提供者或进口者以及其提供产品的成员国的国家主管机关，特别是提供不符合要求的详细情况和所采取的纠正措施。

5. 在国家主管机关提出合理要求后，高风险人工智能系统的分配者应向该主管机关提供第 1—4 款所述的有关其活动的所有必要信息和文件，以证明高风险系统符合第 2 节规定的要求。

6. 分销者应就国家主管机关对其作为分销者的人工智能系统采取的任何行动与国家主管机关合作，特别是为了减少或降低高风险人工智能系统造成的风险。

第25条 人工智能价值链上的责任

1. 为本条例之目的，任何分销者、进口者、部署者或其他第三方均应视为高风险人工智能系统的提供者，在下列任何一种情况下，均应承担第16条规定的提供者义务：

（a）在已投放市场或提供服务的高风险人工智能系统上冠以自己的名称或商标，但不妨碍合同中关于以其他方式分配义务的规定；

（b）对已投放市场或已提供服务的高风险人工智能系统进行实质性修改，但改造方式仍符合第6条规定的高风险人工智能系统；

（c）其修改了一个人工智能系统，包括通用人工智能系统的预期用途，而该人工智能系统尚未归类为高风险，并已投放市场或提供服务，从而使该人工智能系统成为第6条所指的高风险人工智能系统。

2. 如果出现第1款所述的情况，最初将人工智能系统投放市场或提供服务的提供者将不再被视为本条例所指的特定人工智能系统的提供者。该在先提供者应密切合作，提供必要的信息，并提供合理预期的技术准入和其他协助，以履行本条例规定的义务，特别是关于遵守高风险人工智能系统合格性评估的义务。本款不适用于在先提供者明确其系统不得修改为高风险系统，并因此不再属于移交文件的义务范围的情况。

3. 对于作为附件一A节所列法律行为适用产品的安全组件的高风险人工智能系统，这些产品的制造者应被视为高风险人工智能系统的提供者，并应在以下任一情况下履行第16条规定的义务：

（a）高风险人工智能系统以产品制造者的名称或商标与产品一起投放市场；

（b）产品投放市场后，高风险人工智能系统以产品制造者的名称或商标提供服务。

4. 高风险人工智能系统的提供者和提供人工智能系统、工具、服务、组件或高风险人工智能系统中使用或集成的程序的第三方，应通过书面协议，根据先进的技术水平，具体说明必要的信息、能力、技术访问和其他援助，使得高风险人工智能系统的提供者能够完全遵守本条例规定的义务。该义务不适用于在自由、免费且开源许可下向公众提供工具、服务、流程或人工智能组件的第三方，但通用人工智能模型除外。

人工智能办公室可制定和推荐高风险人工智能系统提供者与提供高风险人工智能系统使用或集成的工具、服务、组件或流程的第三方之间的自愿性示范合同条款。在制定自愿性示范合同条款时，人工智能办公室应考虑到适用于特定部门或商业用例的可能的合同要求。合同条款范本应以易于使用的电子格式公布并免费提供。

5. 第 2 款和第 3 款不影响根据欧盟法律和国家法律尊重和保护知识产权、商业机密信息或商业秘密的必要性。

第 26 条 高风险人工智能系统部署者的义务

1. 高风险人工智能系统的部署者应采取适当的技术和组织措施，确保按照本条第 3 款和第 6 款的规定，根据系统所附的使用说明使用这些系统。

2. 部署者应指派具备必要能力、培训和权力以及必要支持的自然人进行人工监督。

3. 第 1 款和第 2 款中的义务不影响欧盟或国家法律规定的其他部署者义务，也不影响部署者为实施提供者所述的人员监督措施而自行安排资源和活动的自由裁量权。

4. 在不影响第 1 款和第 2 款的情况下，如果部署者对输入数据进行控制，则应确保输入的数据与高风险人工智能系统的预期目的相关，并具有充分代表性。

5. 部署者应根据使用说明监测高风险人工智能系统的运行情况，并在必要时根据第 72 条通知提供者。当其有理由认为按照使用说明使用可能导致人工智能系统出现第 79 条第 1 款所指的风险时，其应立即通知提供者或经销商和有关市场监督管理机关，并暂停使用该系统。如果部署者无法联系到提供者，则应比照适用第 73 条。这项义务不包括作为执法机关的人工智能系统部署者的敏感操作数据。

对于根据欧盟金融服务立法须遵守内部治理、安排或流程要求的金融机构部署者而言,遵守相关金融服务立法规定的内部治理安排、流程和机制规则,即视为履行了本款第 1 段规定的监控义务。

6. 高风险人工智能系统的部署者应留存该高风险人工智能系统自动生成的日志,留存期限应与高风险人工智能系统的预期目的相符,且至少 6 个月,除非适用的欧盟或国家法律,特别是欧盟关于保护个人数据的法律另有规定。

如果部署者是金融机构,须遵守联盟金融服务立法对其内部治理、安排或流程的要求,则应保存日志,作为根据相关联盟金融服务立法保存的文件的一部分。

7. 在工作场所投入或使用高风险人工智能系统之前,作为雇主的部署者应告知工人代表和受影响的工人,他们将受到该系统的影响。在适用的情况下,应根据联盟和国家关于工人及其代表信息的法律和实践中规定的规则和程序提供这些信息。

8. 作为公共机关或欧盟机构、团体、办公室和机关的高风险人工智能系统的部署者应遵守第 49 条所述的登记义务。当他们发现他们意图使用的系统尚未在第 71 条提及的欧盟数据库中登记时,其不得使用该系统,并应通知提供者或经销商。

9. 在适用的情况下,高风险人工智能系统的部署者应使用第 13 条提供的信息,以履行其根据以下规定进行数据保护影响评估的义务,2016/679 号条例第 35 条或 2016/680 号指令第 27 条。

10. 在不影响 2016/680 号指令的情况下,在对被判定或涉嫌犯有刑事罪的人进行定向搜查的调查框架内,用于事后远程生物识别的人工智能系统的部署者应在使用该系统之前,或在没有无故拖延且不迟于 48 小时的情况下,请求司法机关或其决定具有约束力并可接受司法审查的行政机关授权使用该系统,除非该系统是用于根据与犯罪直接相关的客观和可核实的事实初步识别潜在嫌疑人。每次使用应仅限于调查具体刑事犯罪所严格需要的范围。

如果本款第一分款规定的授权请求被拒绝，则应立即停止使用与该授权请求相关联的事后远程生物识别系统，并删除与使用该系统相关联的个人数据。

在任何情况下，这种用于事后远程生物识别的人工智能系统都不得在与刑事犯罪、刑事诉讼、真实存在的或真实可预见的刑事犯罪威胁或寻找特定失踪人员没有任何联系的情况下，普遍地用于执法目的。应确保执法机关不得仅根据这些远程生物识别系统的输出结果做出对个人产生不利法律影响的决定。

本款不影响2016/679号条例和2016/680号指令第10条关于生物数据处理的规定。

无论目的或部署者如何，这些系统的每次使用都应记录在相关的警方档案中，并应要求提供给相关市场监督管理机关和国家数据保护机关，但不包括与执法有关的敏感业务数据的披露。本分款不应妨碍2016/680号指令赋予监管机关的权力。

部署者应向有关市场监督管理机关和国家数据保护机关提交年度报告，说明事后远程生物识别系统的使用情况，但不包括与执法有关的敏感业务数据的披露。报告可以汇总，以涵盖一次行动中的若干部署情况。

成员国可根据欧盟法律，对使用事后远程生物识别系统制定限制性更强的法律。

11. 在不影响第50条规定的情况下，附件三所述高风险人工智能系统的部署者在作出或协助作出与自然人有关的决定时，应告知自然人其须使用高风险人工智能系统。对于用于执法目的的高风险人工智能系统，应适用2016/680号指令第13条。

12. 部署者应与相关国家主管机关合作，采取与高风险系统有关的任何行动，以执行本条例。

第 27 条　高风险人工智能系统的基本权利影响评估

1. 在部署第 6 条第 2 款定义的高风险人工智能系统提供服务之前，除意图用于附件三第 2 点所列领域的人工智能系统外，受公法管辖的机构或提供公共服务的私人经营者以及部署附件三第 5 项第 b 和 c 点所述高风险系统的经营者应评估使用该系统可能对基本权利产生的影响。为此，部署者应进行以下评估：

（a）说明部署者按照预期目的使用高风险人工智能系统的过程；

（b）说明每个高风险人工智能系统的使用期限和频率；

（c）在特定情况下，可能受其使用影响的自然人和群体的类别；

（d）考虑到提供者根据第 13 条提供的信息，根据第 c 点确定的人员类别或群体可能受到的具体的损害风险；

（e）根据使用说明，说明人的监督措施的执行情况；

（f）出现这些风险时应采取的措施，包括内部管理和投诉机制的安排。

2. 第 1 款规定的义务适用于高风险人工智能系统的首次使用。在类似情况下，部署者可依赖以前进行的基本权利影响评估或提供者进行的现有影响评估。如果在使用高风险人工智能系统期间，部署者认为第 1 款所列的任何因素发生变化或不再是最新的，部署者将采取必要步骤更新信息。

3. 一旦进行了影响评估，部署者应将评估结果通知市场监督管理机关，并提交第 5 款所述的填写模板作为通知的一部分。在第 46 条第 1 款所述的情况下，部署者可免除这些义务。

4. 如果本条规定的任何义务已通过根据 2016/679 号条例第 35 条或 2016/680 号指令第 27 条进行的数据保护影响评估得到履行，则第 1 款提及的基本权利影响评估应与该数据保护影响评估一并进行。

5. 人工智能办公室应开发一个问卷模板，包括通过一个自动化的工具，以方便部署者以简化的方式履行本条规定的义务。

第4节 公告机关和公告机构

第28条 公告机关

1. 每个成员国应指定或建立至少一个公告机关，负责制定和实施评估、指定和公告合格性评估机构及对其进行监督的必要程序。

2. 成员国可决定第1款所述的评估和监测应由765/2008号条例所指的国家认证机构进行。

3. 公告机关的设立、组织和运作方式应确保不与合格性评估机构发生利益冲突，并确保其活动的客观性和公正性。

4. 公告机关的组织方式应使与合格性评估机构的公告有关的决定由不同于对这些机构进行评定的主管机关作出。

5. 公告机关不得在商业的或竞争的基础上提供或供给合格性评估机构所从事的任何活动或任何咨询服务。

6. 公告机关应根据第78条的规定为其获得的信息保密。

7. 公告机关应配备足够数量的称职人员，以适当履行其任务。主管机关应酌情具备其职能所需的信息技术、人工智能和法律等领域的专业知识，包括对基本权利的监督。

第29条 合格性评估机构的公告申请

1. 合格性评估机构应向其所在成员国的公告机关提交公告申请。

2. 公告申请应附有对合格性评估活动、合格性评估模块和合格性评估机构声称有能力胜任的人工智能系统的说明，以及由国家认证机构颁发的认证证明，如有，证明合格性评估机构符合第31条规定的要求。申请公告机关根据任何其他欧盟统一立法的现有指定相关的任何有效文件也应包括在内。

3. 如果相关合格性评估机构无法提供认证证明，则应向公告机关提供所有必要的文件证据，以便对其是否符合第31条规定的要求进行核查、认可和定期监测。

4. 对于根据任何其他欧盟统一立法指定的公告机构，与这些指定相关的所有文件和认证可酌情用于支持本条例规定的指定程序。每当发生相关变化时，公告机构应更新第 2 款和第 3 款中提及的文件，以便负责公告机构的机关能够监测和核查对第 31 条规定的所有要求的持续的遵守情况。

第 30 条　公告程序

1. 公告机关只能公告符合第 31 条要求的合格性评估机构。

2. 公告机关应使用由委员会开发和管理的电子公告工具，将第 1 款提及的每一合格性评估机构的情况公告委员会和其他成员国。

3. 第 2 款所指的公告应包括合格性评估活动、合格性评估模块、有关的人工智能系统和相关能力证明的全部细节。如果公告不是以第 29 条第 2 款所述的认证证明为依据，则公告机关应向委员会和其他成员国提供书面证据，证明合格性评估机构的能力，以及为确保定期监测该机构并使其继续满足第 31 条规定的要求而作出的安排。

4. 有关合格性评估机构只有在委员会或其他成员国在公告机关发出公告后的两周内未提出反对意见，如果公告包括第 29 条第 2 款所述的认证证明，或在公告机关发出公告后的两个月内未提出反对意见，如果公告包括第 29 条第 3 款所述的文件证据，方可开展公告机构的活动。

5. 如有异议，委员会应立即与相关成员国和合格性评估机构进行磋商。据此，委员会应决定授权是否合理。委员会应将其决定通知有关成员国和相关的合格性评估机构。

第 31 条　与公告机构有关的要求

1. 公告机构应根据国家法律成立并具有法人资格。

2. 公告机构应满足完成任务所需的组织、质量管理、资源和流程要求，以及适当的网络安全要求。

3. 公告机构的组织结构、职责分配、报告关系和运作应足以确保对其开展的合格性评估活动的绩效和结果有信心。

4. 公告机构应独立于其开展合格性评估活动的高风险人工智能系统的提供者。公告机构也应独立于在被评估的高风险人工智能系统中拥有经济利益的任何其他经营者，以及提供者的任何竞争对手。这并不排除使用合格性评估机构运作所必需的经评估的人工智能系统，或将此类系统用于个人目的。

5. 合格性评估机构、其高层管理人员和负责执行合格性评估任务的人员不得直接参与高风险人工智能系统的设计、开发、营销或使用，也不得代表参与这些活动的各方。其不得从事任何可能有损于其独立判断或诚信的活动。这尤其适用于咨询服务。

6. 公告机构的组织和运作应保障其活动的独立性、客观性和公正性。公告机关应记录和实施保障公正性的结构和程序，并在其整个组织、人员和评估活动中促进和应用公正性原则。

7. 公告机构应制定有文件证明的程序，确保其人员、委员会、附属机构、分包商和任何相关机构或外部机构的人员按照第78条的规定对其在开展合格性评估活动期间掌握的信息保密，除非法律要求披露。公告机构的工作人员有义务对在执行本条例规定的任务过程中获得的所有信息保守职业秘密，但与开展活动的成员国的公告机关有关的信息除外。

8. 公告机构应制定开展活动的程序，这些程序应适当考虑到企业的规模、所处行业、结构以及有关人工智能系统的复杂程度。

9. 公告机构应为其合格性评估活动投保适当的责任险，除非责任由其所在的成员国根据国内法承担，或该成员国本身直接负责合格性评估。

10. 公告机构应能以最高程度的专业操守和特定领域的必要能力执行本条例赋予的所有任务，无论这些任务是由公告机构自己执行，还是由代表执行并由公告机构负责。

11. 公告机构应具备足够的内部能力，以便能够有效地评估外部各方代表其开展的任务。公告机关应长期拥有足够的行政、技术、法律和科学人员，这些人员应具备与相关类型的人工智能系统、数据和数据运算有关的经验和知识，并符合第 2 节所列的要求。

12. 公告机构应参与第 38 条所述的协调活动，还应直接参加或派代表参加欧洲标准化组织，或确保了解和掌握相关标准的最新情况。

第 32 条　推定符合与公告机构有关的要求

如果合格性评估机构证明其符合相关统一标准或部分标准中规定的标准，而这些标准的参考文件已在《官方公报》上公布，则应推定该机构符合第 31 条规定的要求，只要适用的统一标准涵盖了这些要求。

第 33 条　公告机构的附属机构和分包

1. 如果公告机构分包与合格性评估有关的具体任务或求助于附属机构，则应确保分包商或附属机构符合第 31 条规定的要求，并应相应通知公告机关。

2. 无论其设立在何处，公告机构应对分包商或子公司执行的任务负全部责任。

3. 只有在征得提供者同意的情况下，才可将活动分包或由子公司开展。公告机构应公布其附属机构的名单。

4. 与分包商或附属机构的资格评估及其根据本条例开展的工作有关的文件，应自分包活动终止之日起 5 年内由公告机构保存。

第 34 条　公告机构的业务义务

1. 公告机构应根据第 43 条所述的合格性评估程序，核查高风险人工智能系统是否符合要求。

2. 公告机构在开展活动时应避免给提供者造成不必要的负担，并适当考虑到企业的规模、所处行业、结构和有关高风险人工智能系统的复杂程度。尽管如此，公告机构仍应尊重高风险人工智能系统符合本条例要求所需的严格程度和保护水平。应特别注意尽量减少委员会 2003/361/EC 号建议中定义的微型和小型企业的行政负担和合规成本。

3. 公告机构应向第 28 条所述的公告机关提供并根据要求提交所有相关文件，包括提供者的文件，以便该机关开展评估、指定、公告、监测活动，并为本章所述的评估提供便利。

第 35 条　根据本条例指定的公告机构的识别号和名单

1. 委员会应为公告机构分配一个标识号。即使一个机构根据多项联盟法案成为公告机构，委员会也应分配一个编号。

2. 委员会应公布根据本条例公告的机构名单，包括分配给的标识号及其成为公告机关的活动。委员会应确保不断更新该名单。

第 36 条　公告变更

1. 公告机关应通过第 30 条第 2 款提及的电子公告工具，将与公告机构公告的任何相关变更通知委员会和其他成员国。

2. 第 29 条和第 30 条所述的程序应适用于公告范围的扩大。对于除扩大范围以外的公告变更，应适用以下各款规定的程序。

3. 如果公告机构决定停止其合格性评估活动，则应尽快通知公告机关和有关提供者，如果计划停止活动，则应在停止活动前一年通知。在公告机关停止活动后，认证可在 9 个月内临时有效，条件是另一个公告机构已书面确认其将承担这些认证所涵盖的人工智能系统的责任。新的公告机构应在该期限结束前完成对受影响的人工智能系统的全面评估，然后再为这些系统签发新的认证。如果公告机构已停止活动，公告机关应撤回指定。

4. 如果公告机关有充分理由认为公告机构不再符合第 31 条规定的要求，或者认为公告机构未能履行其义务，公告机关应立即尽最大努力调查此事。在这种情况下，公告机关应将提出的反对意见通知有关公告机构，并使其有可能发表意见。如果公告机关得出结论认为，其不再符合第31条规定的要求，或未能履行其义务，则应根据未能符合这些要求或未能履行这些义务的严重程度，酌情限制、中止或撤回公告。公告机关应立即向委员会和其他成员国通报有关情况。

5. 如果其指定被中止、限制或全部或部分撤回，公告机构应最迟在10天内通知有关制造者。

6. 在限制、中止或撤回公告的情况下，公告机关应采取适当步骤，确保保存有关公告机构的档案，并应其他成员国的公告机关和市场监督管理机关的要求，向其提供这些档案。

7. 在限制、中止或撤回指定的情况下，公告机关应：

（a）评估对公告机构颁发的认证的影响；

（b）在通知更改公告后的3个月内，向委员会和其他成员国提交调查结果报告；

（c）要求公告机构在主管机关确定的合理期限内，中止或撤回为确保市场上的人工智能系统具备合格性而不适当地发放的任何认证；

（d）向委员会和成员国通报其要求中止或撤回的认证；

（e）向提供者登记营业地所在成员国的国家主管机关提供其要求中止或撤回的认证的所有相关信息。该主管机关应在必要时采取适当措施，避免对个人健康、安全或基本权利造成潜在风险。

8. 除不当签发的认证和公告被中止或限制的情况外，认证在以下情况下仍然有效：

（a）公告机关在中止或限制后1个月内确认，受中止或限制影响的认证不存在健康、安全或基本权利方面的风险，并且公告机关概述了补救中止或限制的时间表和预期行动；或

（b）公告机关已确认在中止或限制期间不会签发、修改或重新签发与中止有关的认证，并说明公告机构是否有能力在中止或限制期间继续监督

和负责已签发的现有认证。如果负责公告机构的机关确定公告机构没有能力支持已签发的现有认证，则提供者应在中止或限制的 3 个月内，向认证所涉系统的提供者登记营业地所在成员国的国家主管机关提供一份书面确认，说明另一个合格的公告机构正在临时承担公告机构的职能，在中止或限制期间对认证进行监督并继续负责。

9. 除不当签发的证明书和已撤回指定的证明书外，在下列情况下，证明书的有效期应为 9 个月：

（a）认证所涵盖的人工智能系统的提供者的登记营业地所在的成员国的国家主管机关已确认，有关系统对健康、安全和基本权利没有风险；以及

（b）另一公告机构已书面确认将立即承担这些系统的责任，并将在撤回指定后 12 个月内完成对这些系统的评估。

在本款第 1 分款所述情况下，认证所涉系统的提供者营业地所在成员国的国家主管机关可将认证的临时有效期再延长 3 个月，但总共不得超过 12 个月。

受公告变更影响的国家主管机关或承担公告职能的公告机关应立即将此事通知委员会、其他成员国和其他公告机关。

第 37 条 对公告机关权限的质疑

1. 委员会应在必要时对有理由怀疑公告机关的能力或公告机关是否继续履行第 31 条规定的要求及其适用责任的所有情况进行调查。

2. 公告机关应根据要求向委员会提供与公告或保持有关公告机关的权限有关的所有相关信息。

3. 委员会应确保在根据本条进行调查过程中获得的所有敏感信息均按照第 78 条的规定予以保密。

4. 当委员会确定特定公告机关不符合或不再符合其公告要求时，应相应通知成员国，并要求其采取必要的纠正措施，包括必要时暂停或撤销

公告。如果成员国未采取必要的纠正措施，委员会可通过实施法案中止、限制或撤销指定。该实施法案应根据第98条第2款所述的审查程序通过。

第38条　公告机关的协调

1. 就高风险人工智能系统而言，委员会应确保在根据本条例开展合格性评估程序的公告机关之间建立适当的协调与合作，并以公告机关部门小组的形式适当运作。

2. 公告机关应确保其公告的机构直接或通过指定的代表参与该小组的工作。

3. 委员会应促进成员国公告机关之间的知识和最佳实践交流。

第39条　第三国的合格性评估机构

根据与欧盟缔结了协议的第三国法律建立的合格性评估机构，只要符合第33条的要求或确保同等水平的合规性，就可以被授权开展本条例规定的公告机关的活动。

第5节　标准、合格性评估、认证、登记

第40条　统一标准和标准化交付成果

1. 高风险人工智能系统若符合统一标准或其部分内容，且其参考文件已根据1025/2012号条例在《官方公报》上公布，则应推定为符合本编第2章规定的要求，或在适用的情况下，符合关于通用目的人工智能的章节规定的要求，只要这些标准涵盖了这些要求。

2. 委员会应根据1025/2012号条例第10条，在没有无故拖延的情况下，发出涵盖本条例第3节和适用的关于通用目的人工智能的章节的所有规定的标准化要求。标准化还应要求提供有关报告和文件流程的可交付成果，以改善人工智能系统的资源性能，如减少高风险人工智能系统在其生命周期内的能源和其他资源消耗，以及有关通用人工智能模型的节能开

发。在准备标准化要求时，委员会应咨询欧洲人工智能委员会和利益相关方，包括咨询论坛。

在向欧洲标准化组织发出标准化要求时，委员会应规定标准必须一致，包括与附件二所列欧盟现行安全法规所涵盖产品的各部门现有和未来制定的标准一致，明确并旨在确保在欧盟市场上投放或提供服务的人工智能系统或模型符合本条例规定的相关要求。

委员会应要求欧洲标准化组织提供证据，证明其根据欧盟 1025/2012 号条例第 24 条的规定，为实现上述目标作出了最大努力。

3. 参与标准化进程的各方应努力促进人工智能领域的投资和创新，包括通过提高法律确定性以及联盟市场的竞争力和增长，并促进加强标准化方面的全球合作，同时考虑到人工智能领域符合联盟价值观、基本权利和利益的现有国际标准，并根据 1025/2012 号法规第 5、6 和 7 条，加强多利益相关方治理，确保利益的均衡代表和所有利益相关方的有效参与。

第 41 条　共同规格

1. 满足下列条件时，委员会有权通过实施法案，为本章第 2 节设置的义务制定共同规格，或在适用情况下，为第四章设定的义务制定共同规格：

（a）根据第 1025/2012 号条例第 10 条第 1 款，委员会已要求一个或多个欧洲标准化组织起草本编第 2 节所列要求的统一标准；以及

　ⅰ 申请未被任何欧洲标准化组织接受；或

　ⅱ 未在 1025/2012 号条例第 10 条第 1 款规定的期限内交付针对该请求的统一标准；或

　ⅲ 相关的统一标准没有充分解决基本权利问题；或

　ⅳ 统一标准不符合要求；以及

（b）根据 1025/2012 号条例，《官方公报》尚未公布涉及本编第 2 章所述要求的统一标准的参考文件，且预计在合理期限内不会公布此类参考

文件。

起草共同规格时，委员会应咨询第 67 条的咨询论坛。

本款第 1 分款提及的实施法案应根据第 98 条第 2 款提及的审查程序而通过。

2. 在制定实施法案草案之前，委员会应通知 1025/2012 号条例第 22 条所指的委员会，其认为第 1 款的条件已经满足。

3. 高风险人工智能系统如符合第 1 款所述的共同规格或其部分内容，应推定为符合第 2 节所列的要求，只要这些共同规格涵盖了这些要求。

4. 如果欧洲标准化组织通过了一项统一标准，并且建议委员会在《官方公报》上公布其参考文件，委员会应根据 1025/2012 号条例对该统一标准进行评估。当统一标准的参考文件在《官方公报》上公布时，委员会应废止第 1 款提及的法案，或其中涉及本章第 2 节中的相同要求的部分。

5. 如果高风险人工智能系统的提供者不符合第 1 款所述的共同规格，则应充分说明其采用的技术解决方案至少达到了第 2 节所述的同等水平。

6. 当成员国认为一项共同规格不完全符合第 2 节规定的要求时，应将此情况通知委员会并作出详细解释，委员会应评估该信息，并酌情修订确立有关共同规格的实施法案。

第 42 条　推定符合特定要求

1. 如果高风险人工智能系统经过训练和测试，其数据反映了拟使用该系统的特定地理、行为、场景或功能环境，则应推定该系统符合第 10 条第 4 款规定的各项要求。

2. 根据欧洲议会和欧盟理事会 2019/881 号条例的网络安全计划认证或发布合格性声明的高风险人工智能系统，其参考文件已在《官方公报》上公布，应推定为符合本条例第 15 条规定的网络安全要求，只要网络安全认证或合格性声明或其部分内容涵盖这些要求。

第 43 条 合格性评估

1. 对于附件三第 1 点所列的高风险人工智能系统，如果在证明高风险人工智能系统符合第 2 节规定的要求时，提供者采用了第 40 条所述的统一标准，或在适用的情况下采用了第 41 条所述的共同规格，则提供者应选择下列程序之一：

（a）附件六中提及的基于内部控制的合格性评估程序；或

（b）附件七所述的以质量管理体系评估和技术文件评估为基础的合格性评估程序，并有公告机关的参与。

在阐明高风险人工智能系统符合本编第 2 章规定的要求时，在下列情况下，提供者应遵循附件七规定的合格性评估程序：

（a）不存在第 40 条所述的统一标准，也不存在共同规格；

（b）提供者未应用或仅部分应用了统一标准；

（c）存在第 a 点提及的共同规格，但提供者没有应用这些规格；

（d）第 a 点提及的一项或多项统一标准在发布时受到限制，且仅限于标准中受到限制的部分。

就附件七所述的合格性评估程序而言，提供者可选择任何一个公告机构。但是，当执法、移民或庇护机关以及欧盟机构、团体或机关意图使该系统提供服务时，第 74 条第 8 款或第 9 款所述的市场监督管理机关，如适用，应充当公告机构。

2. 对于附件三第 2—8 点所述的高风险人工智能系统，提供者应遵循附件六所述的基于内部控制的合格性评估程序，该程序没有规定公告机构的参与。

3. 对于附件一 A 节所列法令适用的高风险人工智能系统，提供者应按照这些法令的要求进行相关的合格性评估。本编第 2 章规定的要求应适用于这些高风险人工智能系统，并应成为评估的一部分。附件七第 4.3、4.4、4.5 点和第 4.6 点第 5 段也应适用。

为评估的目的，已根据这些法案获得公告的公告机构应有权控制高风险人工智能系统是否符合第 2 节规定的合格性要求,条件是这些公告机构是否符合第 31 条第 4 款、第 10 款和第 11 款规定的要求已根据这些法案的公告程序进行了评估。

如果附件一 A 节所列的法律使得产品制造者能够选择不接受第三方合格性评估,但该制造者必须采用了涵盖所有相关要求的所有统一标准,而且还采用了涵盖第 2 节所列要求的统一标准或者第 41 条所提及的共同规格,该制造者才可使用该选择权。

4. 已经接受过合格性评估程序的高风险人工智能系统,无论修改后的系统是意图进一步分销,还是由目前的部署者继续使用,只要进行实质性修改,就必须接受新的合格性评估程序。

对于投放市场或提供服务后仍在继续学习的高风险人工智能系统,如果提供者在初次合格性评估时已预先确定对高风险人工智能系统及其性能的更改,而且这些更改是附件四第 2f 点所述技术文件所载信息的一部分,则不应构成实质性修改。

5. 委员会应当根据第 97 条通过授权法案,以考量技术进步而更新附件六和附件七。

6. 委员会有应当根据第 97 条通过修改第 1 款和第 2 款的授权法案,以使附件三第 2—8 点所指的高风险人工智能系统接受附件七或其部分内容所指的合格性评估程序。委员会在通过此类授权法案时,应考虑到附件六提及的基于内部控制的合格性评估程序在预防或最大限度地降低此类系统对健康和安全以及基本权利的保护所造成的风险方面的有效性,以及公告机构是否具备足够的能力和资源。

第 44 条 认证

1. 公告机构根据附件七签发的认证应使用公告机构所在成员国的有关机关易于理解的语言。

2. 认证的有效期为:附件一所列人工智能系统不超过五年,附件三所列人工智能系统不超过四年。根据提供者的申请，认证的有效期可根据适用的合格性评估程序进行重新评定后再延长，附件二所列的人工智能系统不超过一年，附件三所列的人工智能系统不超过四年。只要对认证进行补充的认证仍然有效，对认证的任何补充就仍然有效。

3. 如果公告机构发现特定人工智能系统不再符合第2节规定的要求，则应在考虑到合比例性原则的情况下，中止或撤回所颁发的认证或对其施加任何限制，除非该系统的提供者在公告机构规定的适当期限内采取了适当的纠正行动，以确保符合这些要求。公告机构应说明其决定的理由。

应具备针对公告机构决定的申诉程序，包括关于发布的合格性的决定。

第45条　公告机构的信息义务

1. 公告机构应向公告机关通报以下情况：

（a）根据附件七的要求颁发的任何联盟技术文件评估认证、对这些认证的任何补充、质量管理体系认证；

（b）拒绝、限制、中止或撤回根据附件七的要求颁发的欧盟技术文件评估认证或质量管理体系认证；

（c）影响公告范围或公告条件的任何情况；

（d）从市场监督管理机关收到的关于提供合格性评估活动信息的任何要求；

（e）应要求提供在其公告范围内开展的合格性评估活动和任何其他活动，包括跨境活动和分包活动。

2. 每个公告机构应将下列情况通知其他公告机构：

（a）已拒绝、中止或撤回的质量管理体系认证，并应要求提供其已签发的质量体系认证；

（b）已拒绝、撤回、中止或以其他方式限制的欧盟技术文件评估认证或其任何补充，并应要求提供其已签发的认证和／或补充。

3. 各公告机构应向其他开展类似合格性评估活动的公告机构提供有

关负面合格性评估结果问题的相关信息，并应要求提供正面合格性评估结果的相关信息。

4. 公告机构应按照第 78 条的规定保障其所获得的信息的保密性。

第 46 条　合格性评估程序的克减

1. 通过对第 43 条的克减，并根据有正当理由的请求，任何市场监督管理机关可授权在有关成员国境内，出于公共安全或保护人的生命和健康、环境保护以及保护关键工业和基础设施资产的特殊原因，将特定的高风险人工智能系统投放市场或提供服务。考虑到克减的特殊原因，在进行必要的合格性评估程序期间，该授权应是有期限的。这些程序的完成不得无故被拖延。

2. 在出于公共安全的特殊原因或在自然人的生命或人身安全受到具体、实质性和迫在眉睫的威胁的情况下，执法机关或民防机关可在没有第 1 款所述授权的情况下，使特定的高风险人工智能系统提供服务，条件是在使用期间或之后申请此类授权，不得无故拖延；如果此类授权被拒绝，则应立即停止使用，并应立即弃置使用该系统的所有结果和输出。

3. 只有当市场监督管理机关认为高风险人工智能系统符合第 2 节的要求时，方可签发第 1 款所述授权。市场监督管理机关应将根据第 1 款签发的任何授权通知委员会和其他成员国。这项义务不包括与执法机关活动有关的敏感业务数据。

4. 如果在收到第 2 款所述信息后的 15 个自然日内，成员国或委员会均未对成员国市场监督管理机关根据第 1 款发出的授权提出异议，则应认为该授权是合理的。

5. 如果在收到第 2 款所述通知后的 15 个自然日内，一成员国对另一成员国市场监督管理机关签发的授权提出异议，或者委员会认为该授权违反欧盟法律，或成员国关于第 2 款所述系统合规性的结论毫无根据，委员会应毫不迟延地与相关成员国进行磋商；应与相关经营者进行磋商，并使其有可能提出自己的意见。据此，委员会应决定授权是否合理。委员会应将其决定通知有关成员国和相关经营者。

6. 如果认为授权缺乏理据，有关成员国的市场监督管理机关应撤回授权。

7. 对于与附件一 A 节所述欧盟统一立法所涵盖产品有关的高风险人工智能系统，只适用该立法中规定的合格性评估克减程序。

第 47 条　欧盟合格性声明

1. 提供者应为每个高风险人工智能系统起草一份书面的机器可读、实物或电子签名的欧盟合格性声明，并在人工智能高风险系统投放市场或提供服务后 10 年内将其交由国家主管机关保存。欧盟合格性声明应标明其所针对的高风险人工智能系统。欧盟合格性声明的副本应按要求提交给相关国家主管机关。

2. 欧盟合格性声明应说明有关高风险人工智能系统符合第 2 节规定的要求。欧盟合格性声明应包含附件五所列信息，并应翻译为高风险人工智能系统投放市场或加以提供的成员国国家主管机关易于理解的语言。

3. 如果高风险人工智能系统受制于其他欧盟统一立法，而这些立法也要求欧盟作出合格性声明，则应针对适用于高风险人工智能系统的所有欧盟立法，起草一份单一的欧盟合格性声明。该声明应包含识别声明所涉及的欧盟统一立法所需的所有信息。

4. 通过起草欧盟合格性声明，提供者应承担起遵守第 2 节所列要求的责任。提供者应根据情况及时更新欧盟合格性声明。

5. 委员会有权根据第 97 条通过授权法案，以更新附件五所列欧盟合格性声明的内容，从而引入因技术进步而变得必要的内容。

第 48 条　CE 标识

1. CE 合格性标识应遵循 765/2008 号条例第 30 条规定的一般原则。

2. 对于以数字方式提供的高风险人工智能系统，只有在可以通过人工智能系统的访问界面或通过易于访问的机器可读代码或其他电子手段轻松访问的情况下，才应使用数字 CE 标志。

3. 对于高风险的人工智能系统，CE 标志应明显、清晰且不可擦除地粘贴。如果由于高风险人工智能系统的性质而无法或不能保证这样做，则应酌情将 CE 标志贴在包装上或随附文件上。

4. 在适用的情况下，CE 标志后应加上负责第 43 条规定的合格性评估程序的指定机构的识别号。公告机构的识别号应由该机构自己贴上，或根据其指示由提供者或其授权代表贴上。在任何提及高风险人工智能系统符合 CE 标志要求的宣传材料中也应标明识别号。

5. 如果高风险人工智能系统受欧盟其他法律的管辖，而其他法律也规定必须加贴 CE 标志，则 CE 标志应表明高风险人工智能系统也符合其他法律的要求。

第 49 条 登记

1. 在将附件三所列的高风险人工智能系统投放市场或提供服务之前，附件三第 2 点所指的高风险人工智能系统除外，提供者或授权代表，如适用，应在第 71 条所指的欧盟数据库中登记。

2. 在将人工智能系统投放市场或提供服务之前，如果提供者已根据第 6 条第 3 款规定的程序得出结论认为该系统不属于高风险系统，则提供者或授权代表，如适用，应在第 71 条所述的欧盟数据库中登记信息。

3. 在提供服务或使用附件三所列的高风险人工智能系统，附件三第 2 点所列的高风险人工智能系统除外，之前，作为公共机关、机构或团体或代表其行事的人员的部署者应在第 71 条所述的欧盟数据库中自行登记、选择系统并登记其使用情况。

4. 对于附件三第 1、6 和 7 点所述执法、移民、庇护和边境管制管理领域的高风险人工智能系统，第 1、2 和 3 款所述登记应在第 71 条所述欧盟数据库的安全非公开的部分进行，并视情况仅包括以下信息：

（a）附件九第 1—10 点，但第 5a、7 和 8 点除外；

（b）附件八 C 节第 1—3 点；

（c）附件八 B 节第 1—5 点，第 8—9 点；

（d）附件九第 1—3 点，第 5 点。

只有委员会和第 74 条第 8 款提及的国家机关可以访问欧盟数据库的这些受限制的部分。

5. 附件三第 2 点所指的高风险人工智能系统应在国家层面登记。

第五章　特定人工智能系统的提供者和部署者的透明度义务

第 50 条　特定人工智能系统的提供者和部署者的透明度义务

1. 提供者应确保意图与自然人直接互动的人工智能系统的设计和开发方式应使有关自然人知道他们正在与一个人工智能系统互动，除非从一个合理知情、善于观察和谨慎的自然人的角度来看，考虑到使用的情况和场景，这一点是显而易见的。这一义务不适用于法律授权用于侦查、预防、调查和起诉刑事犯罪的人工智能系统，但第三方的权利和自由应得到适当保障，除非这些系统可供公众举报刑事犯罪。

2. 生成合成音频、图像、视频或文本内容的人工智能系统，包括通用目的人工智能系统的提供者应确保人工智能系统的输出以机器可读的格式进行标注，并且可检测其系人为生成或操纵。在技术可行的情况下，提供者应确保其技术解决方案是有效、可互操作、稳健和可靠的，同时考虑到不同类型内容的特殊性和局限性、实施成本以及相关技术标准中可能反映的公认的先进技术。如果人工智能系统执行的是标准编辑的辅助功能，或没有实质性地改变部署者提供的输入数据或其语义，或经法律授权用于侦查、预防、调查和起诉刑事犯罪，则这一义务不适用。

3. 情感识别系统或生物特征分类系统的部署者应将该系统的运行情况告知接触该系统的自然人,并根据适用的2016/679号条例、2016/1725号条例和2016/280号指令处理个人数据。这项义务不适用于用于生物特征分类和情感识别的人工智能系统,因为法律允许在遵守欧盟法律的前提下,在适当保障第三方权利和自由的情况下,检测、预防和调查刑事犯罪。

4. 生成或操纵构成深度伪造的图像、音频或视频内容的人工智能系统的部署者应当披露该内容是人为生成或操纵的。这一义务不适用于经法律授权用于侦查、预防、调查和起诉刑事犯罪的情况。如果内容构成明显具有艺术性、创造性、讽刺性、虚构类比的作品或节目的一部分,本款规定的透明度义务仅限于以不妨碍作品展示或欣赏的适当方式披露此类生成或篡改内容的存在。

如果生成或篡改的文本是为了向公众提供有关公共利益问题的信息而发布的,相应人工系统的部署者应当披露该文本是人工生成或篡改的。这项义务不适用于以下情况:法律授权使用人工智能系统侦查、预防、调查和起诉刑事犯罪;人工智能生成的内容经过人工审核或编辑控制;自然人或法人对发布的内容负有编辑责任。

5. 第1—4款中所提及的信息最迟应在首次互动或接触时以清晰可辨的方式提供给相关自然人。信息应符合适用的无障碍要求。

6. 第1—4款不应影响第三章规定的要求和义务,也不应影响欧盟或各国法律规定的人工智能系统部署者的其他透明度义务。

7. 人工智能办公室应鼓励和促进在联盟一级起草行为守则,以促进有效履行有关检测和标注人工生成或篡改内容的义务。委员会有权根据第56条第6款规定的程序,通过实施法案批准这些行为守则。如果委员会认为行为守则不够充分,则有权根据第98条第2款规定的审查程序,通过一项实施法案,明确规定履行这些义务的共同规则。

第五章 通用目的人工智能

第1节 分类规则

第51条 将通用人工智能模型分类为具有系统风险的通用人工智能模型

1. 如果一个通用人工智能模型符合以下任何一项标准，则应将其归类为具有系统性风险的通用人工智能模型：

（a）根据适当的技术手段和方法，包括指标和基准，对其影响能力进行评估；

（b）根据委员会依职权作出的决定，或在科学小组提出有保留的警告后，考虑附件十三设定的准则，认为通用人工智能模型具有与a点相同的能力或影响。

2. 根据第1款a点，当一个通用人工智能模型用于训练的累计计算量，以浮点运算计大于 10^{25} 时，应推定该模型具有高影响能力。

3. 委员会应当根据第97条通过授权法案，修订第2款和第3款列出的阈值，并在必要时根据不断发展的技术，如算法的改进或硬件效率的提高，对基准和指标进行补充，以使这些阈值反映先进技术水平。

第52条 程序

1. 如果通用人工智能模型符合第51条第1款第a点所述要求，有关提供者应没有拖延地通知委员会，无论如何应在满足这些要求或得知将满足这些要求后2周内通知委员会。通知应包括必要的信息，以证明相关要求已得到满足。如果委员会发现某个通用人工智能模型存在系统性风险，但没有接到通知，委员会可以决定将其指定为存在系统性风险的模型。

2. 符合第51条第1款第a点所述要求的通用人工智能模型的提供者

可在其通知中提出证据充分的论据，以证明在特殊情况下，尽管该模型符合上述要求，但由于其具体特点，该通用人工智能模型不存在系统风险，因此不应被归类为具有系统风险的通用人工智能模型。

3. 如果委员会得出结论认为，根据第2款提交的论据没有得到充分证实，而且相关提供者无法证明通用人工智能模型因其具体特点而不存在系统性风险，则委员会应驳回这些论据，通用人工智能模型应被视为具有系统性风险的通用人工智能模型。

4. 委员会可依职权，或在科学小组根据第90条第1款第a点提出有条件的警示后，根据附件十三规定的标准，指定特定通用人工智能模型具有系统性风险。委员会有权根据第97条的规定，通过授权法案明确和更新附件十三中的标准。

5. 对于根据第4款被指定为具有系统性风险的通用人工智能模型的提供者提出的确有理据的请求，委员会应予以考虑，并可决定根据附件十三所列标准重新评估该通用人工智能模型是否仍可被视为具有系统性风险。这种请求应包含作出指定决定后出现的客观、具体和新的理由。提供者最早可在指定决定后6个月内提出重新评估申请。如果委员会在重新评估后决定维持指定为具有系统风险的通用人工智能模式，提供者可在该决定作出后最早6个月内申请重新评估。

6. 委员会应确保公布具有系统性风险的通用人工智能模型清单，并不断更新该清单，同时不影响根据欧盟和国家法律尊重和保护知识产权以及商业机密信息或商业秘密的需要。

第2节 通用人工智能模型提供者的义务

第53条 通用人工智能模型提供者的义务

1. 通用人工智能模型的提供者应当：

（a）编制并不断更新该模型的技术文件，包括其训练和测试过程及其评估结果，其中至少应包含附件十一所列的要素，以便应要求向人工智能办公室和国家主管机关提供；

（b）编制、不断更新并向意图将通用人工智能模型纳入其人工智能系统的人工智能系统提供者提供信息和文件。在不影响根据欧盟和国家法律尊重和保护知识产权和商业机密信息或商业秘密的情况下，信息和文件应：

i 使人工智能系统的提供者能够很好地了解通用人工智能模型的能力和局限性，并遵守本条例规定的义务；以及

ii 至少包含附件十一所列内容；

（c）制定一项尊重欧盟版权法的政策，特别是通过先进水平技术等手段，确定和尊重根据 2019/790 号指令第 4 条第 3 款表达的权利保留；

（d）根据由人工智能办公室提供的模板，起草并公开有关用于通用人工智能模型训练的内容的足够详细的摘要。

2. 第 1 款第 a 项和第 b 项规定的义务不适用于根据自由、免费且开源许可向公众提供的人工智能模型的提供者，该许可允许获取、使用、修改和分发模型，其参数，包括权重、模型结构信息和模型使用信息，均向公众公开。这一例外不适用于具有系统风险的通用人工智能模型。

3. 通用人工智能模型的提供者在根据本条例行使其权限和权力时，应与委员会和国家主管机关进行必要的合作。

4. 在统一标准公布之前，通用人工智能模型的提供者可以依靠第 56 条所指的行为守则来证明其遵守了第 1 款中的义务。遵守欧洲统一标准可推定提供者符合要求。具有系统性风险的通用人工智能模型的提供者如不遵守经批准的行为守则，则应证明有其他适当的合规手段，供委员会批准。

5. 为便于遵守附件十一，特别是第 2 条第 d 点和 e 点的规定，委员会应有权根据第 97 条通过授权法案，详细规定衡量和计算方法，以便提供可比较和可核查的文件。

6. 根据第 97 条第 2 款的规定，委员会有权通过授权法案，根据不断

发展的技术对附件十一和附件十二进行修订。

7. 根据本条规定获得的任何信息和文件，包括商业秘密，均应按照第 78 条规定的保密义务处理。

第 54 条 通用目的人工智能模型的授权代表

1. 在联盟市场上投放通用人工智能模型之前，在联盟之外设立的提供者应通过书面授权，指定一名在联盟内设立的授权代表，使其能够执行本条例规定的任务。

2. 提供者应使得其授权代表能够履行其自提供者处收到的授权书中的任务。

3. 授权代表应执行提供者授权中规定的任务。其应根据要求以联盟机构的官方语言之一向人工智能办公室提供一份授权副本。在本条例中，授权代表应有权执行以下任务：

（a）核实附件十一中规定的技术文件是否已经编制，以及提供者是否履行了第 53 条和第 55 条规定的所有义务；

（b）在该通用目的人工智能模型投放市场后的 10 年内，为人工智能办公室和国家主管机关保存一份附件十一所列列举的技术文件副本，以及指定授权代表的提供者的详细联系信息；

（c）在收到确有理据的要求的情况下，向人工智能办公室提供所有必要的信息和文件，包括根据第 b 点所保存的信息和文件，以证明遵守了本编规定的义务；

（d）在人工智能办公室和国家主管机关提出合理要求后，就后者对具有系统性风险的通用人工智能模型采取的任何行动与之合作，包括当该模型集成到在欧盟市场上销售或提供服务的人工智能系统中时。

4. 授权代表应有权在与确保遵守本条例有关的所有问题上，除提供者外，或代替提供者，接受人工智能办公室或国家主管机关的询问。

5. 如果授权代表认为或有理由认为提供者的行为违反了本条例规定

的义务，则应终止授权。在这种情况下，授权代表也应立即将任务终止及其原因通知人工智能办公室。

6. 本条规定的义务不适用于通用人工智能模型的提供者，如果相应模型在自由、免费且开源许可下向公众开放，允许获取、使用、修改和分发模型，其参数，包括权重、模型架构信息和模型使用信息也向公众开放，除非相应通用人工智能模型存在系统性风险。

第3节　具有系统风险的通用人工智能模型提供者的义务

第55条　具有系统风险的通用人工智能模型提供者的义务

1. 除第53、54条所列的义务外，具有系统风险的通用人工智能模型的提供者还应：

（a）根据反映先进技术水平的标准化协议和工具进行模型评估，包括对模型进行对抗测试并记录在案，以识别和降低系统性风险；

（b）评估和减轻联盟层面可能存在的系统性风险，包括因开发、投放市场或使用具有系统性风险的通用人工智能模型而产生的系统性风险的来源；

（c）跟踪、记录并及时向人工智能办公室报告，并酌情向国家主管机关报告严重事件的相关信息以及为解决这些问题可能采取的纠正措施；

（d）确保对具有系统风险的通用人工智能模型和模型的物理基础设施提供足够水平的网络安全保护。

2. 在统一标准公布之前，具有系统性风险的通用人工智能模型的提供者可以依靠第56条所指的行为守则来证明遵守了第1款的义务。遵守欧洲统一标准可推定提供者符合要求。具有系统性风险的通用人工智能模型的提供者如不遵守经批准的行为守则，应证明具备其他适当的合规手段，供委员会批准。

3. 根据本条规定获得的任何信息和文件，包括商业秘密，均应按照第78条规定的保密义务处理。

第4节　行为守则

第 56 条　行为守则

1. 人工智能办公室应鼓励和促进在联盟一级制定行为守则，作为促进本条例正确实施的要件之一，同时考虑国际进路。

2. 人工智能办公室和人工智能理事会应致力于确保行为守则涵盖，但不一定仅限于，第 53、55 条规定的义务，包括以下要点：

（a）确保第 53 条第 1 款 a 和 b 点所指的信息根据市场和技术的发展不断更新的手段；

（b）用于训练的内容摘要的细节的充分性水平；

（c）确定联盟一级系统性风险的类型和性质，适当时包括其来源；

（d）在联盟一级评估和管理系统性风险的措施、程序和方式，包括有关文件。联盟一级系统性风险的评估和管理应与风险合比例，考虑到风险的严重性和可能性，并根据人工智能价值链上可能出现和实现这些风险的方式，考虑到应对这些风险的具体挑战。

3. 人工智能办公室可邀请通用人工智能模型的提供者以及相关国家主管机关参与行为守则的起草工作。公民社会组织、行业、学术界和其他利益相关方，如下游提供者和独立专家，可支持这一进程。

4. 人工智能办公室和欧洲人工智能委员会应致力于确保行为守则明确规定其具体目标，并包含承诺或措施，包括适当的关键绩效指标，以确保实现这些目标，并在联盟层面适当考虑所有相关方，包括受影响人员。

5. 人工智能办公室应努力确保行为守则的参与者定期向人工智能办公室报告承诺的履行情况和所采取的措施及其结果，包括酌情根据关键绩效指标进行衡量。关键绩效指标和报告承诺应考虑到不同参与者在规模和能力方面的差异。

6. 人工智能办公室和欧洲人工智能委员会应定期监测和评估参与方实现行为守则目标的情况及其对正确实施本条例的贡献。人工智能办公室和欧洲人工智能委员会应评估行为守则是否涵盖第 53 条和第 55 条规定的义务，包括本条第 2 款所列的问题，并应定期监督和评估其目标的实现情况。委员会应公布其对行为守则充分性的评估结果。

委员会可通过实施法案决定批准行为守则，并使其在欧盟内普遍有效。这些实施法案应根据第 98 条第 2 款规定的审查程序通过。

7. 人工智能办公室可邀请所有通用人工智能模型提供者参加行为守则。对于不构成系统性风险的通用人工智能模型的提供者来说，这种参与应仅限于第 53 条的义务，除非其明确宣布有兴趣加入完整的守则。

8. 人工智能办公室还应酌情鼓励和促进对行为守则的审查和调整，特别是根据新出现的标准进行审查和调整。人工智能办公室应协助对现有标准进行评估。

9. 行为守则最迟应在本条例生效之日起 9 个月之前准备完毕。人工智能办公室应采取必要措施，包括根据第 7 款邀请提供者。

如果自生效之日起 12 个月内，行为守则无法准备完毕，或者人工智能办公室认为根据本条第 6 款进行评估后仍不充分，则委员会可通过实施法案提供共同规则，以履行第 53 条和第 55 条规定的义务，包括本条第 2 款规定的应当包括的要点。这些实施细则应按照第 98 条第 2 款所述的审查程序予以通过。

第四章　支持创新的措施

第 57 条　人工智能监管沙盒

1. 成员国应确保其主管机关在国家一级建立至少一个人工智能监管沙盒，该沙盒应在本条例生效 24 个月后开始运作。该沙盒也可与其他一个或多个成员国的主管机关联合建立。委员会可为人工智能监管沙盒的建立和运行提供技术支持、建议和工具。

本款第一分款规定的义务也可以通过参与现有的沙盒来履行，只要这种参与能为参与的成员国提供同等水平的国家层面的覆盖。

2. 还可在区域或地方一级或与其他成员国的主管机关联合建立更多的人工智能监管沙盒。

3. 欧洲数据保护监督员还可为欧盟各机构、团体和部门建立人工智能监管沙盒，并根据本章规定行使国家主管机关的职责和任务。

4. 成员国应确保第 1 款和第 2 款提及的主管机关划拨足够的资源，以有效和及时地遵守本条规定。在适当情况下，国家主管机关应与其他相关机关合作，并可允许人工智能生态系统内的其他行为者参与。本条不应影响根据国内法或欧盟法设立的其他监管沙盒。成员国应确保监管这些其他沙盒的机构与国家主管机关之间开展适当程度的合作。

5. 根据第 1 款建立的人工智能监管沙盒应当提供一个可控的环境，以促进创新，并在根据潜在提供者和主管机关之间商定的具体沙盒计划将创新的人工智能系统投放市场或提供服务之前，在有限的时间内为其开发、训练、测试和验证提供便利。此类监管沙盒可包括在沙盒监督下的真实世界条件下进行测试。

6. 主管机关应酌情在沙盒中提供指导、监督和支持，以确定风险，特别是基本权利、健康和安全、测试、缓解措施方面的风险，以及这些措施在本条例义务和要求方面的有效性，并在相关情况下，确定在沙盒中受监督的其他欧盟和成员国立法的有效性。

7. 主管机关应向提供者和潜在提供者提供有关监管期望以及如何履行本条例规定的要求和义务的指导。

应人工智能系统提供者或潜在提供者的要求，主管机关应提供在沙盒中成功开展活动的书面证明。主管机关还应提供一份退出报告，详细说明在沙盒中开展的活动以及相关结果和学习成果。提供者可通过合格性评估程序或相关市场监督活动使用这些文件来证明其遵守了本条例。在这方面，市场监督管理机关和公告机关应积极考虑国家主管机关提供的退出报告和书面证明，以便在合理范围内加快合规性评估程序。

8. 在不违反第 78 条的保密规定的前提下，经沙盒提供者或潜在提供者同意，委员会和理事会有权获取退出报告，并在根据本条例执行任务时酌情予以考虑。如果提供者和潜在提供者以及国家主管部门明确同意，退出报告可通过本条提及的单一信息平台公开发布。

9. 建立人工智能监管沙盒应旨在促进实现以下目标：

（a）提高法律确定性，以实现对本条例或（在相关情况下）其他适用的联盟和成员国立法的监管合规；

（b）通过与参与人工智能监管沙盒的机构合作，支持分享最佳实践；

（c）促进创新和竞争力，推动人工智能生态系统的发展；

（d）促进循证的监管学习；

（e）促进和加快人工智能系统进入欧盟市场，特别是由小微型企业，包括初创企业提供的人工智能系统。

10. 国家主管机关应确保，如果创新人工智能系统涉及个人数据处理或属于其他国家机关或提供或支持数据访问的主管机关的监管范围，则国家数据保护机关和这些其他国家机关应与人工智能监管沙盒的运行相关联，并在各自任务和权力范围内酌情参与对这些方面的监管。

11. 人工智能监管沙盒不应影响主管机构的监督和纠正权力。监督沙盒的机关，包括地区或地方一级的机关。在此类人工智能系统的开发和测试过程中发现的对健康、安全和基本权利的任何重大风险都应得到充分缓解。如果无法有效缓解风险，国家主管机关应有权暂时或永久中止测试过程，或中止参与沙盒，并将此决定通知人工智能办公室。国家主管机关应在相关立法范围内行使其监督权，在对特定人工智能沙盒项目执行法律规定时使用其自由裁量权，目的是支持联盟内的人工智能创新。

12. 根据适用的欧盟和成员国责任法，人工智能监管沙盒中的提供者和潜在提供者仍应对在沙盒中进行的实验给第三方造成的任何损害负责。然而，只要潜在提供者遵守具体计划及其参与条款和条件，并且真诚遵循国家主管机关提供的指导，机关将不会对违反本条例的行为处以行政罚款。如果负责其他欧盟和成员国立法的主管机关积极参与了对沙盒中人工智能系统的监督，并提供了合规指导，则不得在相应立法下处以行政罚款。

13. 在设计和实施人工智能监管沙盒时，应酌情促进国家主管机关之间的跨境合作。

14. 国家主管机关应在欧洲人工智能委员会的框架内协调其活动并开展合作。

15. 国家主管机关应向人工智能办公室和欧洲人工智能委员会通报沙盒的设立情况，并可请求支持和指导。人工智能办公室应公布计划中和现有的人工智能沙盒清单，并不断更新，以鼓励监管沙盒中的更多互动和跨境合作。

16. 国家主管机关应向人工智能办公室和欧洲人工智能委员会提交年度报告，从人工智能监管沙盒设立的一年后开始提交，然后每年提交，直至其终止，并提交最后报告。这些报告应提供有关这些沙盒的实施进展和结果的信息，包括最佳实践、事件、经验教训和有关其设置的建议，以及在相关情况下，有关本条例，包括其授权法案和实施法案，和其他在沙盒内监管的欧盟法律的适用和可能的修订。这些年度报告或摘要应在线向公众提供。委员会在执行本条例规定的任务时，应酌情考虑年度报告。

17. 委员会应开发一个包含与沙盒有关的所有相关信息的单一专用界面，使得利益相关方能够与监管沙盒互动，向主管机关提出查询请求，并就嵌入人工智能技术的创新产品、服务、商业模式的合规性寻求非约束性的指导。在相关情况下，委员会应积极主动地与国家主管机关进行协调。

第58条　人工智能监管沙盒的模式和运作

1. 为避免在联盟内各行其是，委员会应通过一项实施法案，详细说明人工智能监管沙盒的建立、开发、实施、运行和监督方式。执行法案应包括有关以下问题的共同原则：

（a）参与人工智能监管沙盒的资格和选择；

（b）申请、参与、监测、退出和终止人工智能监管沙盒的程序，包括沙盒计划和退出报告；

（c）适用于参与者的条款和条件。

相应实施法案应当根据第98条第2款提及的审查程序通过。

2. 第1款提及的实施法案应确保：

（a）监管沙盒向任何符合资格和选择标准的人工智能系统潜在提供者开放。进入监管沙盒的标准是透明和公平的，设立机关会在申请后3个月内公告申请人其决定；

（b）监管沙盒允许广泛、平等地参与，并且能跟上参与的需求；潜在提供者还可与部署者和其他相关第三方合作提交申请；

（c）有关监管沙盒的模式和条件应尽可能支持国家主管机关灵活建立和运行其人工智能监管沙盒；

（d）小微型企业和初创企业可免费进入人工智能监管沙盒，但不影响国家主管机关以公平和合比例的方式收回特殊费用；

（e）通过沙盒的学习成果，促进潜在提供者履行本条例规定的合格性评估义务或自愿适用第95条提及的行为守则；

（f）监管沙盒促进人工智能生态系统中其他相关参与者的参与，如公告机关和标准化组织、小微型企业、初创企业、创新者、测试和实验设施、研究和实验实验室以及数字创新中心、卓越中心、个人研究者，以允许和促进与公共和私营部门的合作；

（g）申请、选择、参与和退出沙盒的程序、流程和行政要求简单、易懂、沟通清晰，以方便法律和行政能力有限的小微型企业和初创企业参与，并在整个欧盟范围内进行简化，以避免各行其是，并确保在欧盟范围内，参与由成员国或由教育部门设立的监管沙盒得到相互和统一的认可，并具有相同的法律效力；

（h）参与人工智能监管沙盒的期限应与项目的复杂性和规模相适应，

国家主管部门可延长该期限；

（i）沙盒应促进工具和基础设施的开发，以测试、设定基准、评估和解释与监管相关的人工智能系统的各个层面，如准确性、稳健性和网络安全，以及降低基本权利、环境和整个社会风险的措施。

3. 沙盒中的潜在提供者，特别是小微型企业和初创企业，应在相关情况下被引导至部署之前的服务，如本条例的实施指导，以及其他增值服务，如标准化文件和认证、测试和实验设施、数字枢纽、卓越中心和欧盟基准能力方面的帮助。

4. 当国家主管机关考虑授权在根据本条设立的人工智能监管沙盒框架内进行真实世界条件下的测试时，其应与参与者具体商定此类测试的条款和条件，特别是适当的保障措施，以保护基本权利、健康和安全。在适当情况下，其应与其他国家主管机关合作，以确保整个联盟的实践一致。

第 59 条　进一步处理个人数据，以便在人工智能监管沙盒中为公众利益开发特定人工智能系统

1. 在人工智能监管沙盒中，为其他目的合法收集的个人数据，在满足以下所有条件的情况下，可以仅为开发、训练和测试沙盒中的特定人工智能系统而进行处理：

（a）人工智能系统应由公共机关或受公法或私法管辖的另一自然人或法人在以下一个或多个领域为维护重大公共利益而开发：

ⅰ 公共安全和公共卫生，包括疾病检测、诊断、预防、控制和治疗，以及改善卫生保健系统；

ⅱ 高度保护和改善环境质量、保护生物多样性、污染以及绿色转型、减缓和适应气候变化；

ⅲ 能源的可持续性；

ⅳ 运输系统和流动性、关键基础设施和网络的安全性和韧性；

ⅴ 公共行政和公共服务的效率和质量；

（b）所处理的数据是遵守第三章第 2 节中提及的一项或多项要求所必需的，而这些要求无法通过处理匿名化、合成或其他非个人数据来有效满足；

（c）具备有效的监测机制，以确定在沙盒实验期间是否可能出现 2016/679 号条例第 35 条和 2018/1725 号条例第 39 条所述的对数据主体的权利和自由的任何高风险，以及及时降低这些风险并在必要时停止处理的响应机制；

（d）沙盒中将要处理的任何个人数据均处于功能独立、隔离和受保护的数据处理环境中，由潜在提供者控制，且只有获得授权的人才能访问这些数据；

（e）提供者只能根据欧盟个人数据保护法进一步共享原始收集的数据，在沙盒中收集的任何个人数据都不能在沙盒之外共享；

（f）沙盒中对个人数据的任何处理都不会导致影响数据主体的措施或决定，也不会影响其在欧盟个人数据保护法中规定的权利的适用；

（g）通过适当的技术和组织措施保护在沙盒中处理的任何个人数据，并在沙盒参与终止或个人数据保存期结束后删除这些数据；

（h）除非欧盟或国家法律另有规定，在参与沙盒期间沙盒中的个人数据处理日志保留；

（i）完整、详细地说明人工智能系统的训练、测试和验证过程及原理，并将测试结果作为附件四的技术文件的一部分；

（j）在主管机关网站上公布在沙盒中开发的人工智能项目、其目标和预期成果的简短摘要，这项义务不包括与执法、边境管制、移民或庇护机关的活动有关的敏感业务数据。

2. 为了预防、调查、侦查或起诉刑事犯罪或执行刑事处罚，包括保障和预防对公共安全的威胁，在执法机关的控制和负责下，人工智能监管沙盒中的个人数据处理应基于特定的成员国或联盟法律，并受制于第 1 款所述的相同累积条件。

3. 第 1 款不妨碍欧盟或成员国立法排除为该立法明确提及的目的之外的其他目的进行处理，也不妨碍欧盟或成员国法律规定为开发、测试和训练创新人工智能系统或任何其他法律依据所必需的个人数据处理依据，并符合欧盟关于保护个人数据的法律。

第 60 条　在人工智能监管沙盒之外的真实环境中测试高风险人工智能系统

1. 附件三所列高风险人工智能系统的提供者或潜在提供者可根据本条规定和本条所述真实世界测试计划，在人工智能监管沙盒之外的真实世界条件下对人工智能系统进行测试，但不影响第 5 条的禁止性规定。

真实世界测试计划的详细内容应在委员会根据第 98 条第 2 款提及的审查程序通过的实施法案中具体规定。

本规定不影响欧盟或各国关于在实际条件下对附件二所列法规所涵盖产品的高风险人工智能系统进行测试的法律。

2. 提供者或潜在提供者可自行或与一个或多个潜在部署者合作，在人工智能系统投放市场或提供服务之前的任何时候，在真实世界条件下对附件三所述高风险人工智能系统进行测试。

3. 根据本条规定在真实世界条件下对高风险人工智能系统进行的测试，不得妨碍国家或联盟法律可能要求的伦理审查。

4. 服务提供者或潜在的服务提供者只有在满足以下所有条件的情况下，才能在真实世界的条件下进行测试：

（a）提供者或潜在提供者已制定真实世界测试计划，并提交给将在真实世界条件下进行测试的成员国的市场监督管理机关；

（b）拟进行真实情况下的测试的成员国的市场监督管理机关已批准真实情况下的测试和真实情况下的测试计划，如果该成员国的市场监督管理机关在 30 天内未做出答复，则应将真实情况下的测试和真实情况下的测试计划理解为已获批准，在国家法律未规定默许的情况下，真实世界条件下的测试应获得授权；

（c）提供者或潜在提供者，但附件三第 1、6 和 7 点所述执法、移民、庇护和边防管理领域的高风险人工智能系统以及附件三第 2 点所述的高风险人工智能系统除外，已在第 71 条第 3 款所述欧盟数据库的非公开部分登记了真实世界条件下的测试，并提供了欧盟唯一的单一识别码和附件九中规定的信息；

（d）在真实世界条件下进行检测的提供者或潜在提供者已在欧盟设立机构，或已指定在欧盟设立机构的法律代表；

（e）为在真实世界条件下进行测试而收集和处理的数据，只能在执行欧盟法律所规定的适当且适用的保障措施下才能传输到第三国；

（f）在真实世界条件下的测试时间不超过实现其目标所需的时间，在任何情况下不超过 6 个月，可再延长 6 个月，但提供者须事先通知市场监督管理机关，并说明延长时间的必要性；

（g）因年龄、身体或精神残疾而属于弱势群体的人得到适当保护；

（h）如果提供者或潜在提供者与一个或多个潜在部署者合作组织真实世界条件下的测试，后者已被告知与其参与决定相关的测试的所有方面，并获得了关于如何使用第 13 条所述人工智能系统的相关说明；提供者或潜在提供者和部署者应缔结协议，明确各自的作用和责任，以确保遵守本条例以及其他适用的欧盟和成员国立法中关于真实世界条件下测试的规定；

（i）在真实世界条件下的测试对象已根据第 61 条的规定表示知情同意，或在执法情况下，如果征求知情同意会妨碍人工智能系统的测试，则测试本身和在真实世界条件下的测试结果不得对测试对象产生任何负面影响，其个人资料应在测试完成后被删除；

（j）提供者或潜在提供者和部署者对真实情况下的测试进行有效监督，这些人员在相关领域具有适当资格，并具备执行任务所需的能力、培训和授权；

（k）可以有效地推翻和忽略人工智能系统的预测、建议或决定。

5. 任何在真实世界条件下进行测试的对象或视情况而定，其合法指定的代表均可随时撤销其知情同意并要求立即永久删除其个人数据，从而退出测试，而不会因此受到任何损害，也无需提供任何理由。撤销知情同意不会影响已经开展的活动。

6. 根据第75条，成员国应授权其市场监督管理机关要求提供者和潜在提供者提供信息，进行事先没有通知的远程或现场检查，并对在真实世界条件下开展的测试和相关产品进行检查。市场监督管理机关应利用这些权力确保这些测试的安全发展。

7. 在真实情况下的测试过程中发现的任何严重事件，应根据本条例第73条向国家市场监督管理机关报告。提供者或潜在提供者应立即采取缓解措施，如未采取缓解措施，则应暂停真实情况下的测试，直至采取缓解措施或终止测试。提供者或潜在提供者应制定程序，以便在终止真实情况下的测试后立即召回人工智能系统。

8. 提供者或潜在提供者应将暂停或终止真实条件下的检测以及最终结果通知拟进行真实条件下检测的成员国的国家市场监督管理机关。

9. 提供者和潜在提供者应根据适用的欧盟和成员国责任法，对其在参与真实情况下的测试过程中造成的任何损害承担责任。

第61条　知情同意参与人工智能监管沙盒之外真实世界条件下的测试

1. 为了根据第60条的规定在真实情况下进行测试，测试对象应在参加测试之前，并在得到有关以下方面的简明、清楚、相关和易懂的信息之后，自由地表示知情同意：

（a）在真实情况下进行测试的性质和目的，以及参加测试可能带来的不便；

（b）在真实情况下进行测试的条件，包括测试主体参与测试的预期时间；

（c）测试主体参与测试的权利和保障，特别是其拒绝参与测试的权利和随时退出真实环境测试的权利，而不会因此受到任何损害，也无需提供任何理由；

（d）要求推翻或忽略人工智能系统的预测、建议或决定的方式；

（e）根据第 60 条第 4 款第 c 点的规定，在真实情况下进行测试的联盟范围内的单一识别号，以及提供者或其法定代表的详细联系方式，可向其索取进一步信息。

2. 知情同意书应注明日期并记录在案，副本应交给测试主体或其法定代理人。

第 62 条　针对提供者和部署者，特别是小微型企业，包括初创企业的措施

1. 成员国应采取以下行动：

（a）为在欧盟拥有登记办公室或分支机构的小微型企业（包括初创企业）提供优先进入人工智能监管沙盒的机会，只要其满足资格条件和选择标准。只要符合资格条件和遴选标准，优先准入不应排除本款第一项所述的以外的其他小微型企业，包括初创企业，进入人工智能监管沙盒；

（b）针对小微型企业，包括初创企业，部署者以及适当情况下的地方公共机关的需要，就本条例的应用组织具体的提高认识和培训的活动；

（c）利用现有的专门渠道，并酌情建立新的渠道，与包括初创企业在内的小微型企业、部署者、其他创新者以及适当的地方公共机关进行沟通，就本条例的实施提供建议并回答询问，包括参与人工智能监管沙盒；

（d）促进小微型企业和其他相关利益方参与标准化制定过程。

2. 在根据第 43 条规定确定合格性评估费用时，应考虑到小微型企业（包括初创企业）的具体利益和需求，并根据其规模、市场大小和其他相关指标按比例降低这些费用。

3. 人工智能办公室应采取以下行动：

（a）应欧洲人工智能委员会的要求，提供本条例所涉领域的标准化模板；

（b）开发并维护一个单一的信息平台，为联盟内所有经营者提供与本条例相关的易于使用的信息；

（c）组织适当的宣传活动，提高人们对本条例规定的义务的认识；

（d）评估和促进公共采购程序中与人工智能系统有关的最佳实践的趋同。

第 63 条 特定运营者的克减

1. 2003/361/EC 号建议所定义的微型企业可以通过简化的方式履行本条例第 17 条所要求的质量管理体系的特定要素。为此，委员会应在不影响保护水平和遵守高风险人工智能系统要求的前提下，考虑微型企业的需要，制定关于可以简化方式满足的质量管理系统要素的指南。

2. 第 1 款不得解释为免除这些经营者履行本条例规定的任何其他要求和义务，包括第 9、10、11、12、13、14、15、72 和 73 条规定的要求和义务。

第七章 治理

第 1 节 联盟层面的治理

第 64 条 人工智能办公室

1. 委员会应通过人工智能办公室发展欧盟在人工智能领域的专业知识和能力。

2. 成员国应为本条例所规定的委托给人工智能办公室的任务提供便利。

第 65 条 欧洲人工智能委员会的设立和结构

1. 特此成立欧洲人工智能委员会。

2. 欧洲人工智能委员会应由每个成员国的一名代表组成。欧洲数据保护监督员应作为观察员参加。人工智能办公室也应出席委员会会议，但不参与表决。如果讨论的问题与其他国家和欧盟机关、机构或专家相关，欧洲人工智能委员会可根据具体情况邀请其参加会议。

3. 每位代表由其成员国指定，任期 3 年，可连任一次。

4. 成员国应确保其在欧洲人工智能委员会中的代表：

（a）在其成员国中拥有相关的权限和权力，以便为实现第 58 条所述欧洲人工智能委员会的任务作出积极贡献；

（b）被指定为欧洲人工智能委员会的单一联络点，并根据成员国的需要，在必要时被指定为利益相关方的单一联络点；

（c）有权促进其成员国国家主管机关在执行本条例方面的一致性和协调性，包括通过收集相关数据和信息来完成其在欧洲人工智能委员会的任务。

5. 成员国指定的代表应以三分之二多数通过欧洲人工智能委员会的议事规则。议事规则应特别规定遴选程序、任期、主席的具体任务、表决方式以及欧洲人工智能委员会及其分组的活动安排。

6. 欧洲人工智能委员会应设立两个常设分组，分别为市场监督管理机关和公告机关提供一个就市场监督和公告机关相关问题进行合作与交流的平台。

市场监管常设分组应作为 2019/1020 号条例第 30 条所指的本条例的行政合作组。

欧洲人工智能委员会可酌情设立其他常设或临时分组，以审议具体问题。在适当情况下，可邀请第 67 条提及的咨询论坛的代表以观察员身份参加这些分组的具体会议。

7. 欧洲人工智能委员会的组织和运作应确保其活动的客观性和公

正性。

8. 欧洲人工智能委员会应由成员国的一名代表担任主席。欧洲人工智能办公室应为委员会提供秘书处，根据主席的要求召开会议，并根据本条例及其议事规则规定的欧洲人工智能委员会任务拟定议程。

第 66 条　欧洲人工智能委员会的任务

欧洲人工智能委员会应向委员会和成员国提供建议和协助，以促进本条例的一致和有效实施。为此，欧洲人工智能委员会尤其可以：

（a）促进负责实施本条例的国家主管机关之间的协调，并在有关市场监督管理机关的合作和同意下，支持第 74 条第 11 款所述市场监督管理机关的联合行动；

（b）在成员国之间收集和分享技术和监管方面的专门知识和最佳实践；

（c）为本条例的实施提供建议，特别是在通用人工智能模型规则的执行方面；

（d）促进成员国行政管理实践的统一，包括第 46 条提及的合格性评估程序的克减、第 57、59 和 60 条提及的监管沙盒的运作和真实世界条件下的测试；

（e）应委员会的要求或主动就与本条例的实施及其一致和有效适用有关的任何事项提出建议和书面意见，包括：

i 根据本条例及委员会的指引，制定及适用行为守则；

ii 根据第 112 条对本条例进行评估和审查，包括第 73 条提及的严重事件报告和第 71 条提及的数据库的运作情况，拟定授权法案或实施法案，以及使本条例与附件一所列法案保持一致的可能性；

iii 关于第三章第 2 章节所列要求的技术规格或现有标准；

iv 第 40 条和第 41 条提及的统一标准或共同规格的使用；

v 各种趋势，如欧洲在人工智能领域的全球竞争力、欧盟对人工智能的吸收以及数字技能的发展；

vi 人工智能价值链类型不断演变的趋势，特别是由此产生的对责任的影响；

vii 根据第 7 条对附件三进行修正的潜在必要性，以及根据第 112 条对第 5 条进行可能的修订的潜在必要性，同时考虑到相关的现有证据和先进技术水平；

（f）支持委员会促进人工智能素养，提高公众对使用人工智能系统的好处、风险、保障措施以及权利和义务的认识和了解；

（g）促进共同准则的制定以及市场经营者和主管机关对本条例规定的相关概念的共同理解，包括促进基准的制定；

（h）酌情与其他联盟机构、机关、办公室和机构以及相关的联盟专家组和网络开展合作，特别是在产品安全、网络安全、竞争、数字和媒体服务、金融服务、消费者保护、数据和基本权利保护等领域；

（i）促进与第三国主管机关和国际组织的有效合作；

（j）协助国家主管机关和委员会发展实施本条例所需的组织和技术专长，包括协助评估参与实施本条例的成员国工作人员的培训需求；

（k）协助人工智能办公室支持国家主管机关建立和发展监管沙盒，并促进监管沙盒之间的合作和信息共享；

（l）为指导文件的编制做出贡献并提供相关建议；

（m）就人工智能方面的国际事务向委员会提供咨询意见；

（n）就通用人工智能模型的合格警报向委员会提供意见；

（o）听取成员国对通用人工智能模型的合格警告以及各国在人工智能系统，特别是集成通用人工智能模型的系统的监测和执行方面的经验和实践的意见。

第 67 条 咨询论坛

1. 应当设立一个咨询论坛，向欧洲人工智能委员会和委员会提供咨询意见和技术知识，以帮助它们完成本条例规定的任务。

2. 咨询论坛的成员应均衡地代表各利益相关方，包括工业界、初创企业、小微型企业、公民社会和学术界。咨询论坛的成员应兼顾商业和非商业利益，在商业利益类别中兼顾小微型企业和其他企业。

3. 委员会应根据前款规定的标准，从在人工智能领域具有公认专长的利益相关方中任命咨询论坛的成员。

4. 咨询论坛成员的任期为两年，最多可延长 4 年。

5. 基本权利机构、欧洲联盟网络安全局、欧洲标准化委员会、欧洲电工技术标准化委员会和欧洲电信标准协会应为咨询论坛的常任成员。

6. 咨询论坛应制定其议事规则。论坛应根据第 2 款规定的标准，从其成员中选出两名共同主席。共同主席的任期为两年，可连任一次。

7. 咨询论坛每年至少举行两次会议。咨询论坛可邀请专家和其他利益相关方参加会议。

8. 在履行第 1 款规定的职责时，咨询论坛可应欧洲人工智能委员会或委员会的要求，准备意见、建议和书面材料。

9. 咨询论坛可酌情设立常设或临时分组，以审议与本条例目标有关的具体问题。

10. 咨询论坛应编写其活动的年度报告。该报告应予以公布。

第 68 条　独立专家科学小组

1. 委员会应通过一项实施法案，对建立一个由独立专家组成的科学小组（"科学小组"）作出规定，以支持本条例规定的执法活动。这些实施法案应根据第 98 条第 2 款提及的审查程序通过。

2. 科学小组应由委员会根据第 3 款所述任务所需的人工智能领域最新科学或技术知识挑选出的专家组成，并应能证明符合以下所有条件：

（a）人工智能领域的专门知识和能力以及科学或技术专长；

（b）独立于任何人工智能系统或通用人工智能模型或系统的提供者；

（c）认真、准确和客观地开展活动的能力。委员会应与欧洲人工智能委员会协商，根据需要确定专家小组的专家人数，并应确保性别和地域的公平代表性。

3. 科学小组应向欧洲人工智能办公室提供建议和支持，特别是在以下任务方面：

（a）在通用人工智能模型和系统方面，支持本条例的实施和执行，特别是通过以下方式：

i 根据第 90 条的规定，就联盟层面通用人工智能模型可能存在的系统风险向人工智能办公室发出警报；

ii 促进开发评估通用人工智能模型和系统能力的工具和方法，包括通过基准；

iii 就具有系统风险的通用人工智能模型的分类提供建议；

iv 就不同的通用人工智能模型和系统的分类提供建议；

v 促进工具和模板的开发；

（b）应市场监督管理机关的要求，支持其工作；

（c）支持第 74 条第 11 款所述的跨境市场监督活动，但不损害市场监督管理机关的权力；

（d）根据第 81 条的规定，支持人工智能办公室履行其在保障条款方面的职责。

4. 专家应不偏不倚、客观地执行任务，并确保对执行任务和开展活动过程中获得的信息和数据保密。其在执行第 3 款规定的任务时，不得寻求或接受任何人的指示。每位专家都应起草一份利益申报表，并公之于众。人工智能办公室应建立积极管理和防止潜在利益冲突的制度和程序。

5. 第 1 款提及的执行法案应包括关于科学小组及其成员发出警报和请求人工智能办公室协助其执行任务的条件、程序和方式的规定。

第 69 条　成员国利用专家库的机会

1. 成员国可要求科学小组的专家支持其根据本条例开展的执法活动。

2. 成员国可能需要为专家的咨询和支持支付费用。酬金的结构和水平以及可收回费用的规模和结构应在第 68 条第 1 款提及的实施法案中加以规定，同时应考虑到充分实施本条例的目标、成本效益以及确保所有成员国都能有效地获得专家服务的必要性。

3. 欧盟委员会应根据需要为成员国及时获得专家提供便利，并确保欧盟人工智能测试支持根据第 84 条和专家根据本条开展的支持活动的组合得到有效的组织，并尽可能提供最佳的附加值。

第 2 节　国家主管机关

第 70 条　指定国家主管机关和单一联络点

1. 各成员国应为本条例之目的设立或指定至少一个公告机关和至少一个市场监督管理机关作为国家主管机关。这些国家主管机关应独立、公正和不带偏见地行使权力，以维护其活动和任务的客观性原则，并确保本条例的适用和实施。这些机构的成员不得采取任何与其职责不符的行动。在遵守这些原则的前提下，这些活动和任务可根据成员国的组织需要，由一个或多个指定的机构来完成。

2. 成员国应向委员会通报公告机关和市场监督管理机关的身份、这些机关的任务以及随后的任何变动。成员国应在本条例生效之日后 12 个月内，通过电子通信手段公布有关如何与主管机关和单一联络点取得联系的信息。成员国应指定一个市场监督管理机关作为本条例的单一联络点，并将单一联络点的身份通知委员会。委员会应公布单一联络点名单。

3. 成员国应确保向国家主管机关提供充足的技术、财政和人力资源以及基础设施，以有效履行本条例规定的任务。特别是，国家主管机关应长期拥有足够数量的人员，其能力和专业知识应包括对人工智能技术、数据和数据计算、个人数据保护、网络安全、基本权利、健康和安全风险的深入了解，以及对现有标准和法律要求的了解。成员国应每年评估并在必要时更新本款所述的能力和资源要求。

4. 国家主管机关应采取适当水平的网络安全措施。

5. 国家主管机关在执行任务时，应遵守第 78 条规定的保密义务。

6. 成员国应在本条例生效后一年内，并于此后每两年向委员会报告国家主管机关的财力和人力资源状况，并评估其是否充足。委员会应将这些信息转交欧洲人工智能委员会讨论并提出可能的建议。

7. 委员会应促进各国主管机关之间的经验交流。

8. 国家主管机关可酌情考虑欧洲人工智能委员会和委员会的指导及建议，就本条例的实施提供指导和建议，特别是向包括初创企业在内的小微型企业提供指导和建议。当国家主管机关意图就其他欧盟立法所涵盖领域的人工智能系统提供指导和建议时，应酌情咨询该欧盟立法下的国家主管机关。

9. 当联盟机构、机关和团体属于本条例的适用范围时，欧洲数据保护监督员应作为主管机关对其进行监督。

第八章 欧盟高风险人工智能系统数据库

第 71 条 附件三所列的欧盟高风险人工智能系统的数据库

1. 委员会应与成员国合作，建立并维护一个欧盟数据库，其中包含第 2 款和第 3 款提及的关于第 6 条第 2 款提及的根据第 49 条和第 60 条登记的高风险人工智能系统的信息。在确定该数据库的功能规格时，委员会应咨询相关专家；在更新该数据库的功能规格时，委员会应咨询人工智能委员会。

2. 附件九部分所列数据应由提供者或授权代表，如适用，录入欧盟数据库。

3. 根据第 49 条第 2 款和第 3 款，附件八 C 节所列数据应由公共机关、机构或团体的部署者或其代表输入欧盟数据库。

4. 除第 49 条第 4 款和第 60 条第 4 款第 c 项提及的部分外，根据第

49 条登记的欧盟数据库中的信息应以方便部署者的方式向公众提供。信息应易于浏览和机器可读。根据第 60 条登记的信息应仅向市场监督管理机关和委员会开放，除非潜在提供者或提供者同意将该信息也向公众开放。

5. 欧盟数据库应仅包含根据本条例收集和处理信息所必需的个人数据。这些信息应包括负责登记系统并拥有代表提供者或部署者的法律授权的自然人的姓名和联系方式。

6. 委员会是欧盟数据库的控制者。其应向提供者、潜在提供者和部署者提供充分的技术和行政支持。数据库应符合适用的无障碍要求。

第九章　后市场监测、信息共享、市场监督

第 1 节　后市场监测

第 72 条　提供者对高风险人工智能系统的后市场监测和后市场监测计划

1. 提供者应以与人工智能技术的性质和高风险人工智能系统的风险合比例的方式，建立并记录后市场监测系统。

2. 后市场监测系统应积极并系统地收集、记录和分析可能由部署者提供的或可能通过其他来源收集的关于高风险人工智能系统在整个寿命期间的性能的相关数据，并使提供者能够评价人工智能系统是否持续符合第三编第 2 节规定的要求。在相关情况下，后市场监测应包括分析与其他人工智能系统的相互作用。这项义务不应涵盖作为执法机关的部署者的敏感操作数据。

3. 后市场监测系统应以后市场监测计划为基础。后市场监测计划应作为附件四所述技术文件的一部分。委员会应在本条例生效前 6 个月通过一项实施法案，详细规定后市场监测计划的模板和计划应包括的内容

清单。

4. 对于附件一A节所述法案所涵盖的高风险人工智能系统，如果已根据该立法建立了后市场监测系统和计划，为确保一致性、避免重复和尽量减少额外负担，提供者应可选择酌情使用第3款所述模板，将第1、2、3款所述必要内容纳入所列欧盟统一立法下的现有系统和计划，但须达到同等保护水平。

第一项也适用于附件三第5点所述的高风险人工智能系统，这些系统由须遵守欧盟金融服务立法对其内部管理、安排或流程要求的金融机构投放市场或提供服务。

第 2 节　共享严重事件的信息

第 73 条　严重事件的报告

1. 在欧盟市场上销售的高风险人工智能系统的提供者应向发生事故的成员国市场监督管理机关报告任何严重事件。

2. 第1款所述通知应在提供者确定人工智能系统与严重事件之间的因果关系或确定存在这种关系的合理可能性之后立即发出，而且无论如何不得迟于提供者或者（如适用）部署者意识到严重事件之后15天。

本款第1分款所述的报告期限应考虑到严重事件的严重性。

3. 尽管有第2款的规定，如果发生第3条第44项第b点定义的大范围违规或严重事件，应立即提交第1款所述的报告，且不得迟于提供者或者（如适用）部署者意识到该事件后的2天。

4. 尽管有第2款的规定，如果发生人员死亡事件，应在提供者或部署者确定，或者一旦怀疑高风险人工智能系统与严重事件之间存在因果关系后立即提交报告，但不得迟于提供者或者，如适用部署者意识到严重事件之日起10天。

5. 必要时，为确保及时报告，提供者或部署者（如适用）可提交一份不完整的初次报告，然后再提交一份完整的报告。

6. 在根据第 1 款报告严重事件后，提供者应毫不拖延地对严重事件和相关的人工智能系统进行必要的调查。调查应包括对事故的风险评估和纠正措施。在第一项所指的调查期间，提供者应与主管机关合作，并在相关情况下与有关公告机关合作，在向主管机关通报此类行动之前，不得进行任何涉及以可能影响对事故原因进行评估的方式改变有关人工智能系统的调查。

7. 在收到与第 3 条第 49 项 c 点所述严重事件有关的通知后，相关市场监督管理机关应通知第 77 条第 1 款所述的国家公共机关或机构。委员会应制定专门指南，以促进遵守第 1 款规定的义务。该指南最迟应在本条例生效 12 个月后发布，并应定期评估。

8. 市场监督管理机关应在收到第 1 款所述通知之日起 7 天内采取 2019/1020 号条例第 19 条规定的适当措施，并遵循 2019/1020 号条例规定的公告程序。

9. 对于附件三所述的高风险人工智能系统，如果其投放市场或提供服务的提供者受制于规定了与本条例同等报告义务的欧盟法律文书，则严重事件的通报应仅限于第 3 条第 49 项 c 点所述的情况。

10. 对于属于 2017/745 号条例和 2017/746 号条例所涵盖的设备安全组件或设备本身的高风险人工智能系统，严重事件的通报应仅限于第 3 条第 49 项 c 点中提及的事故，并应向事故发生地成员国为此目的选择的国家主管机关通报。

11. 国家主管机关应根据 2019/1020 号条例第 20 条的规定，立即向委员会通报任何严重事件，无论委员会是否已就此采取行动。

第 3 节　执法

第 74 条　联盟市场对人工智能系统的市场监督和控制

1. 2019/1020 号条例适用于本条例所涵盖的人工智能系统。但是，为了有效执行本条例：

（a）凡提及 2019/1020 号条例的经济经营者，均应理解为包括本条例第 2 条第 1 款确定的所有经营者；

（b）凡提及 2019/1020 号条例规定的产品，均应理解为包括本条例范围内的所有人工智能系统。

2. 作为 2019/1020 号条例第 34 条第 4 款规定的报告义务的一部分，市场监督管理机关应每年向委员会和相关国家竞争管理机构报告在市场监督活动过程中发现的可能与适用欧盟竞争规则法有关的任何信息。其还应每年向委员会报告当年发生的使用违禁实践的情况以及所采取的措施。

3. 对于与附件一 A 节所列法律行为适用的产品有关的高风险人工智能系统，为本条例的目的，市场监督管理机关应是负责根据这些法律行为指定的市场监督活动的机构。在有正当理由的情况下，成员国可克减上段的规定，指定另一个有关机关作为市场监督管理机关，但须确保与负责执行附件二所列法律行为的有关部门市场监督管理机关进行协调。

4. 本条例第 79 至 83 条所述程序不适用于与产品有关的人工智能系统，附件一 A 节所列的法律行为适用于这些系统，如果这些法律行为已经规定了确保同等保护水平并具有相同目标的程序，在这种情况下，应适用这些部门的程序。

5. 在不影响 2019/1020 号条例第 14 条规定的市场监督管理机关的权力情况下，为确保本条例的有效实施，市场监督管理机关可酌情远程行使 2019/1020 号条例第 14 条第 4 款 d 项和 j 项所述的权力。

6. 对于由受欧盟金融服务立法监管的金融机构投放市场、提供服务或使用的高风险人工智能系统，只要人工智能系统的投放市场、提供服务或使用与提供这些金融服务直接相关，则为本条例目的，市场监督管理机关应是根据该立法负责对这些机构进行金融监管的相关国家机关。

7. 通过对第 6 款的克减，在有正当理由的情况下，并在确保协调的前提下，成员国可为本条例的目的确定另一个相关机关作为市场监督管理机关。

根据 2013/36 号指令对受监管信贷机构进行监管的国家市场监督管理机关，如果参与了根据 1204/2013 号委员会实施条例建立的单一监管机制（SSM），则应毫不迟延地向欧洲中央银行报告在其市场监管活动过程中发现的可能与欧洲中央银行根据该法规规定的审慎监管任务有关的任何信息。

8. 对于附件三第 1 点所列的高风险人工智能系统，只要该系统用于执法目的和附件三第 6、7 和 8 点所列目的，成员国应为本条例之目的指定 2016/679 号条例或 2016/680 号指令规定的数据保护主管监督机构或根据 2016/680 号指令第 1—44 条规定的相同条件指定的任何其他机构为市场监督管理机关。市场监督活动不得以任何方式影响司法机关的独立性，也不得以其他方式干扰司法机关以司法身份开展的活动。

9. 如果联盟机构、机关和团体属于本条例的适用范围，欧洲数据保护监督员应作为其市场监督管理机关行事，但与以司法身份行事的法院有关的情况除外。

10. 成员国应促进根据本条例指定的市场监督管理机关与其他相关国家机关或机构之间的协调，这些机关或机构负责监督附件二所列欧盟统一立法或可能与附件三所述高风险人工智能系统相关的其他欧盟立法的实施。

11. 市场监督管理机关和委员会应能够提议开展联合行动，包括由市场监督管理机关或市场监督管理机关与委员会联合开展的联合调查，其目的是促进合规、查明不合规情况、提高认识，并根据 2019/1020 号条例第 9 条，针对被发现在多个成员国构成严重风险的特定类别高风险人工智能系统提供与本条例有关的指导。人工智能办公室应为联合调查提供协调支持。

12. 在不影响 2019/1020 号条例规定的权力情况下，并在相关且仅限于履行其任务所必需的情况下，提供者应允许市场监督管理机关完全访问用于开发高风险人工智能系统的文件以及训练、验证和测试数据集，包括在适当且符合安全保障的情况下，通过应用程序编程接口或其他相关技术手段和工具实现远程访问。

13. 市场监督管理机关应根据确有理据的请求，并只有在满足以下累进条件的情况下，方可获准查阅高风险人工智能系统的源代码：

（a）为评估高风险人工智能系统是否符合第三章第 2 节的要求，有必要获取源代码，以及

（b）基于提供者提供的数据和文件的测试 / 审计程序和核查已经用尽或者已证明不充分。

14. 市场监督管理机关获得的任何信息和文件均应按照第 78 条规定的保密义务处理。

第 75 条　通用人工智能系统的互助、市场监督和控制

1. 如果人工智能系统基于通用人工智能模型，且模型和系统由同一提供者开发，则人工智能办公室应有权监测和监督该人工智能系统遵守本条例义务的情况。为执行监测和监督任务，人工智能办公室应拥有 2019/1020 号条例所指的市场监督管理机关的所有权力。

2. 如果相关市场监督管理机关有充分理由认为，可由部署者直接用于至少一种根据本条例被归类为高风险的目的的通用人工智能系统不符合本条例规定的要求，则应与人工智能办公室合作，对合规情况进行评估，并相应地通知理事会和其他市场监督管理机关。

3. 当一个国家市场监督管理机关因无法获得与人工智能模型有关的特定信息而无法完成对高风险人工智能系统的调查时，尽管其已做出一切适当努力来获得这些信息，其仍可向人工智能办公室提出合理的请求，以便能够强制获得这些信息。在这种情况下，人工智能办公室应毫不拖延地向申请机关提供人工智能办公室认为与确定高风险人工智能系统是否不合规有关的任何信息，无论如何应在 30 天内提供。国家市场主管机关应根据第 78 条的规定对所获得的信息保密。2019/1020 号条例第 6 章规定的程

序应类推适用。

第 76 条　市场监督管理机关对真实情况下的测试进行监督

1. 市场监督管理机关应有权确保在真实世界条件下进行的检测符合本条例的规定。

2. 如果根据第 59 条在人工智能监管沙盒内对受监管的人工智能系统进行真实世界条件下的测试，市场监督管理机关应核查第 60 条规定的遵守情况，作为其对人工智能监管沙盒的监管作用的一部分。这些机关可酌情允许提供者或潜在提供者在真实世界条件下进行测试，以克减第 60 条第 4 款第 f 和 g 项规定的条件。

3. 如果潜在提供者、提供者或任何第三方告知市场监督管理机关发生了严重事件，或有其他理由认为第 60、61 条规定的条件未得到满足，市场监督管理机关可在其境内酌情做出以下任何决定：

（a）中止或终止真实世界条件下的测试；

（b）要求提供者或潜在提供者和使用者在真实世界条件下修改测试的任何方面。

4. 如果市场监督管理机关已作出本条第 3 款所述的决定，或已发出第 60 条第 4 款第 b 项所指的反对意见，则该决定或反对意见应说明理由以及提供者或潜在提供者对该决定或反对意见质疑的方式和条件。

5. 在适用的情况下，如果市场监督管理机关做出了本条第 3 款所述的决定，则应将其理由通知按照测试计划对人工智能系统进行测试的其他成员国的市场监督管理机关。

第 77 条　保护基本权利的机关的权力

1. 负责监督或强制执行与使用附件三所述的高风险人工智能系统有关欧盟法律规定的保护基本权利（包括不受歧视的权利）和义务的国家公共机关或机构，应有权要求并获取根据本条例以无障碍语言和格式创建或维护的任何文件，如果获取该文件是在其管辖范围内有效履行其职责所必需的。有关公共机关或机构应将任何此类要求通知有关成员国的市场监督管理机关。

2. 在本条例生效后三个月内，各成员国应确定第 3 款提及的公共机关或机构，并公布一份名单。各成员国应将该名单通报委员会和所有其他成员国，并不断更新该名单。

3. 如果第 3 款提及的文件不足以确定是否发生了违反旨在保护基本权利的欧盟法律规定的义务的情况，第 3 款提及的公共机关或机构可向市场监督管理机关提出确有理据的请求，通过技术手段组织对高风险人工智能系统的测试。市场监督管理机关应在收到请求后的合理时间内，在提出请求的公共机关或机构的密切参与下组织测试。

4. 第 3 款提及的国家公共机关或机构根据本条规定获得的任何信息和文件均应按照第 78 条规定的保密义务处理。

第 78 条　保密性

1. 委员会、市场监督管理机关和公告机关以及参与实施本条例的任何其他自然人或法人，应根据欧盟或国家法律，尊重在执行其任务和活动过程中获得的信息和数据的保密性，特别是保护：

（a）知识产权，以及自然人或法人的商业机密信息或商业秘密，包括源代码，但关于保护未披露的专有技术和商业信息（商业秘密）免遭非法获取、使用和披露的 2016/943 号指令 [1] 第 5 条所述的情况除外；

（b）本条例的有效实施，特别是为了检查、调查或审计的目的；

（c）公共和国家安全利益；

（d）刑事或行政诉讼的开展；

---

[1] 欧洲议会和欧盟理事会关于保护未披露的专有技术和商业信息（商业秘密）免遭非法获取、使用和披露的 2016/943 号指令（官方公报，158，2016 年 6 月 15 日，第 1 页）。

（e）根据联盟或国家法律保密的信息。

2. 根据第 1 款适用本条例的有关机关只应要求提供对评估人工智能系统所构成的风险以及根据本条例和 2019/1020 号条例行使其权力严格必要的数据。其应采取充分有效的网络安全措施，以保护所获取信息和数据的安全性和保密性，并应根据适用的国家或欧洲立法，在不再需要用于所请求的目的时，立即删除所收集的数据。

3. 在不影响第 1、2 款的情况下，当执法、边境管制、移民或庇护机关使用附件三第 1、6 和 7 点所述高风险人工智能系统时，在国家主管机关之间以及国家主管机关与委员会之间在保密基础上交流的信息，如其披露将危及公共和国家安全利益，则未经事先与提供信息的国家主管机关和部署者协商，不得披露。这种信息交流不应包括与执法、边境管制、移民或庇护机关的活动有关的敏感业务数据。

当执法、移民或庇护机关是附件三第 1、6 和 7 点所述高风险人工智能系统的提供者时，附件四所述技术文件应留存在这些机关的办公场所内。这些机关应确保第 74 条第 8、9 款所指的市场监督管理机关，视适用情况而定，可应要求立即查阅这些文件或获得其副本。只有持有适当级别安全许可的市场监督管理机关工作人员方可查阅该文件或其任何副本。

4. 第 1、2、3 款不影响委员会、成员国及其有关机关以及公告机关在交流信息和传播警示方面的权利和义务，包括在跨境合作中的权利和义务，也不影响有关各方根据成员国刑法提供信息的义务。

5. 委员会和成员国可在必要且与国际和贸易协定相关规定一致时，与已缔结双边或多边保密安排、保证充分保密的第三国监管机关交换机密信息。

第 79 条　处理在国家层面构成风险的人工智能系统的程序

1. 就对人的健康或安全或基本权利的风险而言，具有风险的人工智能系统应被理解为具有 2019/1020 号条例第 3 条第 19 点所定义的风险的产品。

2. 如果成员国的市场监督管理机关有充分理由认为人工智能系统存在第 1 款所述的风险,则应对相关人工智能系统遵守本条例规定的所有要求和义务的情况进行评估。应特别关注第 5 条下对弱势群体构成风险的人工智能系统。当发现基本权利面临风险时,市场监督管理机关还应通知第 77 条第 1 款所述的相关国家公共机关或机构,并与之充分合作。相关经营者应与市场监督管理机关和第 77 条所述的相关国家公共机关或机构进行必要的合作。

在评估过程中,如果市场监督管理机关发现人工智能系统不符合本条例规定的要求和义务,应在没有无故拖延的情况下,要求相关经营者采取一切适当的纠正措施,使人工智能系统符合要求,从市场上撤回人工智能系统,或在其规定的期限内召回人工智能系统,无论如何不得迟于 15 个工作日,或根据适用的相关欧盟协调法的规定。

市场监督管理机关应相应地通知相关的公告机关。2019/1020 号条例第 18 条应适用于第 2 款所述措施。

3. 如果市场监督管理机关认为不遵守规定的情况不限于本国境内,则应将评估结果和要求经营者采取的行动通知委员会和其他成员国,不得无故拖延。

4. 经营者应确保对其在欧盟市场上投放的所有相关人工智能系统采取了一切适当的纠正措施。

5. 如果人工智能系统的经营者在第 2 款所述期限内没有采取适当的纠正行动,市场监督管理机关应采取一切适当的临时措施,禁止或限制该人工智能系统在其本国市场上销售或提供服务,从该市场上撤回该产品或独立的人工智能系统,或将其召回。该机关应毫不拖延地将这些措施通知委员会和其他成员国。

6. 第 5 款所述通知应包括所有现有的细节,特别是识别不符合要求的人工智能系统所需的信息、人工智能系统的来源和供应链、所指控的不符合要求行为的性质和所涉及的风险、所采取的国家措施的性质和持续时间以及相关经营者提出的论据。尤其是，市场监督管理机关应说明不合规的行为是否是由以下一个或多个原因造成的：

（a）不遵守第 5 条所述禁止人工智能实践的规定；

（b）高风险人工智能系统未能达到第三章第 2 节规定的要求；

（c）第 40 条和第 41 条所述的推定合规的统一标准或共同规格中的缺陷；

（d）不遵守第 50 条的规定。

7. 除启动程序的成员国的市场监督管理机关外，其他成员国的市场监督管理机关应毫不拖延地向委员会和其他成员国通报所采取的任何措施和它们所掌握的与有关人工智能系统不符合要求有关的任何补充信息，并在不同意所通报的国家措施的情况下，通报它们的反对意见。

8. 如果在收到第 5 款所述通知后的三个月内，一个成员国的市场监督管理机关或委员会均未对另一个成员国的市场监督管理机关采取的临时措施提出异议，则该措施应被视为合理。这不影响相关经营者根据 2019/1020 号条例第 18 条享有的程序权利。在不遵守第 5 条所述的禁止人工智能实践的情况下，本款所述的三个月的期限应缩短至 30 天。

9. 所有成员国的市场监督管理机关都应确保对有关产品或人工智能系统采取适当的限制性措施，如其没有无故拖延地将产品或人工智能系统撤出其市场。

第 80 条　处理被提供者归类为适用附件三的非高风险人工智能系统的程序

1. 如果市场监督管理机关有充分的理由认为，提供者在附件三适用时将其归类为非高风险的人工智能系统属于高风险系统，则该市场监督管理机关应根据附件三和委员会准则规定的条件，对有关人工智能系统是否归类为高风险人工智能系统进行评估。

2. 如果在评估过程中,市场监督管理机关发现有关人工智能系统具有高风险,其应毫不拖延地要求有关提供者采取一切必要行动,使人工智能系统符合本条例规定的要求和义务,并在它可能规定的期限内采取适当的纠正行动。

3. 如果市场监督管理机关认为有关人工智能系统的使用不限于其本国领土,则应将评估结果和要求提供者采取的行动通知委员会和其他成员国,不得无故拖延。

4. 提供者应确保采取一切必要行动,使人工智能系统符合本条例规定的要求和义务。如果有关人工智能系统的提供者没有在第 2 款提及的期限内使人工智能系统符合本条例的要求和义务,则应根据第 99 条对提供者处以罚款。

5. 提供者应确保对其在全联盟市场上销售的所有相关人工智能系统采取一切适当的纠正措施。

6. 如果有关人工智能系统的提供者在第 2 款所述期限内没有采取适当的纠正措施,则适用第 79 条第 5—9 款的规定。

7. 如果在根据第 1 款进行评估的过程中,市场监督管理机关确定人工智能系统被提供者错误地归类为非高风险系统,以规避适用第三编第 2 节的要求,则应根据第 99 条对提供者处以罚款。

8. 在行使其监督本条适用情况的权力时,根据 2019/1020 号条例第 11 条,市场监督管理机关可进行适当的检查,特别是考虑到第 71 条所述的欧盟数据库中存储的信息。

第 81 条 联盟保障程序

1. 在收到第 79 条第 5 款所述的通知后的 3 个月内,或在不遵守第 5 条所述禁止人工智能实践的情况下的 30 日内,如果一个成员国的市场监督管理机关对另一个市场监督管理机关采取的措施提出异议,或者如果委员会认为该措施违反欧盟法律，委员会应在没有无故拖延的情况下，与相关成员国的市场监督管理机关和一个或多个经营者进行协商，并对该国家措施进行评估。根据评估结果，委员会应在第 65 条第 5 款所述通知发出后的六个月内，或在不遵守第 5 条所述禁止人工智能实践的情况下的 60 日内，决定该国家措施是否合理，并将该决定通知相关成员国的市场监督管理机关。委员会还应将此决定通知所有其他市场监督管理机关。

2. 如果委员会认为有关成员国采取的措施是合理的，所有成员国应确保对有关的人工智能系统采取适当的限制性措施，如从其市场上撤出人工智能系统，不得无故拖延，并应将有关情况通知委员会。如果委员会认为国家措施不合理，有关成员国应撤销该措施，并向委员会通报。

3. 如果成员国的措施被认为是合理的，并且人工智能系统的不合规性归咎于本条例第 40、41 条中所述的统一标准或共同规格的缺陷，则委员会应适用 1025/2012 号条例第 11 条规定的程序。

第 82 条　存在风险的合规人工智能系统

1. 如果成员国的市场监督管理机关在根据第 65 条进行评估，并与第 64 条第 3 款提及的相关国家公共机关协商后，发现虽然高风险人工智能系统符合本条例的规定，但对人的健康或安全、基本权利或公共利益保护的其他方面构成风险，则应要求相关经营者采取一切适当措施，确保有关人工智能系统在投放市场或提供服务时，在其可加以规定的期限内不再构成风险，不得无故拖延。

2. 提供者或其他相关经营者应确保在第 1 款所述成员国市场监督管理机关规定的时限内，对其在全联盟市场上提供的所有相关人工智能系统采取纠正行动。

3. 成员国应立即通知委员会和其他成员国。这些信息应包括所有可获得的详细资料，特别是识别有关人工智能系统的必要数据、人工智能系统的来源和供应链、所涉风险的性质以及所采取的国家措施的性质和持续时间。

4. 委员会应及时与有关成员国和相关经营者进行磋商，并对各国采取的措施进行评估。根据评估结果，委员会应决定该措施是否合理，并在必要时提出适当的措施。

5. 委员会应立即将其决定通知有关成员国和相关经营者。委员会还应将其决定通知所有其他成员国。

第83条 形式违规

1. 如果成员国的市场监督管理机关得出以下结论之一，则应要求相关提供者在其可能规定的期限内停止有关违规行为：

（a）加贴 CE 标志的行为违反了第48条的规定；

（b）未加贴 CE 标志；

（c）未准备欧盟合格性声明；

（d）未正确准备欧盟合格性声明；

（e）未在欧盟数据库中登记；

（f）在适用的情况下，未指定授权代表；

（g）无法提供技术文件。

2. 如果第1款所述违规行为持续存在，有关成员国的市场监督管理机关应采取适当和合比例的措施，限制或禁止高风险人工智能系统在市场上销售，或确保毫不拖延地从市场上召回或撤回该系统。

第84条 欧盟的人工智能测试支持结构

1. 委员会应指定一个或多个欧盟人工智能测试支持结构，在人工智能领域执行2019/1020号条例第21条第6款所列的任务。

2. 在不影响第1款所述任务的前提下，欧盟人工智能检测支持结构还应根据欧洲人工智能委员会、委员会或市场监督管理机关的要求，提供独立的技术或科学建议。

第 4 节　救济

第 85 条　向市场监督管理机关投诉的权利

在不影响其他行政或司法补救措施的情况下，任何自然人或法人如有理由认为本条例的规定受到违反，均可向相关市场监督管理机关提出申诉。

根据 2019/1020 号法规，在开展市场监督活动时应考虑投诉，并按照市场监督管理机关制定的专门程序进行处理。

第 86 条　获得个体决策的解释的权利

1. 任何受到部署者根据附件三所列高风险人工智能系统，但第 2 款所列的系统除外，的输出结果作出的决定影响的人，如果认为该决定对其健康、安全和基本权利产生了不利影响，并产生了法律效力或类似的重大影响，应有权要求部署者就人工智能系统在决策程序中的作用和所作决定的主要内容作出明确而有意义的解释。

2. 第 1 款不适用于根据联盟法律或国家法律对第 1 款规定的义务有例外或限制的人工智能系统的使用。

3. 本条仅在第 1 款所述的权利尚未在联盟法律中作出规定的程度上适用。

第 87 条　违规行为的举报和对举报人的保护

2019/1937 号指令应适用于对本条例违规行为的举报和对违规行为的举报人的保护。

第 5 节　对通用人工智能模型提供者的监督、调查、执法和监测

第 88 条　执行通用人工智能模型提供者的义务

1. 委员会拥有监督和执行第五章的专属权力，同时考虑第 94 条规定

的程序保障。委员会应委托欧洲人工智能办公室执行这些任务，但不得损害委员会的组织权力以及成员国和联盟之间根据条约进行的权限划分。

2. 在不影响第 75 条第 3 款的情况下，市场监督管理机关可请求委员会行使本章规定的权力，只要这样做对协助其完成本条例规定的任务是必要且合比例的。

第 89 条 监测行动

1. 为执行本章规定的任务，人工智能办公室可采取必要行动，监测通用人工智能模型提供者对本条例的有效执行和遵守情况，包括对经批准的行为守则的遵守情况。

2. 下游提供者有权就违反本条例的行为提出申诉。投诉应充分说明理由，并至少说明：

（a）有关通用人工智能模型提供者的联络点；

（b）描述相关事实、本条例的相关规定以及下游提供者认为相关通用人工智能模型的提供者违反本条例的原因；

（c）发出请求的下游提供者认为相关的任何其他信息，包括酌情主动收集的信息。

第 90 条 科学小组对系统性风险的警报

1. 当科学小组有理由怀疑以下情况出现时，可向人工智能办公室发出有保留的警报：

（a）通用人工智能模型在联盟层面构成具体的可识别风险；或

（b）通用人工智能模型符合第 51 条所指的要求。

2. 在接到这种有条件的警报后，通过人工智能办公室，并在通知欧洲人工智能委员会后，委员会可行使本章规定的权力，对问题进行评估。人工智能办公室应将根据第 91—94 条采取的任何措施通知委员会。

3. 有保留的警报应充分说明理由并至少表明：

（a）通用人工智能模型提供者与有关系统风险的联系点；

（b）说明科学小组怀疑的相关事实和理由；

（c）科学小组认为相关的任何其他信息，包括酌情主动收集的信息。

第 91 条　要求提供文件和信息的权力

1. 委员会可要求相关通用人工智能模型的提供者提供其根据通用人工智能模型提供者的义务和具有系统性风险的通用人工智能模型提供者的义务的相应条款起草的文件，或为评估该提供者遵守本条例的情况所需的任何补充信息。

2. 在发出提供信息的请求之前，人工智能办公室可与通用人工智能模型的提供者开展有组织的对话。

3. 根据科学小组提出的理由充分的请求，委员会可向通用人工智能模型的提供者发出提供信息的请求，条件是根据第 68 条第 2 款的规定，获取信息对于完成科学小组的任务是必要的和合比例的。

4. 信息申请应说明申请的法律依据和目的，具体说明需要哪些信息，并规定提供信息的期限，以及第 4 条规定的对提供不正确、不完整或误导性信息的罚款。

5. 相关通用人工智能模型的提供者或其代表，如果是法人、公司或企业，或如果其不具备法人资格，则是由法律或其章程授权加以代表的人，应代表相关通用人工智能模型的提供者提供所要求的信息。经正式授权的律师可代表其委托人提供信息。如果其提供的信息不完整、不正确或有误导性，委托人应承担全部责任。

第 92 条　进行评估的权力

1. 人工智能办公室在咨询欧洲人工智能委员会后，可对有关通用人工智能模型进行评估：

（a）在根据第 91 条收集的信息不充分的情况下，评估提供者遵守本

条例规定的义务的情况；或

（b）在联盟层面调查具有系统性风险的通用人工智能模型的系统性风险，特别是在根据科学小组根据第89条第1款第a点提出有保留的报告之后。

2. 委员会可决定任命独立专家代表其进行评估，包括根据第68条从科学小组中任命独立专家。为这一任务而任命的所有独立专家均应符合第68条第2款规定的标准。

3. 为第1款的目的，委员会可要求通过应用程序接口或其他适当的技术手段和工具，包括通过源代码，获取有关的通用人工智能模型。

4. 查阅申请应说明申请的法律依据、目的和理由，并规定提供查阅的期限，以及第101条规定的对不提供查阅的罚款。

5. 有关通用人工智能模型的提供者，如果是法人、公司或企业，或者如果不具备法人资格，则应由法律或其章程授权加以代表的人代表有关通用人工智能模型的提供者，提供所要求的访问。

6. 评估的方式和条件，包括独立专家的参与方式和遴选独立专家的程序，应在实施法案中加以规定。这些实施法案应根据第98条第2款提及的审查程序通过。

7. 在要求查阅有关通用人工智能模型之前，人工智能办公室可与通用人工智能模型的提供者开展结构性的对话，以收集更多关于模型内部测试、防止系统性风险的内部保障措施以及提供者为减少此类风险而采取的其他内部程序和措施的信息。

第93条 要求采取措施的权力

1. 在必要和适当的情况下，委员会可在以下方面要求提供者：

（a）采取适当措施，遵从第53条中通用人工智能模型提供者的义务；

（b）要求提供者实施缓解措施，条件是根据第92条进行的评估引起了对联盟层面系统性风险的严重且确凿的担忧；

（c）限制在市场上销售、撤回或召回该模型产品。

2. 在要求采取某项措施之前，人工智能办公室可与通用人工智能模型的提供者开展结构性的对话。

3. 如果在第 2 款规定的结构性对话期间，具有系统性风险的通用人工智能模型的提供者承诺采取缓解措施，以应对联盟层面的系统性风险，则委员会可通过决定使这些承诺具有约束力，并宣布没有进一步采取行动的理由。

第 94 条　通用人工智能模型经济经营者的程序性权利

2019/1020 号条例第 18 条通过类推而适用于通用人工智能模型的提供者，但不影响本条例中规定的更具体的程序性权利。

第十章　行为守则和指南

第 95 条　自愿适用特定要求的行为守则

1. 人工智能办公室和成员国应鼓励和促进制定行为守则，包括相关的管理机制，以促进除高风险人工智能系统外的人工智能系统自愿适用本条例第三章第 2 节中的部分或全部要求，同时考虑允许适用这些要求的现有技术解决方案和行业最佳实践。

2. 人工智能办公室和成员国应促进制定行为守则，根据明确的目标和衡量这些目标实现情况的关键绩效指标，包括但不限于以下内容，对所有人工智能系统自愿适用具体要求，包括由部署者自愿适用这些要求：

（a）欧洲可信人工智能伦理准则中所预见的适用的要件；

（b）评估并最大限度地减少人工智能系统的影响，包括节能编程和高效设计、训练和使用人工智能的技术；

（c）促进对人工智能素养，特别是对从事人工智能开发、操作和使用人员的素养提升；

（d）促进人工智能系统设计的包容性和多样性，包括建立包容性和多样性的开发团队，促进利益相关方参与这一进程；

（e）评估和预防人工智能系统对弱势人员或群体的负面影响，包括对残疾人的无障碍性以及对性别平等的负面影响。

3. 行为守则可由人工智能系统的个体提供者或部署者，或由其代表的组织，或由两者共同拟订，包括在部署者和任何有关的利益相关方及其代表组织，也包括公民社会组织和学术界的参与下拟订。考虑到相关系统的预期目的的相似性，行为守则可涵盖一个或多个人工智能系统。

4. 在鼓励和促进制定行为守则时，人工智能办公室和成员国应考虑到包括初创企业在内的小微型企业的具体利益和需要。

第 96 条　委员会关于实施本条例的指南

1. 委员会应就本条例的具体实施制定指南，特别是：

（a）第 8—15 条和第 25 条所述要求和义务的适用；

（b）第 5 条所述的禁止行为；

（c）有关实质性修改规定的实际执行情况；

（d）第 50 条规定的透明度义务的实际执行情况；

（e）本条例与本条例附件一中提及的立法以及其他相关欧盟法律之间关系的详细信息，包括执行过程中的一致性；

（f）第 3 条第 1 款中关于人工智能系统的定义的适用。

在发布此类指南时，委员会应特别关注包括初创企业在内的小微型企业、地方公共机关以及最有可能受本条例影响的部门的需求。

本款第一分款提到的指南应适当考虑人工智能方面的先进技术水平，以及第 40、41 条中提到的相关统一标准和共同规格，或根据欧盟协调法规定的统一标准或技术规格。

2. 委员会应成员国或人工智能办公室的要求，或主动在其认为必要时，更新已经通过的指南。

第十一章 授权和委员会程序

第 97 条 行使授权

1. 根据本条规定的条件，委员会有权通过授权法案。

2. 应当授权委员会第 6 条第 6 款、第 7 条第 1 款和第 3 款、第 11 条第 3 款、第 43 条第 5 款和第 6 款、第 47 条第 5 款、第 51 条第 3 款、第 52 条第 4 款和第 53 条第 5 款和第 6 款提及的通过授权法案的权力，自本条例生效之日起为期五年。委员会应在五年期限结束前的九个月内起草一份有关授权的报告。除非欧洲议会或欧盟理事会在每一期限结束前三个月内反对其延长，否则授权期限应默许延长至相同期限。

3. 第 6 条第 6 款、第 7 条第 1 款和第 3 款、第 11 条第 3 款、第 43 条第 5 款和第 6 款、第 47 条第 5 款和第 51 条第 3 款、第 52 条第 4 款和第 53 条第 5 款和第 6 款提及的授权可随时由欧洲议会或欧盟理事会撤销。撤销决定应终止该决定中规定的授权。撤销决定在《官方公报》上公布的次日或其后规定的日期生效。该决定不影响任何已生效的授权法案的有效性。

4. 在通过授权法案之前，委员会应根据 2016 年 4 月 13 日《关于更好地制定法律的机构间协议》中规定的原则，咨询各成员国指定的专家。

5. 委员会一旦通过授权法案，应同时通知欧洲议会和欧盟理事会。

6. 根据第 6 条第 6 款、第 7 条第 1 款和第 3 款、第 11 条第 3 款、第 43 条第 5 款和第 6 款、第 47 条第 5 款和第 51 条第 3 款、第 52 条第 4 款和第 53 条第 5 款和第 6 款通过的任何授权法案，只有在欧洲议会或欧盟理事会发出该法案通知后三个月内未表示反对，或欧洲议会和欧盟理事会在该期限届满前均已通知委员会其不反对的情况下，方可生效。根据欧洲议会或理事会的倡议，该期限可延长三个月。

第98条 委员会程序

1. 委员会应当由一个委员会协助工作。该委员会应为 2011/182 号条例所指的委员会。

2. 在提及本款时，应适用 2011/182 号条例第 5 条。

第十二章 罚则

第99条 罚则

1. 根据本条例规定的条款和条件，成员国应制定适用于经营者违反本条例行为的处罚规则和其他执行措施，其中也可包括警告和非罚款措施，并应采取一切必要的措施，确保这些规则和措施得到适当和有效的执行，同时考虑委员会根据第 96 条发布的指南。规定的处罚应有效、适度并具有阻遏性。处罚应考虑包括初创企业在内的小微型企业的利益及其经济可行性。

2. 成员国应毫不迟延地将各自的规则和措施通知委员会，最迟在这些规则和措施生效之日通知委员会，并应毫不迟延地将随后对其产生影响的任何修正通知委员会。

3. 不遵守第 5 条所述禁止人工智能行为的规定，将被处以最高 3500 万欧元的行政罚款，如果违规者是企业，则最高罚款额为其上一财政年度全球年营业总额的 7%，以较高者为准：

4. 除第 5 条规定外，人工智能系统如不遵守以下任何一条与运营者或公告机构有关的规定，将被处以最高 1500 万欧元的行政罚款，如果违规者是企业，则处以最高相当于其上一财政年度全球年营业总额 3% 的罚款，以数额较高者为准：

（a）第 16 条规定的提供者义务；

（b）第 22 条规定的授权代表的义务；

（c）第 23 条规定的进口者的义务；

（d）第 24 条规定的分销者的义务；

（e）第 26 条规定的部署者的义务；

（f）根据第 31 条、第 33 条第 1 款、第 33 条第 3 款、第 33 条第 4 款、第 34 条的公告机构的要求和义务；

（g）第 50 条规定的提供者和使用者的透明度义务。

5. 在回应要求时向公告机关和国家主管机关提供不正确、不完整或误导性信息的，应处以最高 750 万欧元的行政罚款；如果违法者是企业，则处以最高相当于其上一财政年度全球年营业总额 1% 的行政罚款，以数额较高者为准。

6. 对于小微型企业，包括初创企业，本条所指的每项罚款应达到第 3、4、5 款所指的百分比或金额，以其中较低者为准。

7. 在决定是否处以行政罚款以及每起个案的行政罚款数额时，应考虑具体情况的所有相关因素，并酌情考虑以下因素：

（a）侵权行为及其后果的性质、严重程度和持续时间，同时考虑到人工智能系统的目的，并酌情考虑受影响者的人数及其所受损害的程度；

（b）一个或多个成员国的其他市场监督管理机关是否已对同一经营者的同一违法行为处以行政罚款；

（c）如果同一经营者因违反其他联盟或国家法律而被其他机关处以行政罚款，而这些违法行为是由构成违反本法案相关行为的同一作为或不作为造成的；

（d）侵权经营者的规模、年营业额和市场份额；

（e）适用于案件情节的任何其他加重或减轻处罚的因素，如直接或间接地从侵权行为中获得的经济利益或从中避免的损失；

（f）为纠正侵权行为和减轻侵权行为可能造成的负面影响而与国家主管机关合作的程度；

（g）考虑到经营者采取的技术和组织措施，经营者责任的程度；

（h）国家主管机关知晓侵权行为的方式，特别是经营者是否通知了侵权行为，如果是，通知的程度如何；

（i）侵权行为的故意或过失性质；

（j）经营者为减轻受影响者所遭受的损害而采取的任何行动。

8. 各成员国应制定规则，规定可在多大程度上对在其境内设立的公共机关和机构处以行政罚款。

9. 根据成员国的法律制度，行政罚款规则的适用方式可以是由主管国家法院或在这些成员国适用的其他机关处以罚款。此类规则在这些成员国的适用具有同等效力。

10. 市场监督管理机关行使本条规定的权力时，应遵守欧盟和成员国法律规定的适当程序保障，包括有效的司法救济和正当程序。

11. 成员国应每年向委员会报告其在该年度内根据本条规定所作出的行政罚款，以及任何相关的诉讼或司法程序。

第 100 条　对联盟机构、机关和团体的行政罚款

1. 欧洲数据保护监督员可对本条例范围内的联盟机构、机关和团体处以行政罚款。在决定是否处以行政罚款以及决定每个个案的行政罚款金额时，应考虑具体情况的所有相关因素，并适当考虑以下因素：

（a）侵权行为及其后果的性质、严重程度和持续时间，同时考虑到有关人工智能系统的目的、受影响者的人数及其所受损害的程度，以及任何相关的在先侵权行为；

（b）联盟机构、机关或团体的责任程度，同时考虑到其实施的技术和组织措施；

（c）联盟机构、机关或团体为减轻受影响者所遭受的损害而采取的任何行动；

（d）与欧洲数据保护监督员合作的程度，以纠正侵权行为和减轻侵权行为可能造成的不利影响，包括遵守欧洲数据保护监督员以前就同一主题事项对有关联盟机构或机关或团体下令采取的任何措施；

（e）联盟机构、机关或团体任何在先的类似违规行为；

（f）欧洲数据保护监督员知晓侵权行为的方式，特别是欧盟机构或组织是否通知了侵权行为，以及通知的程度；

（g）机构的年度预算。

2. 不遵守第 5 条所述的禁止的人工智能实践的规定，将被处以最高 150 万欧元的行政罚款。

3. 除第 5 条规定的要求或义务外，对不遵守本条例规定的任何要求或义务的人工智能系统处以最高 75 万欧元的行政罚款。

4. 在根据本条作出决定之前，欧洲数据保护监督员应给予作为欧洲数据保护监督员诉讼主体的联盟机构、机关或团体就可能的侵权事项陈述意见的机会。欧洲数据保护监督员应仅根据有关各方能够发表意见的内容和情况做出决定。投诉人，如有，应密切参与诉讼程序。

5. 在诉讼过程中，有关各方的辩护权应得到充分尊重。在不违背个人或企业保护其个人数据或商业秘密的合法利益的情况下，其有权查阅欧洲数据保护监督员的档案。

6. 根据本条规定征收的罚款应纳入联盟总预算。罚款不得影响被罚款的联盟机构、团体或机关的有效运作。

7. 欧洲数据保护监督员应每年向委员会通报其根据本条款实施的行政罚款以及任何诉讼或司法程序。

第 101 条　对通用人工智能模型提供者的罚款

1. 委员会可对通用人工智能模型提供者处以不超过其上一财政年度全球总营业额 3% 或 1500 万欧元的罚款，以金额较高者为准。罚款应在本条例相关条款生效的一年后加以惩处，以便在委员会发现提供者故意或疏忽地从事下列行为时，让提供者有足够的时间进行调整：

（a）违反本条例的有关规定；

（b）未遵守第 91 条提供文件或信息的要求，或提供不正确、不完整或有误导性的信息；

（c）未遵守第 93 条要求采取的措施；

（d）未向委员会提供通用人工智能模型或具有系统性风险的通用人工智能模型的使用，以便其根据第 92 条进行评估。

在确定罚款或定期罚金的数额时，应考虑违法行为的性质、严重程度和持续时间，并适当考虑比例原则和适当原则。委员会还应考虑根据第 93 条第 3 款做出的承诺或根据第 56 条在相关行为守则中做出的承诺。

2. 在根据本条第 1 款通过决定之前，委员会应将其初步结论通知通用人工智能模型或具有系统风险的通用人工智能模型的提供者，并给予陈述意见的机会。

3. 根据本条规定处以的罚款应适度、有效并具备阻遏性。

4. 有关罚款的信息也应酌情通报欧洲人工智能委员会。

5. 欧盟法院拥有不受限制的管辖权，可审查委员会确定罚款数额的决定。法院可取消、减少或增加罚款。

6. 委员会应就根据第 1 款可能通过的决定的程序方式和实际安排通过实施法案。这些实施法案应根据第 98 条第 2 款提及的审查程序通过。

第十三章 终则

第 102 条 修订 2008/300 号条例

在 2008/300 号条例第 4 条第 3 款中，增加以下分款：

在采取和欧洲议会和欧盟理事会关于人工智能的 2024/1689 号条例[1]意义上的人工智能系统有关的安全设备的技术规格和批准及使用程序相关的详细措施时，应考虑到该条例第二章第 3 节规定的要求。

---

[1] 欧洲议会和欧盟理事会关于人工智能的 2024/1689 号条例。

第 103 条 修订 2013/167 号条例

在 2013/167 号条例第 17 条第 5 款中，增加以下分款：

在根据第一分款通过根据欧洲议会和欧盟理事会关于人工智能的 2024/1689 号条例[1]，属于安全组件的人工智能系统的授权法案时，应考虑到该条例第二章第 3 节规定的要求。

第 104 条 修订 2013/168 号条例

在 2013/168 号条例第 22 条第 5 款中，增加以下分款：

在根据第一分款通过关于欧洲议会和欧盟理事会关于人工智能的 2024/1689 号条例意义上的安全组件的人工智能系统的授权法案时[2]，应考虑到该条例第二章第 3 节规定的要求。

第 105 条 修订 2014/90/EU 号指令

在 2014/90/EU 号指令第 8 条中，增加以下款：

4. 对于属于欧洲议会和欧盟理事会关于人工智能的 2024/1689 号条例[3]所指安全组件的人工智能系统，委员会在根据第 1 款开展活动以及根据第 2 款和第 3 款通过技术规范和测试标准时，应考虑到该条例第二章第 3 节规定的要求。

第 106 条 修订 2016/797 号指令

在 2016/797 号指令第 5 条中，增加以下款：

12. 在根据第 1 款通过涉及欧洲议会和欧盟理事会关于人工智能的 2024/1689 号条例[4]所指安全组件的人工智能系统的授权法案和

---

[1] 欧洲议会和欧盟理事会关于人工智能的 2024/1689 号条例。
[2] 欧洲议会和欧盟理事会关于人工智能的 2024/1689 号条例。
[3] 欧洲议会和欧盟理事会关于人工智能的 2024/1689 号条例。
[4] 欧洲议会和欧盟理事会关于人工智能的 2024/1689 号条例。

根据第 11 款通过实施法案时，应考虑到该条例第二章第 3 节规定的要求。

第 107 条 修订 2018/858 号条例

在 2018/858 号条例第 5 条中，增加以下款：

4. 在根据第 3 款通过关于欧洲议会和欧盟理事会关于人工智能的 2024/1689 号条例意义上的安全组件的人工智能系统的授权法案时[1]，应考虑到该条例第二章第 3 节规定的要求。

第 108 条 修订 2018/1139 号条例

2018/1139 号条例修订如下：

1. 在第 17 条中，增加以下款：

3. 在不影响第 2 款的情况下，在根据第 1 款通过有关属于欧洲议会和欧盟理事会关于人工智能的 2024/1689 号条例[2] 所指安全组件的人工智能系统的实施法案时，应考虑到该条例第二章第 3 节规定的要求。

2. 在第 19 条中，增加以下款：

4. 在根据第 1 款和第 2 款通过有关属于欧洲议会和欧盟理事会关于人工智能的 2024/1689 号条例意义上的安全组件的人工智能系统的授权法案时，应考虑到该条例第二章第 3 节规定的要求。

3. 在第 43 条中，增加以下款：

4. 在根据第 1 款通过有关属于［关于人工智能的］条例（欧盟）YYY/XX 意义上的安全组件的人工智能系统的实施法案时，应考虑到该条例第二章第 3 节规定的要求。

---

[1] 欧洲议会和欧盟理事会关于人工智能的 2024/1689 号条例。
[2] 欧洲议会和欧盟理事会关于人工智能的 2024/1689 号条例。

4. 在第 47 条中，增加以下款：

3. 在根据第 1 款和第 2 款通过有关属于欧洲议会和欧盟理事会关于人工智能的 2024/1689 号条例上的安全组件的人工智能系统的实施法案时，应考虑到该条例第二章第 3 节规定的要求。

5. 在第 57 条中，增加以下款：

在通过有关属于欧洲议会和欧盟理事会关于人工智能的 2024/1689 号条例意义上的安全组件的人工智能系统的实施法案时，应考虑到该条例第二章第 3 节规定的要求。

6. 在第 58 条中，增加以下款：

3. 在根据第 1 款和第 2 款通过有关属于欧洲议会和欧盟理事会关于人工智能的 2024/1689 号条例意义上的安全组件的人工智能系统的实施法案时，应考虑到该条例第二章第 3 节规定的要求。

第 109 条　修订 2019/2144 号条例

在 2019/2144 号条例第 11 条中，增加以下款：

3. 在根据第 2 款通过有关属于欧洲议会和欧盟理事会关于人工智能的 2024/1689 号条例[1] 所指安全组件的人工智能系统的实施法案时，应考虑到该条例第二章第 3 节规定的要求。

第 110 条　修订 2020/1828 号指令

在欧洲议会和欧盟理事会指令 2020/1828[2] 的附件中，增加以下内容：

（68）关于欧洲议会和欧盟理事会关于人工智能的 2024/1689 号

---

[1] 欧洲议会和欧盟理事会关于人工智能的 2024/1689 号条例。

[2] 2020 年 11 月 25 日欧洲议会和理事会关于保护消费者集体利益的代表行动并废止 2009/22/EC 号指令的 2020/1828 号指令（官方公报，409，2020 年 12 月 4 日，第 1 页）。

条例以及修订若干联盟立法的建议。

第111条 已经投放市场或提供服务的人工智能系统

1. 在不影响第113条第3款a点所述的第5条的适用情况下，属于附件十所列法案所建立的大型信息技术系统组成部分的，在本条例生效日期后的36个月内已投放市场或提供服务的人工智能系统，应当在2030年12月31日前符合本条例的规定。

在对附件十所列法案所建立的每个大型信息技术系统进行评估时，应考虑到本条例规定的要求，这些评估应根据相关法案的规定进行，并在这些法案被取代或修订时进行。

2. 在不影响第113条第3款a点所述的第5条的适用情况下，本条例应适用于在本条例生效日期后的24个月内已经投放市场或提供服务的高风险人工智能系统（但第1款所述的系统除外）的经营者，但仅限于自该日期起这些系统的设计发生重大变化的情况。对于拟由公共机关使用的高风险人工智能系统，此类系统的提供者和部署者应在本条例生效之日后的六年后采取必要步骤遵守本条例的要求。

3. 在本条例生效日期后的12个月内已经投放市场的通用人工智能模型的提供者应采取必要步骤，以便在本条例生效日期后的36个月内遵守本条例规定的义务。

第112条 评估和审查

1. 委员会应在本条例生效后，每年评估一次附件三清单和第5条禁止的人工智能实践的清单是否需要修订，直至第97条设立的授权期结束。委员会应将评估结果提交欧洲议会和理事会。

2. 在本条例生效日期后的四年内，以及此后每四年内，委员会应评估并向欧洲议会和理事会报告是否有必要对以下内容进行修订：

（a）扩大附件三中现有领域或增加新领域的必要性；

（b）第 50 条中需要额外透明度措施的人工智能系统列表；

（c）监督和治理系统的有效性。

3. 在本条例生效日期后的四年内，以及此后每四年内，委员会应向欧洲议会和理事会提交一份关于本条例评估和审查的报告。该报告应包括对执法结构的评估，以及是否有必要设立一个联盟机构来解决已发现的不足之处。根据评估结果，报告应酌情附有对本条例的修订建议。报告应予公布。

4. 第 2 款提及的报告应特别关注以下几个方面：

（a）各国主管机关为有效履行本条例赋予其任务而拥有的财力、技术和人力资源状况；

（b）成员国对违反本条例规定的行为的处罚情况，特别是第 99 条第 1 款所指的行政罚款；

（c）为支持本条例而采用的统一标准和共同规格；

（d）条例生效后进入市场的企业数量，其中有多少是小微型企业。

5. 在本条例生效日期后的四年内，委员会应评估人工智能办公室的运作情况，该办公室是否已被赋予足够的权力和权限以完成其任务，以及是否有必要提升该办公室及其执行权限并增加其资源，以适当实施和执行本条例。委员会将向欧洲议会和理事会提交该评估报告。

6. 在本条例生效日期后的四年内，以及此后每四年内，委员会应提交一份关于通用模型节能开发的标准化交付成果的进展情况审查报告，并评估是否需要采取进一步措施或行动，包括具有约束力的措施或行动。该报告应提交给欧洲议会和理事会，并应予以公布。

7. 在本条例生效日期后的四年内，以及此后每三年内，委员会应评估自愿行为守则的影响和有效性，以促进第二章第 3 节对高风险人工智能系统以外的人工智能系统的要求以及可能对高风险人工智能系统以外的人工智能系统的其他额外要求的实施，包括在环境可持续性方面。

8. 为第 1 款至第 7 款之目的，欧洲人工智能委员会、成员国和国家主管机关应按委员会的要求向其提供信息，不得无故拖延。

9. 在进行第 1 款至第 4 款所述的评估和审查时，委员会应考虑欧洲人工智能委员会、欧洲议会、欧盟理事会以及其他相关机构或来源的立场和结论。

10. 如有必要，委员会应提交适当的建议来修订本条例，特别是要考虑技术的发展、人工智能系统对健康和安全的影响、基本权利以及信息社会的进步状况。

11. 为指导本条第 1 款至第 7 款所述的评估和审查工作，人工智能办公室应承诺制定一种客观的、具有参与性的方法，用于根据相关条款所列的标准评估风险水平，并将新的系统列入：

（a）附件三清单，包括扩展该附件中现有的领域或增加新的领域；

（b）第 5 条规定的禁止实践的清单；以及

（c）根据第 50 条需要采取额外透明度措施的人工智能系统清单。

12. 根据本条第 10 款对本条例的任何修正，或今后涉及附件一 B 节所列部门立法的相关授权法案或实施法案，均应考虑到各部门的监管特点，以及现有的治理、合格性评估和执行机制及其在这些部门建立的主管机构。

13. 在本条例生效日期后的七年内，委员会应对本条例的实施情况进行评估，并向欧洲议会、欧盟理事会和欧洲经济和社会委员会报告，同时考虑到本条例最初若干年的实施情况。在评估结果的基础上，该报告应酌情附有关于本条例执行结构的修订建议，以及是否需要设立一个联盟机构来解决任何已经识别的缺陷。

第 113 条　生效和适用

1. 本条例自其在《官方公报》上公布后第 20 天起生效。

2. 本条例自生效后 24 个月起适用。

然而：

（a）第一章和第二章自本条例生效后六个月起适用；

（b）第三章第4节、第五章、第七章和第十二章应在本条例生效后十二个月起适用；

（c）第6条第1款和本条例中的相应义务自本条例生效后36个月起适用。

本条例以其整体具备约束力，并直接适用于所有成员国。

在布鲁塞尔定稿，

欧洲议会

主席

欧盟理事会

主席

附件一　联盟统一立法清单

A 节　基于立法新框架的联盟统一立法清单

1. 欧洲议会和欧盟理事会 2006 年 5 月 17 日关于机械，并修订 95/16/EC 号指令的 2006/42/EC 号指令（官方公报，157，2006 年 6 月 9 日，第 24 页）[为《机械条例》所废止]；

2. 欧洲议会和理事会 2009 年 6 月 18 日关于玩具安全的 2009/48/EC 号指令（官方公报，170，2009 年 6 月 30 日，第 1 页）；

3. 欧洲议会和欧盟理事会 2013 年 11 月 20 日关于休闲艇和个人水上摩托艇，并废止 94/25/EC 号指令的 2013/53/EU 号指令（官方公报，354，2013 年 12 月 28 日，第 90 页）；

4. 欧洲议会和欧盟理事会 2014 年 2 月 26 日关于协调成员国电梯和

电梯安全组件相关法律的 2014/33/EU 号指令（官方公报，96，2014 年 3 月 29 日，第 251 页）；

5. 欧洲议会和欧盟理事会 2014 年 2 月 26 日关于统一成员国有关在潜在爆炸性气体环境中使用的设备和保护系统的法律的 2014/34/EU 号指令（官方公报，96，2014 年 3 月 29 日，第 309 页）；

6. 欧洲议会和欧盟理事会 2014 年 4 月 16 日关于统一成员国有关无线电设备市场准入的法律，并废止 1999/5/EC 号指令的 2014/53/EU 号指令（官方公报，153，2014 年 5 月 22 日，第 62 页）；

7. 欧洲议会和欧盟理事会 2014 年 5 月 15 日关于协调成员国有关压力设备市场销售的法律的 2014/68/EU 号指令（官方公报，189，2014 年 6 月 27 日，第 164 页）；

8. 欧洲议会和欧盟理事会 2016 年 3 月 9 日关于缆道装置并废止 2000/9/EC 号指令的 2016/424 号条例（官方公报，81，2016 年 3 月 31 日，第 1 页）；

9. 欧洲议会和欧盟理事会 2016 年 3 月 9 日关于个人防护设备，并废止理事会 89/686/EEC 号指令的 2016/425 号条例（官方公报，81，2016 年 3 月 31 日，第 51 页）；

10. 欧洲议会和欧盟理事会 2016 年 3 月 9 日关于燃烧气体燃料的器具，并废止 2009/142/EC 号指令的 2016/426 号条例（官方公报，81，2016 年 3 月 31 日，第 99 页）；

11. 欧洲议会和欧盟理事会 2017 年 4 月 5 日关于医疗器械，并修订 2001/83/EC 号指令、2002/178 号条例和 2009/1223 号条例，并废止 90/385/EEC 号和 93/42/EEC 号理事会指令的 2017/745 号条例（官方公报，117，2017 年 5 月 5 日，第 1 页）；

12. 欧洲议会和欧盟理事会 2017 年 4 月 5 日关于体外诊断医疗器械，并废止 98/79/EC 号指令和 2010/227/EU 号委员会决定的 2017/746 号条例（官方公报，117，2017 年 5 月 5 日，第 176 页）。

B 节 联盟其他统一立法清单

13. 欧洲议会和欧盟理事会 2008 年 3 月 11 日关于民用航空安全领域共同规则，并废止 2002/2320 号条例的 2008/300 号条例（官方公报，97，2008 年 4 月 9 日，第 72 页）；

14. 欧洲议会和欧盟理事会 2013 年 1 月 15 日关于两轮或三轮汽车和四轮车审批和市场监督的 2013/168 号条例（官方公报，60，2013 年 3 月 2 日，第 52 页）；

15. 欧洲议会和欧盟理事会 2013 年 2 月 5 日关于农林车辆审批和市场监管的 2013/167 号条例（官方公报，60，2013 年 3 月 2 日，第 1 页）；

16. 欧洲议会和欧盟理事会 2014 年 7 月 23 日关于海事设备，并废止理事会 96/98/EC 号指令的 2014/90/EU 号指令（官方公报，257，2014 年 8 月 28 日，第 146 页）；

17. 欧洲议会和欧盟理事会 2016 年 5 月 11 日关于欧盟内部铁路系统互操作性的 2016/797 号指令（官方公报，138，2016 年 5 月 26 日，第 44 页）。

18. 欧洲议会和欧盟理事会 2018 年 5 月 30 日关于机动车辆及其挂车以及用于此类车辆的系统、组件和独立技术单元的审批和市场监督，并修订 2007/715 号和 2009/595 号条例，并废止 2007/46/EC 号指令的 2018/858 号条例（官方公报，151，2018 年 6 月 14 日，第 1 页）；

19. 欧洲议会和欧盟理事会 2019 年 11 月 27 日关于机动车辆及其挂车，以及用于此类车辆的系统、组件和独立技术单元在一般性安全和保护车内人员及易受伤害的道路使用者方面的基于类型的批准要求，并修订欧洲议会和欧盟理事会 2018/858 号条例，并废止欧洲议会和欧盟理事会 2009/78 号条例、2009/79 号条例和 2009/661 号条例，以及欧盟委员会 2009/631 号条例、2010/406 号条例和 2010/661 号条例、欧洲议会和欧盟理事会 2009/78 号、2009/79 号和（EC）2009/661 号条例，以及欧盟委员

会 2009/631 号、2010/406 号、2010/672 号、2010/1003 号、2010/1005 号
条例、2010/1008 号、2010/1009 号、2011/19 号、2011/109 号、2011/458
号、2012/65 号、2012/130 号、2012/347 号、2012/351 号、2012/1230 号和
2015/166 号条例的 2019/2144 号条例（官方公报，325，2019 年 12 月 16
日，第 1 页）；

20. 欧洲议会和理事会 2018 年 7 月 4 日关于民用航空领域共同规则
和建立欧盟航空安全局，并修订 2005/2111 号、2008/1008 号、2010/996
号条例、2014/376 号以及欧洲议会和理事会 2014/30/EU 和 2014/53/EU 号
指令，并废止欧洲议会和理事会 2004/552 号和 2008/216 号以及理事会
3922/91 号条例的 2018/1139 号条例（官方公报，212，2018 年 8 月 22 日，
第 1 页），就其第 2 条第 1 款第 a 和 b 点所述飞机的设计、生产和投放市
场而言，涉及无人驾驶飞机及其发动机、螺旋桨、零组件和遥控设备。

附件二 第 5 条第 1 款 e 点第 3 项所述的刑事犯罪清单

——恐怖主义，

——贩卖人口，

——对儿童的性剥削和儿童色情制品，

——非法贩运麻醉药品和精神药物，

——非法贩运武器、弹药和爆炸物，

——谋杀、严重人身伤害，

——人体器官和组织的非法贸易，

——非法贩运核材料或放射性材料，

——绑架、非法限制人身自由和劫持人质，

——国际刑事法院管辖范围内的罪行，

——非法扣押飞机 / 船只，

——强奸，

——环境犯罪，

——有组织或武装抢劫，

——破坏，

——参与涉及上述一种或多种罪行的犯罪组织。

附件三　第6条第2款提及的高风险人工智能系统

第6条第2款所指的高风险人工智能系统是指下列任何一个领域所列的人工智能系统：

1. 生物识别，只要相关欧盟或国家法律允许使用：

（a）远程生物识别系统，这不包括用于生物验证的人工智能系统，其唯一目的是确认特定自然人就是其声称的那个人；

（b）根据敏感或受保护的属性或特征，基于对这些属性或特征的推断，意图用于生物分类的人工智能系统；

（c）拟用于情感识别的人工智能系统。

2. 关键基础设施：

拟用作关键数字基础设施、道路交通以及水、气、暖和电供应的管理和运行的安全组件的人工智能系统。

3. 教育和职业培训：

（a）用于确定自然人进入各级教育和职业培训机构或课程的机会、录取或分配的人工智能系统；

（b）拟用于评估学习成果的人工智能系统，包括当这些成果被用于指导各级教育和职业培训机构中自然人的学习过程时；

（c）在教育和职业培训机构内，用于评估个人将接受或能够接受的适当教育水平的人工智能系统；

（d）在教育和职业培训机构内，用于监控和检测学生考试违纪行为的人工智能系统。

4. 就业、工人管理和自雇职业：

（a）用于招聘或选拔自然人的人工智能系统，特别是用于发布有针对性的招聘广告、分析和过滤求职申请以及评估候选人；

（b）旨在用于做出影响工作相关的关系，晋升和终止工作相关的合同关系条款的决定，根据个人行为或个人特质或特征分配任务，以及监督和评估此类关系中人员的绩效和行为的人工智能系统。

5. 获得和享受基本私人服务以及基本公共服务和福利：

（a）拟由公共机关或代表公共机关使用的人工智能系统，以评估自然人获得基本公共援助福利和服务，包括医疗保健服务的资格，以及发放、减少、撤销或收回此类福利和服务；

（b）拟用于评估自然人信用度或确定其信用评分的人工智能系统，但用于侦查金融欺诈的人工智能系统除外；

（c）在人寿保险和健康保险方面，拟用于自然人风险评估和定价的人工智能系统；

（d）用于对自然人的紧急呼叫进行评估和分类的人工智能系统，或用于调度或确定调度紧急应急服务（包括警察、消防员和医疗救助）的优先次序的人工智能系统，以及紧急医疗保健病人的分流系统。

6. 执法部门，只要相关欧盟或国家法律允许使用：

（a）供执法机关或代表执法机关使用的人工智能系统，或供支持执法机关或代表执法机关的联盟机构、机关、办公室或团体使用的人工智能系统，以评估自然人成为刑事犯罪受害者的风险；

（b）供执法机关或代表执法机关使用的人工智能系统，或供支持执法机关或代表执法机关的联盟机构、机关、办公室或团体使用的人工智能系统，如测谎仪和类似工具；

（c）供执法机关或代表执法机关使用的人工智能系统，或供支持执法机关或代表执法机关的联盟机构、机关、办公室或团体使用的人工智能系统，以便在调查或起诉刑事犯罪过程中评估证据的可靠性；

（d）供执法机关或代表执法机关使用的人工智能系统，或供支持执法机关或代表执法机关的联盟机构、机关、办公室或团体使用的人工智能系统，用于评估自然人的犯罪或再犯罪风险，而不仅仅是基于 2016/680 指令第 3 条第 4 点所述的自然人画像，或者用于评估自然人或群体的个性特征和特点或过去的犯罪行为；

（e）在侦查、调查或起诉刑事犯罪的过程中，供执法机关或代表执法机关使用的人工智能系统，或供支持执法机关或代表执法机关的联盟机构、机关、办公室或团体使用的人工智能系统，用于 2016/680 指令第 3 条第 4 点所述的自然人画像。

7. 移民、庇护和边境控制管理，只要相关联盟或国家法律允许使用：

（a）供主管公共机关用作测谎仪和类似工具的人工智能系统；

（b）供主管公共机关或联盟机构、办公室或机关或代表主管公共机关或联盟机构、办公室或机关使用的人工智能系统，以评估拟进入或已进入成员国领土的自然人带来的风险，包括安全风险、非正常移民风险或健康风险；

（c）拟由主管公共机关或代表主管公共机关或由联盟机构、办公室或机关使用的人工智能系统，以协助主管公共机关审查庇护、签证和居留许可申请以及与申请身份的自然人的资格有关的相关投诉，包括对证据可靠性的相关评估；

（d）在移民、庇护和边境管制管理方面，意图由主管公共机关，包括欧盟机构、办公室或团体，或代表其使用的人工智能系统，目的是检测、识别或辨认自然人，但旅行证件核查除外。

8. 司法和民主进程：

（a）拟由司法机关或代表司法机关使用的人工智能系统，以协助司法机关研究和解释事实和法律，并将法律适用于一组具体事实；

（b）拟用于影响选举或全民投票结果或自然人在选举或全民投票中行使投票权的投票行为的人工智能系统。这不包括自然人不直接暴露于其输出结果的人工智能系统，例如从行政和后勤角度用于组织、优化和构建政治运动的工具。

附件四　第11条第1款提及的技术文件

第11条第1款所指的技术文件应至少包含适用于相关人工智能系统的以下信息：

1. 人工智能系统的总体描述，包括：

（a）系统的预期目的、提供者的名称以及系统的版本（反映其与以前版本的关系）；

（b）在适用情况下，人工智能系统如何与不属于人工智能系统本身的硬件或软件（包括其他人工智能系统）进行交互或可用于与之进行交互；

（c）相关软件或固件的版本以及与版本更新有关的任何要求；

（d）说明人工智能系统投放市场或提供服务的所有形式（如嵌入硬件的软件包、可下载的软件包、API等）；

（e）说明人工智能系统意图在哪些硬件上运行；

（f）如果人工智能系统是产品的一个组成部分，展示这些产品的外部特征、标记和内部布局的照片或插图；

（g）向部署者提供的部署者界面的基本描述；

（h）部署者的使用说明和向部署者提供的部署者界面的基本说明（如适用）。

2. 详细描述人工智能系统的要素及其开发过程，包括：

（a）开发人工智能系统所采用的方法和步骤，包括在相关情况下使用第三方提供的预训练系统或工具，以及提供者如何使用、整合或修改这些系统或工具；

（b）系统的设计规格，即人工智能系统和算法的一般逻辑；关键的设计选择，包括所依据的理由和所作的假设，也包括系统意图用于哪些人或哪些群体；主要的分类选择；系统旨在优化的目标，以及不同参数的相关性；系统预期输出的说明；为遵守第二章第 3 节的要求而采用的技术解决方案的任何可能的权衡取舍决定；

（c）系统结构说明，解释软件组件如何相互依存或相互促进，以及如何集成到整个处理过程中；用于开发、训练、测试和验证人工智能系统的计算资源；

（d）在相关情况下，以数据表的形式提供数据要求，说明训练方法和技术以及所使用的训练数据集，包括这些数据集的一般说明，有关其来源、范围和主要特征的信息；数据是如何获得和选择；标注程序（例如监督学习）、数据清理方法（例如异常值检测）；

（e）根据第 14 条评估所需的人工监督措施，包括根据第 13 条第 3 款第 d 项评估所需的技术措施，以便于部署者解释人工智能系统的输出结果；

（f）在适用的情况下，详细描述对人工智能系统及其性能预先确定的更改，以及与为确保人工智能系统持续符合第二章第 3 节规定的相关要求而采取的技术解决方案有关的所有信息；

（g）所使用的验证和测试程序，包括关于所使用的验证和测试数据及其主要特征的信息；用于衡量准确性、稳健性和是否符合第二章第 3 节规定的其他相关要求以及潜在歧视性影响的指标；测试日志和所有测试报告，包括第 f 点所述的预先确定的更改，须注明日期并由负责人签字；

（h）网络安全措施到位。

3. 关于人工智能系统的监测、运作和控制的详细资料，特别是以下方面的资料其性能方面的能力和局限性，包括该系统意图对之使用的特定个人或群体的准确度，以及与其预期目的相关的总体预期准确度；鉴于人工智能系统的预期目的，可预见的意外结果以及对健康和安全、基本权利和歧视的风险来源；根据第 14 条所需的人为监督措施，包括为便于部署者解释人工智能系统的输出结果而采取的技术措施；输入数据的规格（视情况而定）。

4. 说明性能指标是否适合特定的人工智能系统。

5. 根据第 9 条对风险管理系统的详细说明。

6. 描述提供者在系统生命周期内对系统所做的相关更改。

7. 全部或部分采用的统一标准清单，其参考文件已在《官方公报》上公布；如未采用此类统一标准，应详细说明为满足第二章第 3 节规定的要求而采用的解决方案，包括所采用的其他相关标准和技术规范的清单。

8. 欧盟合格性声明副本。

9. 详细说明根据第 72 条为评估人工智能系统在后市场阶段的性能而建立的系统，包括第 72 条第 3 款所述的后市场监测计划。

附件五 欧盟合格性声明

第 48 条提及的欧盟合格性声明应包含以下所有信息：

1. 人工智能系统的名称和类型，以及可识别和追溯人工智能系统的任何其他明确参考信息。

2. 提供者或其授权代表的姓名和地址。

3. 欧盟合格性声明由提供者全权负责签发的声明。

4. 一份声明，说明有关人工智能系统符合本条例，并在适用的情况下，符合任何其他规定签发欧盟合格性声明的相关欧盟立法。

5. 如果人工智能系统涉及个人数据处理，则应声明该人工智能系统符合 2016/679 号条例、2018/1725 号条例和 2016/680 号指令。

6. 所使用的任何相关统一标准或任何其他共同规格的参考文件，声明与其相符。

7. 在适用的情况下，提供公告机关的名称和标识号、所执行的合格性评估程序的说明以及所颁发认证的标识。

8. 声明的签发地点和日期、签署人的姓名和职务，并注明或代表签署人的签名。

附件六　基于内部控制的合格性评估程序

1. 基于内部控制的合格性评估程序是基于第2至4点的合格性评估程序。

2. 提供者核实已建立的质量管理体系符合第17条的要求。

3. 提供者审查技术文件中的信息，以评估人工智能系统是否符合第二章第3节规定的相关基本要求。

4. 提供者还核实人工智能系统的设计和开发过程以及第72条所述的后市场监测与技术文件相一致。

附件七　基于质量管理体系评估和
技术文件评估的合格性

1. 引言

基于质量管理体系评估和技术文件评估的合格性评估是基于第2至5点的合格性评估程序。

2. 概述

第17条规定的经批准的设计、开发和测试人工智能系统的质量管理体系应根据第3点进行审查，并应接受第5点规定的监督。应根据第4点审查人工智能系统的技术文件。

3. 质量管理系统

3.1. 提供者的申请应包括：

（a）提供者的姓名和地址，如果申请由授权代表提交，还需提供其姓名和地址；

（b）同一质量管理体系所涵盖的人工智能系统清单；

（c）同一质量管理体系所涵盖的每个人工智能系统的技术文件；

（d）有关质量管理体系的文件，应涵盖第 17 条所列的所有方面；

（e）为确保质量管理体系的充分性和有效性而制定的程序说明；

（f）书面声明未向任何其他公告机构提交过同一申请。

3.2. 公告机构应对质量管理体系进行评估，确定其是否满足第 17 条所述要求。该决定应通知提供者或其授权代表。通知应包含对质量管理体系的评估结论和合理的评估决定。

3.3. 提供者应继续实施和维护经批准的质量管理体系，使其保持适当和有效。

3.4. 对已获批准的质量管理体系或其所涵盖的人工智能系统清单的任何预期更改，应由提供者提请公告机构注意。公告机构应对拟议的更改进行审查，并决定修改后的质量管理体系是继续满足第 3.2 点所述要求，还是有必要进行重新评估。公告机构应将其决定通知提供者。通知应包含对修改的审查结论和合理的评估决定。

4. 控制技术文件

4.1. 除第 3 点所述的申请外，提供者还应向其选择的公告机构提出申请，要求对与提供者意图投放市场或提供服务的人工智能系统有关的技术文件进行评估，该人工智能系统属于第 3 点所述质量管理系统的范围。

4.2. 申请应包括：

（a）提供者的名称和地址；

（b）一份书面声明，表明未向任何其他公告机构提交过同一申请；

（c）附件四提及的技术文件。

4.3. 技术文件应由公告机构审查。在相关和仅限于完成任务所必需的情况下，应允许公告机构完全访问所使用训练、验证和测试数据集，包括在适当和有安全保障的情况下，通过应用编程接口（API）或其他相关技术手段和工具进行远程访问。

4.4. 在审查技术文件时，公告机构可要求提供者提供进一步的证据或进行进一步的测试，以便适当评估人工智能系统是否符合第二章第 3 节的要求。如果公告机构对提供者进行的测试不满意，公告机构应酌情直接进行适当的测试。

4.5. 为评估高风险人工智能系统是否符合第二章第 3 节规定的要求，在已经用尽所有其他合理的核查合格性的方法并证明其不充分之后，如有必要，经确有理据的请求，还应允许公告机构查阅人工智能系统的训练过程和训练完成的模型，包括其相关参数。这种查阅应遵守欧盟关于知识产权和商业秘密保护的现行法律。

4.6. 该决定应通知提供者或其授权代表。通知应包含技术文件的评估结论和合理的评估决定。

如果人工智能系统符合第三章第 2 节规定的要求，公告机构应颁发欧盟技术文件评估认证。认证应注明提供者的名称和地址、检查结论、有效条件（如有）以及识别人工智能系统的必要数据。

认证及其附件应包含所有相关信息，以便对人工智能系统的合格性进行评估，并在适用情况下对使用中的人工智能系统进行控制。

如果人工智能系统不符合第二章第 3 节规定的要求，公告机构应拒绝签发欧盟技术文件评估认证，并应相应地公告申请人，详细说明拒绝的理由。

如果人工智能系统不符合与用于训练该系统的数据有关的要求，则需要在申请新的合格性评估之前重新训练人工智能系统。在这种情况下，公告机构拒绝签发欧盟技术文件评估认证的合理评估决定应包含对用于训练人工智能系统的质量数据的具体考虑，特别是不符合要求的原因。

4.7. 对人工智能系统的任何修改，如可能影响人工智能系统符合要求或其预期目的，应得到颁发欧盟技术文件评估认证的公告机构的批准。提供者应将其引入任何上述变更的意向，或以其他方式了解到发生此类变更的情况，通知上述公告机构。公告机构应评估意图进行的更改，并决定这些更改是否需要根据第 43 条第 4 款进行新的合格性评估，或是否可以通过对欧盟技术文件评估认证进行补充来解决。在后一种情况下，公告机构应评估变更，将其决定通知提供者，如果变更获得批准，则向提供者签发欧盟技术文件评估认证的补充文件。

5. 对批准的质量管理体系进行监督

5.1. 第3点中提及的公告机构进行监督的目的是确保提供者充分履行经批准的质量管理体系的条款和条件。

5.2. 为评估目的，提供者应允许公告机构进入设计、开发和测试人工智能系统的场所。提供者还应与公告机构共享所有必要信息。

5.3. 公告机构应进行定期审核，以确保提供者维护和应用质量管理体系，并应向提供者提供审核报告。在审计过程中，公告机构可对已获得欧盟技术文件评估认证的人工智能系统进行额外测试。

附件八　根据第49条登记高风险人工智能系统时提交的信息

A节　根据第49条第1款登记的高风险人工智能系统提交的信息

对根据第49条第1款登记的高风险人工智能系统，应提供以下信息并不断更新：

1. 提供者的名称、地址和联系方式。

2. 由他人代表提供者提交信息时，应提供该人的姓名、地址和联系方式。

3. 授权代表的姓名、地址和联系方式，如适用。

4. 人工智能系统的商品名称和任何其他可识别和追溯人工智能系统的明确参考文件。

5. 描述人工智能系统的预期目的以及通过该人工智能系统支持的组

件和功能。

6. 系统使用的信息（数据、输入）及其运行逻辑的基本且简明的描述。

7. 人工智能系统的状态（投放市场或提供服务；不再投放市场或提供服务；已召回）。

8. 公告机关颁发的认证的类型、编号和有效期，以及该公告机关的名称或识别号，如适用。

9. 第 8 点所述认证的扫描件，如适用。

10. 人工智能系统正在或已经投放市场、提供服务或在欧盟加以提供的成员国。

11. 第 47 条提及的欧盟合格性声明副本。

12. 电子使用说明；附件三第 1、6 和 7 点所述的执法和移民、庇护和边境管制管理领域的高风险人工智能系统不得提供此类信息。

13. 其他信息的 URL（可选）。

B 节　根据第 49 条第 2 款登记的高风险人工智能系统提供的信息

对根据第 49 条第 2 款登记的人工智能系统，应提供并不断更新以下信息：

1. 提供者的名称、地址和联系方式。

2. 由他人代表提供者提交信息时，应提供该人的姓名、地址和联系方式。

3. 授权代表的姓名、地址和联系方式，如适用。

4. 人工智能系统的商品名称和任何其他可识别和追溯人工智能系统的明确参考文件。

5. 说明人工智能系统的预期用途。

6. 根据第 6 条第 3 款规定的哪一条或哪一些标准，认为人工智能系统不是高风险系统。

7. 根据第 6 条第 3 款规定的程序将人工智能系统视为非高风险系统的理由简述。

8. 人工智能系统的状态（投放市场或提供服务；不再投放市场 / 提供服务；已召回）。

9. 人工智能系统正在或已经投放市场、提供服务或在欧盟加以提供的成员国。

C 节　根据第 49 条第 3 款登记的高风险人工智能系统提供的信息

对于根据第 49 条第 3 款登记的高风险人工智能系统，应提供并不断更新以下信息：

1. 部署者的姓名、地址和联系方式。

2. 代表部署者提交信息者的姓名、地址和联系方式。

3. 根据第 27 条进行的基本权利影响评估的结论摘要。

4. 人工智能系统提供者在欧盟数据库中输入的 URL。

5. 根据 2016/679 号条例第 35 条或本条例第 29 条第 6 款规定的 2016/680 号指令第 27 条进行的数据保护影响评估（如适用）的摘要。

附件九　附件三所列高风险人工智能系统登记时提交的关于按照第 60 条在真实世界进行测试的信息

根据第 60 条规定，应提交并不断更新在实际条件下进行测试的信息：

1. 全联盟唯一的单一识别码，用于在实际条件下进行测试。

2. 在真实条件下参与测试的提供者或潜在提供者及部署者的名称和详细联系信息；

3. 人工智能系统的简要说明、预期用途以及识别该系统所需的其他信息；

4. 总结在实际条件下进行测试的计划的主要特点;

5. 在实际条件下中止或终止测试的信息。

附件十　联盟关于自由、安全和司法领域大型信息系统的立法

1. 申根信息系统

(a) 欧洲议会和理事会 2018 年 11 月 28 日关于使用申根信息系统遣返非法居留的第三国国民的 2018/1860 号条例(官方公报,312,2018 年 12 月 7 日,第 1 页)。

(b) 欧洲议会和欧盟理事会 2018 年 11 月 28 日关于在边境检查领域建立、运行和使用申根信息系统,修订《申根协定实施公约》,并修订和废止 1987/2006 号条例的 2018/1861 号条例(官方公报,312,2018 年 12 月 7 日,第 14 页)。

(c) 欧洲议会和欧盟理事会 2018 年 11 月 28 日关于在警务合作和刑事司法合作领域建立、运行和使用申根信息系统 2018/1861 号条例,并修订理事会 2007/533/JHA 号决定,并废止欧洲议会和欧盟理事会 1986/2006 号条例和欧盟委员会 2010/261/EU 号决定的 2018/1861 号条例(官方公报,312,2018 年 12 月 7 日,第 56 页)。

2. 签证信息系统

(a) 欧洲议会和欧盟理事会 2021 年 7 月 7 日有关为签证信息系统目的设置访问其他欧盟信息系统的条件,并修订 603/2013 号、2016/794 号、2018/1862 号、2019/816 号和 2019/818 号条例的 2021/1133 号条例(官方公报,248,2021 年 7 月 13 日,第 1 页)。

(b) 欧洲议会和欧盟理事会 2021 年 7 月 7 日出于改革签证信息系统的目的,并修订 767/2008 号、810/2009 号、2016/399 号、2017/2226 号、2018/1240 号、2018/1860 号、2018/1861 号条例、2019/817 号和 2019/1896

号条例，并废止理事会 2004/512/EC 号和 2008/633/JHA 号决定的 2021/1134 号条例（官方公报，248，2021 年 7 月 13 日，第 11 页）。

3. Eurodac

（a）关于建立 Eurodac 的欧洲议会和欧盟理事会条例的修正提案，该 Eurodac 用于比对生物数据，以有效适用相应条例（《庇护和移民管理条例》）和相应条例（《重新安置条例》）、用于识别非法居留的第三国国民或无国籍人士，以及成员国执法机关和欧洲刑警组织为执法目的提出的与 Eurodac 数据进行比对的请求，并修订 2018/1240 号和 2019/818 号条例。

4. 出入境系统

（a）欧洲议会和欧盟理事会 2017 年 10 月 30 日建立出入境系统，用于登记跨越成员国外部边界的第三国国民的出入境数据和拒绝入境数据，并确定为执法目的访问出入境系统的条件，并修正《申根协定实施公约》以及 767/2008 号条例和 1077/2011 号条例的 2017/2226 号条例（官方公报，327，2017 年 12 月 9 日，第 20 页）。

5. 欧洲旅行信息和授权系统

（a）欧洲议会和欧盟理事会 2018 年 9 月 12 日关于建立欧洲旅行信息和授权系统，并修订 1077/2011 号、515/2014 号、2016/399 号、2016/1624 号和 2017/2226 号条例的 2018/1240 号条例（官方公报，236，2018 年 9 月 19 日，第 1 页）。

（b）欧洲议会和欧盟理事会 2018 年 9 月 12 日旨在建立欧洲旅行信息和授权系统，并修订了 2016/794 号条例的 2018/1241 号条例（官方公报，236，2018 年 9 月 19 日，第 72 页）。

6. 关于第三国国民和无国籍人士的欧洲犯罪记录信息系统

（a）欧洲议会和欧盟理事会 2019 年 4 月 17 日建立一个中央系统，用于识别持有第三国国民和无国籍人士定罪信息的成员国，以补充欧洲犯罪记录信息系统，并修订 2018/1726 号条例的 2019/816 号条例（官方公报，135，2019 年 5 月 22 日，第 1 页）。

7. 互操作性

（a）欧洲议会和欧盟理事会2019年5月20日关于在边境和签证领域建立欧盟信息系统互操作性框架的2019/817号条例（官方公报，135，2019年5月22日，第27页）。

（b）欧洲议会和欧盟理事会2019年5月20日关于在警察和司法合作、庇护和移民领域建立欧盟信息系统互操作性框架的2019/818号条例（官方公报，135，2019年5月22日，第85页）。

附件十一　第53条第1款a点提及的技术文件——通用人工智能模型提供者的技术文档

第1节　所有通用人工智能模型提供者应提供的信息

第53条第1款a点所指的技术文件应至少包括与模型的规模和风险状况相适应的以下信息：

1. 通用人工智能模型的一般性描述，包括：

（a）模型将要执行的任务，以及可将其集成到其中的人工智能系统的类型和性质；

（b）适用的可接受使用政策；

（c）发布日期和分发方法；

（d）结构和参数数量；

（e）输入和输出的模式（如文本、图像）和格式；

（f）许可。

2. 详细描述第1款所述模型的要素，以及开发过程的相关信息，包括以下要素：

（a）将通用人工智能模型纳入人工智能系统所需的技术手段（如使用说明、基础设施、工具）；

（b）模型和训练过程的设计规范，包括训练方法和技术、关键设计选择（包括理由和假设）；模型设计的优化目标以及不同参数的相关性（如适用）；

（c）用于训练、测试和验证的数据信息，如适用，包括数据类型和来源、整理方法（如清理、过滤等）、数据点的数量、范围和主要特征；数据的获取和选择方式，以及检测数据源不适合性的所有其他措施和检测可识别偏差的方法（如适用）；

（d）训练模型所用的计算资源（如浮点运算次数 FLOPs）、训练时间以及与训练有关的其他相关细节；

（e）已知或估计的模型能耗；

有关第 e 点，如果不知道模型的能耗，可根据所消耗计算资源的信息来确定。

第 2 节　具有系统风险的通用人工智能模型提供者应提供的补充信息

1. 根据现有的公共评价规程和工具或其他评价方法，详细描述评价策略，包括评价结果。评估策略应包括评估标准、衡量标准和确定局限性的方法。

2. 在适用情况下，详细说明为进行内部和 / 或外部对抗测试（如蓝军）和模型调整，包括对齐和微调，而采取的措施。

在适用的情况下，详细描述系统结构，解释软件组件如何相互构建和反馈，以及如何集成到整体处理过程中。

附件十二　第 53 条第 1 款 b 点提及的透明度信息
——通用人工智能模型提供商提供技术文档，以便下游提供商将模型集成到其人工智能系统中

第 53 条第 1 款 b 点所述信息应至少包含以下内容：

1. 通用人工智能模型的一般描述，包括：

（a）模型意图执行的任务，以及可将其集成到其中的人工智能系统的类型和性质；

（b）适用的可接受使用政策；

（c）发布日期和分发方法；

（d）模型如何与不属于模型本身的硬件或软件（如适用）进行交互，或可用于与之交互；

（e）与使用通用人工智能模型有关的相关软件版本；

（f）结构和参数数量；

（g）输入和输出的模态（如文本、图像）和格式；

（h）模型许可。

2. 模型要件及其开发过程的说明，包括：

（a）将通用人工智能模型纳入人工智能系统所需的技术手段（如使用说明、基础设施、工具）；

（b）输入和输出的模式（如文本、图像等）和格式及其最大尺寸（如上下文长宽等）；

（c）用于训练、测试和验证的数据信息（如适用），包括数据的类型和来源以及保存方法。

附件十三　指定第 51 条所述的具有系统风险的通用人工智能模型的标准

为确定通用人工智能模型是否具有与第 51 条第 a 和 b 点等价的能力或影响，委员会应考虑以下标准：

（a）模型的参数数量；

（b）数据集的质量或大小，例如通过词元来衡量；

（c）训练模型所用的计算量，以浮点运算数衡量，或由其他变量组合表示，如估计的训练成本、估计的训练所需时间或估计的训练能耗；

（d）模型的输入和输出模式，如文本到文本（大型语言模型）、文本到图像和多模态，以及确定每种模式的高影响能力的先进水平阈值，以及输入和输出的具体类型（如生物序列）；

（e）模型能力的基准和评估，包括考虑无需额外训练的适配任务数量、学习新的独特任务的可适应性、其自主程度和可扩展性、可使用的工具；

（f）由于其覆盖范围，而对内部市场的影响很大，如已提供给至少10000个设立在联盟之内的注册商业用户，则应加以推定；

（g）注册的终端部署者数量。

第三章　迈向人工智能的全球治理

　　结语简要探讨一个面向未来的问题：如果不止关注欧盟人工智能治理的进展，还关注全球人工智能治理的走向，《人工智能法》会在未来的全球人工智能治理中占据一个什么样的位置？对此，综合考虑五个方面的因素，《人工智能法》很可能成为未来全球治理的主导性的水位线。也就是说，如果在《人工智能法》下实现了合规，很可能取得一地合规、多地复用、普遍认可的作用。

　　第一个因素是人工智能企业，特别是通用目的人工智能企业发展的程度。解铃还须系铃人。这一次人工智能立法浪潮的兴起，是源于少数通用目的人工智能企业取得的前沿技术突破。在 ChatGPT 席卷全球之前，要求监管 GPT-3 的声音没有取得太多影响力；在其席卷全球之后，各个主要国家都将立法提上日程。立法过程中，通用目的人工智能的未来发展，特别是在当前盛行的规模法则（Scaling Law）技术路线下究竟能够走多远，也是始终绕不过去的难题。立法通过后，如何去适应通用目的人工智能不断扩大的规模、不断集聚的格局和甚至未来可能不断涌现、迈向自主的智能水平？如何用法律手段将人工智能用于人工智能治理，弥补立法者、执法者和司法者和通用目的人工智能发展前沿之间在科技知识、工程能力和其他资源上的不对称？再进一步，不断接近人类水平的通用目的人工智能，时常自身就是很好的治理者，如何在充分发挥其治理能力的同时，保障人类始终对技术保有控制？假设当地没有自己的人工智能企业，距离通用目的人工智能的发展前沿犹有相当距离，对于这些问题只能是有心无力；相反，假设当地有着非常接近、甚至正在引领这一前沿的企业，对于这些问题就不会束手无策。就此，中国和美国的优势较为明显，但欧盟也有相当突出的人工智能企业和人才。不仅包括 Mistral 等欧盟企业，还包括 Anthropic、OpenAI 和 Hugging Face 等企业内部众多来自欧盟的人才。实际上，如果不是这些企业和人才的推动，《人工智能法》就不会在通用目的人工智能的章节中给予相应企业如此之大的自主空间。总之，至少在人工智能这个领域，欧盟不是一个没有产业的、纯粹制定规则的局外人。《人工智能法》的制定、执行和完善，始终伴随着与欧盟本土人工智能产业的深入互动。

第二个因素是全球化的程度。尽管这是一个全球化和逆全球化两种趋势交织的时代，具体到一部法律能在全球范围产生多大的影响力，制定这部法律的地方的全球化程度，依然是一项不能忽略的变量。具体而言，可以进一步探讨三项要点。一是欧盟的市场规模有多大？或者说，即使欧盟提出相当严格的监管，这是否依然是一个无法放弃的市场？答案无疑是肯定的。实际上，即使欧盟数字立法体系，特别是《通用数据保护条例》的执行近年来已经开始威胁到大型互联网平台业务模式的根基，这些平台依然没有任何要放弃这个市场的迹象。二是来自欧盟的实体在多大程度上参与到全球市场当中？答案也是显而易见的。无论是着眼其主要的成员国，还是将其视为一个整体考察，来自欧盟及其成员国的实体都是全球市场中规模相当可观的参与者。三是欧盟在多大程度上参与了全球化的相关规则的构建和维护？答案同样显而易见。甚至，欧盟对此远不只是主要的建设者和维护者之一，还是长期以来的主导者和受益者之一。将这三个答案综合到一起，欧盟的市场规模、欧盟的市场实体以及长期以来由欧盟参与建设和维护的全球秩序，都是可以对外投射《人工智能法》的长臂杠杆。

第三个因素是利益相关方的实际参与程度。《人工智能法》最终的影响力有多大，既取决于其如何通过欧盟机关、欧盟企业和欧盟市场向全球传导，也取决于其制定过程中对全球利益相关方开放的程度。对于亲身参与过制定和执行的法律，人总是会更加信服和遵从一些；对于从未参与过制定和执行的法律，则总是有那么三分距离感和隔膜感。参与的方式有很多种，既有通过征求意见获得采纳的方式，也有开展记录在案的游说的方式，此外还有更多非正式的方式。既有直接参与，也有通过行业协会、公益组织和其他组织的间接参与；既有在立法环节的参与，也有在后续的执法、完善和司法环节的参与，如此等等，不一而足。如果将这些参与方式都考虑进来，《人工智能法》很大程度上是一部"门户大开"的立法。实际参与到建构这部立法的主体，地域、类型和数量上都十分广泛。将来，随着《人工智能法》的后续推进，特别是各类协同治理项目的落地、各件统一标准的制定和各国企业的合规落地，来自不同地域、类型、数量的参与方还会更加广泛。特别值得指出的是，多年以来美国的大型互联网平台企业，现在还要再加上一些人工智能初创企业，一直在批评欧盟的每一部数字立法。如果我们不为其表面的言论所惑，而是考察其实际参与欧盟人工智能立法的方式、程度和主张，这些批评都更像是一种"小骂大帮忙"。没有技术和工程能力，但秉持基本权利议程的监管机关得以见证其理念议程向实践工程的落地；不能直接制定规则，但在治理方面提前部署巨额投入的平台企业得以推动其治理技术向纸面规则的上升。也许不是有意的设计，但美好理念和市场布局之间确实形成了双向驱动的耦合关系。在这个意义上，前述平台企业既是欧盟《人工智能法》和其他数字立法最有力的批评者和反对者，又是欧盟《人工智能法》未来最得力的捍卫者和传播者。在此之外，这部法律在全球各地还有更多的参与方。

第四个因素是法律的通过是否及时。或者说，时间上是不是在其他国家的前面。《人工智能法》在这一点上优势很明显。如果再考虑到这部法律的详尽程度，优势就更突出了。截至2024年8月，除去数以千计没有约束力的原则、准则、宣言、倡议、共识、提案、建议之外，即使对法律采取比较广泛的定义全球范围内专门的人工智能立法只有三部。除了《人工智能法》，就是美国科罗拉多州的《人工智能法》和多个发达国家共同谈判形成的《人工智能、人权、民主和法治框架公约》。其中，前者不仅只是一个州层面的立法，细究其文本表述，也有浓浓的《人工智能法》影响的影子——调整对象是"高风险人工智能"，议会辩论中也反复提及欧盟的监管法案；后者本就和《人工智能法》有着千丝万缕的联系，《人工智能法》实际上就是各个缔约国中第一部实施这项公约的立法。鉴于人工智能的立法起草确实有一定难度，欧盟由此可能已经获得了两到三年的先机。这些时间已经足够做很多事情了。

最后一个因素是法律的质量优劣、全面程度和具体程度。从各方面来看，《人工智能法》都不是一部尽善尽美的法。其中有很多精心雕琢的条款，但是否真的没有疏漏甚至粗制滥造的部分呢？恐怕也有一些。围绕《人工智能法》的质量优劣，由于认识不同、视角不同和参照不同，在将来很长一段时间内可能都无法达成共识。尽管如此，这可能是评估其未来影响时最无关紧要的一点，因为《人工智能法》还有非常充裕的时间来完善自身。即使质量再为低劣，经过两三年的时间、近百项的细则和全球范围众多参与方的修修补补，也不难达到能用的地步。与此同时，全面和具体是这部法律非常突出的优势。无论是探讨哪一方面的人工智能监管议题，都可以从中找到一些正面的或者反面的参照。或者说，即使不需要以此为依据进行合规，只是依据它进行人工智能监管，这也是一部非常"好用"的法。无论讨论人工智能监管的哪个题目，无论在这个题目上持有何种立场，都很难彻底地抵制借鉴这部法律，或者将其当成靶子的诱惑，也就自觉或者不自觉地成为其扩展影响力的一部分。在这个意义上，《人工智能法》体现了数字时代敏捷迭代的真谛：重要的不是抽象的完美，而是具体的可用；有意义的不是深思熟虑的一锤定音，而是覆盖广泛的"众声喧哗"。所谓天衣无缝，但在数字时代，缝隙反而也是参与的通道。

综合这些因素，《人工智能法》在全球人工智能合规领域的重要性至少会和《通用数据保护条例》在全球数据隐私合规领域的重要性相当。长期来看，很可能还要更高一些。从监管角度看，很难彻底摆脱这部法律的影响。特别是其中对高风险人工智能的合格性评估和对通用目的人工智能的行为守则，很有可能成为全球相应领域监管的主导性水位，甚至直接在欧盟之外的其他国家法律中得到认可。从合规角度看，如果资源只能在全球范围内支撑一道水位线上的合规，极大概率就是依据《人工智能法》的"水位"；即使资源足以支撑不止一道水位线上的合规，极大概率也是先将《人工智能法》作为基准，然而根据当地法律的差异来微调，也就是说，一次合规、多地复用、普遍认可。

附录：

附件一 《产品责任指令》译文

2022/0302（COD）
欧洲议会和欧盟理事会关于缺陷产品责任指令的提案
（与欧洲经济区有关的文本）

欧洲议会和欧盟理事会，

考虑到《欧盟运作条约》，特别是其中的第 114 条，

考虑到欧盟委员会的建议，

向国家议会递交法律草案后，

考虑到欧洲经济和社会委员会的意见，

按照普通立法程序行事，

鉴于：

1. 为了改善内部市场的正常运作，有必要确保竞争免受扭曲、货物流动免受阻碍。85/374/EEC 号指令 [1] 规定了有关缺陷产品责任的共同规则，目的是消除成

[1] 1985 年 7 月 25 日欧盟理事会 85/374/EEC 号指令，涉及成员国有关缺陷产品责任的法律、法规和行政规定的近似性（官方公报，210，1985 年 8 月 7 日，第 29 页）。

员国法律制度之间可能扭曲竞争和影响内部市场货物流动的差异。对该指令规定的有关缺陷产品责任的共同规则的进一步协调应当更加促进这些目标的实现，同时加强对消费者和其他自然人的健康或财产的保护。

2. 相关经济经营者的无过错责任仍然是充分解决公平地分摊现代技术生产所固有的风险问题的唯一手段。

3. 85/374/EEC 号指令是一项有效且重要的文件，但需要根据与新技术有关的进展进行修订，包括人工智能、新的循环经济商业模式和新的全球供应链，这些发展导致不一致性和法律不安定性，特别是"产品"一词含义的不一致性和不安定性。从实施 85/374/EEC 号指令中获得的经验还表明，由于对提出赔偿请求的限制，以及在收集证据来证明赔偿责任方面的挑战，特别是在技术和科学日益复杂的情况下，受害者在获得赔偿方面面临着困难。因此，此次修订将鼓励包括人工智能在内的此类新技术的推广和应用，同时确保无论涉及何种技术，请求方都能享受同等水平的保护，并确保所有企业都能从更高的法律安定性和公平的竞争环境中受益。

4. 有待对 85/374/EC 号指令进行修订，以确保欧盟和国家层面的产品安全和市场监督立法的连贯性和一致性。此外，还需要澄清基本的提法和概念，以确保连贯性和法律的安定性，确保内部市场中的公平竞争环境，并且反映欧盟法院的新近判例。

5. 考虑到所需修订的广泛性，并且为了确保指令的明确性和法律的安定性，85/374/EEC 号指令应予废除，并由一项新指令取代。

6. 为确保欧盟产品责任制度的全面性，对缺陷产品的无过错责任应适用于包括软件在内的所有动产，包括集成到其他动产中或安装在不动产中的动产。

7. 在成员国批准的国际公约涉及此类损害责任的范围限度内，缺陷产品责任不应适用于核事故所造成的损害。

8. 为了建立一个真正的内部市场，为消费者和其他自然人提供高度且一致的保护，并反映欧盟法院的新近判例，各成员国在本指令范围内的事项上，不应维持或引入比本指令规定更为严格或更为宽松的规定。

9. 根据各成员国的法律制度，受害者可以根据合同责任或非合同责任提出损害赔偿请求，这些责任与本指令中规定的制造者对产品缺陷的责任无关。例如，涉及基于担保的责任或者基于过错的责任，或者经营者对基因工程引致的生物组织的特性所造成损害的严格责任。这些规定也特别有助于实现有效保护消费者和其他自然人的目标，应免受本指令的影响。

10. 在特定的成员国，受害者可能有权根据特殊的国家责任制度对医疗产品造成的损害提出赔偿请求，从而已经在医疗领域实现了对自然人的有效保护。提出此类赔偿请求的权利应免受本指令的影响。此外，只要不损害本指令所规定的责任制度的有效性或其目标，就不应阻止对此类特殊责任制度进行修订。

11. 责任制度之外的赔偿计划，如国家卫生系统、社会保障计划或保险计划，不属于本指令的范围，因而不应被排除。例如，一些成员国已经制定了针对造成害处但不存在缺陷的医疗产品的赔偿计划。

12. 768/2008/EC 号决定[1]规定了适用于各部门产品立法的共同原则和参考条款。为确保与此类立法的一致性，本指令的特定条款，特别是定义，应与该决定保持一致。

13. 数字时代的产品可以是有体的，也可以是无体的。操作系统、固件、计算机程序、应用程序或人工智能系统等软件在市场上越来越常见，在产品安全方面发挥着越来越重要的作用。软件可以作为独立的产品投放市场，随后也可能作为组件集成到其他产品中，并且能够通过其执行造成损害。因此，为了法律的安定性，应明确软件是适用无过错责任的产品，无论其供应或使用方式为何，也无论软件是存储在设备上、通过通信网络或云技术访问，还是通过软件即服务模式提供。然而，信息不应视为产品，故而产品责任规则不应适用于数字文件的内容，如媒体文件或电子书，或仅仅是软件的源代码。软件的开发商或生产商，包括欧盟《人工智能法》所指的人工智能系统提供商，应视为制造者。

14. 免费且开源软件，即公开共享源代码，且用户可以自由访问、使用、修改

---

[1] 欧洲议会和欧盟理事会 2008 年 7 月 9 日关于产品营销的共同框架的 768/2008/EC 号决定。

和再分发软件或其修改版本，可以促进市场上的研究和创新。这类软件受到许可的约束，允许任何人自由运行、复制、分发、研究、更改和改进软件。为了不妨碍创新或研究，本指令不应适用于在商业活动之外开发或提供的免费且开源软件，因为从定义来说，如此开发或提供的产品并未投放市场。开发或提供此类软件不应理解为将其投放市场。在开源仓库中提供此类软件不应视为在市场上提供，除非是在商业活动的过程中提供。原则上，非营利组织提供免费且开源软件不应视为在商业场景中开展，除非是在商业活动的过程中提供。然而，如果提供软件是为了换取对价，或者不完全是出于提高软件安全性、兼容性或互操作性的目的而使用个人数据，因此构成在商业活动的过程中提供，则应适用该指令。

15. 如果在商业活动之外提供的免费且开源软件随后被制造者作为组件集成到投放市场的产品中，则有可能要求制造者对此类软件的缺陷造成的损害承担责任，而不要求软件的制造者对此承担责任，因为其不满足将产品或组件投放市场的条件。

16. 尽管根据本指令而言，数字文件本身并不构成产品，包含通过自动控制机械或工具（如打孔机、车床、铣床和3D打印机）来生产有体物所必需的功能信息的数字制造文件应当视为产品，以确保在此类文件存在缺陷的情况下对自然人的保护。例如，当计算机辅助设计（CAD）文件在商业活动过程中提供或开发时，用于制造3D打印物品并造成伤害的存在缺陷的CAD文件将根据本指令承担责任。为避免产生疑问，还应说明天然气、水和电力等原材料也构成产品。

17. 数字服务集成到产品中或与产品互联的情况越来越普遍，如果没有这种服务，产品就无法发挥其特定功能。虽然本指令不应适用于服务本身，但有必要将无过错责任扩张到此类数字服务，因为此类服务与物理或数字组件一样决定着产品的安全性。当这些相关服务处在产品制造者的控制范围内时，应将其视为与之互联的产品的组件。此类相关服务的例子包括导航系统中连续提供的交通数据、依靠实物产品传感器跟踪用户身体活动或健康指标的健康监测服务、监测和调节智能冰箱温度的温度控制服务，或允许通过语音命令控制一个或多个产品的语音助理服务。互联网接入服务不应视为相关服务，因其不能被视为产品的组件，并且要求制造者对此类服务的缺陷所造成的损害承担责任也是不合理的。不过，根据本指令，依赖于此类服务的产品如果在失去连接的情况下不能保证安全，则可能被认定为存在缺陷。

18. 相关服务和其他组件，包括软件的更新和升级，如果是由制造者本身集成、互联或提供，或经制造者授权或同意由第三方提供，则应视为处在制造者的控制范围之内。例如，智能家电制造者同意由第三方为其家电提供软件更新，或制造者将相关服务或组件作为产品的组件，即使其系由第三方所提供。制造者不应仅因为提供集成或互联的技术可能性，或仅因为通过推荐某些品牌，或仅因为未曾禁止潜在的相关服务或组件，就被视为已同意集成或互联。

19. 此外，产品一旦投放市场，只要制造者仍有技术能力自行提供或通过第三方提供软件更新或升级，就应将其视为处在制造者的控制范围之内。

20. 鉴于无形资产的干系和价值日益增长，数据（例如从硬盘驱动器中删除的数字文件）的灭失或损坏也应得到赔偿，包括恢复或复原数据的费用。因此，对自然人的保护不仅要求赔偿因死亡或人身伤害造成的物质性损失，如丧葬费、医疗费或收入损失，以及因财产损失而造成的物质损失，还要求赔偿因数据灭失或损坏造成的物质性损失。然而，数据的灭失或损坏有别于数据泄露或违反数据保护规则的行为，对违反 2016/679 号条例、2002/58/EC 号指令、2016/680 号指令以及 2018/1725 号条例的行为的赔偿不受本指令的影响。如果受害者能够免费取回数据，例如存在数据的备份或可以再次下载数据，或者经济运营者恢复或重新创建了暂时无法使用的数据，则数据的灭失或损坏不会当然地导致物质性损失。

21. 为了法律的安定性，应当说明人身伤害包括受到医学上的认可和认证的、影响到受害者的整体健康状况的、可能需要诊治或医学干预的对心理健康的损害，特别是考虑世界卫生组织的《国际疾病分类》。

22. 为了反映本指令只对自然人提供赔偿的目标，对专门用于职业目的的财产损失不应根据本指令予以赔偿。在数据方面，为了应对过量案件中的潜在诉讼风险，本指令不应对用于职业目的的数据的灭失或损坏进行赔偿，即使这些数据并非排他性地用于职业目的。

23. 成员国应对由死亡、人身伤害、财产损害或灭失、数据灭失或损坏而造成的所有物质性损失给予充分且适当的赔偿，但赔偿的计算规则应由成员国制定。此外，对于因本指令所涉及的损害而造成的非物质性损失，如痛苦和苦难，只要根据国家法可以赔偿，也应在相应范围内给予赔偿。

24. 本指令规定以外的损害类型，如纯粹的经济损失、侵犯隐私或歧视，仅其本身不应触发本指令规定的责任。然而，本指令不应影响根据其他责任制度对任何损害（包括非物质性损害）进行赔偿的权利。

25. 为了保护自然人，对自然人所拥有的任何财产造成的损害都应给予赔偿。由于越来越多的财产既用于私人目的，也用于职业目的，因而规定对这种混合用途的财产损害进行赔偿是适当的。鉴于本指令的目的是保护自然人，应将排他性地用于职业目的的财产排除在其范围之外。

26. 本指令应适用于在商业活动的过程中投放市场或投入使用的产品，不论是有偿的还是免费的，例如在赞助活动中提供的产品或为提供由公共资金所资助的服务而生产的产品，因为这种供应方式仍然具有经济或商业的性质。投入使用的概念适用于首次使用前未曾投放市场的产品，如电梯、机械或医疗设备。

27. 只要国家法律有所规定，受害者获得赔偿的权利应既适用于因产品缺陷直接造成损害的直接受害者，也应适用于因直接受害者遭受损害而遭受损害的间接受害者。

28. 考虑到产品、商业模式和供应链日趋复杂，并且考虑到本指令的目的是确保消费者在缺陷产品造成损害的情况下能够简易地行使获得赔偿的权利，成员国应确保消费者保护主管当局或机构向受到影响的消费者提供所有相关信息，使其能够根据本指令有效行使获得赔偿的权利。在如此行事时，成员国应考虑到负责执行消费者保护法的国家当局之间现有的合作义务，特别是欧洲议会和欧盟理事会2017/2394号条例规定的义务。国家消费者保护当局或机关应定期交流其了解的相关信息，并与市场监督当局密切合作。成员国还可以鼓励消费者保护主管当局或机关向消费者提供信息，使其能够更好地根据指令有效行使赔偿权。

29. 本指令不应影响在国家层面寻求救济的各种手段，无论是通过法庭诉讼、庭外解决方案、替代性的争议解决方案，还是根据 2020/1828 号指令[1] 或者根据国家集体救济计划而采取的有代表行动。

30. 为了保护自然人的健康和财产，在确定产品是否存在缺陷时，不应参照产品是否适于使用，而应参照产品是否缺乏个人有理由期待的安全性，或其是否缺乏欧盟或国家法律要求的安全性。对缺陷的评估应包括对公众有理由期待的安全性的客观分析，而不是指任何特定的人有理由期待的安全性。在评估大众有理由期待的安全性时，应特别考虑产品的预期目的、可合理预见的用途、外观呈现、客观特征和相应产品的特性，包括其预期的使用期限，以及产品所面向的用户群体的具体要求。有些产品，比如维持生命的医疗设备，对人造成损害的风险特别高，因此对安全的期待也特别高。为了将这种期待考虑在内，如果产品与已被证明存在缺陷的产品属于同一生产序列，法院应当可以在不证实其确实存在缺陷的情况下认定该产品存在缺陷。

31. 对缺陷的评估应考虑产品的外观呈现。然而，随产品而提供的警告或其他信息本身并不能使得本来存在缺陷的产品变得安全，因为，只有参照公众有理由期待的安全性才能确定产品是否存在缺陷。因此，不能仅仅通过罗列产品所有可以想象到的副作用来规避本指令所规定的责任。在确定产品是否存在缺陷时，其合理可预见的用途也应包括在当时的情况中并非不合理的滥用，例如机械设备用户因注意力不集中而导致的可预见行为，或儿童等特定用户群体的可预见行为。

32. 为了反映互联产品的日益普遍，对产品安全性的评估还应考虑其他产品对相应产品的可合理预见的影响，例如在智能家居系统中。产品投放市场或投入使用后，其学习或获取新特性的能力对产品安全的影响也应考虑在内，以反映人们对产品的软件和底座算法的设计方式足以预防产品的危险行为的合理期待。由此，设计具备产生预期之外的行为的产品的制造者仍应对造成损害的行为负责。在数字时

[1] 2020 年 11 月 25 日欧洲议会和欧盟理事会关于保护消费者集体利益有的代表行动并废除 2009/22/ EC 号指令的 2020/1828 号指令（官方公报，409，2020 年 12 月 4 日，第 1 页）。

代，许多产品在投放市场后仍然处在制造者的控制范围之内，为了反映这一点，在评估产品的安全性时，也应考虑产品离开制造者控制范围的时点。产品也可能因其网络安全漏洞而认定为存在缺陷，例如产品不符合安全相关的网络安全要求。

33. 为了反映以防止损害为其根本目的的产品的性质，比如烟雾警报器之类的警报装置，应明确规定，在评估此类产品的安全性时，也应考虑其是否未曾实现这一目的。

34. 为了反映产品安全和市场监督立法对于确定个人有理由期待的安全水平的相关性，应当明确，在评估中也应考虑相关的产品安全要求，包括与安全相关的网络安全要求，以及主管当局的干预措施，比如发布产品召回，或者经济经营者本身的干预措施。然而，这些干预措施本身不应创设对存在缺陷的推定。

35. 为了消费者的选择利益，也是为了鼓励创新、研究和方便接触新技术，较优产品的存在，或者较优产品随后投放市场，仅此本身不应导致产品存在缺陷的结论。同样，提供产品的更新或升级本身也不应得出该产品先前的版本存在缺陷的结论。

36. 对自然人的保护要求任何参与生产过程的制造者，只要其产品或其提供的组件存在缺陷，就应承担责任。这包括任何通过贴上其名称、商标或其他显著特征或授权第三方贴上其名称、商标或其他显著特征而自我呈现为制造者的人，因为如此行事会给人留下其参与生产过程或承担生产责任的印象。如果制造者将另一制造者生产的存在缺陷的组件整合到产品中，受害者应该能够就同一损害向产品制造者或者组件制造者寻求赔偿。如果一个组件在产品制造者的控制范围之外而被集成到一个产品中，只要该组件本身属于本指令所规定的产品，受害者就应该能够向该组件制造者请求赔偿。

37. 为了确保在制造者位于欧盟之外的情况下，受害者可以提出可执行的赔偿请求，应该可以追究产品进口者和产品制造者授权代表的责任，这些人是为了执行欧盟立法（例如产品安全和市场监督立法）所规定的特定任务而任命的。市场监督的实际经验表明，供应链有时会涉及不容易融入现有法律框架下的传统供应链的新型制造者。履约服务提供商的情况尤其如此，其履行许多与进口者相同的职能，但可能并不总是符合欧盟法律对进口者的传统定义。作为经济运营者，履约服务提供商发挥着越来越重要的作用，为来自第三国的产品进入欧盟市场提供便利。这种干系的转变已经反映在产品安全和市场监督框架中，特别是 2019/1020 号条例和《通用产品安全条例》中。

38. 在线销售持续且稳定地增长，创造了新的商业模式和新的市场参与者，如在线平台。2022/2065 号条例和 2023/988 号条例，其间特别规定了在线平台在非法内容（包括产品）方面的责任和可问责性。当在线平台在缺陷产品方面扮演制造者、进口者、授权代表、履约服务提供商或分销者的角色时，其应与这些经济运营者以相同的条款承担责任。如果在线平台在贸易商和消费者之间的产品销售中仅扮演居间人的角色，则可根据 2022/2065 号条例获得有条件的责任豁免。然而，2022/2065 号条例规定：允许消费者与商家签订远程合同的在线平台，如果在其展示产品或以其他方式促成具体交易时，会使得平均水平的消费者误认为产品是由在线平台本身或在其授权或控制之下的商家提供的，则相应平台不能免除消费者保护法所规定的责任。根据这一原则，当在线平台以这种方式展示产品或以其他方式促成具体交易时，应当可以像本指令所规定的分销者一样追究其责任。这就意味着，只有当在线平台展示产品或以其他方式促成具体交易时，并且只有当在线平台未能及时识别位于欧盟境内的相关经济经营者时，在线平台才应承担责任。

39. 在从线性经济向循环经济过渡的过程中，产品的设计趋于更加耐用、可重复使用、可修复且可升级。欧盟还在推广创新且可持续的生产和消费方式，以延长产品和组件的功能，如再制造、翻新和维修。如果产品经过实质性地修改，然后投放市场或投入使用，则视其为新产品。如果修改是在原制造者的控制范围之外进行的，应当可以要求进行实质性修改的人作为修改产品的制造者而承担责任，因为根据欧盟的相关立法，其对产品是否符合安全要求负责。是否属于实质性修改，要根据欧盟和各国相关产品安全法规（包括 2023/988 号条例）中规定的标准来确定。如果就相应产品没有规定此类标准，则应将修改原有的预期功能的修改或者影响到产品是否遵从适用的安全要求的修改视为实质性修改。如果实质性修改是由原制造者进行的，或者是在其控制范围内进行的，并且这种实质性修改使得产品存在缺陷，那么该制造者就不能以缺陷是在其最初将产品投放市场或投入使用之后才出现的为由来逃避责任。为了公平地分摊循环经济中的风险，除原制造者外，进行实质性修改的经济经营者如果能证明损害与未受修改影响的产品部分有关，则应免于承担责任。根据本指令，开展维修活动或其他不涉及实质性修改的活动的经济经营者不应承担责任。

40. 如果由于根据本指令没有经济经营者承担责任，或者由于负有责任的经济经营者破产或已不复存在，受害者未能获得赔偿，成员国可以利用现有的国家部门赔偿计划或根据国家法律建立新的此类计划，对因缺陷产品造成损害的受害者进行适当的赔偿。成员国自行决定这些赔偿计划的资金是全部还是部分来自公共或私人的收入。

41. 由于产品同样可以通过修改软件，包括升级而进行修改，因此，实质性修改的原则应同样适用。如果实质性修改是通过软件更新或升级进行的，或者是由于人工智能系统的不断学习而进行的，实质性修改产品应在实际开展修改的时点视为已经投放市场或投入使用。

42. 鉴于经济经营者无论是否存在过错均须承担赔偿责任，为了实现风险的公平分摊，要求对缺陷产品造成的损害进行赔偿的受害者应根据适用的国家法举证标准，承担证明损害、产品缺陷以及两者之间因果关系的责任。然而，与制造者相比，受害者在获取和了解有关产品如何生产、如何运行的信息方面往往处于明显的劣势。这种信息的不对称会损害风险的公平分配，尤其是在涉及技术或科学复杂性的案件中。

43. 因此，有必要为原告获取在法律程序中使用的证据提供便利。这些证据还应包括被告通过对现有证据进行汇编或分类而重新制作的文件。在评估证据开示的请求时，应确保这种获取仅限于必要且合比例的范围，以避免泛泛地搜索与诉讼无关的信息，并且根据欧盟和国家法律，特别是 2016/943 号指令，保护保密信息，比如属于法律职业特权和商业秘密范围内的信息。考虑到特定类型证据的复杂性，例如与数字产品有关的证据，国家法院应当可以要求此类证据在符合条件的情况下以易于获取且易于理解的方式开示。

44. 本指令仅在其规定的范围内统合有关证据开示的规则。未作规定的事项包括：（i）有关庭前程序的证据开示规则；（ii）有关证据开示请求的确切程度的规则；（iii）有关第三方的规则；（iv）有关确认诉讼的规则；（v）对不履行证据开示义务的制裁。

45. 鉴于被告也有可能需要获得原告所掌握的证据，以反驳根据本指令提出的赔偿请求，被告也应有可能获得证据。与原告的开示请求类似，在评估被告的证据开示请求时，应确保这种获取仅限于必要的且合比例的范围，以避免泛泛地搜寻与诉讼无关的信息，并保护机密信息。

46. 对于2016/94号指令[1]意义上的商业秘密，应当授权国家法院采取具体措施，确保商业秘密在诉讼期间和诉讼之后的保密性，同时在商业秘密持有人的保密利益和受害者的利益之间实现公平且合比例的平衡。这至少应包括限制获取包含商业秘密或诉称包含商业秘密的文件的措施，以及限制听证会的参与人数的措施，或者允许获取经过编辑的文件或听证会记录。在决定采取这些措施时，国家法院应考虑（i）确保有效救济权和公正审判权的必要性；（ii）当事人的合法利益，以及在适当情况下第三方的合法利益；（iii）批准或驳回此类措施对任何一方当事人，以及在适当情况下对第三方可能造成的损害。

47. 在满足特定条件的情况下，降低原告的举证责任也是必要的。可反驳的事实推定是减轻原告举证困难的一种常见的机制，允许法庭在维护被告权利的同时，将缺陷或因果关系的存在性建立在另一个已经证明的事实的基础上。为了激励人们遵从信息开示的义务，如果被告未能履行这一义务，国家法院应推定产品存在缺陷。为了保护消费者和自然人免受伤害的风险，众多的强制性安全要求已获采纳，包括2023/988号条例。为了加强产品安全规则与责任规则之间的密切关系，未能遵从此类要求也应导致对缺陷的推定。这包括产品没有按照欧盟或国家法律的要求

[1] 欧洲议会和欧盟理事会2016年6月8日有关保护未披露的专有技术和商业信息（商业秘密）免于非法获取、使用和披露的2016/943号指令（官方公报，157，2016年6月15日，第1页）。

配备记录产品运行的日志信息的手段的情况。这同样适用于明显存在故障的情况，比如玻璃瓶在可合理预见的使用过程中爆炸，因为在缺陷的存在无可争议的情况下，要求请求方证明缺陷是不必要的负担。

48. 类似地，如果已经证明产品存在缺陷，而且根据其他类似的案例，所发生的损害通常是由相应的缺陷所造成的，则应免除原告对因果关系的完整举证，而推定其存在。

49. 如果尽管被告开示了信息，但原告特别是由于案件技术上或者科学上的复杂性，要证明产品存在缺陷，或者证明损害与缺陷之间的因果关系，或者证明二者过度地困难，国家法院也应推定产品存在缺陷，或者推定损害与缺陷之间的因果关系，或者推定二者。国家法院在如此行事时应考虑案件的所有情况。在这种情况下，如果要求按照国家法规定的通常的举证标准进行举证，通常要求高度盖然性，将有损于赔偿权的有效性。因此，考虑到制造者拥有专业知识，比受害者更了解情况，为了保持风险的公平分摊，同时避免举证责任的倒置，应要求请求方只需证明，在请求方难以证明产品存在缺陷的情况下，产品很可能存在缺陷，或者在请求方难以证明因果关系的情况下，产品缺陷很可能是造成损害的原因。技术上或者科学上的复杂性应由国家法院逐案认定，并考虑各方面因素。这些因素应包括产品的复杂性，如创新的医疗设备；所使用技术的复杂性，如机器学习；请求方需要分析的信息和数据的复杂性；以及因果关系的复杂性，如药品或食品与疾病发生之间的联系，或者为了证明这种联系，需要请求方解释人工智能系统的内部运行。国家法院还应在个案基础上对过度困难性进行评估。虽然请求方应提供论据以阐明困难的过度，但不应要求其证明这种困难。例如，在涉及人工智能系统的赔偿请求中，请求方既不需要解释人工智能系统的具体特点，也不需要解释这些特点如何使得因果关系更加难以证明，法院应据此裁定存在过度困难。被告应当有可能对包括存在过度困难性在内的所有要件提出反驳。

50. 为了公平地分摊风险，如果经济经营者能够证明存在特定的免责情形，则应免除其责任。如果其能证明是其他人违背其意愿使产品脱离生产的过程，或者证明遵从法律规定正是产品缺陷的原因，则其不应该承担责任。

51. 将产品投放市场或投入使用的时点通常是产品离开制造者控制范围的时点，而对于分销者来说，则是其将产品投放市场的时点。因此，如果制造者能够证明，在其将产品投放市场或投入使用时，造成损害的缺陷很可能并不存在，或者缺陷是在相应时点之后才出现的，则制造者就应该免于承担责任。然而，由于数字技术允许制造者在将产品投放市场或投入使用之后行使控制，因此制造者仍应对在投放市场或投入使用之后因其控制范围内的软件或相关服务（无论是升级、更新，还是机器学习算法）而产生的缺陷负责。如果这些软件或相关服务是由制造者提供的，或者是由制造者授权或同意第三方提供的，则应视为处于制造者的控制范围之内。例如，如果一台智能电视呈现为包括了一个视频应用程序，但用户在购买电视机后需要从第三方网站下载该应用程序，则电视制造者仍应对视频应用程序的任何缺陷所造成的损害，和视频应用程序制造者一同承担责任，即使该缺陷是在电视机投放市场后才出现的。

52. 当产品的缺陷在于解决网络安全漏洞和维护产品安全所需的软件更新或升级缺失时，还应限制经济经营者通过证明缺陷是在其将产品投放市场或投入使用后产生来规避责任的可能性。这些漏洞会影响产品，从而造成本指令所指的损害。根据欧盟法律，制造者对产品在整个生命周期中的安全负有责任，例如根据2017/74 号条例，如果制造者未能提供软件安全更新或升级以应对不断变化的网络安全风险，而这些更新或升级是解决产品漏洞所必需的，那么制造者也不应免于对其缺陷产品造成的损害承担责任。如果此类软件的提供或安装超出了制造者的控制范围，例如产品的所有者没有安装为确保或维持产品安全水平而提供的更新或升级，则不应承担此类责任。本指令本身并不施加为产品提供更新或升级的义务。

53. 为了公平地分摊风险，如果经济经营者能够证明，当产品处在制造者的控制范围之内时，科学和技术知识的水平，参照可获得的客观的最先进的知识水平而不是相应经济经营者的实际知识水平来确定，使得无法发现缺陷的存在，也应免除其责任。

54. 可能出现两方或更多方对同一损害负有责任的情况，特别是当一个存在缺陷的组件集成到造成损害的产品中时。在这种情况下，受害者应当能够同时向将存在缺陷的组件集成到其产品中的制造者和存在缺陷的组件本身的制造者寻求赔偿。为了确保对自然人的保护，在这种情况下，所有各方应承担连带责任。

55. 软件业尤其需要高度的创新。为了支持生产软件的微型和小型企业的创新能力，应当允许这些企业与将其软件集成到产品中的制造者签订合同，约定在软件组件存在缺陷造成损害的情况下，后者不会向软件制造者赔偿请求。这种合同约定已在一些成员国投入实践，应当予以认可。因为无论如何，整包制造者都要对产品的任何缺陷，包括组件的缺陷负责。但是，这种合同协议永远不应限制或排除对受害者的赔偿责任。

56. 可能出现的情况是，除了产品的缺陷外，潜在地负有责任的经济经营者以外的人的作为和不作为也是造成损害的原因，例如第三方利用产品的网络安全漏洞。为了保护消费者，如果产品存在缺陷，例如由于漏洞导致产品的安全性低于广大公众有理由的期待，则不应因为第三方的此类作为或不作为而减轻或免除经济经营者的责任。然而，如果因为受害者的疏忽本身而造成损害，例如受害者因其疏忽而没有安装经济经营者提供的本可减轻或避免损害的更新或升级，则应允许减轻或免除经济经营者的赔偿责任。

57. 如果可以通过合同条款限制或免除经济经营者的责任，保护自然人的目标就会受到损害。因此，不应允许合同性的克减。出于同样的原因，国家法条款也不应该限制或免除责任，例如为经济经营者的责任设定金额上限。

58. 鉴于产品会随着时间的推移而老化，而且随着科技的进步，安全性的标准也在不断提高，让制造者对其产品的缺陷无限期地承担责任是不合理的。因此，这种责任应当有一个合理的时限，也就是投放市场之后的 10 年，但这不影响诉讼程序中的待决赔偿请求。为了避免不合理地剥夺赔偿的可能性，如果根据医学证据，人身伤害的症状缓慢地发生，则时限应为 25 年。

59. 由于经过实质性修改的产品本质上是新产品，因此，在产品经过实质性修改并随后投放市场或投入使用，如经过再制造之后，时限应重新起算。不构成对产品进行实质性修改的更新或升级不影响适用于原产品的时效。

60. 经济经营者如果能够证明在产品投放市场、投入使用或在产品处于制造者控制范围期间，科学和技术知识的水平使得无法发现缺陷的存在，就有可能免除自己的责任，这种可能性在特定成员国可能被认为不适当地限制了对自然人的保护。因此，如果认为有必要、合比例且符合公共利益的目标，如《欧洲联盟运作条约》所指的公共政策、公共安全和公共卫生的目标，成员国应当可以引入新措施，包括修订现有的措施，将这种情形下的责任扩张到特定类型的产品。为确保在欧盟范围内开展业务的经济运营者的透明度和法律安定性，应向欧盟委员会通报其对发展风险辩护的如此克减，然后由欧盟委员会通知其他成员国。为促进各成员国采取一致的方法，并与指令目标保持一致，委员会应当能够就拟议的措施发表不具约束力的意见。为了有时间发表意见，有关成员国应在向委员会发出通知后的 6 个月内暂缓执行拟议的措施，除非委员会提前发表意见。此类意见应在有关成员国与委员会密切合作，并考虑其他成员国的意见后提出。为了法律的安定性和促进 85/374/EEC 号指令规定的安排的连续性，还应允许成员国在其法律制度中保留现有的对发展风险抗辩的克减规定。

61. 为了促进国家法院对本指令的统一解释，应要求成员国公布法院根据本指令对产品责任做出的终审判决，即那些不能上诉或不再能上诉的判决。为了减轻行政负担，应要求成员国只公布国家上诉法院或最高法院的判决。

62. 为了使得公众、法律从业人员、学术界和成员国等更多地了解本指令在国家层面的适用情况，欧盟委员会应建立并维护一个便于访问和公开使用的数据库，其中包含相关判决以及欧盟法院作出的相关判决的参考资料。

63. 欧盟委员会应对本指令进行评估。根据《欧洲议会、欧盟理事会和欧盟委员会关于更好地制定法律的机构间协议》第 22 款，评估应当基于效率、有效性、相关性、一致性和对欧盟的附加值这五项标准，并且应当为可能的进一步措施的影响评估提供依据。出于法律安定性的考虑，本指令不应适用于在其转化之日前投放欧盟市场或投入使用的产品。有必要规定过渡性的安排，以确保在 85/374/EEC 号指令下，对在该日期之前投放市场或投入使用的存在缺陷的产品所造成的损害继续承担责任。在评估报告中，委员会应提供评估中使用的计算方法。委员会应利用所有相关且来源可靠的信息，包括欧盟机构、机关、办公室和部门、国家主管当局以及国际公认的机构和组织，以避免过度监管且避免给成员国和经济运营者带来行政负担的方式收集所有相关的信息。

64. 由于本指令的目标，即确保内部市场运作、竞争免于扭曲和对自然人的高水平保护，由于商品市场的联盟性质，无法由成员国充分实现，但由于有关责任的共同规则的协调作用，可以在联盟层面更好地实现，故此，联盟可以根据《欧盟条约》第 5 条规定的辅助性原则采取措施。根据该条规定的合比例性原则，本指令不超越实现这些目标所必需的范围。

已经通过了指令：

第一章　总则

第 1 条　宗旨和目标

该指令就经济经营者对自然人因缺陷产品造成的损害所承担的责任及其对此类损害的赔偿制定了共同规则。

该指令的目的是促进内部市场的正常运作，同时确保对消费者和其他自然人的高水平保护。

第 2 条　范围

1. 本指令适用于在其生效 24 个月后投放市场或投入使用的产品。

2. 本指令不适用于在商业活动的过程之外开发或提供的免费且开源的软件。

3. 在成员国批准的国际公约涉及此类损害责任的范围限度内，本指令不适用于核事故所造成的损害。

4. 本指令不影响：

（a）有关个人数据保护的欧盟法律的适用性，尤其是 2016/679 号条例、2002/58/

EC 号指令和 2016/680 号指令；

（b）受害者根据有关合同责任的国家规则或有关本指令所指的产品缺陷之外的非合同责任的国家规则，包括实施欧盟法律的国家规则，而可能享有的任何权利；

（c）受害者根据 1985 年 7 月 30 日时存在于国家法中的任何特殊责任制度可能享有的任何权利。

第 3 条　统一程度

除非本指令另有规定，成员国不得为了实现对消费者和其他自然人的不同程度的保护，在其国家法中保留或引入与本指令规定相偏离的条款，包括更加严格或更加宽松的条款。

第 4 条　定义

为了本指令的目的，以下定义应适用：

1. "产品"是指所有动产，即使其与另一动产或不动产集成或互联，"产品"包括电力、数字制造文件、原材料和软件；

2. "数字制造文件"是指一个数字版本或一个动产的数字模板，其包含通过自动控制的机械或工具生产有体物所必需的功能性信息；

3. "组件"是指集成到产品中或与产品互联的任何物品，无论是有体的还是无体的，无论是原材料还是任何相关服务；

4. "相关服务"是指集成到产品中或与产品互联的数字服务，如果没有该服务，产品将无法执行其一项或多项功能；

5. "制造者控制"是指：

（a）产品制造者实施，或者就第三方的行动而言，授权或同意：

i 组件的集成、互联或供应，包括软件更新或升级；或者，

ii 对产品的修改，包括实质性修改；

（b）产品制造者有能力自行或通过第三方提供软件更新或升级。

6. "数据"系指欧洲议会和欧盟理事会 2022/868 号条例[1]第 2 条第 1 点所定义的数据;

7. "在市场上提供"是指在商业活动的过程中为在欧盟市场上销售、消费或使用而提供的任何产品,不论是有偿提供还是免费提供;

8. "投放市场"是指产品首次在欧盟市场上可用;

9. "投入使用"是指在商业活动的过程中,在产品首次使用之前尚未投放市场的情况下,在欧盟境内首次使用该产品,不论是有偿使用还是免费使用;

10. "制造者"是指符合以下条件的任何自然人或法人:

(a)开发、制造或生产产品;或者

(b)设计或制造产品,或以其名称或商标销售该产品,从而呈现为制造者;或者,

(c)开发、制造或生产自用产品;

11. "授权代表"是指在欧盟境内设立的任何自然人或法人,其已接收制造者的书面授权,可代表制造者执行欧盟产品安全和市场监督立法规定的特定任务;

12. "进口者"是指将来自第三国的产品投放到欧盟市场的任何自然人或法人;

13. "履约服务提供商"是指在商业活动中提供以下至少两项服务的任何自然人或法人:产品的仓储、包装、寻址和发送,但不拥有产品所有权,97/67/EC 号指令第 2 条第 1 点所定义的邮政服务除外[2],2018/644 号条例第 2 条第 2 点所定义的包裹寄递服务除外[3],以及任何其他邮政服务或货运服务;

14. "分销者"是指供应链中除制造者或进口者外,在市场上销售产品的任何

---

[1]欧洲议会和欧盟理事会 2022 年 5 月 30 日关于欧洲数据治理和修订 2018/1724 号条例(《数据治理法》)的 2022/868 号条例(官方公报,152,2022 年 6 月 3 日,第 1 页)。

[2]欧洲议会和欧盟理事会 1997 年 12 月 15 日关于发展共同体邮政服务内部市场和提高服务质量的共同规则的 97/67/EC 号指令(官方公报,15,1998 年 1 月 21 日,第 14 页)。

[3]欧洲议会和欧盟理事会 2018 年 4 月 18 日关于跨境包裹递送服务的 2018/644 号条例(EU)(官方公报,L 112,2018 年 5 月 2 日,第 19 页)。

自然人或法人；

15. "经济运营者"是指产品或组件的制造者、相关服务的提供商、授权代表、进口者、履约服务提供商、分销者或符合第7条第6款所述条件的在线平台的提供商；

16. "在线平台"指欧洲议会和欧盟理事会关于数字服务单一市场的〔……〕号条例（《数字服务法》）第2条第h点所定义的在线平台；

17. "商业秘密"是指2016/943号指令第2条第1点所定义的商业秘密；

18. "实质性修改"是指产品投放市场或投入使用后的修改：

（a）根据欧盟或国家有关产品安全的相关规定被认为是实质性的；或者，

i 改变了产品的原有性能、用途或类型，而制造者在最初的风险评估中并未预见到这一点；以及，

ii 改变了危害的性质，产生了新的危害或增加了风险的程度。

第二章 关于缺陷产品责任的具体规定

第5条 获得赔偿的权利

1. 成员国应确保任何因缺陷产品而遭受损害的自然人（"受害者"）有权根据本指令的规定获得赔偿。

2. 成员国应确保下列人员也可根据第1款提出赔偿请求：

（a）根据联盟或国家法律或合同而继承或代位取得受害者权利的人；或者

（b）根据联盟或国家法律代表一个或多个受害者行事的人。

第6条 损害

1. 第5条规定的赔偿权仅适用于以下类型的损害：

（a）死亡和人身伤害，包括受到医学认可的心理健康损害；

（b）损坏或毁坏任何财产，除了

i 缺陷产品本身；

ii 由缺陷组件所损害的产品，缺陷组件系由产品制造者集成到产品中或与产品互联，或系处于该制造者控制的范围；以及

iii 由产品制造者集成到产品中，或由其与产品互联的，或处在该制造者控制范围内的缺陷组件所损坏的产品。

iv 排他性地用于职业目的的财产；以及

（c）并非用于职业目的的数据的灭失或损坏。

获得赔偿的权利应包括因第 1 款所述的损害而造成的所有物质性损失，以及根据国家法律法应予赔偿的非物质性损失。

2. 本条不影响其他责任制度下与损害赔偿有关的国家法律。

第 7 条　缺陷

1. 当产品不能提供个人有理由期待的安全性或者欧盟或国家法律要求的安全性时，该产品应视为存在缺陷。

2. 在评估产品缺陷时，应考虑所有情况，包括：

（a）产品的外观呈现和特性，包括产品的标签、设计、技术特点、成分、包装以及对装配、安装、使用和维护的说明；

（b）产品合理可预见的用途；

（c）产品投放市场或投入使用后继续学习或获得新特性的能力对产品的影响；

（d）可合理预见的与该产品一同使用的其他产品对该产品的影响，包括通过互联所产生的影响；

（e）产品投放市场或投入使用的时点，如果生产商在投放市场或投入使用后仍对产品保有控制，则指产品离开生产商控制范围的时点；

（f）相关的产品安全要求，包括与安全性有关的网络安全要求；

（g）第 7 条提及的主管当局或经济经营者的，有关安全性的，对于产品的召回或任何其他相关的干预；

（h）产品面向的用户群体的具体需求；

（i）对于以防止损害为根本目的的产品，产品未能实现该目的。

3. 不得仅以较优的产品，包括对产品的更新或升级，已经或者之后投放市场或投入使用为由，将产品视为存在缺陷。

第 8 条　经济经营者对缺陷产品负有责任

1. 成员国应确保以下经济经营者根据本指令承担损害赔偿责任：

（a）存在缺陷产品的制造者；

（b）存在缺陷组件的制造者，在该制造者的控制范围之内，在该组件已集成到产品中或与产品互联的情况下，导致产品存在缺陷，但不影响制造者在第 a 项下的法律责任；以及

（c）如果制造者在欧盟境外设立，在不妨碍其自身责任的情况下：

i 缺陷产品或组件的进口者；

ii 制造者的授权代表；以及

iii 在欧盟境内没有进口者或授权代表的情况下，履约服务提供商。

制造者根据第 1 款第 a 项规定所承担的责任，也应对包括缺陷组件造成的任何损害负责，如果该组件在制造者控制的范围内集成到产品中，或与产品互联。

2. 任何自然人或法人，如其在制造者控制的范围之外对产品进行实质性修改，并随后将其投放市场或投入使用，则应视为第 1 款所指的产品的制造者。

3. 成员国应确保，在无法确定第 1 款所述在欧盟境内设立的经济经营者的情况下，缺陷产品的每一分销者在以下情况下承担责任：

（a）受害人要求该分销者确定第 1 款提及的、在欧盟境内设立的经济经营者，或要求确定向其提供该产品的分销者；以及

（b）分销者未能在收到第 a 点所述请求之后的一个月内确定相应的经济经营者或其分销者。

4. 第 3 款也适用于任何允许消费者与商家签订远程合同，且不属于经济经营者的在线平台，前提是满足 2022/2065 号条例第 6 条第 3 款规定的条件。

5. 如果由于第 1 款至第 4 款中提到的经济经营者都不能根据本指令承担责任，或者由于负有责任的经济经营者已经破产或者不复存在，受害者无法获得赔偿，成

员国可以利用现有的国家部门赔偿计划或根据国家法律建立新的赔偿计划，以适当赔偿因缺陷产品而遭受损害的受害者。

第 9 条　证据开示

1. 成员国应确保，对于在国家法院诉讼程序中就缺陷产品造成的损害提出赔偿请求的受害者（请求方），如果其提出的事实和证据足以支持其赔偿请求的合理性，则由被告应请求方之请求，开示其所掌握的相关证据，但须符合本条所规定的条件。

2. 成员国应确保，在被告提出的事实和证据足以证明其需要证据来反驳赔偿请求时，请求原告根据国家法律开示其所掌握的相关证据。

3. 成员国应确保根据第 1 款和国家法律开示的证据仅限于必要且合比例的范围。

4. 在确定一方所请求的开示是否必要且合比例时，国家法院应考虑包括相关第三方在内的各方合法利益，尤其是与保护机密信息和商业秘密有关的利益。

5. 成员国应确保，在被告被要求开示属于商业秘密或者诉称属于商业秘密的信息时，国家法院有权根据一方当事人提出的理由充分的请求而采取，或者主动采取必要的具体措施，在法律诉讼过程中和之后使用或提及该信息时为其保密。

6. 成员国应确保，在一方当事人被请求开示证据时，国家法院有权在对方提出正当理由的请求时，或在国家法院认为相关且符合国家法律的情况下，要求以易于获取且易于理解的方式开示证据，条件是国家法院认为这种开示方式与被请求方的费用和精力合比例。

7. 本条不影响有关庭前开示证据的国家规则，如果此类规则存在。

第 10 条　举证责任

1. 成员国应确保由请求方证明产品缺陷、所遭受的损害以及缺陷与损害之间的因果关系。

2. 在满足以下任何条件的情况下，应推定产品存在缺陷：

（a）被告未根据第 8 条第 1 款开示相关证据；

（b）请求方证明该产品不符合欧盟法律或国家法律规定的旨在保护受害人免受相应损害风险的强制性产品安全要求；或者

（c）请求方证明损害是由产品在可合理预见的使用过程中，或在通常情况下，发生的明显故障造成的。

3. 如果确定产品存在缺陷，且所造成的损害属于典型的与缺陷相符的损害，则应推定产品缺陷与损害之间存在因果关系。

4. 国家法院应推定产品存在缺陷或产品缺陷与损害之间存在因果关系，或两者兼而有之，尽管根据第 8 条开示了证据，并考虑到案件的所有相关情况。

5. 如果确定产品存在缺陷，且所造成的损害属于典型的与缺陷相一致的损害类型，则应推定产品缺陷与损害之间存在因果关系。

6. 国家法院应考虑案件的所有相关情况，推定产品存在缺陷或产品缺陷与损害之间存在因果关系，或者推定二者成立，尽管已根据第 9 条开示了证据：

（a）由于技术上或科学上的复杂性，请求方在证明产品缺陷或者产品缺陷与损害之间的因果关系上，或在证明二者上面临过度的困难；以及

（b）请求方阐明产品很可能存在缺陷，或者阐明缺陷与损害之间存在因果关系，或者阐明二者。

7. 被告有权反驳第 2、3 和第 4 款所述的任何推定。

第 11 条　责任免除

1. 第 8 条所指的经济经营者如能证明以下任何一项，则不应对缺陷产品造成的损害承担责任：

（a）就制造者或进口者而言，其没有将产品投放市场或投入使用；

（b）就分销者而言，其没有在市场上销售该产品；

（c）造成损害的缺陷在产品投放市场、投入使用，或者就经销商而言，在市场上提供产品之时很可能并不存在，或者在产品投放市场、投入使用，或者就经销商而言，在市场上提供产品之后才出现；

（d）缺陷是由于产品遵从法律要求所致；

（e）在产品投放市场、投入使用时或在产品处于制造者的控制范围期间，科学和技术知识的客观水平无法发现缺陷；

（f）就第 8 条第 1 款第 b 项所指的缺陷组件的制造者而言，产品的缺陷可归咎于该组件所集成的产品的设计或该产品的制造者向该组件的制造者发出的指示；或者

（g）对于第 8 条第 2 款所述的修改产品者，造成损害的缺陷与产品未受修改影响的部分有关。

2. 作为对第 1 款第 c 项的克减，如果产品缺陷是由下列原因造成的，只要在制造者控制的范围内，经济经营者不应免责：

（a）相关服务；

（b）软件，包括软件更新或升级；

（c）维护安全所需的软件更新或升级的缺失；

（d）实质性修改。

第三章　关于赔偿责任的一般规定

第 12 条　多个经济经营者的责任

1. 在不影响有关责任分担或追索的国家法律的情况下，成员国应确保在两个或两个以上的经济经营者根据本指令对同一损害负有责任时，可追究其连带责任。

2. 在下列情况下，将软件作为组件集成到产品中的制造者无权对造成损害的存在缺陷的软件组件的制造者进行追索：

（a）在软件投放市场时，软件组件的生产商是微型企业或小型企业，即在与其所有合伙企业和 2003/361/EC 号建议附件第 3 条所指的关联企业，如有，一同评估时，属于该附件第 2 条第 3 款所定义的微型企业或该附件第 2 条第 2 款所定义的小型企业的企业；以及

（b）将软件作为组件集成到产品中的制造者与组件制造者在合同中约定放弃该权利。

第 13 条 责任减轻

1. 在不影响有关责任分担或追索的国家法律的情况下，成员国应确保，当损害既是由产品缺陷所造成，又是由第三方的作为或不作为所造成时，经济经营者的责任不被减轻或免除。

2. 如果损害既是由产品缺陷所造成，又是由受害者或受害者对其负有负责的任何人的过错所造成时，则可减轻或免除经济经营者的责任。

第 14 条 追索权

当不止一个经济经营者对同一损害负有责任时，已对受害者进行赔偿的经济经营者有权根据国家法律对在第 8 条规定下负有责任的其他经济经营者请求救济。

第 15 条 责任排除或限制

成员国应确保经济经营者根据本指令对受害者承担的责任不受合同条款或国家法律的限制或排除。

第 16 条 时效

1. 成员国应确保对本指令范围内的损害提起索赔诉讼的时效期为三年。诉讼时效的期限应从受害人知晓，或者理应知晓，以下所有情况之日起算：

（a）损害；

（b）缺陷；

（c）根据第 8 条规定可追究损害赔偿责任的相关经济经营者的身份。

2. 成员国关于中止或中断第 1 款所述时效期限的法律不受本指令的影响。

第 17 条 有效期

1. 成员国应确保在 10 年时效期满后，受害人不再有权根据本指令获得赔偿，除非受害人在此期间已根据第 8 条对可予追究责任的经济经营者提起诉讼。

期限应自以下情况之日起算：

（a）造成损害的实有缺陷的产品投放市场或投入使用的日期；或者

（b）就经过实质性修改的产品而言，该产品在经过实质性修改后投放市场或投入使用的日期。

2. 作为第 1 款的例外情况，如果受害人由于人身伤害的潜伏期而未能在 10 年内提起诉讼，则在 25 年时效期满后，受害人将不再有权根据本指令获得赔偿，除非受害人在此期间已根据第 8 条对可予追究责任的经济经营者提起诉讼。

第四章　终则

第 18 条　对发展风险抗辩的克减

1. 成员国可克减第 11 条第 1 款第 e 项的规定，在其法律制度中保留现行措施，规定即使经济经营者证明以在产品投放市场、投入使用或在产品受制造者控制的期间的科学和技术知识水平不足以发现缺陷，也应承担责任。

任何希望维持本款所述措施的成员国，应在生效后的 24 个月内将措施的文本通知委员会。委员会应将此通知其他成员国。

2. 成员国可克减第 11 条第 1 款第 e 项的规定，在其法律制度中引入或修正一项措施，规定即使经济经营者证明在产品投放市场、投入使用时或在产品处于制造者控制范围期间的科学和技术知识水平不足以发现缺陷，也应承担责任。

3. 第 2 款所述措施应：

（a）仅限于特定类别的产品；

（b）以公共利益目标证成；以及

（c）合比例，即适于确保实现所追求的目标，且不超出实现该目标的必要范围。

4. 任何希望采取或修正第 2 款所述措施的成员国应将拟议的措施文本通知委员会，并说明该措施如何符合第 3 款的规定。委员会应将此通知其他成员国。

5. 委员会可在 6 个月内，考虑到从其他成员国收到的意见，就文本及其证成提出意见。

有关成员国应在向委员会发出通知后的 6 个月内暂时搁置拟议的措施，除非委员会提前发表意见。

第 19 条　透明度

1. 成员国应以易于获取的电子格式公布本国上诉法院或最高法院就根据本指令启动的诉讼程序做出的任何终审判决。公布应符合国家法律。

2. 欧盟委员会可建立并维护一个易于访问且公开的数据库，其中包含第 1 款提及的判决。

第 20 条　评估

欧盟委员会应在本指令生效后的 6 年内，并在其后每 5 年时，对本指令的实施情况进行评估，并向欧洲议会、欧盟理事会和欧洲经济与社会委员会提交一份报告，其中包括以下方面的信息：本指令的成本和收益、与经济合作与发展组织国家的比较以及产品责任保险的可得性。

第 21 条　废止和过渡性规定

1. 85/374/EEC 号指令自本指令生效之日起 24 个月后废止。但是，该指令继续适用于在该日期之前投放市场或投入使用的产品。

2. 引致 85/374/EEC 号指令时，应解释为引致本指令，并应根据本指令附件中的关联表进行解释。

第 22 条　转化

1. 成员国应在本指令生效后 24 个月内，致使遵从本指令所需的法律、法规和行政规章生效。成员国应立即向欧盟委员会报送这些规定的文本。

成员国在通过这些规定时，应引致本指令，或在其刊宪时附随引致本指令。成员国应确定如何引致本指令。

2. 成员国应将其在本指令所调整的范围内通过的国家法律的主要条款的文本

报送委员会。

第 23 条　生效

本指令自其在《欧洲联盟公报》上公布后的第 20 天起生效。

第 24 条　致送人

该指令致送各成员国。

在布鲁塞尔定稿，

欧洲议会主席

欧盟理事会主席

附件二 《人工智能责任指令》提案译文

欧洲议会和欧盟理事会关于使非合同民事责任规则与人工智能相适应的指令（《人工智能责任指令》）

（与欧洲经济区有关的文本）

欧洲议会和欧盟理事会，

考虑到《欧盟运作条约》，特别是其中的第 114 条，

考虑到欧盟委员会的建议，

向国家议会递交法律草案后，

考虑到欧洲经济和社会委员会的意见，

考虑到地区委员会的意见，

按照普通立法程序行事，

鉴于

1. 人工智能是一套赋能性的技术，可为整个经济和社会带来广泛的效益。这一技术具有巨大的技术进步潜力，可以在数字经济的许多领域实现新的商业模式。

2. 同时，根据其具体应用和使用情况，人工智能可能带来风险，并且损害受到欧盟法律或国家法律保护的利益和权利。例如，使用人工智能可能会对一些基本权利产生不利影响，包括生命权、人身安全权以及不受歧视和平等待遇的权利。

2014/1689 号条例则规定了同样适用于人工智能机械产品[1]和无线电设备的一般性[2]和部门性的产品安全规则[3]。虽然这些法律文件旨在减少安全和基本权利风险的要求，旨在预防、监测和处理风险，从而解决社会的关切，但其并未为那些因人工智能而遭受害者提供个人救济。现行要求专门规定了与人工智能系统有关的授权、制衡、监测和行政处罚，以防止造成损害。其没有规定对人工智能系统的输出或未能输出所造成的损害向受害者提供赔偿。

3. 当受害者要求对所遭受的损害进行赔偿时，成员国基于过错的一般责任规则通常要求该人证明可能对该损害负有责任的人的疏忽或故意损害作为或不作为（"过错"），以及该过错与相关损害之间的因果关系。然而，当人工智能介入到人的作为或不作为与损害之间时，特定人工智能系统的具体特征，例如不透明性、自主性和复杂性，可能会使受害者履行这一举证责任过于困难，甚至不可能。特别是，要证明由潜在责任人为之负责的特定输入造成了导致相关损害的特定的人工智能系统输出，可能过于困难。

4. 在这种情况下，国家民事责任规则提供的救济水平可能低于人工智能以外的技术造成损害的情况。这种赔偿上的差额可能导致社会对人工智能的接受程度以及对人工智能产品和服务的信任度降低。

5. 为了获得人工智能的经济和社会效益，并且促进向数字经济的过渡，有必要有针对性地调整特定的国家法律民事责任规则，以适应特定人工智能系统的具体特点。这种调整应对有助于提高社会和消费者的信任，从而促进人工智能的推广。这种调整还应确保人工智能造成的损害的受害者与其他技术造成的损害的受害者获得同样有效的赔偿，从而保持对司法系统的信任。

6. 相关的利益攸关方——受害者、潜在责任人和保险公司——面临法律上的

---

[1]［欧洲议会和理事会关于一般产品安全条例的提案］。
[2]［欧洲议会和理事会关于机械产品条例的提案］。
[3] 欧盟委员会补充欧洲议会和欧盟理事会 2014/53/EU 号指令，关于该指令第 3 条第 3 款第 d、e 和 f 点所述基本要求的适用的 2022/30 号授权法案（官方公报 7，2022 年 1 月 22 日，第 6 页）。

不确定性，不清楚国家法院在面对人工智能的具体诉争时，如何在个案中适用现有的责任规则，以实现公正的结果。在欧盟未能采取行动的情况下，至少一些成员国可能会调整其民事责任规则，以解决与特定人工智能系统的具体特征相关的赔偿差额和法律不确定性。这将给开发或提供人工智能创新产品或服务的企业造成法律上的支离破碎和内部市场层面的障碍。中小型企业尤其会受到影响。

7. 本指令的目的是通过协调特定的国家法律中的非合同过错责任规则，从而促进内部市场的正常运行，从而确保因人工智能系统对其造成的损害而要求赔偿的人所享有的保护水平相当于因未涉及人工智能系统而造成的损害而要求赔偿的人所享有的保护水平。成员国无法充分实现这一目标，因为相关的内部市场障碍与国家层面存在单边且分散的监管措施的风险有关。鉴于本指令范围内产品和服务的数字化性质，在跨境的背景下，后者尤为相关。

8. 因此，在涉及人工智能系统的情况下，确保法律确定性和防止赔偿差额的目标可以在联盟一级更好地实现。因此，联盟可根据《欧盟条约》第5条规定的辅助性原则采取措施。根据该条规定的合比例性原则，本指令不超出实现该目标所必需的范围。

9. 因此，有必要在联盟层面有针对性地统一过错责任规则的具体层面。这种协调应当能够提高法律确定性，为人工智能系统创造公平的竞争环境，从而改善内部市场在生产和传播人工智能产品和服务方面的运作。

10. 为了确保合比例性，只以有针对性的方式统一那些对因人工智能系统造成的损害而要求赔偿的人的举证责任加以规定的过错责任规则，是适当的。本指令不应协调各国民事责任规则以不同方式加以规定的民事责任的一般层面，如过错或因果关系的定义、引起损害赔偿请求的不同损害类型、多个侵权人间的责任分配，行为、损害赔偿的计算或时效期限。

11. 85/374/EE 号指令 [1] 已经在欧盟层面统一了成员国关于生产者对其产品缺陷所造成损害的责任的法律。然而，这些法律并不影响成员国基于产品缺陷以外的

[1] 欧盟理事会1985年7月25日涉及成员国有关缺陷产品责任的法律、法规和行政规定的统一性的85/374/EEC号指令（官方公报210，1985年8月7日，第29页）。

其他原因而制定的合同或非合同责任规则，如担保、过失或严格责任。与此同时，85/374/EE 号指令的修订旨在澄清并确保受害者可就人工智能产品缺陷所造成的损害要求赔偿，因此应当澄清的是，该指令的规定并不影响受害者根据执行 85/374/EEC 号指令的国家规则可能享有的任何权利。此外，在运输领域，规范运输运营者责任的欧盟法律不应受到本指令的影响。

12.《数字服务法》[1] 全面协调了适用于内部市场的中介服务提供者的规则，涵盖了这些提供者提供的服务所产生的社会风险，包括其所使用的人工智能系统。本指令不影响《数字服务法》的规定，这些规定为托管服务提供者的算法决策尽职调查义务提供了一个全面和统一的框架，包括在满足该条例条件的情况下，免除其服务接收者上传非法内容的传播责任。

13. 除其所规定的推定之外，本指令并没有协调各国法律中关于何方负有举证责任或关于举证标准需要有多大的确定性的规定。

14. 该指令应遵循最低限度的协调方法。这种方法允许人工智能系统造成损害案件中的请求方援引国内法中更有利的规则。例如，国家法律可以保留国家层面的过错责任制度下的举证责任倒置，或者国家层面的无过错责任（也称"严格责任"）制度，这些制度在国家法律中已有很丰富的种类，可能适用于人工智能系统造成的损害。

15. 还应确保与 2024/1689 号条例的一致性。因此，本指令对人工智能系统、提供者和部署者所使用相同的定义是适当的。此外，本指令只应涵盖因人工智能系统的输出或未能输出而造成的损害索赔，这种损害是由特定个体的过错造成的，例如根据 2024/1689 号条例，是由提供者或部署者造成的。如果损害是由人类评估后的人类的作为或不作为造成的，而人工智能系统只是提供了相关人类行为者已经考虑到的信息或建议，则没有必要涵盖对其责任的索赔。在后一种情况下，有可能将损害追溯到人的作为或不作为，因为人工智能系统的输出并没有介入到人的作为或不作为与损害之间，确定因果关系因此并没有比不涉及人工智能系统的情况更

---

[1]［欧洲议会和理事会关于数字服务单一市场条例的提案（《数字服务法》）］。

困难。

16. 获得涉嫌造成损害的具体的高风险人工智能系统的信息，是确定是否赔偿和证实索赔的一个重要因素。此外，对于高风险的人工智能系统，2024/1689 号条例规定了具体的文件、信息和记录要求，但没有规定受害者有权获取这些信息。因此，为了确定赔偿责任，应该规定那些掌握相关证据的人开示这些证据的规则。这也将进一步鼓励人们遵守 2024/1689 号条例中规定的相关要求，记录或记载相关信息。

17. 通常而言，参与高风险人工智能系统的设计、开发、部署和运营的人数众多，使受损害者难以确定对所造成的损害可能负有责任的人，也难以证明提出损害赔偿请求的条件。为使受损害者能够确定损害赔偿请求是否有充分依据，应赋予潜在请求方在提交损害赔偿请求之前，请求法院下令开示相关证据的权利。只有在潜在请求方提出的事实和信息足以支持损害索赔的合理性，并且事先已向提供者、承担提供者义务的人或部署者提出请求，要求开示其所掌握的关于涉嫌造成损害的特定高风险人工智能系统的证据但遭到拒绝的情况下，才应下令开示这些证据。下令开示应当能够减少不必要的诉讼，并且避免诉讼当事人可能因其无理索赔或索赔可能败诉而产生的费用。在向法院提出请求之前，提供者、承担提供者义务的人或部署者拒绝开示证据，不应导致对拒绝开示者未履行相关注意义务的推定。

18. 对高风险人工智能系统开示证据的限制符合 2024/1689 号条例，该法对参与设计、开发和部署高风险人工智能系统的运营者规定了对技术文件、记录留存和信息的义务。这种一致性还确保了必要的合比例性，避免了预期风险较低或并不具备风险的人工智能系统的运营者以类似于 2024/1689 号条例对高风险人工智能系统所要求的水平记录信息。

19. 国家法院应当能够在民事诉讼过程中，命令根据 2024/1689 号条例已有义务记录信息的人开示或留存与高风险人工智能系统造成的损害有关的相关证据，无论这些人是作为被告方还是作为索赔的第三方的提供者、与提供者有相同义务的人或人工智能系统的部署者。在特定情况下，与案件有关的证据可能由并非损害索赔当事人的实体持有，但这些实体有义务根据 2024/1689 号条例记录或留存此类证据。因此，有必要规定在何种条件下可以命令这些索赔第三方开示相关证据。

20. 为了保持损害赔偿请求所涉各方与有关第三方之间的利益平衡，法院只应在为支持损害赔偿请求或潜在的损害赔偿请求所必需和合比例的情况下，方可下令开示证据。在这方面，开示的证据只应涉及对相关损害赔偿请求做出裁决所必需的证据，例如，只应涉及证明未遵守2024/1689号条例规定的要求所需的相关记录或数据集的一部分。为确保此类开示或保全措施的合比例性，国家法院应有有效手段保障所有相关方的合法权益，例如2016/943号指令[1]所指的商业秘密以及机密信息，如与公共安全或国家安全相关的信息。对于法院已确定为2016/943号指令意义上的商业秘密，或者已确定为2016/943号指令意义上所据称的商业秘密，应授权国家法院采取具体措施，以确保商业秘密在诉讼期间和诉讼之后的保密性，同时在商业秘密持有人的保密利益和受损害人的利益之间实现公平且适度的平衡。这应当包括限制获取包含商业秘密的文件的措施，以及限制少数人获取听证会或文件及其记录的措施。在就此类措施做出决定时，国家法院应考虑到确保有效救济权和公平审判权的需要、当事人的合法权益，以及在适当情况下，第三方的合法利益和因同意或拒绝此类措施而对任何一方当事人或者在适当情况下，第三方造成的任何潜在损害。此外，为确保在损害赔偿请求中对第三方适度地适用开示措施，只有在无法从被告方处获得证据的情况下，国家法院才应下令从第三方处进行开示。

21. 虽然国家法院可以通过各种措施强制执行其开示令，但任何此类强制执行措施都可能会延误对损害赔偿的请求，从而可能给诉讼当事人造成额外的开支。对于受害者来说，这种延迟和额外支出可能会使他们更难获得有效的司法救济。因此，如果损害赔偿请求中的被告方未能按照法院的命令开示其所掌握的证据，则宜推定被告方未履行该证据旨在证明的注意义务。这种可反驳的推定将缩短诉讼时间，提高法庭诉讼的效率。被告方应当能够通过提交相反的证据来推翻这一推定。

22. 为了解决难以证明由潜在责任人对其负责的特定输入造成了导致相关损害

[1] 欧洲议会和欧盟理事会2016年6月8日关于保护未经披露的技术知识和商业信息（商业秘密）免受非法获取、使用和披露的2016/943号指令（官方公报157，2016年6月15日，第1页）。

的特定人工智能系统输出的问题，在特定条件下规定对因果关系的推定，是适当的。在基于过错的索赔中，请求方通常必须证明损害、构成被告方过错的人的作为或不作为以及两者间的因果关系，但本指令并未统一各国法院确定过错的条件。这些条件仍受适用的国内法以及适用的欧盟法——如果已经统一——的制约。同样，本指令也没有统一与损害有关的条件，例如哪些损害应予赔偿，这些条件也由适用的国内法和欧盟法规定。要适用本指令规定的因果关系推定，被告方的过错应确定为人的作为或不作为，而这种作为或不作为并不符合欧盟法或国内法所规定的，直接旨在防止损害发生的注意义务。因此，这一推定可适用于身体伤害的损害赔偿请求，例如，当法院确定被告方不遵守旨在防止对自然人造成伤害的使用说明的过错时。不遵守并非直接旨在防止损害发生的注意义务不会导致适用该推定，例如供应商未向主管当局提交所需文件不会导致在因人身伤害而提出的损害赔偿请求中适用该推定。此外，还有必要确定，根据案件的具体情况，可以合理地认为故障有可能影响了人工智能系统的输出，或者影响了人工智能系统使其未能输出。最后，仍然应当要求请求方证明输出或未能输出导致了损害。

23. 这种过错可以通过没有遵守专门规范高风险人工智能系统的联盟规则的方面，从而得到证明，例如 2024/1689 号条例对特定的高风险人工智能系统提出的要求，根据 2024/1689 号条例第 2 条第 2 款，其中未来的部门性立法可能对其他高风险人工智能系统提出的要求，或与特定活动有关的注意义务，这些义务无论人工智能是否用于该活动都适用。与此同时，该指令既没有制定也没有协调其活动受这些法案监管的实体的要求或责任，因此不会产生新的责任要求。由于本指令既不引入新的要求，也不影响现有的要求，因此，确定违反此类要求是否构成过错将根据欧盟法律中适用规则的规定进行。例如，根据《数字服务法》，中介服务提供者的免责和尽职调查义务不受本指令的影响。同样，根据关于数字单一市场版权及相关权利的 2019/790 号指令和其他相关的欧盟版权法，网络平台应遵守有关要求，避免未经授权向公众传播受版权保护的作品。

24. 在联盟法律未加统一的领域，国家法律继续适用，过错根据适用的国家法律确定。所有国家的责任制度都有注意义务，将合理的人应如何作为的原则的不同表述作为行为标准，这也确保了人工智能系统的安全运行，以防止对公认的法律利益造成损害。例如，这种注意义务可以要求人工智能系统的部署者为特定任务选择具备特定特征的特定人工智能系统，或排除特定人群接触特定人工智能系统。国家法律也可以引入旨在预防特定活动的风险的特定义务，无论人工智能是否用于这些活动，这些义务都适用，例如交通规则或者专门为人工智能系统设计的义务，例如根据 2024/1689 号条例第 26 条第 2 款对高风险人工智能系统部署者的额外的国家层面的要求。本指令既不引入此类要求，也不影响在违反此类要求时确定过错的条件。

25. 即使证明了由不遵守直接旨在防止损害发生的注意义务而构成的过错，也不是每一个过错都应导致将其与人工智能的输出相联系的可反驳推定的适用。只有当从损害发生的情况来看，可以合理地认为这种过错很可能影响了人工智能系统的输出，或者很可能影响了人工智能系统未能产生导致损害的输出时，才应适用这种推定。例如，如果该故障违反了关于限制人工智能系统操作范围的注意义务，而损害发生在操作范围之外，则可以认为该故障合理地有可能影响了输出或未能产生输出。相反，违反了提交特定文件或向特定当局登记的要求，即使相应要求可能是为该特定活动所预见，甚至相应要求明确适用于人工智能系统的操作，也不能视为有合理地可能影响了人工智能系统产生的输出，或者影响了人工智能系统未能产生输出。

26. 本指令涉及构成不遵守 2024/1689 号条例第二章和第三章为高风险人工智能系统的提供者和部署者规定的特定所列要求的过错，在特定条件下，不遵守这些要求可导致对因果关系的推定。2024/1689 号条例规定了全面统一对人工智能系统的要求，除非其中另有明确规定。因此，在根据本指令适用因果关系推定的损害赔偿请求中，只有通过未能遵守这些要求，才能确定提供者或根据 2024/1689 号条例承担提供者义务的人的潜在过错。鉴于在实践中，当被告方是人工智能系统的提供者时，请求方可能很难证明这种不遵守的情况，而且，为了与 2024/1689 号条例的逻辑完全一致，本指令还应规定，在确定提供者是否遵守了本指令提到的人工智能法的有关要求时，应考虑到提供者在风险管理系统内采取的步骤和风险管理系统的结果，即采取或没有采取特定的风险管理措施的决定。提供者根据 2024/1689 号条例建立的风险管理系统，是一个在高风险人工智能系统的整个生命周期中持续迭代的过程，提供者通过该过程确保遵守旨在降低风险的强制性要求，因此可以作为评估遵守情况的有用因素。本指令还涵盖了部署者过错的情况，即部署者没有遵守 2024/1689 号条例规定的特定的要求。此外，根据 2024/1689 号条例第 26 条第 2 款，高风险人工智能系统部署者的过错可在未能遵守联盟或国家法律规定的其他注意义务之后得以确定。

27. 虽然特定人工智能系统的具体特点，如自主性和不透明性，可能使请求方履行举证责任过于困难，但在一些情况下，这种困难并不存在，因为请求方可以获得足够的证据和专门知识来证明因果关系。例如，在高风险人工智能系统方面，请求方可以根据 2024/1689 号条例的文件和记录要求，合理地获得足够的证据和专业知识。在这种情况下，法院不应适用推定。

28. 因果关系推定也可适用于不属于高风险人工智能系统的人工智能系统，因为对请求方来说，举证可能过于困难。例如，可以根据特定的人工智能系统的特性来评估这种困难，如自主性和不透明性，这些特点使得解释人工智能系统的内部运作在实践中非常困难，对请求方证明被告方的过错与人工智能输出之间的因果关系的能力产生负面影响。如果请求方在证明因果关系方面处于过于困难的地位，则国家法院应适用该推定，因为请求方需要解释人工智能系统是如何在构成过错的人的作为或不作为的引导下输出，或未能输出，从而导致损害的。然而，请求方既不应被要求解释有关人工智能系统的特性，也不应被要求解释这些特性如何使得因果关系更难证明。

29. 适用因果关系推定的目的，是确保受害者得到与不涉及人工智能的情况类似的保护，因果关系可能因此更容易证明。然而，如果被告方不是职业部署者，而是在私人活动中使用人工智能系统的人，根据本指令减轻因果关系的举证责任并非总是合适的。在这种情况下，为了平衡受害者和非职业使用者之间的利益，需要考虑这些非职业使用者是否通过其行为增加人工智能系统造成损害的风险。如果一个人工智能系统的提供者已经履行了其所有义务，因此，该系统被认为足够安全，可以投放市场供非职业使用者使用，并且该系统随后用于该任务，那么因果关系推定不应适用于这些非职业使用者对该系统的简单的启动操作。如果非职业使用者购买了人工智能系统，并按照其用途简单地将其投入使用，而没有对操作条件进行实质性干预，则不应适用本指令规定的因果关系推定。但是，如果国家法院认定，非职业使用者对人工智能系统的运行条件进行了实质性干预，或者被要求，并且有能力确定人工智能系统的运行条件，但却没有这样做，那么在所有其他条件都得到满足的情况下，因果关系推定应适用。例如，当非职业使用者在选择操作区域或设定人工智能系统的性能条件时，没有遵守使用说明或其他适用的注意义务，就可能出现这种情况。这并不影响以下事实，即提供者应确定人工智能系统的预期目的，包括具体的使用环境和条件，并在设计和开发时酌情消除或尽量减少该系统的风险，同时考虑到预期使用者的知识和专长。

30. 由于该指令引入了一项可反驳的推定，被告方应当能够反驳这一推定，特别是通过证明其过错不可能造成损害而反驳。

31. 有必要规定在转化期结束后［五年内］对本指令进行审查。特别是，该审查应研究是否有必要制定针对运营者索赔的无过错责任规则，只要其他欧盟责任规则，特别是 85/374/EEC 号指令尚未加以涵盖，并如欧洲议会所建议的那样，结合特定人工智能系统的运营的强制性保险。[1] 根据合比例性原则，应根据未来几年相关技术和法规的发展情况来评估这种需要，同时考虑到对人工智能系统的推广和采用的效果和影响，特别是对中小企业的影响。除其他情况外，这种审查应考虑人工智能产品或服务的运行对重要的法律价值，如不知情第三方的生命、健康和财产，造成损害的风险。该审查还应分析本指令规定的措施在应对此类风险方面的有效性，以及由保险市场制定适当的解决方案的情况。为确保提供进行此类审查所需的信息，有必要收集涉及相关事项的数据和其他必要证据。

32. 鉴于有必要对国家民事责任和程序规则进行调整，以促进在有利的内部市场条件下推出人工智能产品和服务，促进社会对人工智能技术和司法系统的接受和

---

[1] 欧洲议会 2020 年 10 月 20 日决议向欧盟委员会提出关于人工智能民事责任制度的 2020/2014（INL）号建议（官方公报 404，2021 年 10 月 6 日，第 107 页）。

消费者对其的信任，因此，为成员国采取必要的转换措施，设定一个不迟于本指令［生效后两年］的期限是适当的。

33. 根据成员国和欧盟委员会 2011 年 9 月 28 日关于解释性文件的联合政治宣言［1］，成员国承诺在具有正当理由的情况下，在转化措施通知中附上一份或多份文件，解释指令的组成部分与国家转化文件相应部分之间的关系。就本指令而言，立法者认为传递此类文件是合理的。

已经通过该指令：

第 1 条　宗旨和范围

1. 本指令规定了以下方面的共同规则：

（a）开示有关高风险人工智能系统的证据，使请求方能够证实基于非合同过错的民事损害索赔；

（b）就人工智能系统造成的损害向国家法院提出非合同过错民事索赔的举证责任。

2. 如果人工智能系统造成的损害发生在［转化期结束］之后，本指令适用于非合同过错的民事损害赔偿请求。

本指令不适用于刑事责任。

3. 本指令不影响：

（a）规范运输领域的责任条件的欧盟法律规则；

（b）受害者根据实施 85/374/EEC 号指令的国家规则可能享有的任何权利；

（c）《数字服务法》规定的责任豁免和尽职调查义务；以及

（d）除第 3 条和第 4 条规定的内容外，确定由何方承担举证责任、举证标准的确定性程度要求或在国家层面如何界定过错的规则。

4. 成员国可通过或维持更有利于请求方就人工智能系统造成的损害提出非合

---

［1］欧洲议会和欧盟理事会 2020 年 11 月 25 日关于保护消费者集体利益的代表行动，并废除 2009/22/EC 号指令的 2020/1828 号指令（官方公报 409，2020 年 12 月 4 日，第 1 页）。

同民事索赔的国内规则，但这些规则必须符合欧盟法律。

第2条 定义

为了本指令的目的，以下定义应当适用：

（1）"人工智能系统"指 2024/1689 号条例第 3 条第 1 项所定义的人工智能系统；

（2）"高风险人工智能系统"指 2024/1689 号条例第 6 条所述及的人工智能系统；

（3）"提供者"指 2024/1689 号条例第 3 条第 3 项所定义的提供者；

（4）"部署者"指 2024/1689 号条例第 3 条第 4 项所定义的部署者；

（5）"损害赔偿请求"系指对人工智能系统的输出或该系统未能产生本应产生的输出所造成的损害进行赔偿的非合同过错的民事请求；

（6）"请求方"系指提出以下损害赔偿请求的人：

（a）因人工智能系统的输出或因该系统未能产生本应产生的输出而受到损害；

（b）已经凭借法律或合同或继承或代位取得受损害人的权利；或者

（c）根据联盟或国家法律，代表一名或多名受害者行事。

（7）"潜在请求方"系指正在考虑但尚未提出损害赔偿请求的自然人或法人；

（8）"被告方"系指损害赔偿请求的相对人；

（9）"注意义务"系指国家或联盟法律规定的行为标准，以避免损害国家或联盟法律认可的合法利益，包括生命、人身安全、财产和对基本权利的保护。

第3条 证据开示和可反驳的违法推定

1. 成员国应确保国家法院有权根据潜在请求方的要求，相应潜在请求方曾要求提供者根据 2024/1689 号条例第 16 条或第 25 条第 1 款而受到提供者义务约束的人或者部署者开示其掌握的关于涉嫌造成损害的特定高风险人工智能系统的相关证据，但遭到拒绝，或者根据请求方的要求，命令相应主体开示此类证据。

为支持该请求，潜在请求方必须提出足以支持损害赔偿合理性的事实和证据。

2. 在提出损害赔偿请求的情况下，只有在请求方已尽一切努力从被告方处收集相关证据的情况下，国家法院才应下令由第 1 款所列人员之一开示证据。

3. 成员国应确保国内法院有权根据请求方的请求，下令采取具体措施，保全第 1 款所述的证据。

4. 国家法院应将证据开示限制在支持潜在索赔或损害赔偿请求所必需且合比例的范围内，并将证据保全限制在支持损害赔偿请求所必需且合比例的范围内。

在确定开示或保全证据的命令是否合比例时，国家法院应考虑包括相关第三方在内的所有各方的合法利益，尤其是与保护 2016/943 号指令第 2 条第 1 款所指的商业秘密以及机密信息，如与公共或国家安全相关的信息，有关的合法利益。

成员国应确保，在下令开示法院已确定为 2016/943 号指令第 9 条第 1 款意义上的机密的商业秘密或所谓的商业秘密时，国家法院有权根据一方当事人提出的理由充分的请求或主动采取必要的具体措施，在法律诉讼中使用或提及该证据时保守机密。

成员国还应确保命令开示或保存第 1 款或第 2 款所述证据的人对此类命令有适当的程序性救济。

5. 如果被告方在损害赔偿请求中未能遵守国家法院根据第 1 款或第 2 款发出的开示或保全其所掌握的证据的命令，国家法院应推定被告方未履行相关的注意义务，尤其是在第 4 条第 2 款或第 3 款所述情况下，所要求的证据是为了证明相关损害赔偿请求的目的。

被告方有权反驳这一推定。

第 4 条　过错情况下因果关系的可反驳推定

1. 在不违反本条规定的前提下，国内法院在对损害赔偿请求适用责任规则时，应推定被告方的过错与人工智能系统产生的输出，或者人工智能系统未能产生输出之间存在因果关系，但须满足以下所有条件：

（a）请求方已证明或法院已根据第 3 条第 5 款推定被告或被告方应对其行为负责的人存在过错，即不遵守联盟或国家法律所规定的直接旨在保障所发生的损害免于发生的注意义务；

（b）根据案件的具体情况，可以合理地认为该故障有可能影响了人工智能系统产生的输出或人工智能系统未能产生输出；

（c）请求方已证明人工智能系统产生的输出或人工智能系统未能产生输出导致了损害。

2. 在对符合 2024/1689 号条例第三编第二章和第三章规定要求的高风险人工智能系统的提供者，或者根据 2024/1689 号条例第 16 条或第 25 条第 1 款受提供者义务约束的人提出损害赔偿请求的情况下，只有在投诉人证明提供者，或者考虑到根据 2024/1689 号条例第 9 条和第 16 条第 a 点建立的风险管理系统所采取的步骤和所取得的结果，或者证明在相关情况下，受提供者义务约束的人，未能遵守这些章节中规定的以下任何要求：

（a）人工智能系统是一种利用数据训练模型的技术的系统，其并非在符合 2024/1689 号条例第 9 条第 2 至第 4 款所述的质量标准的训练、验证和测试数据集的基础上开发的；

（b）人工智能系统的设计和研发不符合 2024/1689 号条例第 13 条规定的透明度要求；

（c）根据 2024/1689 号条例第 14 条，人工智能系统的设计和开发的方式不允许自然人在人工智能系统的使用期间进行有效监督；

（d）根据 2024/1689 号条例第 15 条和第 16 条第 a 点，人工智能系统的设计和开发未能根据其预期目的达到适当的准确性、稳健性和网络安全水平；或者

（e）没有立即采取必要的纠正措施，使得人工智能系统符合 2024/1689 号条例第三编第二章规定的义务，或者没有根据 2024/1689 号条例第 16 条第 g 点和第 21 条的规定酌情撤回或召回该系统。

3. 在对符合 2024/1689 号条例第三编第二章和第三章规定的要求的高风险人工智能系统的部署者提出损害赔偿请求的情况下，请求方应满足第 1 款第 a 项的条件，如果请求方证明该部署者：

（a）没有按照随附的使用说明履行使用或监测人工智能系统的义务，或在适

当情况下，没有按照 2024/1689 号条例第 20 条暂停或中断人工智能系统的使用；或者

（b）根据 2024/1689 号条例第 10 条第 4 款，使人工智能系统接触到在其控制之下且与系统预期目的无关的输入数据。

4. 在涉及高风险人工智能系统的损害赔偿请求中，如果被告方证明请求方可以合理地获得足够的证据和专业知识来证明第 1 款所提到的因果关系，则国家法院不应适用第 1 款的推定。

5. 在对不属于高风险人工智能系统的人工智能系统提出损害赔偿请求的情况下，第 1 款规定的推定仅适用于国家法院认为请求方证明第 1 款所述的因果关系过分困难的情况。

6. 在对在个人非职业活动中使用人工智能系统的被告方提出损害赔偿请求的情况下，第 1 款规定的推定仅适用于被告方对人工智能系统的运行条件进行实质性干预的情况，或被告方被要求，并有能力确定人工智能系统的运行条件，但未能如此行事的情况。

7. 被告方有权反驳第 1 款进行的推定。

第 5 条　评估和有针对性的审查

1. 在［转化期结束后的五年期限］内，委员会将审查本指令的实施情况，并向欧洲议会、欧盟理事会和欧洲经济和社会委员会提交一份报告，同时酌情提出一项立法建议。

2. 报告应审查第 3 条和第 4 条对实现本指令所追求目标的影响。特别是，报告应评估针对特定的人工智能系统运营者的索赔的无过错责任规则（只要其他欧盟责任规则尚未加以涵盖）的适当性，以及由保险赔付加以涵盖的必要性，同时考虑到对人工智能系统的推广和采用的效果和影响，特别是对中小型企业的影响。

3. 委员会应当为根据第 1 款和第 2 款编写报告制定一项监督计划，规定如何以及每隔多长时间收集数据和其他必要的证据。该计划应明确委员会和成员国在收集和分析数据及其他证据方面应采取的行动。为实施该计划，各成员国应在［转化

期结束后第二年的 12 月 31 日〕及其后每年年底前，向委员会提交相关的数据和证据。

第 6 条 2020/1828 号指令的修正

在 2020/1828 号指令的附件一中，增加以下第 67 项：

（67）欧洲议会和欧洲理事会……关于调整非合同民事责任规则以适应人工智能的……/……号指令（《人工智能责任指令》）（官方公报，第……页）。

第 7 条 转化

1. 成员国应至迟于〔本指令生效后两年内〕使得遵从本指令所需的法律、法规和行政规定生效。成员国应立即向欧盟委员会通报这些规定的文本。

成员国在通过这些规定时，应引致本指令，或在正式发布时附带引致本指令。成员国应确定如何引致本指令。

2. 成员国应向委员会通报其在本指令所涉领域通过的国家法律主要规定的文本。

第 8 条 生效

本指令自其在《欧盟官方公报》上公布后的第 20 天起生效。

第 9 条 致送人

该指令致送各成员国。

在布鲁塞尔完成，

欧洲议会主席

欧盟理事会主席

附件三 欧盟成员国意见反馈（节选）

1. 对《人工智能法案》整体的意见

斯洛伐克意见：斯洛伐克整体地做出审查保留。[……] 为了防止法院可能成功地挑战该条例的有效性（就像之前在数据流动和数据留存领域的情况一样），斯洛伐克建议要求相关当局根据欧盟法院的判例法，就该提案的合法性基础的充分性提供意见，因为该提案似乎也在规范落入各成员国专属权限或共同权限的领域，例如国家当局在司法、教育或社会福利等领域行使公共权力；公共安全（在执法等领域）和国家安全（例如，双重用途的人工智能系统用于军事目的；私人主体向国家安全当局提供人工智能系统）。

——《欧盟运作条约》第290条对欧盟委员会授权权力的限制，特别是第4条和第7条所建议的限制。

——《欧盟运作条约》第16条对国家和欧盟当局的机构独立性可能产生的影响，包括在执法以外的领域可能产生的影响。

斯洛伐克还提议邀请欧盟基本权利机关深入研究目前网络空间执法以及软件评估和监测的挑战和局限性并确定应对这些挑战的可能工具箱。研究应考虑从《通用数据保护条例》和《欧盟医疗设备条例》的适用中获得的教训。

最后但并非最不重要的是，该提案应平等地关注所有其所宣称的目标，即第1条中列举的压倒性的公共利益理由：保护（1）健康、（2）安全和（3）基本权利。事前和事后保护基本权利和健康的监管工具需要像与安全有关的工具一样明确、成熟和有效。目前的建议主要集中在安全方面，因为其建立在产品安全立法和合格性评估的基础上，并在很大程度上依赖于私主体创建的技术标准。在相应标准尚不可行或尚不充分的情况下，对健康和基本权利的保护不应沦为技术标准。这一点更加重要，因为该提案是一项全面的协调措施，这意味着所有人工智能的部署和使用如果没有为所提案的条例禁止或限制，将自动视为合法、正当且合比例的。

捷克意见：捷克共和国对选择横向监管的方式仍有疑问，因为尚未充分证明该提案的目的不能通过部门监管来实现。拟议法律对各种部门政策产生了影响，其中一些政策属于欧盟的共享权限或支持权限（公共卫生、就业、运输、民事保护、安全、教育、执法）。拟议法规的合法性基础和监管方式应考虑到这些部门政策，并解释该法规如何促进其发展。拟议的横向法规和部门政策之间的关系并不清楚，特别是在欧盟和成员国之间的权限划分方面并不清楚。必须正确分析横向方法和拟议法律对这些部门的影响，以防止任何赘余的或消极的影响。与现有部门政策和立法行为的相互作用也需要得到正确的分析。

丹麦意见：我们支持欧盟委员会关于建立人工智能横向监管框架的建议，因为这可以促进一个真正的单一市场，以期实现值得信赖的、以人为本的、安全且可靠的人工智能。

监管框架必须遵循基于风险、技术中立且合比例的方法，其所设定的义务水平与可能发生的有害影响的水平保持一致。在此背景下，有必要建立一个明确的、可操作的监管框架，以确保公民的信任、增加对社会的保护，同时又不会不必要地阻碍创新的能力或损害竞争力。因此，我们需要建立一种方法，让创新和可信度成为一枚硬币的两面。这意味着，要在设定正确的要求和保障措施之间取得平衡，以实现可信赖的人工智能，同时促进和推动创新。

在这方面，监管框架必须建立一个具有一致规则的内部市场，考虑到现有的立法，避免为供应商和用户造成不必要的行政和财政负担。

为了实现合比例的、基于风险的方法，需要对提案中的一些关键内容进行进一步的打磨和讨论。

我们认为，我们应该首先在人工智能的范围和定义方面找到共同点。在这些方面达成共识，对于就提案的其他内容达成协议至关重要。因此，我们在书面意见中优先考虑了这些内容。

我们以下的评论和建议是初步的，因为我们对该提案仍持有审查保留意见。此外，由于第1—29条包含一些最为复杂的条款，国家层面的协调工作仍在进行，我们保留在稍后阶段就这些条款提交进一步评论和建议的权利。

荷兰意见：荷兰感谢主席国斯洛文尼亚提供的机会，就《人工智能法案》的第一、二和三章，以及相应的附件一、二、三和其他附件提出意见。请注意，以下提供的起草建议和/或意见并非详尽无遗：我们目前仍在对该提案进行深入的分析，这就是我们目前只能分享一般性的评论的原因。荷兰的以下意见聚焦在其认为是最相关的问题上。

我们敦促，正如在10月14日的电信理事会上提到的那样，在达成共同立场的过程中，彻底性和质量要比速度更加优先。这是一个复杂的文件，可能会产生深远的影响。

此外，在撰写本报告时，荷兰新政府的组建工作正在进行。我们目前的政府正处于辞职的状态。

（1）荷兰呼吁加强成员国的参与，以修正拟议的《人工智能法》中的附件一和附件三，从而灵活应对人工智能领域技术的迅速发展。我们认为，这些附件是拟议的法案的基本要素，我们建议将第7条改为实施法。此外，荷兰希望删除附件三中的高风险区域，正如之前的提案草案中提到的，相应内容在最终版本的提案中已经删除。最后，荷兰呼吁纳入一个磋商程序，以汇集非政府利益相关者的观点，如民间社会和企业，这些利益相关者在技术、方法和高风险人工智能领域的研发方面拥有基于最佳实践的专业知识。

（2）荷兰的立场是，《人工智能法》应不妨碍欧盟和国家关于人工智能系统使用情况的规则。例如，根据公平审判和良好管理的原则，特定的具有单边约束力的决定必须有适当的理由。这一动机原则应适用于公共部门使用的任何人工智能系统，如果《人工智能法》不包含有关动机原则的规定，则相应原则不能被该法推翻。

（3）荷兰对第3条和附件一中使用的"人工智能系统"的现有定义感到担忧，因为相应定义可能赋予该条例过于宽泛的适用范围。我们建议将范围具体化为其具体特点需要本条例所规定的额外措施的人工智能系统。我们担心的是，人工智能系统的广泛定义、广泛的技术清单（附件一）和高风险领域的广泛定义（附件三）的结合，可能会导致对基本权利风险最小的算法系统实施监管。这有可能是不合比例的，使组织（特别是中小企业）负担过重，扼杀创新，需要仔细考虑。

（4）关于第3条的定义和第16—29条的义务：应更加注意澄清各组织在同时承担一个以上的角色（提供者、使用者等）时的不同角色和责任。这尤其适用于政府组织在其内部研发和使用人工智能系统时的责任。

（5）荷兰支持基于风险的方法，其中设定的要求与风险合比例。广泛的要求适用于高风险的人工智能系统，以防范或纾解风险（第二章第9条），例如有义务进行事先的合格性评估或确保其进行评估（第三章第19条）。尽管我们同意主体应该规定一定程度的要求和义务，但我们强烈要求提供更多的指导，特别是帮助中小企业、初创企业和小规模的提供者和使用者。这一点很重要，因为相关的企业并不总是拥有正确的专业知识。尽可能地指导这些企业是很重要的，特别是在合格性评估和管理负担方面。例如，可以以工具、路线图或检查表的形式提供指导。

（6）荷兰正在仔细考虑受到人工智能系统影响的人的作用：该条例草案的重点是提供或使用人工智能系统的经济和机构主体，并且侧重于治理。我们目前正在研究在其规定中受人工智能系统影响的人是否有足够的机会获得该条例与其他立法相结合的法律保护。

（7）荷兰正在仔细考虑第5条中的危害，以及我们是否必须包括（替代性）措施，以进一步避免非法侵犯人权、民主和法治的行为。

（8）使《人工智能法》与《通用数据保护条例》保持一致：总体而言，《人工智能法》仍然缺乏对《通用数据保护条例》现有条款的明确引致。《人工智能法》将受益于对《通用数据保护条例》的更加明确的引致，目的是提高法律的确定性和清晰度。

（9）排除国家安全：请将国家安全明确排除在本条例的适用范围之外，因为国家安全是成员国专属的职能。

（10）通过在附件三中使用"学生"一词，该提案可以暗示其仅包括职业教育和高等教育，以及终身学习。人工智能系统也应用于小学和中学教育，甚至可能应用得更加频繁，同时这个年龄段的儿童（18 岁以下的未成年人）甚至更容易受到伤害。在理解到《人工智能法》应适用于所有教育部门的前提下，我们建议稍作打磨以澄清这一点。其次，《人工智能法》应考虑到教育领域的发展，如灵活化，因而从"终结性评估"（对所学知识的评估，即学习结果）到"形成性评估"（评估的目的是指导学习过程）的转向，以及人工智能的预测性使用，都将对机会平等产生影响。

比利时意见：比利时承认选择横向方法当然有其优势。但我们不能忘记，人工智能系统可以重新用于各种用途，具备其自身的特点。因此，对于一些特定的部门，如执法部门，需要在专业化和一致性之间取得平衡。

此外，由于该提案是一项首创的举措，并将影响到已经充分使用该技术的公司和用户，比利时希望强调通过政策原型在实践中测试该提案的重要性。这可以由欧盟委员会、成员国和 / 或其他主体来完成，他们最终必须在这一开创性的横向立法生效后予以执行。我们相信，让《人工智能法》中确定的人工智能系统的（部分或全部）运营者参与测试该提案，并随后考虑到这些测试的结论，将提高《人工智能法》的可行性和可执行性。

另外，《人工智能法》可以引致《通用数据保护条例》下的合规性。《通用数据保护条例》第 22 条也很重要（例如自动化的个性化决策和画像）。

我们了解到，欧盟委员会可能正在准备一项补充性的欧盟法案，以涵盖具体的人工智能相关的责任问题。比利时绝对可以支持这一倡议，因为我们认为在人工智能方面制定明确和全面的责任规则是至关重要的。然而，为了防止欧盟的人工智能责任规则支离破碎，我们想强调的是，由于修订工作仍在进行中，明确划分人工智能造成的伤害的责任规则应当已经在该提案中得到考虑。在这个问题上提出了一些议题：谁来负责消除或降低风险（例如，人工智能模型的调整——考虑到所有权的问题——以及锁定的风险），负责修复行动，在发生损害时采取行动？用户，还是开发者，还是供应商？这是否可以通过合同来约定（是否有可能所有的责任都会转移到用户身上）？

法国意见：[……]根据欧盟委员会的意见，国家安全从本质上来说不属于条例的范围。然而，一些当局担心，如果没有明确提到这一点，欧盟法院有可能做出不同的解释。我们也可以对另一种措辞持开放态度。

瑞典意见：瑞典想补充的是，可能需要在一个专门的条文来澄清其与《通用数据保护条例》和《数据保护法执行指令》的关系。在许多地方，很难看到这些法规是如何相互关联的。这反过来可能会导致遵守两套规则存在困难。

有必要审查该提案，以确定针对其目标利益相关者（如公司、公共当局等）的所设定义务与立法目的合比例。许多条款，究其本身或者和其他条款与附件，一同包含了对目标利益相关者深远且繁复的要求。因此，这些利益相关者（供应商、用户等）将承受行政负担和其他类型的费用的显著的增加。其他值得关注的方面包括：对人工智能的广泛定义，以及对高风险人工智能的广泛定义，以及增加法规所涵盖的领域的程序（例如通过授权法案）。瑞典还对广泛的报告要求和对包括机密和其他专有信息在内的这些信息的处理表示关注。第70条可能不足以确保保密性，这将影响所有规定利益相关者需要记录和分享信息的先前条款。

极为重要的是，该条例应当是可预测的，并且易于适用。

芬兰的初步意见：芬兰支持欧盟委员会以人为本的做法，支持其努力协调联盟发展的目标，尊重联盟的共同价值观，提高公民对社会的参与和信任，发展民主。必须确保遵守基本权利，特别是关于保护个人数据的规定。

芬兰支持欧盟委员会的目标，即确定一个考虑到公民、公司、市政当局和社会利益的欧洲层面的共同方法，以避免内部市场的分裂。

明确的监管框架和法律的确定性将有助于提高消费者、公共部门和企业对人工智能的信任，从而加速人工智能的普及。监管环境必须鼓励创新，支持新技术、业务和服务的发展。

芬兰支持欧盟委员会提出的基于风险的方法。这可以确保监管的合比例性。总的来说，芬兰强调了利用自我监管和分享最佳做法的可能性。

在实施拟议的监管框架之前，我们必须确保它不会给企业和消费者带来不必要的监管负担，并确保它在其他方面符合更好的监管原则。此外，应避免不必要的行政负担。

2. 对第 3 条第 1 项"'人工智能系统'定义"的意见

原始条文："人工智能系统"（Artificial Intelligence System）是指借助附件一中所列的一种或多种技术和方法开发的软件，能够针对一组特定的人类定义的目标，产生诸如内容、预测、建议或决定等影响其互动环境的输出。

葡萄牙意见：我们建议使用人工智能高级别专家组提出的人工智能定义。尽管欧盟委员会在这方面作出了卓越的努力，但我们认为，第 3 条第 1 款规定的"人工智能系统"概念的构建值得商议。

首先需要指出，该提案的第一个目标正是为了"确保投放到欧盟市场和使用的人工智能系统是安全的，并符合关于基本权利和欧盟价值观的现有立法"，对"人工智能"含义的具体定义起着核心作用，因为这一定义是提案中所有规范性解决方案的具体定义的基础。

基于这一前提，提案中采用的解决方案——以"人工智能系统"的概念为基础——应充分反映相应建议所表达的关切，根据该建议，将采用的定义"……应当明确界定，以保障法律的确定性，同时也提供灵活性，以适应未来的技术发展。……应当基于软件的关键功能特征，特别是针对一组特定的人类定义的目标，产生诸如内容、预测、建议或决定等输出的能力，以影响与该系统互动的环境，无论是在物理方面的影响还是在数字方面的影响"。

考虑到建立在第 3 条第 1 项基础上的架构及其与附件一的动态互动，我们不相信这些条件已经得到了有效的实现。

通过引致"附件一中所列的一种或多种技术和方法"，该定义依赖于其中插入的清单的准确性。在我们看来，问题在于，考虑到这两项规定，我们会有一个荒谬的模糊定义：如果附件一的具体目的是通过规定哪些技术和方法构成人工智能领域的技术和方法来完成定义,那么附件一就完全失去了意义,因为其使得几乎所有的计算技术和方法(机器学习、归纳和演绎逻辑以及统计方法)都纳入其中。由于附件一的标题提到了"人工智能技术和方法",可以认为,例如"基于逻辑的方法"的定义仅限于基于逻辑的人工智能方法。然而,正如我们在上面所指出的,由于"人工智能"被定义为使用附件一中所列技术的任何算法,这个规范已经成为循环,因此根本不是一个规范。

考虑到这一定义的极端重要性,以及这一定义在技术上必须足够有力,从而提供一定程度的法律确定性并且符合拟议框架所要保障的法律原则和价值,我们认为必须重新考虑这一定义。可能的解决办法是,对各相关会议已经提出的定义进行比较研究,其中最能考虑到这些要求。

波兰意见:对附件一的重要意见——统计技术和回归逻辑是数据科学模型的要素,但不是人工智能技术的要素,应排除在定义之外。

关键的一点是不要把人工智能系统缩小到软件,或者不要把任何软件作为人工智能系统。

斯洛伐克意见:即使考虑到该条款和附件一的累进性质(综合阅读二者),这一定义似乎也过于宽泛。这一定义涵盖了人工智能系统以外的自动化软件,例如软件——只要使用了附件一中的一种或多种技术——也能产生影响它们所处环境的输出,以实现一组特定的人类定义的目标。

同时,该定义还应该包括那些不仅在研发时使用,而且还(在投放市场、提供服务或者加以使用时)包括附件一中所列的一种或多种技术和方法的软件。通过这种方式,我们可以确保这些技术在开发阶段不只是作为补充性质的技术使用,同时人工智能系统能够在开发阶段预设是或衍生的环境之外的环境中运行。

在人工智能系统的定义中,可以考虑重点关注"软件功能"而不是"软件"本身。

斯洛伐克欢迎提供一个仅使用附件一第 c 项中提到的技术的、真正的人工智能系统的现有实际例子,因为捷克并不确定是否存在这种真正的人工智能系统,比如拟议的定义所建议的那样。

捷克的意见：捷克建议使用人工智能高级别专家组提出的最新定义，而不是欧盟委员会提出的定义。

人工智能系统的定义不应包括"简单的"信息系统，这些系统使用由人类决定的、不变的算法，而不是由机器根据其学习决定的、或者统计模型和统计预测的方法，例如逻辑和线性回归（例如附件一中第 c 项的方法），因为这些方法不会导致与基于机器学习的更复杂自主系统有关的类似风险，而机器学习通常被视为人工智能的一个例子 / 类型。人工智能系统的定义也应承认，人工智能系统既可以是基于软件的，也可以是基于硬件的。

整个定义作为条例的一个组成部分，应完全嵌入到文本的规范部分，以提供法律确定性并满足合理期待。建议在鉴于部分予以澄清，以确保法律的确定性。

马耳他意见：马耳他指出，在最终确定定义之前，应该关注人工智能的各种类型和用途，以及这些人工智能在使用和范围上的区别。

奥地利意见：人工智能技术的定义第 3 条和附件一过于宽泛。第 3 条和附件一过于宽泛。附件一中列出的技术将包括典型的机器学习方法以及基于逻辑和知识的方法和统计方法，因此将几乎所有的现代软件代码都归为人工智能应用。

根据这一定义的系统显然缺乏"通过分析其环境表现出智能行为，并在一定程度的自主下采取行动以实现某些目标"的特征，这些特征以前被欧盟委员会用来定义人工智能系统。

爱沙尼亚意见：第 3 条与附件一中的人工智能定义过于宽泛，目前涵盖了所有基于数据分析的解决方案，甚至包括许多被认为只是信息技术的解决方案。即使考虑和暗示其他条件，情况也是如此。人工智能的定义必须更加狭窄，而只包括更复杂的机器学习和深度学习的使用案例。

丹麦意见：我们的目标是对人工智能进行更清晰、更狭窄的定义，这一点至关重要。我们意识到这项任务的复杂性，特别是为了找到一个能够适应技术发展的定义，同时又足够精确以提供必要的法律确定性。目前，我们还没有看到这一目标已经完全实现。

目前定义的人工智能的属性过于宽泛，因为例如包括了普通的统计系统。已经存在了几十年的系统，不应该被认为是人工智能。

尤其是由于该定义没有考虑到人工智能系统的运行具有一定的自主性的事实。这是将人工智能与其他类型的传统系统区分开来的一个关键特征，这在经济合作与发展组织和人工智能高级别专家组的定义中都有所体现。这将进一步有助于明确人工智能系统是一个智能系统，可以找到并决定合适的步骤来实现人类定义的目标。到目前为止，定义中还没有提到这一点。

还需要在鉴于部分明确指出，实现基于规则的行动自动化的系统，其输入和输出都是基于客观和逻辑标准的——也就是人工编纂的规则，不被视为人工智能系统，因此不属于本条例的适用范围。我们由此澄清，所有能够实现自动化流程或决策（ADM）的软件系统都不会自动成为人工智能。

此外，我们对在附件中定义人工智能持怀疑态度，因为人工智能的定义是提案的一个基本部分，而且对这一定义的修改可能导致普通立法过程中最初没有预见到的后果。因此，我们仍在评估这样一种方法，即通过授权法案来更新这样一个基本部分是否是正确的前进方向。有鉴于此，我们希望得到欧盟理事会法律事务处的意见，即根据《欧盟条约》第290条，人工智能的定义是否构成非基本要素，以及附件的使用是否会影响这方面的评估。

作为对附件一的初步看法，我们至少需要限制附件一中所列的技术和方法清单，参见关于附件一的评论。

重要的是，我们要优先努力进一步详细讨论定义，仔细探讨所有可能的选择，以商定最佳的前进方式，因为在我们能够有意义地决定提案其余内容之前，需要就这一基本方面达成协议。

比利时意见： 比利时认为，第3条第1款规定的人工智能系统的定义，结合附件一中的方法和技术清单，可能过于宽泛，因为这一定义可能包括更为传统/常规的软件系统或分析处理，而这些不应该属于提案的范围。定义增加了用户和制造者的法律不确定性，对全球竞争是有害的。例如，在执法部门，一些已经投入应用的技术一般不被认为是严格的人工智能应用，但可能属于提案中对人工智能的广泛定义，例如关于个人数据或风险评估技术的特定的"智能"搜索引擎；此外，这种情况也出现在医疗部门，随机对照试验属于附件一所提到的"统计方法"，但不会有人认为这是人工智能。此外，在移民和庇护部门，宽泛的定义可能会造成不确定性，例如不清楚该定义是否适用于移民局的所有可能的使用，或仅适用于技术的使用对附件三所列程序之一的申请内容有直接影响的情况。欧盟委员会在其介绍中提供的例子对定义的预期范围增加了一些额外的理解，但《人工智能法》本身应该足够清楚。因此，应完善"人工智能系统"的定义，并进一步深化对哪些方法和技术应该或不应该包括在附件一中的评估分析，因为这个定义取决于这个列表。

西班牙意见： 该定义需要进一步修改以缩小范围。西班牙仍在分析每一次修改的后果。西班牙注意到，经济合作与发展组织的定义还包括"人工智能系统设计为以不同程度的自主性运行"。目前的建议也与人工智能高级别专家组对人工智能定义所建议的版本不一致。

第 3 条第 1 款对人工智能系统的定义与第 6 条第 2 款（高风险系统）和附件三相应的第 6 点（和第 7 点 b—c 项）相关联。第 6 条第 2 款（高风险系统）和附件三相应的第 6 点（和第 7 点 b—c 项）将对开发和使用人工智能系统的执法能力产生过于严重的影响，因为其将包括使用由人类决定的明确和不变的算法的"简单"信息系统。

3. 对第 8 条第 2 款"高风险人工智能系统的特定目的" 的意见

爱沙尼亚对第 8 条第 2 款提出的意见： 根据目前的措辞，这部条例倾向于考虑人工智能系统的特定目的，例如参见第 8 条第 2 款和第 9 条第 2 款 b 项，这一点是有问题的。新系统，例如微软的第三代生成式预训练变换器模型（Generative Pre-Trained Transformer，简称 GPT-3）已经具备许多潜在的目的，而不只是一个特定的目的。

对第 3 条第 12 项"预期目的"这一概念的定义的相应意见：有些新系统可能不存在"预期目的"。因此，请以"可预见用途"取代"预期目的"，使其更能适应未来。或者，确保涵盖了多种目的。

对附件三高风险人工智能系统列表的相应意见：爱沙尼亚鼓励在文本本身或其注释中说明多功能的人工智能系统，如 GPT-3，是否符合要求。如果它们没有一个主要的"预定用途"，或者如果其主要的功能不是以附件三中规定的方式使用，但其可用于附件三中规定的用途而不需要修改，那么多功能的人工智能系统，如 GPT-3，是否符合高风险系统的条件。

4. 对第 17 条第 3 款"高风险人工智能系统的数据治理义务"的意见

原始条文：3. 训练、验证和测试数据集应具有相关性、代表性、无错误和完整的。这些数据集应具有适当的统计特性，包括在适用的情况下，与高风险人工智能系统拟用于的个人或群体相关。数据集的这些特征可以在单个数据集或其组合的层面上得到满足。

葡萄牙意见：整个数据收集和数据管理的过程可能包括获取没有达到诸如本拟议条款要求的质量标准的旧数据，这并不意味着这些数据完全没有价值。所以，诸如数据的相关性、代表性、无错误性和完整性等概念应该得到更好的定义，或者根本上予以避免。另一方面，应该定义"统计特性"这一概念。

这条规定的第一部分（"训练、验证和测试数据集应是具有相关性、代表性、无错误和完整的"）似乎提出了一个潜在地不现实的或者至少是很难履行的义务。也许具体的措辞应该实际一些。

斯洛伐克意见：要求是不现实的，需要调整。

捷克意见：关于"无错误"一词，欧盟委员会在工作坊上解释说，这一要求不一定是要 100% 保证没有错误。这条规定必须要和第 8 条一起阅读，因而应当与系统的目的和风险管理系统一起考虑。捷克建议表述为可靠的数据集。完整的、没有错误的完美数据是不存在的。为了法律的明确性，我们建议删除这种完美数据的表述。

此外，欧盟委员会的解释应被纳入相关的表述中。从目前的措辞来看，不清楚

"没有错误"是否应理解为"没有相关的错误"。

奥地利意见：我们建议在开发测试数据集或进行合格性评估时，涵盖社会的应时图景的各个方面，特别是关于种族群体、少数民族、性别、宗教、意识形态、残疾、年龄、性年龄和性身份（基于《欧洲人权公约》第14条）。

爱沙尼亚意见：一般来说，不可能存在完美的、没有错误的数据集，因此应修改这一要求的措辞。故而应该明确规定，在确定训练、验证和测试数据的要求时，必须考虑人工智能系统的预期目的。

丹麦意见：欧盟委员会明确指出，目标不是要实现没有错误的数据集——我们认为这是不可能实现的——而是要结合行业领先实践相关来看待这个问题。有鉴于此，需要对该条进行澄清。

此外，应根据系统的预期目的来衡量数据集的质量和适当性。

比利时意见：比利时支持使用"可靠的数据集"，而不是"没有错误和完整的（数据集）"，以使该要求能够以与行业领先实践相关的方式实际执行。

西班牙意见：要找到一个100%地没有错误或完整的数据集是不可能的。数据应该仔细地处理，不仅是考虑地理的、行为的或功能的标准，还应考虑数据将会被应用的域。

瑞典意见：修改符合提案中鉴于部分的第44条，下文的补充旨在为"足够"一词提供依据，并且属于该系统的预期目的的场景之内。其目的是软化要求，因为最初的表述过于严格。使用"不准确的"或"不够干净的"数据集对于某些人工智能系统的发展是必要的，例如，用于检测网上的仇恨言论。

芬兰意见：对数据质量的要求在实践中可能难以满足。只应当在可能的范围内和可行的情况下要求遵从这一要求。

5. 对第1条适用范围的整体意见

葡萄牙意见：我们注意到，人工智能研究人员和软件开发人员会定期将人工智能模型和其他人工智能相关资料上传到资源库，而这些资源库在软件生态系统中发挥着至关重要的有益作用。因此，鉴于本条的措辞，将这些材料上传到资源库（如开源软件库）的人或这些库的运营者有可能被视为受到监管的实体，而无需在欧盟境内将系统"投放市场"或"投入使用"，这可能会对欧盟的研究和开源软件创新产生影响。因此，我们建议"投放市场"和"投入使用"应明确排除出于内部研发目的而使用的人工智能系统。

斯洛伐克意见：由于该提案为成员国监管人工智能其他方面留下的空间极为有限（因为采用的是全面协调的办法），因此最好将监管范围扩大到出于非职业的方式提供和使用人工智能系统，或者明确规定监管范围不包括成员国监管此类提供和（特别是）在监管范围以外使用人工智能系统的权限。非职业的提供，以及特别是非职业的人工智能系统使用，包括由不明的行为者提供和使用人工智能系统，其风险至少与在职业情况下提供和使用的风险一样高。此外，也很难证明使用是否属于职业。如果该提案无意监管研发，则应在本条中作出明确的说明。然而，在研发方面，需要考虑到许多人工智能系统的迭代（不断发展）的性质。

6. 对第6条高风险人工智能系统的分类规则的整体意见

波兰意见：在附件三的基础上，结合提案的第6条，对人工智能系统分类原则进行了非常笼统的表述。附件中概括性的描述意味着，即使是最简单的招聘程序或支持律师工作的程序，也可能在没有任何明显理由的情况下归类为高风险人工智能系统。这一点对于"人工智能系统"在医学中的应用尤为重要。所述程序是否可视为"高风险人工智能系统"值得商榷。因此，有必要对附件三进行说明，以避免制定先前提到的类似于"红旗法案"的法律规定。

捷克意见：必须详细解释第6条第1款第a项和第b项所包含的两个条件的确切含义，并在提案条文中直接做出更明确的定义。该条款的定义过于宽泛，基本上，作为一般性的规则，任何人工智能系统都将视为高风险系统。对捷克来说，重要的是拟议的条例应明确规定，简单的信息系统不视为高风险，即使它们属于附件三所涵盖的领域之一。因此，我们建议［……］。同时，我们建议将统计方法从提案的涵盖范围中删除。欧盟委员会应就如何确保成员国各自权限与人工智能系统的主旨（教育、卫生……）之间的微妙平衡，向成员国提供说明和更多的细节。欧盟委员会应明确说明，对于属于欧盟共享和支持权限的人工智能系统，将选择何种方式和方法。

丹麦意见：对可能给个人和社会带来高风险的人工智能的开发和使用提出更严格的要求是适当的，但我们必须明确地将其限制在可能造成这种高风险的应用的范围内。

我们认为，还需要进一步开展工作，为高风险人工智能设定正确的基准——在为评估未来用例设定明确的方法时也应如此。只有构成严重损害或侵犯权利的重大风险、且结果难以逆转的人工智能系统才应视为高风险。

比利时意见：比利时认为，提案的第三编第一章和附件三所列的高风险人工智能系统分类规则总体上含糊不清，在实际应用中尤其具有挑战性。在很大程度上，哪些具体的用例、工具或实践属于这一范围，特别是内部开发和小规模使用的范围，仍然不明确。因此，欢迎进一步澄清这些分类规则，以及如何将其正确应用于特定的情况，如安全服务部门的情况。

瑞典意见：有关高风险人工智能系统的法规必须与法规的目的合比例。新要求不得与其他法规中的现有要求相冲突。新规则不应与现有规则重叠，因为这有可能导致适用复杂化，并降低规则的有效性。还必须考虑到，新法规的应用不能导致每项使用现代信息技术组件或由此类组件支持的活动都被视为高风险。

7. 对第 6 条第 1 款由欧盟委员会制定授权法案 更新附件三的意见

原始条文：欧盟委员会有权根据第 73 条制定授权法案，更新附件三的意见清单，增加符合以下两个条件的高风险人工智能系统：（……）

葡萄牙意见：从目前的情况来看，只有当新的高风险人工智能系统属于所列出的八个领域中的任何一个，并且被认为与已列入附件三的系统至少具有同样重大的风险（对健康和安全或基本权利的附件影响）时，该法规才允许将其纳入。我们认为，虽然所列的八个领域似乎足够广泛，但仍然确实有可能无法穷尽人工智能系统未来可能对个人生活产生重大影响的领域范围。人工智能系统在其他各个领域的使用可能会引发这八个风险领域不足以涵盖的其他重大风险（例如，基于人工智能的个人数字助理可能会对个人生活产生重大影响，可用于向个人提供重要的财务、法律或医疗建议，从而对其健康和安全产生重大影响，而目前的风险类别似乎并未涵盖这些建议）。

此外，这些系统还在自然而然且非常迅速地演变，这一现实本身就使其影响程度难以预测。

波兰意见：如果法令的目的是确保具有法律约束力的欧盟法律的实施条件得到统一，则应优先采用实施法案的形式，而不是委托法案的形式（参见182/2011号指令）。拟议条款似乎与《欧盟运作条约》的第290条不一致。据此，欧盟法案中的基本要件不能以委托法案的形式进行规范。

需要指出的是，之所以建议在条例草案中采用授权法案的形式，只是因为这些问题以附件的形式纳入了条例（尽管提升到了规范的地位）。披露使用人工智能系统的新技术或新方法，以及将其定性为高风险系统，应在涉及多边协议和尊重成员国主权（包括其国家宪法秩序）的普通立法过程中加以考虑。

捷克意见：由于捷克建议将附件三中的清单移到文本中，因此就不需要原来的第7条了。

作为本款的底限性要求，我们建议增加一个选项，以便在必要时删除特定的高风险系统。如果像［一个成员国］建议的那样，授权法案无法做到这一点，欧盟委员会应提出一个解决方案，并在案文中描述或提及该过程。

丹麦意见：我们支持建立一个更新高风险类别的程序，以便考虑到未来的技术和市场发展。但是，今后对该类别的任何潜在调整都必须以具体的风险评估和明确且可预测的标准为基础。目前，我们仍然认为，条例中规定的标准可以进一步加以改进，并在更正中得到进一步明确。

我们还对选择授权法案这一工具提出质疑，因为根据目前的表述，这些修正案的潜在授权似乎相当宽泛，因此可能导致范围的大幅变化。有鉴于此，我们希望欧盟理事会法律事务处就附件三和增加高风险系统是否构成《欧盟运作条约》第290条所指的非基本要件发表意见。

在这方面，我们还认为有必要让成员国更多地参与进来，包括令欧洲人工智能欧盟委员会直接参与风险评估。

此外，更新类别的程序还应当允许调整和删除。否则，随着时间的推移，系统的清单只会越来越长——而技术和市场的发展可能导致既需要增加，也需要调整和删除。

比利时意见： 第 7 条引入了双重条件，以修正关于高风险应用系统的附件三。除已经制定的领域外，似乎不可能增加其他领域（因为这很可能被视为对文本的重大修改）。这意味着将要确定一个详尽无遗的领域清单，并且不可能进行修改。比利时对此持保留意见。

爱沙尼亚意见： 我们确信，坚持附件三最初的八个领域是个好的想法，这样这部法规的监管范围就不会过于狭窄，或者过于宽泛。但是，我们不认为这是更新附件三的正当理由。完全有可能在附件三所列的 8 个领域之外检测到高风险的人工智能系统。

我们认为，仅以风险评估为基础进行更新会更加合适。

法国意见： 这不是一个修改立法的基本要件的问题，而是一个适用的问题。因此，在共同立法者中，只有欧盟理事会应当进行干预。

此外，规定修订清单的固定周期也很方便，以便对修订工作进行管控。

考虑到这一领域非常重要的技术进步，有必要高效修改该附件，但问题是成员国没有参与决策过程，这将对其服务工作产生非常重要的影响。最好，而且必须允许欧盟委员会通过实施法案的方式修改附件三，以便事先与成员国进行磋商。

瑞典意见： 技术和社会的发展可能导致特定系统不再被视为高风险系统。

授权欧盟委员会通过授权法案更新附件三清单这一监管手段上的选择，应当更改为通过实施法案而更新。这是因为新增规则或修改定义的目的只是为了执行或实施法律中已有的规则。

8. 对第 14 条人类监督的整体意见

葡萄牙意见： 我们建议界定"有效的人类监督"的概念和提案打算实现的具体

的结果。我们认为，"人类监督"因人工智能系统的部署方案和相关风险的性质而异。因此，我们建议拟议的人工智能法案要求部署者根据有关部署情况实施充分、合格的人工监督。同样重要的是要记住，要使得"人工监督"有意义并取得成功，就必须确保执行监督的人员按照供应商提供的使用说明和其他信息，接受了适当的培训和装备。此外，监督应与人工智能系统的预期用途挂钩，并应建立问责机制，以评估人工监督员的有效性。

波兰意见：第 14 条定义的义务应在所有人工智能系统中执行，以保护用户或消费者，而不仅仅是"高风险人工智能系统"。为了保护用户或消费者，应针对所有人工智能系统，而不仅仅是"高风险人工智能系统"，要求其履行第 14 条规定的义务。

马耳他意见：马耳他指出，人类监督也是一个值得欢迎的新增内容。马耳他建议重新审议第 14 条，在人员监督方面引入更为平衡的条款，特别是在这里，要求由称职人员履行这一条款在某种程度上可能与业务活动不合比例。

丹麦意见：当被归类为高风险人工智能时，我们一般会积极要求在具体的人工智能应用中，具备适当且适度的人类监督参与，即干预、推翻系统输出等能力。然而，按照目前的概述，尚不清楚这一要求在实践中应如何运作，也不清楚提供者和用户如何才能遵守这一要求。例如，提供者很难制定措施，使得指派开展人类监督的个人能够充分了解其能力和局限性。这方面的问题也与这一具体个人的能力有关。

9. 对第 14 条第 5 款高风险人工智能系统由人类事前核准的意见

原始条文：对于附件三第 1 项第 a 点所述的高风险人工智能系统，第 3 款所述的措施应得到保障。此外，除非得到至少两个自然人的核实和确认，否则用户不得根据该系统产生的识别结果采取任何行动或作出任何决定。

葡萄牙意见：我们认为，只有在能够证明在民主社会中使用侵扰性系统是必要且适度的情况下，才应考虑将人工监督作为一种充分的保障措施，以防止人类监督产生使那些因可能侵犯基本权利而本来不应使用的技术的使用得到合法化的效果。因此，我们重申，人类监督不能作为解决使用特定系统可能引起的（非常严重的）问题的灵丹妙药，因此也不能用来验证相应系统，或者在特定情况下使用相应系统的合法性。为了确保这一规定产生任何有用效果，由至少"两个自然人"开展的核准应当基于他们每个人的单独评估。例如，要求其中一人"在现场"开展核查，或者要求从不同角度加以核查和监督，而不是将这一要求简化为由两个人并排看着同一屏幕进行核查。

捷克意见：在讨论期间，有人指出"四眼原则"是否违反司法独立的问题。欧盟委员会的回应是这不适用于法院，而是适用于对远程生物鉴别系统输出的初步评估。应在相关的脚注中解释这一点。

爱沙尼亚意见：不应忽视生物识别技术的使用频率，特别是在边境管理中。双重验证的义务可能会使其操作大为复杂化，并可能迫使在外部边境的有效管理（EEMM）方面接受过充分培训的人力资源的供应不合理。不应忽视的事实是，整个警察决策系统在任何情况下都受到司法系统的控制，可以对其申诉。

法国意见：我们可以将其限制在一个自然人的范围内。原则上，人工验证和确认似乎可以接受。不过，尽管欧盟委员会对"四眼原则"作了解释，但这还需要加以程序上的形式化，以便充分反映在记录中。因此，在实际应用这一原则时，应给成员国留出一定的余地。我们认为，从人力资源的分配和实际执行这一义务的角度看，应由两个人进行核准这一义务是过度的。

附件四 欧盟理事会轮值主席国关于人工智能著作权侵权问题的函件

法国

E-000479/2023

布雷顿先生（Mr. Breton）代表欧盟委员会所作的答复

2023 年 3 月 31 日

欧盟委员会（委员会）认可人工智能与版权间的互动的复杂性和重要性。

2022 年 3 月时，委员会发布了一份有关版权和新技术的独立研究报告，[1] 为从版权角度出发评估人工智能带来的挑战提供了良好的基础。

对于研发人工智能所使用的受版权保护的作品，根据版权法，人工智能研发者应当征得权利持有人的许可，但适用版权例外的情况除外。关于数字单一市场中的版权及相关权利的 2019/790 号指令（欧盟）[2] 引入了与人工智能相关的文本和数据挖掘例外。这一例外情况确保了两方面要素间的平衡：保护权利人，尤其是艺术家，以及促进文本和数据挖掘，尤其是人工智能研发者的文本和数据挖掘。新规则允许权利人拒绝将其内容用于文本和数据挖掘。

---

［1］https://op.europa.eu/en/publication-detail/-/publication/cc293085-a4da-11ec-83e1-01aa75ed71a1/language-en.

［2］https://eur-lex.europa.eu/eli/dir/2019/790/oj.

　　各成员国本应在 2021 年 6 月前实施该指令。在现阶段，委员会认为人工智能艺术作品的创作无需具体的立法干预。因此，委员会没有修订该指令的计划。

　　尽管如此，委员会将继续密切关注人工智能系统的研发所带来的问题、其对文化和创意部门的影响及其与法律框架的互动。委员会于 2021 年 4 月提出了一项提案，即是有关人工智能的立法，[1] 该提案目前正由理事会和议会审议。

[1] https://eur-lex.europa.eu/legal-content/FR/TXT/?uri=CELEX:52021PC0206.

附件五　欧洲议会关于基础模型人工智能的折衷提案

关于通用人工智能系统 / 价值链的折衷提案

鉴于部分第 49 条

49. 高风险人工智能系统应在其整个生命周期内始终如一地运行，并根据先进技术水平达到适当的性能、稳健性和网络安全水平。应当确定性能指标及其预期水平，主要目标是降低人工智能系统的风险和负面影响。性能指标的预期水平应以清晰、透明、易懂和易理解的方式通知部署者。性能指标的声明不能视为对未来水平的证明，但需要采用相关的方法，来确保相应水平在使用过程中保持一致。虽然已有标准化组织制定标准，但还需要协调基准的制定工作，以明确如何衡量这些标准化的要求和人工智能系统的特性。欧洲人工智能办公室应召集国家层面和国际层面的计量和基准制定机构，并提供不具约束力的指南，以解决如何衡量性能和稳健性的适当水平的技术问题。

鉴于部分第 60a 条（新增）

60a.（新增）基础模型是最新的发展，人工智能系统由算法开发得到，设计意图是优化输出的通用性和多功能性。这些系统可以在丰富的数据源上进行训练，以期完成广泛的下游任务，包括一些并未专门开发和训练的任务。这些系统可以是单

314

模态或多模态的，通过各种方法如监督学习或强化学习来训练。基础模型通常是各种具有特定目的的人工智能系统的基座。这些系统对众多的下游应用有着越来越重要的意义，再加上其复杂性和意想不到的影响，以及下游运维者对人工智能系统的发展缺乏控制和随之而来的权力不平衡。因此，由于其特殊性质，为了确保在人工智能价值链上公平地分担责任，这类系统应该受到本条例规定的合比例的且更具体的要求和义务的约束，同时确保对基本权利、健康和安全的高度保护。为有限的应用而开发的人工智能系统，如果不能适应广泛的任务，包括组件、模块或简单的多用途人工智能系统，则不应视为本条例下的基础模型。

鉴于部分第 60b 条（新增）

60b. 对基础模型的要求应普遍适用，例如与其分销渠道、模态和开发方法无关，以应对此类人工智能系统所特有的风险，补充针对高风险人工智能系统的措施，并且可在考虑行业先进实践的情况下连贯实施。这些要求包括风险管理、多方面的分析和对通用模型进行测试，以防出现不可预见的漏洞，包括由称职的评估人员进行测试。

第 3 条　定义

为了本条例的目的，适用以下定义：

1a.（新增）"基础模型"是指一种人工智能系统模型，该模型在广泛数据的基础上进行大规模的训练，旨在实现输出的通用性，并可适用于各种不同的任务；

1b.（新增）"基础模型"是指在广泛的数据上进行规模化的训练的人工智能系统，其设计旨在实现输出的通用性，并且可以适配广泛的相互不同的任务；

1c.（新增）"大规模训练进程"是指一个强有力的人工智能模型的生产过程，其需要多于一个非常高的阈值的计算资源。

第 28 条　提供者、分销者、进口者、部署商或其他第三方在人工智能价值链上的责任

1. 就本条例而言，任何分销者、进口者、部署商或其他第三方在下列任何一

种情况下均应视为高风险人工智能系统的提供者，并应承担第 16 条规定的提供者的义务：

（a）在已投放市场的高风险人工智能系统上使用其名称或商标，或在高风险人工智能系统提供服务时使用其名称或商标；

（b）对已投放市场或已提供服务的高风险人工智能系统进行实质性修改，使其仍然属于第 6 条所指的高风险人工智能系统；

（ba）对未归类为高风险并已投放市场或投入使用的人工智能系统，包括通用人工智能系统进行实质性修改，从而使该人工智能系统根据第 6 条，属于高风险人工智能系统。

2. 如果出现第 1 款第 a 至 ba 点或（……）所述的情况，就本条例而言，最初将高风险人工智能系统投放市场或投入使用的提供者，不应再视为该特定人工智能系统的提供者。相应提供者应在不损害其自身知识产权或商业秘密的情况下，向新提供者提供技术文件和人工智能系统的所有其他基本相关，且可合理预期的信息能力、技术访问或其他基于先进技术水平的援助，这些都是履行本条例规定的义务所必需的。当基础模型直接集成到高风险人工智能系统中时，第 2 款也应适用于由第 3（XX）条所定义的基础模型的提供者。自由、免费且开源人工智能组件的开发者无须对将自由、免费且开源人工智能组件集成到其高风险人工智能系统中的提供者履行此类义务。高风险人工智能系统的提供者和提供工具、服务、组件（包括基础模型）或高风险人工智能系统中使用或集成的流程的第三方应通过书面协议，根据公认的技术水平，明确规定第三方必须提供的信息、能力、技术访问和 / 或其他援助，以使高风险人工智能系统的提供者能够完全遵守本条例规定的义务。委员会应在高风险人工智能系统的提供者与提供工具、服务、组件，也包括基础模型，或应用于或集成于高风险人工智能系统的流程的第三方之间制定和推荐不具约束力的合同条款范本，以协助双方起草和谈判合同，使得合同权利和义务保持平衡，并与各方的控制能力相一致。在制定不具约束力的示范合同条款时，委员会应考虑到适用于特定部门或商业案例的可能合同要求。不具约束力的合同条款应在人工智能办公室的网站上以易于使用的电子格式公布并免费提供。

4[*] 就本条而言，商业秘密应当得到保护，并且只能在事先根据 2016/943 号指令采取所有具体的必要措施以保持其机密性，特别是对第三方的机密性的情况下进行披露。必要时，可商定适当的技术和组织安排以保护知识产权或商业秘密。

第 28a 条（新增）　单方面强加给中小型企业或初创企业的不公平合同条款

1. 企业单方面强加给中小型企业或初创企业的关于提供高风险人工智能系统中使用或集成的工具、服务、组件或流程的合同条款，或者关于违反或终止相关义务的救济措施的合同条款，如果是不公平的，则对后一企业不具约束力。

1a. 如果合同条款源于适用的欧盟法律，则不应被视为不公平。

2. 如果合同条款的性质客观上损害了被单方面强加该条款的一方保护其在相关信息数据中的合法商业利益的能力，或者该条款的使用严重偏离了在高风险人工智能系统中使用或集成的工具、服务、组件或流程供应方面的良好商业惯例，违背了诚信和公平交易原则，或者造成了合同双方权利和义务的严重失衡，则该条款属于不公平条款。如果合同条款具有第 71 条第 8 款（新增）项所指的将第 71 条所指的处罚或相关诉讼费用转嫁给合同各方的效果，则该合同条款也是不公平的。

3. 就本条而言，如果合同条款的目的或效力在于：

（a）排除或限制单方面施加该条款的一方对故意行为或重大过失的责任；

（b）排除单方面施加该条款的一方在不履行合同义务的情况下可获得的救济，或单方面施加该条款的一方在违反这些义务的情况下的责任；

（c）赋予单方面施加该条款的一方决定所提供的技术文件、信息或数据是否符合合同规定或解释合同任何条款的专属权利。

3a. 如果合同条款是由合同方之一提供的，而合同对手方尽管试图就其内容进

---

* 原文编号即为此。——译者注

行谈判，但却无法对其内容施加影响，则该合同条款应被视为本条所指的单方面强加的合同条款。提供合同条款的一方有责任证明该条款不是单方面强加的。

3b. 如果不公平的合同条款可与合同的其他条款分离，则其他条款仍具有约束力。提供有争议条款的一方不得辩称该条款为不公平条款。

4. 本条适用于……［本条例生效日期］之后生效的所有新合同。企业应在该日期后的三年内审查受本条例约束的现有合同中的义务。

5. 鉴于市场创新的迅速发展，委员会应定期审查第28a条中的不公平合同条款清单，并在必要时根据新的商业惯例进行更新。

第28b条（新增）　基础模型提供者的义务

1. 基础模型的提供者在向市场提供基础模型或提供基础模型服务之前，应确保基础模型符合本条规定的要求，无论基础模型是作为独立模型提供，还是嵌入人工智能系统或产品中提供，还是通过自由、免费且开源许可而提供的服务以及其他销售渠道进行销售。

1a. 为了第1款的目的，基础模型的提供者应当：

（a）通过适当的设计、测试和分析，确保在开发之前和整个开发过程中，通过适当的方法，如在独立专家的参与下，识别、减少和降低对健康、安全、基本权利、环境和民主与法治的可合理预见的风险，并在开发后记录剩余的不可缓解的风险，并且只在基础模型中纳入采取了适当的数据管理措施的数据集；

（b）设计和开发基础模型，以便在其整个生命周期内达到适当的性能水平、可预测性、可解释性、可纠错性、安全性和网络安全水平，评估应采用适当的方法，如在构思、设计和开发过程中开展有独立专家参与的模型评估、记录在案的分析和广泛的测试；

（c）制定广泛涵盖的技术文件和简单易懂的使用说明，以便下游提供者能够遵守第16条和第28条规定的义务；

（d）建立质量管理体系，以确保并记录对本条规定的遵从情况，并有可能在遵从这一要求的过程中开展试验；

（e）根据附件八 C 节的说明，在第 60 条所述的欧盟数据库中登记该基础模型。

……

4. 基础模型的提供者应在其基础模型投放市场或提供服务后的 10 年内，将第 1 款第 c 项所指的技术文件交由国家主管当局留存。

5. 基础模型的提供者还应遵守第 28 条第 1 款第 ba 项和第 28 条第 2 款的规定。如果基础模型是作为一种服务（如通过 API 访问）提供的，则第 28 条第 2 款所述的合作应贯穿于基础模型提供的整个期间。除非基础模型的提供者转交了所训练的模型，以及有关数据集和系统开发过程的大量的适当的信息，或者限制了服务（如 API 访问），使得下游提供者能够在没有基础模型的原始提供者进一步支持的情况下完全遵从本条例。

5a. 专门用于人工智能系统的基础模型的提供者，如果该人工智能系统专门用于以不同程度的自主性生成复杂文本、图像、音频或视频等内容（"生成式人工智能"），则还应遵守第 52 条第 1 款规定的透明度义务，在设计和开发基础模型时，应根据先进技术水平，在不损害包括表达自由在内的基本权利的情况下，确保具有足够的保障措施，防止生成违反欧盟法律的内容，并记录和公开受到版权法保护的训练数据的使用摘要。基础模型的提供者应协助此类人工智能系统的下游提供者制定本款所述的适当保障措施。

第 15 条　准确性、稳健性和网络安全

1a.（新增）为解决如何衡量本条第 1 款规定的准确性和稳健性的适当水平的技术问题，人工智能办公室应召集国家层面和国际层面的计量和标准制定机构，并按照第 56 条第 2 款第 a 点的规定，就此问题提供不具约束力的指南。

第 58 条　人工智能办公室的任务

（ca）（新增）提供解释性的指南，释明《人工智能法》如何适用于不断演变的

人工智能价值链的类型，以及根据先进技术水平，包括相关的统一标准所反映的技术水平，在不同情况下对所有相关实体的问责有何影响；

（cb）提供特别的监督和监测，并将与基础模型提供者的定期对话制度化，以讨论基础模型以及利用这些人工智能模型的人工智能系统对本条例第 28b 条的遵守情况，以及行业自我管理的先进实践，任何此类会议都应向国家监管机构、通知机构和市场监督机构开放，以便其出席并参与；

（cd）发布并定期更新关于训练人工智能模型的大规模训练进程的门槛的指南，记录并监测已知的大规模训练进程的情况，发布关于基础模型的开发、扩散和使用状况的年度报告，同时发布解决基础模型特有的风险和机会的政策选项。

第 58a 条（新增） 制定基准

第 15 条第 1a 款中提及的欧洲基准制定机构和人工智能办公室应与国际伙伴密切合作，共同开发具有成本效益的指导和能力，以根据先进技术水平，包括相关统一标准所反映的技术水平，衡量人工智能系统的各个方面并为其制定基准，特别是与本条例的遵从和执行有关的基础模型。

附件八 C 节 对根据第 28b 条第 e 款登记的基础模型，应提供以下信息并不断更新

1. 提供者的名称、地址和联系方式；

2. 由他人代表提供者提交信息的，该人的姓名、地址和联系方式；

3. 授权代表的姓名、地址和联系方式（如适用）；

4. 商品名称和任何可识别基础模型的其他明确的参考信息；

5. 对基础模型开发过程中使用的数据来源的说明；

6. 说明基础模型的能力和局限性，包括可合理预见的风险和为减轻风险而采取的措施，以及无法减轻的剩余风险，并解释无法减轻风险的原因；

7. 基础模型使用的训练资源说明，包括所需的算力、训练时间以及与模型的

规模和能力有关的其他相关信息；

　　8. 对模型性能的描述，包括公共基准或最先进的行业基准；

　　9. 对模型开展相关内部和外部测试及优化的结果的说明；

　　10. 基础模型正在或已经投放市场、提供服务或在欧盟提供的成员国；

　　11. 用于获取更多信息的 URL（可选）。

附件六　三方谈判形成的有关通用目的人工智能监管的折衷提案

鉴于部分

（X）尽管除了其他标准外，模型的通用性还可以由参数的数量来决定，具备至少10亿个参数，并且使用大量数据进行训练的模型，借助规模化的自我监督，能够展现出显著的通用性，同时能够胜任各种不同的任务。考虑到技术的快速发展和演变，应当授权欧盟委员会（以下简称委员会）根据市场和技术的发展来更新定义通用模型的技术要件。

（x）……大型生成式人工智能模型是通用人工智能模型的典型例子，因为这些模型可以灵活地生成内容（如文本、音频、图像或视频形式），随时满足各种不同任务的需要……

（xx）通用人工智能模型中的"高影响能力"是指与最先进的通用人工智能模型中所记录的能力相当或更高的能力。

（xx）"欧盟层面的系统性风险"是指通用人工智能模型的高影响能力所特有的风险，因其影响范围而对内部市场产生重大的影响，对公共健康、政权、公共安全、基本权利或整个社会产生实有的或者可合理预见的负面影响，并且可能在价值链中大规模传播。

（x）通用人工智能模型可能带来系统性的风险，包括但不限于：与重大事故、关键部门停止运行和对公众健康与安全的严重后果有关的任何实有的或者可合理预见的负面影响；对民主进程、公共安全和经济安全的任何实有的或者可合理预见的负面影响；传播非法、虚假、歧视性或其他有害内容。系统性风险应理解为随着模型能力和模型触达范围的扩大而增加，可能在模型的整个生命周期中出现，并且受到滥用条件、模型可靠性、模型公平性和模型安全性、模型自主程度、获取工具的途径、新型的或组合的模态、发布和分发策略、移除护栏的可能性以及其他因素的影响。特别是，迄今为止，系统性风险的国际进路已确定需要关注以下方面的风险：潜在的故意滥用或与人类意图对齐的无意图控制问题；化学、生物、辐射和核风险，比如降低其门槛的方式，包括武器开发、设计获取或使用的门槛；进攻性的网络能力，如发现、利用或操作使用漏洞的方式；来自互动和工具使用的影响，包括控制物理系统和干扰关键基础设施的能力；模型复制自身或"自我复制"或训练其他模型的风险；模型可能导致有害偏见和歧视，给个人、社区或社会带来风险的方式；为虚假信息提供便利或损害隐私，给民主价值观和人权带来威胁；特定事件可能导致连锁反应，产生巨大的负面影响，产生影响整个城市、整个领域的活动或者整个社区的风险。

（xx）"通用人工智能系统"是指基于通用人工智能模型的人工智能系统，这一系统能够满足各种目的，既可以直接使用，也可以集成到其他人工智能系统中。

（xxx）"浮点运算"是指涉及浮点数的任何数学运算或赋值，浮点数是实数的一个子集，通常在计算机上以固定精度的整数表示，并以固定基数的整数指数缩放。

（xy）"人工智能系统的下游提供商"是指任何集成了通用人工智能模型的人工智能系统（包括通用人工智能系统）提供商。

（*）增加一条鉴于条款，提及使用模型卡的可能性。

（x）能够生成文本、图像和其他内容的通用目的的模型为艺术家、作家和其他创作者及其创作内容的创作、传播、使用和消费方式带来了独特的创新机遇，但也带来了挑战。开发和训练此类模型需要获取大量文本、图像、视频和其他数据。在这种情况下，文本和数据挖掘技术可广泛用于检索和分析这些内容，而这些内容可能受到版权和相关权利的保护。对受版权保护内容的任何使用都必须获得相关权利人的授权，除非适用相关的版权例外条款。2019/790 号指令引入了例外情形，允许在特定条件下为文本和数据挖掘的目的复制和摘录作品或其他主题。根据这些规则，权利人可以选择保留对其作品或其他主题的权利，以防止文本和数据挖掘，除非挖掘是出于科学研究的目的。在以适当的方式明确保留选择退出权的情况下，通用人工智能模型的提供者如果想对这些作品进行文本和数据挖掘，需要获得权利人的授权。

（xx）将通用人工智能模型投放欧盟市场或在欧盟投入使用的提供商应确保遵守本条例中的相关义务。为此，通用人工智能模型提供商应制定政策，尊重欧盟关于版权和相关权利的法律，特别是识别和尊重权利人根据 2019/790 号指令第 4 条第 3 款表达的权利保留。任何将通用人工智能模型投放到欧盟市场的供应商，无论这些版权相关行为所支撑的基础模型训练发生在哪个法域，都应当遵守这一义务。这对确保通用人工智能模型提供商之间的公平竞争环境是必要的，任何提供商都不能通过采用低于欧盟规定的版权标准在欧盟市场上获得竞争优势。

（x）为了提高通用人工智能模型的预训练和训练中所使用数据的透明度，包括受版权法保护的文本和数据，这类模型的提供者应就训练通用模型所使用的内容起草并公布一份足够详细的摘要。该摘要的范围应当是全面的，而不是技术性的详细说明，例如列出用于训练模型的主要数据集或数据集，例如大型的私人或公共数据库或数据档案库，并对所使用的其他数据来源进行叙述性的解释。人工智能办公室宜提供一个摘要模板，这一模板应简单、有效，并允许提供者以叙述形式提供所需的摘要。

（x）本条例对人工智能系统和模型进行监管，对在欧盟境内将其投放市场、投入使用或使用的相关市场行为者规定了特定要求和义务，从而补充 2022/2065 号条例对将此类系统或模型嵌入其服务的中介服务提供商所规定的义务。如果这些系统或模型嵌入到指定的超大型在线平台或超大型在线搜索引擎中，则须遵守 2022/2065 号条例所规定的风险管理框架。因此，《人工智能法》的相应义务应被推定为已履行，除非在此类模型中涌现并认定了 2022/2065 号条例未及涵盖的重大系统性风险。在这一框架内，超大型在线平台和超大型搜索引擎的提供商有义务评估其服务的设计、运作和使用所产生的潜在的系统性风险，包括服务中使用的算法系统的设计如何可能导致此类风险，以及潜在的滥用所产生的系统性风险。这些提供商还有义务采取适当的纾解措施，以尊重基本权利。

（x+1）此外，本条例规定了特定的人工智能系统的提供者和使用者有义务能够发现和披露这些系统的输出是人为地生成或者操纵的，这与促进 2022/2065 号条例的有效实施特别相关。这尤其适用于超大型在线平台或超大型在线搜索引擎提供商的义务，即其识别和降低因传播人为生成或操纵的内容而可能产生的系统性风险的义务，特别是对民主进程、公民言论和选举进程产生实际或可预见负面影响的风险，包括通过虚假信息产生的风险。

第 2 条　适用范围

（x）本条例不适用于根据免费和开源许可提供的人工智能系统，除非是高风险人工智能系统，或者是受第二节和第四节调整的人工智能系统。此外，本条例不适用于根据免费且开放的源代码许可向公众提供的，其参数（包括权重、模型架构信息和模型使用信息）是公开的人工智能模型，但第 C（1）[（c）] 和（d）条、第 D条 [和第 28 条第 2a 款] 所述的义务除外。

［第 C 条第 4 款将移入此条］

第 3 条　定义

（xx）"通用人工智能模型"是指一个这样的人工智能模型，包括在其使用大量数据进行大规模自我监督训练时，无论该模型以何种方式在市场上发布，都具有显著的通用性，能够胜任各种不同的任务，并且可以集成到各种下游系统或应用中。

第 X 章　分级规则

第 A 条　将通用人工智能模型划分为具备系统风险的通用人工智能模型

1. 通用人工智能模型，如果符合以下任何一项标准，则应划分为具有系统风险的通用人工智能模型：

（a）根据适当的技术工具和方法，包括指标和基准，对其影响能力进行评估；

（b）根据人工智能办公室依职权作出的决定，或者在科学小组发出有根据的警告后，认为通用人工智能模型具有与第 a 和 b 点等价的能力或影响。

2. 根据第 a 点或第 1 款，当一个通用人工智能模型用于训练的累计计算量以浮点运算（FLOPs）计算大于 10 的 25 次方时，应推定该模型具有高影响能力。

3. 委员会有权根据第 74 条第 2 款通过授权法案，修订上文各款所列的阈值，并且根据不断发展的技术，例如算法的改进或硬件效率的提高，补充基准和指标。

第 B 条　程序

1. 如果通用人工智能模型符合第 A 条第 1 款第 a 或 b 点所述的要求，有关的提供商应立即通知委员会，无论如何，应当在其满足这些要求后或得知将满足这些要求后的 2 周内通知委员会。通知应包括必要的信息，以证明相关要求已得到满足。如果委员会发现特定的通用人工智能模型存在系统性风险，而委员会尚未接到通知，委员会可决定将该模型指定为存在系统性风险的模型。

2. 符合第 A 条第 1 款第 a 或 b 点所述要求的通用人工智能模型的提供者，可在其通知中提出有充分证据的论据，以证明在例外的情形下，尽管该通用人工智能模型符合上述要求，但由于其具体的特征，该模型不存在系统性风险，因此不应被划分为具有系统性风险的通用人工智能模型。

3. 如果委员会得出结论认为，根据第 2 款提交的论据不具备充分的证据，而且相关的提供商无法证明通用人工智能模型因其具体特点而不存在系统性风险，则委员会应驳回这些论据，通用人工智能模型应被视为具有系统性风险的通用人工智能模型。

4. 委员会可根据附件 YY 所列的标准，依职权或在科学小组根据第［科学小组对系统性风险的警告］条第 a 点发出有根据的警告之后，指定特定的通用人工智能模型存在系统性风险。委员会有权根据第 74 条第 2 款的规定，通过授权法案明确和更新附件 YY 中的标准。

5. 委员会应确保公布具有系统性风险的通用人工智能模型清单，并不断更新该清单，同时不影响根据欧盟和成员国法律尊重和保护知识产权以及机密商业信息或商业秘密的需要。

第 Y 章　通用目的人工智能模型提供商的义务

第 C 条　通用目的人工智能模型提供商的义务

1. 通用人工智能模型的提供商应当：

（a）编制并不断更新模型的技术文件，包括其训练和测试过程以及评估结果，其中至少应当包含附件 XX 所列的内容，以便应人工智能办公室和国家主管当局的要求向其提供；

（b）计划将通用人工智能模型集成到其人工智能系统的人工智能系统提供商编制、不断更新和提供信息和文件。在不影响根据欧盟和成员国法律尊重和保护知识产权以及机密商业信息或商业秘密的前提下，这些信息和文件应：

i. 使人工智能系统的提供商能够很好地理解通用人工智能模型的能力和局限性，并遵守本条例规定的义务；且

ii. 至少包含附件 XY 所列内容；

（c）制定尊重欧盟版权法的政策，特别是认定和尊重（包括在适用的情况下，通过当前的先进技术水平）根据 2019/790 号指令第 4 条第 3 款表达的权利保留；

（d）根据人工智能办公室提供的模板，就通用人工智能模型训练所使用的内容起草并公布一份足够详细的摘要。

［关于水印的条款已移至第 52 条］

2. 通用人工智能模型的提供商在根据本条例行使其权限和权力时，应与委员会和国家主管当局进行必要的合作。

3. 在统一标准公布之前，通用人工智能模型的提供者可依靠第 E 条所述的行为守则来证明其遵守了第 1 款中的义务。对欧洲统一标准的遵从足以推定提供者符合要求。具有系统性风险的通用人工智能模型的提供者如不遵守经批准的行为守

则，则应证明具备其他适当的合规手段，以供委员会批准。

4. 本条规定的义务，除第 1 款第 e 项外，不适用于预训练人工智能模型的提供商，这些模型根据许可向公众开放，允许获取、使用、修改和分发模型，其参数，包括权重、关于模型架构的信息和关于模型使用的信息，均向公众开放。

第 Z 章　具备系统风险的通用人工智能模型的提供商的义务

第 D 条　具备系统风险的通用人工智能模型的提供商的义务

1. 除第 C 条所列义务外，具有系统风险的通用人工智能模型的提供商还应当：

（a）根据反映先进技术水平的标准化的协议和工具进行模型评估；

（b）评估并纾解联盟层面可能存在的系统性风险及其源头，包括因开发、投放市场、投入使用或使用具有系统性风险的通用人工智能模型而产生的系统性风险；

（c）跟踪、记录并及时向委员会报告，并酌情向国家主管当局报告严重事故的相关信息，以及为解决这些问题可能采取的纠正措施；

（d）除了履行第 C 条第 1 款第 a 点规定的义务外，或者作为履行该义务的一部分，对模型进行对抗测试并记录在案，以识别和降低系统性风险；

（e）确保对具有系统风险的通用人工智能模型和模型的物理基础设施提供适当水平的网络安全保护；

（f）跟踪、记录和报告已知或估计的模型能耗；如果不知晓或不具有可用的标准，可根据所使用计算资源的信息进行报告。

2. 统一标准公布之前，通用人工智能模型的提供者可依靠第 E 条所述的行为守则来证明其遵守了第 1 款中的义务。对欧洲统一标准的遵从足以推定提供者符合要求。具有系统性风险的通用人工智能模型的提供者如不遵守经批准的行为守则，则应证明具备其他适当的合规手段，以供委员会批准。

3. 在为遵守本条规定的义务而有严格必要的情况下，应根据 2016/943 号指令保守商业秘密，并且只有在事先采取了所有具体的必要措施以保守商业秘密，特别是对第三方保守商业秘密的情况下，方可披露商业秘密。

4. 第 C 条第 4 款规定的豁免不适用于具有系统风险的通用人工智能模型。

第 E 条　行为守则

1. 人工智能办公室应当，考虑到国际实践，鼓励和促进在联盟层面制定行为守则，作为促进本条例正确实施的要件之一。

2. 人工智能办公室和人工智能委员会应致力于确保行为守则涵盖以下问题，但不限于第 C 条和第 D 条规定的义务：

（a）确保第 C 条第 a、b 点所指的信息根据市场和技术的发展不断更新，以及训练内容摘要的充分详细程度的手段；

（b）确定联盟层面的系统性风险的类型和性质，必要时包括其源头；

（c）评估和管理联盟层面的系统性风险的措施、程序和模式，包括相关的文件。联盟一级的系统性风险的评估和管理应当，考虑到风险的严重性和可能性，与风险合比例，并且根据这些风险在人工智能价值链上涌现和具体化的可能方式，考虑应对这些风险的具体挑战。

3. 人工智能办公室可邀请通用人工智能模型的提供商以及相关国家主管当局参与行为守则的起草工作。民间社会组织和其他利益相关方可支持这一进程。

4. 人工智能办公室和人工智能委员会应致力于确保行为准则明确列出其具体目标，并包含承诺或措施，包括适当的关键绩效指标（KPI），以确保实现这些目标，并适当考虑联盟层面的所有利益相关方，包括受影响者的需求和利益。

5. 人工智能办公室可邀请所有通用人工智能模型的提供者参与行为守则。对于不构成系统性风险的通用人工智能模型的提供者而言，这种参与应仅限于本条第 2 款第 a 项所预见的义务，除非其明确宣布有兴趣加入完整的守则。

6. 委员会应努力确保行为准则的参与者定期向委员会报告承诺的履行情况、采取的措施及其结果，包括酌情对照关键绩效指标进行衡量。关键业绩指标和报告承诺应考虑到不同参与者在规模和能力上的差异。

7. 人工智能办公室和人工智能委员会应定期监测和评估参与方实现行为守则

目标的情况及其对正确实施本条例的贡献。人工智能办公室和人工智能委员会应评估行为守则是否涵盖第 C 条和第 D 条规定的义务，包括本条第 2 款所列的问题，并应定期监督和评估其目标的实现情况。委员会应公布其对业务守则充分性的评估结果。委员会可通过实施法案决定批准行为守则，并使其在联盟内普遍有效。这些实施法案应根据第 93 条第 2 款规定的审查程序而通过。

8. 在适当情况下，人工智能委员会还应鼓励和促进对行为守则的审查和调整，特别是根据新标准来审查和调整。人工智能办公室应协助对现有标准进行评估。

9. 行为守则最迟应在本条例的适用条款生效前的九个月时制定。人工智能办公室应采取必要的措施，包括根据第 5 款邀请提供商。如果在条例开始适用时，行为守则尚不能完成制定，或者人工智能办公室认为根据第 6 款的规定，行为守则依然不够充分，委员会可以通过实施法案进行干预，以涵盖第 C 条和第 D 条规定的义务，包括第 2 款规定的问题。

［第 C 条和第 D 条相应修改］

第 40 条　统一标准和标准交付

2. 委员会应根据 1025/2012 号条例第 10 条，在……［本条例生效之日后的六个月］内，发出涵盖本条例第二节第三章和［……］的所有要求的标准化需求。标准化需求还应要求提供有关报告和文件流程的可交付成果，以提高人工智能系统的资源性能，例如减少高风险人工智能系统在其生命周期内的能源和其他资源消耗，以及有关通用人工智能模型的节能开发。在准备标准化要求时，委员会应咨询相关的利益相关方，包括咨询论坛。

第 84 条　评估和审查

4. 在第 85 条第 2 款提及的本条例实施之日起的两年内，以及此后每四年内，委员会应提交一份关于通用模型节能开发的标准化交付成果进展状况的审查报告，并评估采取进一步措施或行动的必要性。该报告应提交给欧洲议会和欧盟理事会，并应公布于众。

第85条　生效和适用

2.（c）第B条和第E条应自［通用目的人工智能模型相关条款的生效时间］的第九个月内生效。

附件XX　第C（1a）条所述的技术文件；
通用人工智能模型提供商的技术文件

第1节　所有通用人工智能模型提供商都应提供的信息

第X（b）条所指的技术文件应至少包括与模型的规模和风险状况相适应的以下信息：

1. 通用人工智能模型的一般说明，包括：

（a）该模型计划执行的任务以及可将其集成的人工智能系统的类型和性质；

（b）适用于该模型的可接受使用的政策；

（c）模型的发布日期；

（d）模型投放市场或投入使用的形式说明；

（e）有关模型类型和结构、输入和输出类型、训练数据集和模型许可的一般性信息；

（f）用户使用说明和安装说明（如适用）。

2. 模型要件及其开发过程的详细说明，包括：

（a）将通用人工智能模型集成到人工智能系统中所需的技术手段，例如基础设施和工具；

（b）设计规格；关键的设计选择，包括理由和假设；模型的优化目的和不同参数的相关性；

（c）模型结构和参数数量；

（d）输入和输出的模态，如文本、图像等，格式和最大尺度，例如上下文窗口的长度等；

（e）用于训练、测试和验证的数据的信息（如适用）；此类信息应以数据卡的形式提供，描述训练方法和技术以及所使用的训练数据，包括数据的类型和来源、数据点的数量、范围和主要特征；数据的获取和选择方式；任何数据整理的方法，如清洗、过滤等，以及检测数据源的不适合性的所有其他措施和检测可识别偏差的方法（如适用）；

（f）用于训练模型的计算资源（如 FLOPs）、训练时间以及与训练有关的其他相关细节；

（*）模型的已知或估计能耗；如果不具备，可根据所用计算资源的信息来确定。

第 2 节　具有系统风险的通用人工智能模型提供者应提供的补充信息

3. 评价策略的详细说明，包括根据现有的公共评价协议和工具或其他评价方法得出的评价结果。评价策略应包括评价的标准、度量和识别限制的方法。

4. 在适用的情况下，详细描述为进行（内部和 / 或外部）对抗测试（如蓝军）和模型适配，包括对齐和微调（例如有人类反馈的强化学习），而采取的措施。

5. 在适用的情况下，详细描述系统结构，说明软件组件如何相互构建或互反馈，及其如何集成到整体的处理活动中。

附件 XY　第 C（1b）条提及的透明度信息：通用人工智能模型提供者向将模型集成到其人工智能系统中的下游提供者提供的技术文件

第 X（c）条所述信息应至少包括以下内容：

1. 通用人工智能模型的一般说明，包括：

（a）该模型计划执行的任务以及可将其集成的人工智能系统的类型和性质；

（b）适用于该模型的可接受使用政策；

（c）模型的发布日期；

（d）模型如何与不属于模型本身的硬件或软件交互或可用于与之交互（如适用）；

（e）与通用人工智能模型的开发和使用有关的相关软件或固件的版本（如适用）；

（f）模型投放市场或投入使用的形式说明；

（g）有关模型类型和结构、输入和输出类型、训练数据集以及模型许可的一般信息；

（h）用户使用说明以及安装说明（如适用）。

2. 模型要件及其开发过程的详细说明，包括：

（a）将通用人工智能模型集成到人工智能系统中所需的技术手段，例如基础设施和工具；

（b）输入和输出的模态，如文本、图像等，格式和最大尺度，例如上下文窗口的长度等；

（c）用于训练、测试和验证的数据的信息（如适用）；此类信息应以数据卡的形式提供，描述训练方法和技术以及所使用的训练数据，包括数据的类型和来源、数据点的数量、范围和主要特征；数据的获取和选择方式；任何数据整理的方法，如清洗、过滤等。

附件 YY

为确定通用人工智能模型是否具有与第 A 条第 a 和 b 点等价的能力或影响，委员会应考虑以下标准：

（a）模型参数的数量；

（b）数据集的质量或规模，例如通过词元衡量；

（c）用于训练模型的计算量，以浮点运算数 FLOPs 衡量，或由其他变量组合表示，如估计的训练成本、估计的训练所需时间或估计的训练能耗；

（d）模型的输入和输出模态，如文本到文本（大型语言模型）、文本到图像、多模态，以及确定每种模态的高影响能力的最新阈值，以及输入和输出的具体类型

（如生物学序列）；

（e）模型能力的基准和评估，包括考虑无需额外培训即可完成的任务数量、学习新的不同任务的适应性、自主程度和可扩展性、可使用的工具；

（*）由于其触达范围，对内部市场有很大的影响［当提供给至少10000个场所位于联盟内的注册企业用户时，应推定为满足了这一要求］。

（f）注册的终端用户数量。

附件七 人工智能价值链中公平且有利于创新的责任分配：一份由［若干个主要的欧盟成员国］提交的非正式文件

欧盟理事会和欧洲议会都对《人工智能法》提出了新的规定，目的是更加公平地分配人工智能价值链中各个参与者的责任。欧盟理事会选择了涵盖通用人工智能系统的新的第 4b 条，欧洲议会则提议了规范基础模型的新的第 28b 条：

——欧盟理事会的提案包括通过具体的规则，从构想阶段一直到使用阶段，对通用人工智能系统（可用于高风险的人工智能系统）开展监管。由于通用人工智能系统的特殊性，欧盟委员会在最初的提案中提出的大多数规则和义务似乎无法有效地适用于这些系统。欧盟理事会认为，在有效执行《人工智能法》方面出现这样的漏洞，对在价值链之间公平分担责任没有帮助。欧盟理事会授权委员会在实施法案中为这些系统设定要求。

——欧洲议会则采取了不同的方法，欧洲议会的目的是在人工智能系统之上，在将基础模型包含到投放市场的人工智能系统之前，就针对基础模型提出要求。欧洲议会直接在法律文本中对这些模型提出了要求。

这两种方法似乎很难结合在一起，因为二者关注的是人工智能价值链的不同部分，但与此同时，二者似乎又有着相同的目标。

因此，在当前的三方谈判中，我们建议首先集中精力，就监管通用人工智能系统和/或基础模型的愿景和目标达成一致，然后针对如何以法律上明确的方式实现这一目标，同时又不过度阻碍创新，进行建设性、开放式的立法谈判。

共同目标

有鉴于此，我们对两个文本进行了分析，并确定了以下共同条件和目标：

——人工智能生态系统迅速地发展。因此，《人工智能法》必须保有灵活性和前瞻性。同时，这部法律必须应对公民和政策制定者已经看到的挑战和风险，同时保持技术中立，并能适应人工智能技术的未来发展。

——欧盟理事会和欧洲议会都意识到了人工智能价值链的复杂性和市场结构的特殊性。因此，它们认为有必要在不同的参与者之间分配责任，而不是将所有要求都强加给最终提供商。在许多情况下，高风险人工智能系统的最终提供商可能是一家进一步开发通用人工智能系统的小公司，而该系统又可能是围绕另一个利益相关者（可能是提供商，也可能是开发商，可能是大公司，也可能是小公司）提供的基础模型而建立的。为了满足《人工智能法》的要求，有必要确保最终提供商（将高风险人工智能系统投放市场或投入使用的提供商）能够获得技术文件和其他与遵从要求相关的信息。

——《人工智能法》监管的是人工智能的使用，而不是技术本身，并且采取的是基于风险的方法。这一原则不应受到破坏，因为这会过度阻碍创新。

——法律的确定性、清晰性和可预测性对市场行为者和当局遵守和执行法律至关重要。因此，应当明确地界定所有概念。

——透明度是个体能够信任技术并且区分人工生成和机器生成内容的关键。

这些目标看似相互矛盾，需要找到一个平衡点。《人工智能法》必须面向未来，同时也要提供法律上的确定性，我们因此建议在漫长、复杂且不断发展的人工智能价值链中，不要对责任分配的所有方面和细节过度地加以规范。我们还想提请注意，人工智能价值链将随着技术的发展而不断演变，为不同的参与者创造新的工作机会，并可能允许他们以不同的方式分担任务。在人工智能系统投放市场或投入使用之前，试图对其开发的每一步都进行监管似乎是不合比例的。这将带来窒息创新的巨大风险，不符合基于风险的方法，也偏离了新的立法框架中的原则。我们建议为市场留出一定的自由裁量空间，以确保高风险和通用人工智能系统的最终提供商能够有效地在市场上推出安全可信的人工智能系统。使得最终供应商能够轻松地遵守高风险要求，应成为价值链上游供应商的竞争优势。

实现共同解决方案的可能途径

为了在人工智能价值链中实现公平且有利于创新的责任分配，确保欧盟的人工智能系统安全可信，我们建议采用一种基于以下要点的方法：

1. 按照欧盟理事会的一般进路中的法律逻辑对通用人工智能系统进行监管，这一进路着眼于系统、用途和风险，而不是具体的内容或技术，也不是在人工智能系统打算投放市场或投入使用之前，通过纳入对基础模型的要求，进一步在价值链中向上爬升。《人工智能法》从一开始就旨在规范系统而非模型，对提供商提出要求的概念不适合用于规范模型，因为模型不一定是由公司开发的，而是由开发者开发的，有时是作为开源的工具。将重点放在通用人工智能系统上，而不是《人工智能法》已经涵盖的高风险人工智能系统上，将在确保（小型）最终提供商能够获得遵从《人工智能法》要求所需的信息，在分配责任方面给市场留出一定的自由裁量空间，以及不给开发商造成过重负担之间取得良好的平衡。

2. 考虑到通用人工智能系统技术上的特殊性，在法律文本中直接定义对通用人工智能系统提供商的一些具体的、现实的要求，同时为委员会通过实施法案进一步具体化这些要求和发布指导方针保留明确的可能性，以便通过面向未来的方式跟上技术发展，并且和其他部门立法保持一致。

3. 引入通用人工智能系统的明确定义，避免在这一背景下引入定义模糊的新概念。欧盟理事会的定义可以作为一个起点。

4. 加强并明确第 52 条的透明度要求，例如有义务（通过水印或其他工具）告知内容是由人工智能系统生成的，以确保由人工智能生成的内容属于这一具体条款的范围。

附件八　由［多个欧盟成员国］联合发布的有关有效治理和执行《人工智能法》的非正式文件

在正在进行的三方谈判中，我们希望强调在《人工智能法》中建立有效的治理和执行结构的重要性。我们已经在 2021 年 10 月的一份非正式文件中强调了这一需求，这份文件是斯洛伐克早前于 2021 年 12 月发布的有关人工智能治理的非正式文件的后续。技术发展日新月异，虽然《人工智能法》本身需要具备灵活性和前瞻性，但最为重要的是，我们必须建立一个有效而强大的治理和执法机构，足以应对人工智能将带来的风险和挑战，从而确保人们对这一技术的信任。此外，我们还必须从执法经验中，特别是在消费者保护法和数据保护法领域的执法经验中吸取教训。如果要实现《人工智能法》的目标，就应该避免先前在跨境执法协调和／或碎片化执法方面不够坚决的错误。

有鉴于此，我们在此建议结合欧盟理事会和欧洲议会的最佳立场，并强调有必要确保：

1. 全面地考虑欧盟层面的执法问题。我们仍然认为，在与独立存续的人工智能系统有关的，具备大规模的、跨国界的重要性的特定情况下，在欧盟层面开展执法是适当的，原因如下。首先，最近的发展，包括通用人工智能系统（如基础模型）的扩散，表明此类系统可以在欧盟范围内广泛部署。其他领域的经验表明，在欧盟范围内出现广泛的侵权行为时，国家当局可能难以以有效、协调和统一的方式执行规则。其次，现有的管理机构都没有针对这种高度复杂和大规模跨境系统执行规则的经验。由于缺乏该领域的专家，要确保所有成员国拥有足够的资源和能力可能是一个挑战。因此，我们认为需要在欧洲层面建设一个管理的模式，以确保《人工智能法》的充分实施。目前有几种选择：欧盟委员会和/或人工智能委员会/人工智能办公室可以承担多项任务，例如上述案例中的执法工作。最后，根据《数字服务法》成立的欧洲算法透明度中心也可以得到加强，尤其是确保在执行这两项法案时的协同作用。鉴于人工智能和算法技术层面的重要性，欧洲算法透明度委员会还可以支持国家当局，增加对人工智能系统的了解和认识，并制定技术指南。确定哪些案件符合欧盟执法条件的标准可以是：

（a）相应系统是否对欧盟造成系统性风险；

（b）相应系统是否已经造成或可能造成欧盟范围内的广泛侵权；

（c）欧盟委员会是否与人工智能办公室/欧洲人工智能委员会合作，认为欧盟执法是必要的。

2. 建立永久性的治理结构。我们支持欧洲议会关于以欧洲人工智能办公室（AI Office）的形式建立一个更加永久性的机构的想法背后的总体意图，因为这可能是建立一个拥有专职专家的强大治理机构的重要的第一步。如上所述，这种常设机构也可能是执行与独立人工智能系统有关的大规模跨境重要案件的合适场所。我们认为有必要责成人工智能办公室/人工智能委员会与欧盟在数字领域的其他相关管理机构合作，如欧洲数据处理委员会、欧洲数据创新委员会、欧洲网络安全局、数字服务委员会、基本权利机关和欧盟委员会。欧洲议会建议将其中一些机构纳入人工智能办公室的管理委员会。我们理解这一愿望背后的理由，但我们认为通过其他方式确保合作更为合适。

3. 欧盟理事会和欧洲议会立场中概述的加强人工智能委员会/人工智能办公室的问题应予以保留，如果可能的话，应予以加强。特别是，人工智能委员会/人工智能办公室应承担以下任务：

（a）按照欧盟理事会和欧洲议会的建议，监测和审查系统性风险/威胁；

（b）协调、促进和支持联合跨境调查，欧盟理事会和欧洲议会都提出了这一建议，但欧洲议会的建议更为详细，虽然我们认为欧洲议会的建议有一定的附加值，但我们要强调的是，还需要进一步的工作来明确这些概念；

（c）按照欧洲议会的建议，促进与第三国主管当局和国际组织的有效合作；

（d）按照欧洲议会的建议，协助成员国国家监管当局和委员会发展实施《反洗钱法》所需的组织和技术专长，这一点在欧盟理事会的案文中也有明确体现。我们认为，将其作为欧盟理事会的一项具体任务，而不是委员会的一项软性义务，这一点更为明确。理想情况下，这也应包括专家库对国家主管当局的特别支持；

（e）按照欧洲议会的建议，审查严重事件报告。这似乎与监测系统性风险有关，但在欧盟理事会文本中却没有提及；

（f）按照欧洲议会的建议，建立一个咨询论坛，与欧盟理事会建议的分组相比，这似乎是一个更加长期和透明的结构。

4. 保留并在可能的情况下加强对市场监督机构的支持结构。这涉及：

（a）在人工智能委员会／人工智能办公室下为市场监督机构和通知机构设立常设分组；

（b）委员会有义务通过开展市场评估或研究来支持市场监督分组；

（c）欧盟独立专家库；

（d）欧盟试验设施；

（e）通过平台或其他数字工具等方式，确保国家当局之间就正在进行的具有跨境相关性的案件进行有效的信息共享。

5. 欧盟委员会（和／或欧洲人工智能委员会／人工智能办公室）应尽快向成员国当局和市场主体提供关于实施《人工智能法》的明确指导，包括国家和欧盟层面的执法和权限划分。

6. 应按照欧洲议会的建议，定期审查管理模式的有效性。如果不具备有效的管理和执行结构，《人工智能法》有可能成为数字单一市场错失的机会。因此，我们建议将欧盟理事会和欧洲议会文本中的上述主要内容结合起来，同时考虑到其他现有立法的经验，如消费者立法和《数字市场法》。我们的目标是确保最高效、最有效的治理和执法结构，以避免出现"挑选裁判"的风险、成员国当局之间工作分配不均、公司竞争环境不公平等问题，最重要的是，我们可能无法达到《人工智能法》所追求的保护公民和民主的水平。

附件九　关于通用目的人工智能的非正式文件

基于欧洲人工智能法价值观的创新友好型进路
——意大利、法国和德国的联合非正式文件

我们承认有必要对人工智能系统进行全面监管，并且从一开始就欢迎欧盟委员会就此提出的《人工智能法》提案。《人工智能法》将为欧盟个体在单一市场上销售的人工智能产品提供保障和信赖。

这一新的法律将补充欧盟已在适用的全面的法律工具箱，例如，关于数据隐私的《通用数据保护条例》《数字服务法》和对在线恐怖主义内容的监管。

欧盟打算将自身置于人工智能革命的前沿。这就需要一个促进创新和竞争的监管框架，以便欧洲企业能够崭露头角，在全球人工智能竞赛中发出我们的声音，传递我们的价值观。

在此背景下，我们重申我们的共同承诺，即建立一个平衡的、有利创新的、基于风险的一致方法，减少对企业造成的不必要的、阻碍欧洲创新能力的行政负担。这将促进数字市场的可竞争性、开放性和竞争力。

我们欢迎轮值主席国西班牙努力与欧洲议会和欧盟委员会达成妥协，为各利益相关方找到满意的解决方案。

　　我们共同强调，《人工智能法》规范的是人工智能的应用，而不是技术本身。这种基于风险的方法是必要的，旨在同时保护创新和安全。

　　法律的安定性、清晰度和可预测性至关重要。

　　应特别注意定义和区分。我们应继续深入讨论这一问题。定义应清晰准确。在这方面，我们大力强调并欢迎轮值主席国西班牙所作的努力。

　　我们建议区分模型和可用于特定应用的通用人工智能系统。

　　我们认为，对通用人工智能系统的监管似乎更符合基于风险的方法。内在的风险蕴于人工智能系统的应用，而非蕴于技术本身。在新的立法框架下，欧洲标准可以支持这种方法。

　　谈到基础模型，我们反对灌输未经测试的规范，并建议在此期间通过行为守则建立强制性的自律。它们可以遵循七国集团通过广岛进程和《人工智能法》提案第69条所确定的原则，并将确保价值链具有必要的透明度和信息流，以及基础模式的安全性和防止滥用。

　　然而，我们反对在基础模型上采用双层方法。

　　为了实施我们建议的方法，基础模型的研发者必须定义模型卡。

　　定义模型卡并提供给每个基础模型构成这种自我治理的强制性要件。

　　模型卡必须具有一定程度的透明度和安全性。

　　模型卡应包括相关的信息，以便了解模型的功能、能力和限制，并以开发者社区的最佳实践为基础。例如，正如我们今天在产业中观察到的那些信息：参数数量、预期用途和潜在限制、偏差研究结果、安全评估。

　　人工智能治理当局可以帮助制定指南，并检查模型卡的应用。

　　该系统将确保公司得以便捷方式向人工智能治理当局报告所发现的任何模型研发者违反行为守则的情况。为了提高透明度，任何涉嫌违规的行为都应由管理当局公之于众。

　　一开始不会实施任何处罚。不过，在经过一段规定期限的观察期后，如果屡次发现和报告模型研发者违反有关透明度要求的行为守则，且其并未加以纠正，则可在对所发现的疏失进行适当分析和影响评估之后建立罚则，并确定如何最好地解决这些问题。

在这种情况下，欧洲标准也可以成为一个重要的工具，因其还能创设考虑未来发展的适应能力。在这方面，可以提前关注进一步的标准化任务。

附件十 关于高风险人工智能分级治理的非正式文件

《人工智能法》非正式文件——第 6 条、第 7 条和附件三

引　言

在 2023 年 10 月 2 日的影子会议上，有关《人工智能法》立法程序的谈判小组成员请求就第 6 条和第 7 条以及附件三的若干折衷提案提供书面意见。本非正式文件所评估的折衷提案版本是针对该会议提交给影子官员的版本。本非正式文件旨在以书面形式确认已在上述会议上传达的信息。

上述折衷提案的出发点是，附件三所列用例范围内的所有人工智能系统都应视为高风险系统，并因此受到《人工智能法》当中适用于高风险人工智能系统的限制的约束。

然而，根据这一折衷提案，如果人工智能制造者认为其人工智能系统符合新提出的三个过滤条件（Filter）当中的任何一个，则允许该制造者将其人工智能系统视为非高风险系统，将其投放市场或投入使用，从而不受适用于高风险系统的限制，只受到第 51 条第 2 款（新增规则）和附件八第 X 节（新增规则）规定的备案义务的限制。

当前所提议的过滤条件如下所示：

（a）人工智能系统旨在执行复杂程度较低的范围狭窄的程序性任务；

（b）使用人工智能系统并不取代与上述用例有关的人工评估，而是旨在确认或改进这一评估中的一个附随性的因素；或

（c）人工智能系统旨在执行与上述用例目的相关的评估的准备性任务。

不过，作为"安全网"性质的条件，折衷提案还澄清道：在任何情况下，开展的人工智能系统应始终视为高风险，并相应予以规制。

上述修改的效果是：经过人工智能制造者的评估，只要人工智能系统满足任何一项过滤条件，就可以将该人工智能系统视为不属于高风险系统，尽管其属于附件三的范围，相应系统因此得以免受适用于高风险系统的限制。

此外，新的折衷提案提到并在特定情况下具体规定了市场监督机关的权力（见新增的第65a条），即对属于附件三所列的任何一种情况用途，但根据第51条第2款（新增规则）和附件八第X节（新增规则）所新增的拟议程序登记为"非高风险"的人工智能系统的监督和执法权力。

由于各个市场监管机关只能在其管辖范围内行使权力，因此，在根据新的过滤条件获得豁免的人工智能系统出现跨境性质的违规的情况下，拟议的折衷提案规定，成员国当局应在没有无故拖延的情况下将评估结果和要求提供商采取的行动通知欧盟委员会和其他成员国。不过，在如此行事时，折衷提案没有提及第66条（欧盟保障程序）。

新的折衷提案还委托委员会负责制定有关过滤条件的实践适用的指南。

除此以外，折衷提案在第7条第3款中引入了一项新的授权，即欧盟委员会可以通过授权法案更新过滤条件，如前文所述，在此条件下，即使人工智能系统落入附件三的范围，也不会被视为高风险系统。

分　析

根据10月2日会议上以口头方式提供的信息，本非正式文件首先从法律确定性原则以及合比例性和平等待遇原则的角度，对拟议折衷方案中遵循的监管方法进行了评估。

然后，本文将在另一节中讨论拟议的新授权问题：授权欧盟委员会通过授权法案更新过滤条件，即第 7 条第 3 款（新增规则）。

（a）折衷建议中采用的监管方式：

i. 法律确定性

根据已有的判例法，"法律确定性原则是［欧盟］法律的一项基本原则，它特别要求规则应清晰明确，以便个人能够明确确定自己的权利和义务，并采取相应措施"，例如参见 169/80 号案件，以及 C-143/93 号案件第 27 段。

折衷提案引入的规则体系实质上是对符合任何过滤条件的高风险人工智能系统豁免通常适用于高风险人工智能系统的要求，即投放市场或投入使用的限制。

该文本将评估和最终决定其高风险人工智能系统是否满足任何过滤条件的任务完全留给了生产商，即相关方。换言之，将由生产商决定其人工智能系统是否享有这种豁免制度，从而可以投放市场或投入使用，只需履行第 51 条第 2 款（新增规则）和新提议的附件八第 X 部分规定的登记义务。

在这种情况下，《人工智能法》的监管方法在界定哪些属于附件三范围内的系统实际上属于高风险系统时，引入了高度的主观性。尽管这种主观性受到过滤条件和安全网条件的部分限制，但似乎还不足以使个人明确确定他们在上述判例法中的义务。此外，可以指出的是，从政治角度看，欧洲共同体方面在 10 月 2 日的三方会议上对过滤条件的内容有不同的意见。

事实上，尽管委员会奉命就这些条件的适用通过指导原则，但正如在以前的场合已经指出的那样，根据既定的判例法，指导原则本质上是没有约束力的。因此，指导原则不能改变法律的内容，这里指的是过滤条件，满足这些条件才能适用豁免制度。

此外，考虑到《人工智能法》基于风险的方法，特别是第 7 条第 2 款规定的方法，拟议的折衷方案为生产商自主决定其人工智能系统是否应被视为高风险系统留下了广阔的空间。这似乎与《人工智能法》解决高风险人工智能系统所带来的危害风险的总体目标背道而驰。正如第 7 条第 2 款以及附件三中的使用案例清单所反映的那样，过滤条件似乎并没有为高风险人工智能系统的概念范围提供足够的确定性。因此，可以说这些条件可能无法确保与附件三本身和第 7 条第 2 款所确保的保护水平相当或至少相似的免受危害风险的保护水平。从这个角度看，拟议的豁免制度可能会被视为与第 7 条第 2 款的规定背道而驰，因此会造成法律上的不确定性。

此外，尽管拟议的折衷方案预见了注册后的具体监测制度，但该监测制度本身并不能以任何有意义的方式限制留给生产者的空间。这主要是因为这种监督被视为一种执法机制，旨在防止滥用。

ii. 平等待遇

根据判例法，《宪章》第 20 条规定的法律面前人人平等是欧盟法律的一般原则，其要求"不应对具可比性的情况进行区别的对待，也不应对不同情况进行相同的处理，除非这种不同处理在客观上是合理的。（例如，见 C-313/04 号案例）"

此外，根据法院的判例法，"如果区别对待是基于客观合理的标准，即如果区别对待与相关立法所追求的法律允许的目标有关，并且与区别对待所追求的目标相称，则区别对待是合理的。（C-127/07 号案例第 47 段）""由于涉及欧洲联盟的立法行为，应由欧盟立法机构证明作为理由提出的客观标准的存在，并向法院提供必要信息，以便法院核实这些标准确实存在。（同上，第 48 段）"

根据上述判例法，最新折衷提案中设想的豁免制度应确保任何生产者都不会受到与另一情况类似的生产者不同的待遇。根据法院的推理，必须根据《反垄断法》所追求的目标来评估生产者不同情况的可比程度。

综上所述，为了与法院的判例保持一致，折衷提案所设想的豁免制度不应该出现这样的情况，即实际上是高风险的人工智能系统被视为非高风险，反之，实际上不是高风险的人工智能系统被视为具有高风险。

然而，豁免的适用主要取决于生产者的主观评估，而且过滤条件的范围很广，措辞也不精确，这可能会导致相反的情况发生，即高风险的人工智能系统被视为非高风险，反之亦然。这将与上述平等待遇原则的判例背道而驰。

iii. 合比例性

根据法院的既定判例法，《欧盟条约》第 5 条第 2 款规定的合比例性原则"要求欧盟机构采取的措施不得超出适当和必要的限度，以实现有关立法所合法追求的

348

目标，但有一项谅解，即当在几种适当措施之间进行选择时，必须采用最不繁琐的措施，而且所造成的不利影响不得与所追求的目标不相称"。例如，C-343/09 号案例第 45 段、C-581/10 号和 C-629/10 号并案第 71 段、C-283/11 号案例第 50 段。

因此，折衷提案所设想的豁免制度中固有的主观因素在遵守相称性原则方面也可能存在问题。如上所述，这种豁免制度完全由生产经营者决定其人工智能系统尽管属于附件三的范围，但实际上是否属于高风险。

在这种情况下，附件三的内容本身的适当性可能会受到质疑，因为它可能会被视为无法实现《人工智能法》，特别是其第 6 条和第 7 条，以及附件三所追求的监管目标，因为无法立即明确地知道附件三中列出的使用情况是否始终只包括高风险的人工智能系统。这就意味着在构建豁免制度时，不应对附件三列出的用例是否确实涵盖高风险情况并因此全部正确地列入该附件产生任何疑问。同样，对豁免条件的解释也不应使人怀疑欧盟立法者在制定附件三的用例清单时是否存在明显的评估错误。目前版本的折衷提案似乎无法避免可能出现的任何此类疑问。

iv. 可能采取的进一步措施

为了与上文提到的法院判例法保持一致，并且如果共同立法者的政治意愿是确保在任何情况下，所有真正高风险的人工智能系统，即对基本权利、公众健康或安全构成重大危害的人工智能系统，都应继续受到适用于高风险系统的限制，豁免制度应基于足够精确和狭义的过滤条件，以确保只有真正非高风险的人工智能系统才不属于附件三所列用途的范围。

因此，人工智能系统是否属于高风险，应由立法者在界定高风险概念的范围时，如在起草附件三时，进行评价和评估，而不应由生产者在评估其具体系统是否属于附件范围时进行主观解释。

从而，一种可能的方法是筛选附件三中列出的所有用例，并评估这些案例的范围是否可能涵盖不需要作为高风险处理的情况。如果是，则可以起草明确、精确和狭义的豁免条件，仅适用于也涵盖非高风险情况的用例，无论是第 6、7 条还是附件三，法律效力均相同。对这些条件的解释应使得个人能够明确地确定他们的义务，从而对适用于高风险人工智能系统的限制范围没有任何疑问。此外，触发豁免的条件必须与第 7 条第 2 款保持一致；第 7 条第 2 款规定了制定附件三的方法。

最后，为了提高法律的确定性，可以考虑建立一项登记制度，至少允许主管当局在登记时，也就是在有关人工智能系统投放市场或投入使用之前，对其进行静态控制，也可以参照第 65 条第 5 款和第 66 条的规定，在涉及跨境的情况下启动欧盟保障程序。

（b）通过授权法案更新过滤条件的权力

折衷提案还在第 7 条第 3 款中引入了一项新的授权，即欧盟委员会可通过授权法案更新过滤条件，在此条件下，即使人工智能系统属于附件三的范围，也不会被视为高风险系统。

根据《欧盟运作条约》第 290 条，可授权欧盟委员会通过具有普遍适用性的非立法法案，以修改或补充"联盟"立法法案的某些非基本要素。根据同一条的第 2 款和第 3 款，立法法案必须规定授权的目标、范围、内容、期限以及授权的条件。

如上所述，附件三范围内的人工智能系统可以不受适用于高风险的限制的条件对于确定这些限制的实际范围至关重要。换句话说，这些条件等同于第 7 条第 2 款规定的标准，这些标准规定了立法者在附件三中列出最低限度时所遵循的方法，欧盟委员会在根据第 7 条第 1 款通过授权法案以修改附件三的内容时，也必须遵循这些标准。

在对第 7 条第 2 款规定的标准和过滤条件的相关性进行政治评估的前提下，从纯粹的法律角度来看，可以认为这些标准和条件构成了《人工智能法》对高风险人工智能系统的监管方法的核心支柱。从这个角度看，这些标准和条件可以说构成了《欧盟运作条约》第 290 条意义上的《人工智能法》的基本要件，因此不能将修改或补充这些标准和条件的权力下放给委员会。

在这方面，应该指出的是，第 7 条第 1 款赋予了委员会通过授权法案的权力，以在附件三已列出的用途之外增加新的案例用途。相反，委员会无权修改第 7 条第 2 款规定的标准，而这些标准实际上是委员会在通过第 7 条第 1 款所述的委托法案时必须遵循的标准。

同样的逻辑也应适用于过滤条件，因为这些条件构成了适用豁免制度的实质性基础，并因上述原因而构成该法案的基本要件。

附件十一　挪威数据保护局在人工智能上与 Ruter 合作的沙盒项目的最终报告

（主题：透明度和可解释性）

执行摘要

Ruter 希望利用人工智能（AI）在 Ruter 应用程序中为其用户提供个性化的旅行建议。这些旅行建议将由人工智能来生成。预期的效果是增加公共交通、小型车、自行车和步行出行的使用，这反过来又能为实现气候和环境目标作出贡献，包括汽车出行的零增长。

为确保 Ruter 在竞争日益激烈的市场中继续成为有吸引力的移动服务提供商，必须进一步发展其服务。同时，Ruter 依赖于大众的信任。因此，Ruter 的目标是确保任何对用户个人数据的人工智能应用都必须是负责任且公平的。

伴随着数字产品个性化程度的提高，Ruter 需要提供清晰、可理解和用户友好的服务信息。这个沙盒项目将探索如何确保人工智能的研发和使用是以透明且可信任的方式来进行。

要　点

研发阶段的透明度：对于 Ruter 来说，对个人数据的处理是否负责任至关重要。用户愿意分享其个人数据是研发人工智能服务的前提条件。为使得同意有效，用户必须洞察和理解其所同意的内容，并且能够撤回他们的同意。因此，Ruter 必须确保提供足够的信息，包括人工智能服务是如何得出旅行建议，而不至于对理解来说太过复杂。在 Ruter 的服务中，分层展示信息是一个很好的解决方案，可以满足上述两种考虑。

目的限制：Ruter 希望利用从用户使用 Ruter 应用程序中收集的个人数据进一步研发，特别是研发人工智能服务和其他一般性的服务。Ruter 必须在收集时明确界定其已知需要处理个人数据的具体目的。如果 Ruter 之后认为有必要将个人数据用于新的、不可预见的目的，其必须考虑新的目的是否与原来的目的相容。

使用阶段的透明度：在部署人工智能服务时，清晰、分层的信息对于确保用户信任和有效同意至关重要。在处理个人数据之前，数据主体必须被告知每个具体的目的，并且必须为每个新的目的获得同意。透明度对于围绕人工智能服务的使用而产生的信任非常重要。

未来方向

沙盒项目的讨论有助于具体化 Ruter 在研发和使用人工智能时必须遵循的透明度要求。本报告的评估也适用于其他希望确保其人工智能解决方案公开性的研发者。

Ruter 意识到沙盒项目关于透明度、目的和负责任的讨论与其正在进行的其他项目有关。因此，Ruter 希望确保将专业知识进一步转移到组织的其他部分。Ruter 将继续探索人工智能在服务中的使用，只要其认为人工智能可以积极改善用户体验或使服务更有效率。从沙盒项目中吸取的关于透明度、目的限制和告知义务的经验将有助于确保这些服务的发展符合监管框架、用户权利和用户期待。请阅读最后一章中关于前进方向的更多内容。

关于 Ruter

Ruter 是一家由奥斯陆市和维肯县议会所有的公共企业，负责计划、协调、订购和销售公共交通服务。其主要服务之一是 Ruter 应用程序，用户可以在其中计划行程，查看实时的出发时间，筛选出行方式并购买客票。

Ruter 要解决的问题是什么？

Ruter 正在策划一项新的服务，利用用户过去的使用行为，为用户提供更加个性化且具体的旅行建议。在这个沙盒项目开始时，该解决方案处于概念阶段。

Ruter 在其战略文件中强调，当今的运输解决方案正面临重大的变化。这些变化是由对更加可持续的解决方案的渴望、技术发展、新商业模式和不断变化的用户期待所驱动。为了继续在首都地区提供良好和稳定的运输服务，Ruter 必须适应这些变化。

Ruter 应用程序是用户乘坐公共交通时最重要的工具之一。良好的应用体验可以帮助提高用户满意度。为使得建议足够个性化，Ruter 认为人工智能模型必须从用户的个人数据中学习。

基于用户个人数据的人工智能服务的发展，取决于用户是否愿意分享其个人数据，并相信 Ruter 会以良好的方式保护他们的隐私。

因此，Ruter 有一个明确的目标，即在提供个性化数字产品的同时，应该提供清晰、可理解和用户友好的服务信息。

Ruter 发现其目前在用户中享有很高的信任度。有关用户个人数据使用的透明度是维持这种信任和研发新服务的关键。当组织使用处理个人数据的解决方案时，透明度也是《通用数据保护条例》(下称 GDPR) 的一个基本要求。

这个沙盒项目探讨了使用个人旅行数据的透明度要求，用以研发一项使用人工智能提供个性化旅行建议的服务。

Ruter 将如何使用人工智能?

Ruter 希望利用人工智能和机器学习来学习用户的个人数据，以提供个性化旅行建议。旅行建议将基于用户自身的旅行模式，以及和用户处在同一地点的其他人的惯常旅行地点。

该解决方案涉及三个阶段

在准备阶段，Ruter 应用程序会有一个收集个人数据的功能，用于研发和训练一个人工智能模型。这些数据将暂时储存在用户的设备（用户端）上。只要数据存储在用户端，就不会实施研发。临时存储的目的是为了让 Ruter 能够在流程的早期收集数据。

在研发阶段，个人数据将被发送到 Ruter 的中央系统，并在其中存储和使用。其目的是继续研发和训练一个人工智能模型。向 Ruter 中央系统的转移将基于已登录用户的同意。

在使用阶段，将在 Ruter 应用程序中向用户推出个性化的旅游建议，前提是他们已经登录并同意这样做。该服务的研发与使用阶段将同步在 Ruter 集中进行。由于旅行模式不断变化，该解决方案将持续研发，以确保该模型在任何时候都是正确、相关且最新的。

将要使用的个人数据是用户在什么地方和什么时候打开应用程序、进行了哪些旅行搜索以及用户的位置。特定用户以及其他用户先前在应用程序中的搜索记录将用来训练人工智能模型，以提供更好的旅行建议。

在这方面，我们也提到，Ruter 可能会发现自己在处理特殊类别的个人数据（也称为敏感个人数据）。我们将在下文讨论这个问题。

Ruter 解决方案在研发和使用阶段的简单表述

在撰写本报告时，Ruter 仍处于其解决方案的概念阶段。因此，当 Ruter 最终推出该解决方案时，可能已经做出了一些改变。

研发阶段：将收集个人数据用于训练人工智能模型。目的是研发一个人工智能模型，能够产生相关的和高质量的个性化旅游建议。

1. Ruter 在其应用程序中记录了用户的一些行为，包括搜索和显示的旅程建议。

2. 有关用户行为的信息通过加密线路发送到后端，用假名化号码取代用户 ID。

3. 后端系统对用户数据进行加密，并发送到一个内部共享平台。

4. Ruter 将数据发送到一个服务器进行处理和分析，使其适合进一步使用。个人数据在这个处理过程中会被暂时解密。

5. 数据发送到一个机器学习平台。人工智能模型从数据中"学习"。数据会在学习过程中解密。

6. 在充分训练和验证人工智能模型后，其根据收到的个人数据生成旅行建议。

描述中的第二至第六步在云上实施。

作为所述解决方案的替代方案，Ruter 正在考虑在研发阶段调整数据链路，避免使用通用平台（参见上文第 3 点），此外，还将改变数据的加密方式。

研发阶段将持续实施，因为人工智能模型需要不断收集新的信息来学习和改进旅行建议。

使用阶段：个人数据将用于预测旅行偏好和训练人工智能模型。使用阶段的目的是在 Ruter 应用程序中生成个性化的旅行建议。

1. 用户在计划行程时打开 Ruter 应用程序。

2. 该应用程序向后端系统发送请求，并附上用户位置。在传输之前，用户 ID 替换成一个假名化的号码。

3. 人工智能模型根据用户位置和请求发送到后端系统的时间，将旅程建议发回后端系统。

4. 后台系统将行程建议发送到 Ruter 应用程序，在那里向用户展示建议。

5. 个人数据（已经假名化）既存储在后端系统中，又用于人工智能模型的训练。

沙盒项目的目标

挪威数据保护局和 Ruter 各自确定了与 Ruter 人工智能模型研发和使用中的潜在隐私挑战有关的两个主要目标。

目标 1——研发阶段：调研使用个人旅行数据研发人工智能的透明度要求

可交付目标 1.1：

澄清数据主体对其个人数据在人工智能研发过程中如何处理的知情权的触发条件。从开始个人数据的本地收集到第一个版本的服务可以暴露给用户，这个过程需要时间。一个重要的问题是知情权的触发条件。除其他事项外，必须澄清从何时开始，根据 GDPR 处理了有关已识别或可识别自然人的数据，以及 Ruter 从何时开始承担处理的责任。

可交付目标 1.2：

在研发人工智能模型时，明确数据主体的知情权。Ruter 希望对用户个人数据如何在新功能研发过程中使用保持透明。为确保透明度，重要的是能够解释处理背后的目的，以及个人数据将如何在人工智能的研发中处理。关键问题是需要解释到什么程度，以及在理解人工智能模型之前如何作出一个良好的解释。

可交付目标 1.3：

在使用同意作为合法性基础时，确定与人工智能研发的透明度有关的问题。在使用同意作为法律依据时，一些具体的透明度要求将会适用。有待确定需要哪些信息来确保同意有效。

目标 2——使用阶段：调研人工智能应用于个人旅行数据的透明度要求

可交付目标 2.1：

澄清在使用阶段处理个人数据的不同目的是什么，哪些属于同一个目的。此外，在开始处理个人数据之前就应该明确说明目的。我们希望仔细调研如何在使用阶段就指定目的。当 Ruter 还不知道个人数据和机器学习的全部使用潜力时，为用户定义一个明确的目的可能是一个挑战。

可交付目标 2.2：

澄清数据主体在使用阶段对信息的权利。另外在使用人工智能时，Ruter 希望对用户个人数据的使用方式保持透明。一个关键问题是如何向用户提供一个简明扼要的解释，同时对正在发生的事情提供足够好的描述。当用于个人数据时，人工智能模型背后的逻辑有多少必须披露，有多少应该披露？另一个问题是人工智能模型是否需要个性定制，以满足不同的信息要求。

可交付目标 2.3：

确定与使用阶段的透明度有关的问题，将同意作为合法性基础。人工智能模型需要在用户在 Ruter 应用程序中使用模型的同时持续研发。我们希望调研在模型仍在研发过程中的情况下，同意必须包含哪些信息以确保其有效性。

解决方案处理个人数据的合法性

为了使得个人数据的处理合法，控制者必须始终具备处理的合法性基础。GDPR 第 6（1）（a）至（f）条详尽列举了合法处理个人数据的六种合法性基础。

对 Ruter 人工智能解决方案中个人数据处理的合法性的评估不是本沙盒项目的一部分。因此，报告假定 Ruter 对相关处理活动有合法性基础。

然而，Ruter 选择的合法性基础将影响其有义务提供的信息。

Ruter 计划使用同意第 6（1）（a）条作为合法性基础。这既适用于使用个人数据训练人工智能模型，也适用于在使用阶段对基于个人数据的人工智能模型的使用。

同意的有效条件之一是该同意是知情的。因此，在考虑 Ruter 必须向选择同意处理其个人数据的用户提供哪些信息时，自然需要检视这一要求。

除了知情之外，还有其他若干条件必须满足，同意才会有效。在这个沙盒项目中，我们只关注知情的要求。

本地存储情况下的责任

在这个沙盒项目中，Ruter 将对其应用程序中的个性化旅行建议服务承担处理责任。但在准备阶段，Ruter 对本地存储有什么责任？在该项目中，我们已经讨论了责任的延伸范围。这对于提供信息的责任何时发生作用至关重要。这个问题和 Ruter 不想访问的那些个人数据有关。

作为一项数据最小化措施，Ruter 将在准备阶段促进用户数据的本地存储。在这个项目中，本地存储的目的是为了让 Ruter 之后能够使用旅程数据来研发人工智能，如果用户在研发阶段同意这样做。每隔一段时间，包括个人数据在内的日志就会被发送到 Ruter 的中央服务器，用于人工智能研发。

当个人数据在用户设备上本地存储时，Ruter 不会对其进行访问。对于不同意集中存储的用户，Ruter 将永远无法访问这些数据。用户也能够在应用程序中直接删除其最喜欢的旅程。所有其他数据都可以由用户通过重新安装应用程序或将手机重置为出厂设置来删除。

数据保护规则是否适用于本地存储？
如果是这样，Ruter 的作用将是什么？

出发点是《通用数据保护条例》适用于个人数据的处理，参见挪威《个人数据法》第 2 条第 1 款和 GDPR 第 2（1）条。在此，挪威数据保护局和 Ruter 之间存在意见分歧。挪威数据保护局认为在本地存储的情况下，个人数据已经发生了处理。Ruter 认为，这不能被看作是对与 Ruter 有关的个人数据的处理。在这样的解释下，GDPR 将不会适用，而且 Ruter 在准备阶段也不会根据 GDPR 承担责任。在沙盒项目中，我们进一步研究了适用挪威数据保护局的解释时必须进行的其他评估。

即使认为是在处理个人数据，GDPR 也不一定适用。除其他考量外，如果个人数据的处理是由自然人作为纯粹的个人或家庭活动的一部分进行的，参考《个人数据法》第 2 条第 2 款 a 项和 GDPR 第 2（2）(c)条。根据 GDPR 第 18 条，这种活动可能包括通信、维护邮件列表或社交网络上的活动，以及互联网上的相关活动。然而，该条例适用于为此类个人或家庭活动提供手段的控制者或处理者。用户自己在 Ruter 应用程序中对个人数据的处理，例如保存和删除有用的旅行搜索，将是一种不属于 GDPR 适用范围的活动。在这种情况下，如果 Ruter 没有接触到个人数据，也有可能减损 GDPR 规定的若干义务。

当一个组织决定了处理的目的和使用的手段时，这个组织就对处理负责。在本地存储个人数据的目的是为了使用户以后能够同意将个人数据集中发送给 Ruter，以便研发人工智能。关于这种存储，我们在讨论中得出的结论是，Ruter 决定了目的和使用的方式。因此，对于这部分的处理，Ruter 具有数据控制者的角色。

无论这些规定是否适用，Ruter 都计划采取措施来履行这一活动的控制者的责任。然而，在准备阶段，由于 Ruter 没有接触到个人数据，所以控制者义务的若干豁免仍然是相关的。例如，如果能够证明您无法识别数据主体，就不必履行数据主体的所有权利，参见 GDPR 第 11（2）和 12（2）条。对于沙盒项目，相关的是提供信息的要求。Ruter 计划在旅行数据本地存储之前就向用户提供信息。

沙盒项目中关于提供信息的责任何时发挥作用的讨论，揭示了一些可能的悖论。Ruter 选择在准备阶段使用本地存储作为数据最小化的措施。如果数据保护法规适用于这一阶段——正如挪威数据保护局所理解的那样——一个可能的后果是，Ruter 必须要求用户获得比 Ruter 最初想要的更多的个人数据。如果用户要求履行一项权利，如数据可携带权，Ruter 需要访问个人数据以履行义务。本地存储的责任问题可能与许多行为者有关，无论其行业如何、是否使用人工智能。挪威数据保护局认为这种形式的数据最小化是积极的，并希望促进行为者在选择这种措施时能够以简单且适当的方式实现合规。

其他法律责任

在沙盒项目中，我们只讨论了个人数据保护法律所产生的责任。其他法规也可能对 Ruter 施加义务，例如《电子通信法》。该法为存储和访问用户设备上的信息设定了条件。然而，研究 Ruter 在其他法规下存在哪些责任超出了本项目的范围。

一般的和与人工智能有关的提供信息的要求

GDPR 要求以合法、透明和公平的方式实施所有的个人数据处理。当一个组织收集和处理个人数据时，其有义务向数据主体提供和处理有关的信息。人工智能的使用提出了一些关于向数据主体提供信息的具体问题，因为并不总是清楚人工智能模型是如何得出结果的。

在本章中，我们将对这种情况下的一般性的信息要求进行概述。在接下来的章节中，我们将在 Ruter 项目的背景下研究这些要求。

透明度和可解释性

透明度是 GDPR 的一项基本原则。除了构成监测错误、歧视或其他问题存在的情况的前提条件外，透明度还有助于建立信任，并使得个人能够行使其权利和维护其利益。透明度对于数据控制者建立信任和为新颖且复杂的技术招募用户也有很大价值。

在人工智能的场景下，可解释性的概念经常出现，这可以被看作是透明度原则的具体化。一般来说，透明度是指展示不同的个人数据是如何被使用的，但人工智能的使用可能需要一种不同的方法，以可理解的方式解释复杂的模型。

可解释性是一个有趣的话题，一方面是因为解释复杂的系统可能是一个挑战，另一方面是因为在实践中如何实现透明度的要求会因解决方案不同而不同。此外，机器学习模型使得其解释看起来与我们习惯的解释不同，这些解释通常是基于高级数学和统计模型。这就导致了一种重要的权衡，是更正确的、技术性的解释，还是不太正确但更容易理解的解释。

透明度要求

无论是否使用人工智能，只要处理个人数据，都有一定的透明度要求。简而言之，这些要求是这样的：

必须告知数据主体数据的使用方式，无论该数据是从数据主体还是从其他人那里收集。我们将在后面详细讨论这个问题（见 GDPR 第 13、14 条）。

信息必须容易获取，例如通过网站或应用程序获取，并以清晰和可理解的语言编写（见 GDPR 第 12 条）。

数据主体有权知道有关他或她的数据是否正在被处理，并要求访问他或她自己的数据（见 GDPR 第 15 条）。

所有个人数据的处理必须以透明的方式进行，这是一项基本要求。这意味着考虑哪些透明度措施是必要的，以使数据主体能够行使其权利（见 GDPR 第 5 条）。

第一个要点包括，除其他事项外，控制者（在此情况下为 Ruter）的详细联系方式，处理的目的和被处理的个人数据的类别。这就是通常在隐私声明中展示的信息。

GDPR 要求提供给数据主体的信息应该是可理解的。因此，以简单和清晰的方式展示信息是很重要的。实现这一目标的一个好方法是分层提供信息，可以通过点击来获得关于特定主题的更多信息。这就避免了在一个页面上有太多的信息。同时，太多的层次会使内容更难获取。重要的是，信息不能过于零散和难以理解。

自动化决策

如果一项处理操作可以被归类为第 22 条所涵盖的自动化决策或画像分析，则适用额外的透明度要求。除其他事项外，用户有权知道其是否受到自动化决策的影响，包括画像的影响。此外，还要求向个人提供关于此类处理的基本逻辑、重要性和预期影响的相关信息。

第 22 条规定的自动化决策或画像分析的强化透明度要求包含在以下内容中：

GDPR 第 13（2）（f）条

GDPR 第 14（2）（g）条

欧洲数据保护委员会关于自动化决策和画像的指南

正如下文将提到的，额外的透明度要求也可能适用于不属于第 22 条的画像的活动。

获得同意的具体信息要求

在获得同意时向数据主体提供的信息可能会对同意的有效性产生影响。如前所述，知情是有效同意必须满足的条件之一。

Ruter 计划在研发人工智能解决方案时，将同意作为处理个人数据的合法性基础。因此，本报告详细研究了给出同意的信息要求，以满足知情要求。

知情要求主要与 GDPR 第 12—14 条所述的知情权有关。在以同意为合法性基础进行处理时，有一些额外要求。如果不能向数据主体提供足够的信息，将导致同意无效。

在获得同意时，需要提供哪些信息？

在征得同意的同时，数据保护法律要求提供以下信息：

撤回同意的权利；

控制者的身份；

个人数据用于的每项处理的目的。

此外，欧洲数据保护委员会在其关于同意的指南的第 15—16 页，列出了以下最低程度的信息内容要求，以满足知情的要求：

关于将使用的个人数据类型的信息；

关于使用个人数据进行任何自动化决策的信息；

关于在没有充分性决定或没有GDPR 第 45、46 条规定的必要保障措施的情况下，将个人数据转移到欧洲经济区以外的可能风险的信息。

告知同意所需的信息数量和类型会有所不同。在特定情况下，可能需要提供比上述内容更多的信息。重要的是，这些信息将使数据主体真正了解其所同意的内容。

关于人工智能的研发，有什么需要解释？

在研发阶段，Ruter 将首先收集有关数据主体如何使用该应用程序的信息，包括他们搜索了哪些旅程，以及进行搜索时他们在哪里。然后，如果数据主体同意，这些个人数据会被发送到 Ruter，用于训练和研发人工智能模型，以提供个性化旅行建议。用户身份由一个假名化的数字所取代。只有当 Ruter 达到使用个人数据训练人工智能模型的研发阶段时，才会将个人数据从用户设备转移到 Ruter。不确定的是从收集和存储用户本地设备上的数据，到用户选择与 Ruter 共享数据，其间有多长的时间间隔。

GDPR 第 13 条要求最迟在收集个人数据时向数据主体提供信息。这一点通过 Ruter 在收集开始前向数据主体提供信息得到了解决。在本地收集和集中收集时，Ruter 必须提供哪些信息，可能存在细微的差别。我们下文再讨论这个问题以及与知情同意有关的具体问题。

第 13 条包含了一长串要提供给数据主体的信息。在此，我们将重点讨论可交付目标 1.2，以及数据主体在人工智能研发过程中的知情权。最核心的是信息义务中比较复杂的部分，即 Ruter 如何处理与人工智能模型研发有关的个人数据以及出于何种目的。

告知义务、人工智能和画像分析

在研发阶段为数据主体提供的一般性信息：

Ruter 项目正处于准备阶段，一个重要的问题是：在解决方案尚未完全研发完成的情况下，Ruter 如何向用户提供他们有权获得的信息？

本地收集和储存个人数据的目的是——正如导言所提到的——个人数据之后可以被发送到 Ruter 用于研发。因此，Ruter 应：

1. 在准备阶段，提供个人数据将保存并用于研发人工智能模型的信息；

2. 在研发阶段，当个人数据发送到 Ruter 并开始训练人工智能模型时，提供新的信息。

在准备阶段，很容易理解 Ruter 如何收集个人数据并将其存储在用户设备本地。这个阶段不涉及人工智能。因此，很容易向数据主体提供这方面的信息。挑战在于，如何满足关于 Ruter 人工智能模型的研发计划的信息要求。

必须根据数据主体面临的具体风险来理解信息义务

我们已经讨论了透明度原则背后的考虑，以及这些考虑如何影响 Ruter 必须向用户提供哪些信息。透明度原则背后的考虑之一是，数据主体应该能够行使在GDPR下的权利。另一个重要的考虑是，信息对数据控制者来说具有重要的控制功能，因为他们有义务向受处理影响的人解释他们如何处理个人数据。

实现这些考虑所需的信息取决于处理过程对数据主体的权利和自由的侵扰程度。决定一个人有权从公共部门获得哪些福利或是否应该获得公共服务的人工智能模型就是对个人数据进行侵扰性处理的例子。与对数据主体影响较小的处理操作相比，这些操作需要向数据主体提供更详细的信息。

在沙盒项目中，我们发现Ruter的模式对数据主体几乎没有影响，Ruter对人工智能的使用并没有对数据主体的权利和自由构成任何特别的风险。同时，Ruter是一家公共公司，是所在地区唯一的公共交通服务提供者。因此，我们也讨论过Ruter依赖于提供良好的信息和用户体验，以确保信任和人们愿意使用其服务。当公司采用新技术时，这一点尤其重要。

特殊类别的个人数据

我们在沙盒项目中讨论的一个问题是，随着时间的推移，用户最喜欢搜索或往返于同一地址的旅行模式是否会揭示特殊类别的个人数据。例如，我们可以想象，一个用户经常往返于宗教团体、医疗机构或政治组织，这可能会揭示宗教信仰、健康信息或政治倾向。

Ruter明确表示不打算处理有关其用户的特殊类别的个人数据。然而，我们同意Ruter在收集位置数据和长期的旅行搜索时可能会处理此类数据。

在有许多站点的地区，如奥斯陆的Jernbanetorget，需要一个更精确的GPS位置来提供正确和相关的旅程建议。在有少数站点的地区则并非如此。作为一种数据最小化的措施，Ruter将减少在站点较少的地区的准确性。例如，这可能适合在市中心以外的地方，那里的站点之间有较长的距离，而且独栋别墅的频率使其更容易根据位置来识别用户。另外，如果用户在铁路广场上，就需要充分的准确性来知道哪些站是最近的。在GPS定位相当准确的地区，收集到的数据有更大的风险，会显示出往返于宗教或政治组织等的旅程。在用户自己查询具体地址的情况下也是如此。

由于 Ruter 存在处理特殊类别的用户数据的风险，应告知用户这一点，以便其意识到风险。

Ruter 的服务是否涉及"画像"?

Ruter 面临的一个关键问题是，个性化的旅行建议是否会构成 GDPR 意义上的画像，以及这是否会引发对数据主体的额外信息义务。

在 Ruter 的服务中，该公司将使用个人数据来预测旅行模式并提供个性化的旅行建议。我们的评估是，这涉及使用个人数据来分析和预测自然人的行为、位置和运动的自动化决策。因此，Ruter 对人工智能的使用构成了 GDPR 第 4（4）条意义上的画像。

在沙盒项目中，我们讨论了研发阶段是否实施了画像，因为用户在这个阶段不会收到任何旅行建议。我们共同得出的结论是，Ruter 将在研发阶段使用个人数据测试和验证模型。因此，研发阶段实施了画像。

在沙盒项目中，我们评估认为 Ruter 的个性化旅游建议不会对数据主体产生这样的影响。因此，Ruter 的画像不属于第 22 条的范围。

接下来的问题是 Ruter 有义务提供关于画像的哪些信息。画像是对个人数据的处理，必须满足 GDPR 第 12、13 条的一般性的信息要求。此外，我们已经讨论了是否可以从透明度原则中推断出，根据鉴于部分，Ruter 有义务告知人工智能模型如何运行。根据 GDPR 第 5（1）（a）条，控制者应确保以公开和公平的方式处理个人数据。根据 WP29 的透明度准则第 41 段，一个基本的考虑是，数据主体应该能够事先了解其个人数据处理的范围和后果。第 29 条工作组还就第 22 条以外的画像所应提供的信息进行了评论。

从对 GDPR 第 13 条和第 14 条的扩展解释中，很难得出解释该沙盒项目中的画像的基本逻辑的法律义务。然而，第 5（1）（a）条的透明和公平原则表明 Ruter 必须在必要范围内提供关于基本逻辑的信息，以便数据主体了解 Ruter 如何处理其个人数据，以便其能够行使权利。这也符合第 29 条工作组的评论，即处理过程对数据主体来说应该是可预见的。

在沙盒项目中，我们得出的结论是，Ruter 应向数据主体提供关于画像这一事实的一般性信息以及，关于画像的基本逻辑如何运作的相关信息。Ruter 也非常希望提供这方面的良好信息，以确保用户的满意度和信任。透明度要求并不一定意味着必须提供源代码，但解释必须使数据主体能够理解为什么会做出这样的决定。

对基本逻辑的解释

GDPR 使用了"基本逻辑"的术语。这意味着对结果是如何得出的一般解释，不包括对适用于个体的具体结果是如何得出解释的。在解释基本逻辑时，Ruter 应努力确保提供的信息是有意义的，而不是使用基于高级数学和统计学的复杂解释模型。GDPR 第 58 条还强调，技术的复杂性使得透明度尤为重要。

最重要的是，数据主体了解 Ruter 的服务如何得出旅行建议，主体是如何被画像的，以及这有什么后果。正如介绍提到的，Ruter 计划的服务对数据主体的侵犯性很小。这也影响了 Ruter 必须向数据主体提供的信息的详细程度，以便其能够行使自己的权利，并确保透明度和可预测性。

在准备阶段，公司将开始收集个人数据，并最终进行研发，对 Ruter 的挑战是，目前还不完全清楚将使用什么基本逻辑。这取决于哪些模型最终是最有效的。但清楚的是，这些人工智能模型在任何情况下都会使用位置、旅程搜索和相关的时间。Ruter 必须告知，画像是基于这些类别的个人数据。

关于向第三国转让的信息

Ruter 正在研究两个备选解决方案，其中一个涉及向第三国转移。解决方案的选择将基于 Ruter 对向第三国转移个人数据的评估结论。我们在沙盒项目中没有对此采取任何立场。即使数据链路不涉及转移，我们也同意 Ruter 必须向数据主体提供有关数据链路的信息，以及该公司对向第三国转移的评估。

由于 Ruter 在此项目中使用了云计算供应商，根据 GDPR 第 4 条第 9 款，其可能被视为个人数据的接收者。根据第 13（1）(e) 条，Ruter 有义务提供有关个人数据接收者的信息。

关于个人数据的处理地点和处理方式的信息是数据主体能够行使其权利的先决条件，是数据主体必须掌握的基本信息，以评估其是否会同意使用个人数据。

我们讨论过，提供有关数据链路和围绕向第三国转移的考虑因素的信息具有挑战性。Ruter 需要在这方面进一步努力。我们同意简化的解释和插图是一个很好的出发点。我们也讨论过，将这些信息分层呈现给用户是很重要的，这样信息量对读者来说不会太大。重要的是要记住，这些信息必须让用户容易理解。

如果 Ruter 的结论是存在向欧洲经济区以外转移个人数据的情况，则有义务提供这方面的信息，以及 Ruter 如何根据 GDPR 第五章使之合法，参见第 13（1）（f）条。即使 Ruter 的结论是其没有将个人数据转移到欧洲经济区之外，透明度原则表明 Ruter 应该提供信息，并说明去为什么采取这种观点，因此不需要履行 GDPR 第五章关于这种转移的要求。例如，这些信息可以在"我们不会将您的个人数据转移到欧洲经济区之外，请在此阅读更多相关信息"的总标题下分层呈现。

形式一插图、视频、分层信息

Ruter 计划并且正在考虑提供分层信息。除其他方式外，使用插图来解释数据的流动和个人数据在解决方案中的转移。

我们同意表格必须服务于特定的目的，例如，不应使用无助于信息理解的插图和视频。

我们还讨论过，在特定领域，存在两层以上的信息可能是合适的。例如，在解释模型的基本逻辑或向第三国转移等更复杂的主题时，可以这样做。同样重要的是，将层数的使用限制在适当的范围内，以使得信息保持易于获取且清晰。对于其他更简单的主题，如留存期限或联系方式，不适合有那么多的层次。

获得同意时与信息要求有关的具体问题

在为研发人工智能解决方案收集数据时，Ruter 将以同意作为合法性基础。因此，提供给用户的信息必须被设计成与同意相适应的方式。如果 Ruter 在准备阶段对发生在用户设备上的本地收集使用不同的合法性基础，这些特定的信息要求将不会生效，直到获得对于研发人工智能模型的同意。

GDPR 没有规定应以何种形式提供信息。这意味着信息可以以不同的方式呈现，包括通过视频或音频记录。当以书面形式表示同意时，GDPR 第 7（2）条有相关的要求。这些形式和语言要求与 GDPR 第 5（1）(a) 条的透明度原则密切相关。同意请求必须与其他信息相区分，并且必须简洁明了。同意请求不能嵌入一般的合同条款和条件中，而且必须清楚地表明用户的同意。语言应是普通用户可以理解的。不应该只有知道难懂的外语单词才能阅读文本。

Ruter 正在研究如何在不同层面上最好地告知用户、并在应用程序中获得同意的各种建议。可以通过用户实验来获得对用户如何看待信息和同意内容的最佳洞察。

Ruter 计划通过一个按钮／复选框来收集同意，该复选框将与第一层数据主体的信息在同一页面展现。该信息页面将在应用程序更新时出现。此外，还可以通知用户存在更新。第一层信息必须同时满足 GDPR 第 12、13 条的最低程度信息要求和知情同意的最低要求。

在沙盒项目中，挪威数据保护局和 Ruter 同意，为同意提供简单但足够详细的解释，以使得用户知情，是很重要的。这对数据主体了解其所同意的内容至关重要。人工智能的研发可能难以理解。因此，有必要平衡提供充分解释的需要和使信息易于理解的需要。

Ruter 的告知应该覆盖所有用户。因此，信息必须针对广泛的人群。不能指望用户对人工智能模型是什么有充分的了解。为了理解他们所同意的内容，用户需要某种形式的解释。

除了有关人工智能模型本身的信息外，重要的是让用户了解其个人数据在存储和传输期间将如何处理。Ruter 正在考虑制作插图，对数据的技术流进行简明扼要的描述。对个人数据链路的可理解的描述对于数据主体能够评估这是否是其希望同意的事项很重要。例如，通过这种方式，数据主体能够自己评估是否相信其个人数据正以一种值得信赖的方式受到保护。

GDPR 第 8 条和《个人数据法》第 5 条规定的儿童同意的特殊条件并不适用，因为 Ruter 将使用 Ruter 应用程序的年龄限制为 15 岁。尽管如此，Ruter 必须考虑到，比如一个 15 岁的孩子可能与一个 80 岁的老人对信息有不同的定制需求。

确保用户真正理解信息的之一方法是进行有代表性的用户调查。Ruter 计划这么做。

使用人工智能时需要解释什么？

当 Ruter 认为人工智能模型已经充分发展到可以用来预测旅行行为时，使用阶段就开始了。然后，用户将使用 Ruter 应用程序中的人工智能模型。

在使用阶段，Ruter 计划使用个人数据来预测旅行模式以提供旅行建议，并用于人工智能模型的后期训练。Ruter 还将探索在使用阶段使用个人数据的可能性，以进一步改善有关服务和 Ruter 的其他服务。例如，后者可能是使用可以为研发其他服务提供信息的统计数据、改善交通规划、揭示 Ruter 应用程序中哪个模型最有效以及可能的其他使用方式。

使用阶段的特殊目的

提供有关打算处理个人数据的目的的信息是履行信息义务的关键。Ruter 设想，在使用人工智能解决方案时收集的个人数据可能对若干个目的有用。

因此，在沙盒项目中，我们讨论了与目的限制有关的问题，包括：

Ruter 将使用个人数据来实现什么目的？

什么属于同一个目的？

有哪些未来可能的目的能够与最初的目的相容？

个人数据只能用于 GDPR 第 5（1）（b）条规定的特定、明确且合法的目的。在收集个人数据之前，应确定其目的，并应明确告知数据主体。这一要求与透明度原则有关。个人数据的处理方式必须是数据主体可以预见的。通过这种方式，数据主体对如何使用其个人数据有着更大程度的控制。当 Ruter 使用同意作为处理个人数据的合法性基础时，对同意的有效性来说，明确告知不同的目的，并且针对每个单独的目的获得单独的同意也很重要。

哪些处理活动属于同一目的？

在一般情况下，Ruter 设想这些活动在使用阶段可能是相关的：

预测旅行模式以提供旅行建议；

模型的后期训练；

进一步研发相关的服务；

进一步研发 Ruter 的其他服务。

所有这些活动都可以被分解成若干更具体的处理活动。Ruter 在收集时可以确定在使用阶段迟早将会实施的一些处理活动。早期阶段可能无法设想其他可能在长期内有用的处理活动，特别是进一步研发相关服务和其他服务的处理活动。因此，我们构建了一些可能在未来出现的新需求的例子。在沙盒项目中，我们已经讨论了哪些处理活动可以成为同一目的的一部分，哪些可以成为新的目的的一部分。我们还讨论了新的目的是否与原来的目的相容。为相容目的使用个人数据将是合法的，只要 Ruter 具备合法性基础。

欧洲数据保护委员会的前身第 29 条工作组，在其关于目的限制的 03/2013 号意见中评论了旧的数据保护法律中的目的限制原则。然而，由于目的限制原则在 GDPR 中得到了延续，该声明仍然可以在现行规则下提供指导。因此，一个目的可以是具体的，即使其包括与总体目的自然相关的若干个不同的处理活动。

Ruter 解释道，在实践中，区分提供旅行建议和建立模型是不合适的。旅行模式在不断变化。例如，新冠病毒流行之前的旅行模式比现在更加稳定，因为人们的工作时间现在在变得更加不稳定。Ruter 希望捕捉到这样的模式。旅行模式也是季节性的，所以冬季和夏季的移动模式有很大的不同。因此，该模型必须不断调整和改进，以提供准确的旅行建议。Ruter 指出，如果模型不能持续学习，产品就会变差，那么使用人工智能的一些目的就不复存在了。这同样适用于并不基于学习的人工智能模型的调整，例如调整人工智能模型应该强调多少不同的特征，以及删除不必要的特征和错误。Ruter 希望为用户澄清这些需求。

在沙盒项目中，我们认为在人工智能模型中使用个人数据来预测旅行模式与模型的后期训练之间可能存在足够的联系，因此处理活动可被视为同一目的。在 Ruter 应用程序中提供个性化的旅行建议的总体目的也可能是足够具体的。决定性的因素是，属于该目的的处理活动之间必须有足够密切的联系。当一项处理活动的目的不增加相互联系的处理活动就不可能实现时，这种联系可能就是密切的。

在实际操作中，Ruter 可以在第一层信息中提供整体目的的信息，而关于潜在目的的信息——如人工智能模型的后期训练和定制——可以在第二层提供。数据主体可以点击展开。

另一个问题是，进一步研发个性化旅行建议的具体服务是否属于同一目的。服务的进一步研发是一个相当广泛的描述。这一描述可以涵盖若干处理活动。Ruter 解释说，通过进一步研发服务，其希望实现两件事：

1. 确保个性化旅游建议的质量，以及

2. 提供个性化旅游建议之外的附加价值。

一方面，Ruter 正在不断努力改进服务。他们声称，如果不能够进一步研发产品，就没有必要将产品暴露给用户。这种进一步发展可以被称为运维：是关于确保质量，而不是实现新的东西。另一方面，Ruter 希望通过增加新的功能来进一步发展服务，认为这可以产生附加值。一个可能的例子是新的整合，以指导用户做出明智和有效的旅行选择。另一个可能是新的整合，以指导用户做出良好的票务选择。

各种处理活动之间存在平滑的过渡。界定一个具体目的所涵盖的内容可能是一个挑战。

为了评估什么属于同一目标，我们必须再次检视活动的场景，特别是任何与人工智能模型没有具体关系的服务的进一步研发。Ruter 还解释说，不可能事先清楚地说出哪些处理活动在长期内可能是可取的。为了使处理活动被同一目的所涵盖，这些活动必须与其他处理活动和总体目的都有足够的接近性。

我们讨论得出的结论是，运维所涵盖的进一步研发可以归入总体目的。这方面的一个例子是删除不必要的特征和错误。增加新的整合以指导用户做出良好的旅行选择的例子，则更难视为纯粹的运维。比如，这种指导可以是在正常旅行之前半小时，建议走一条更有效的路线。我们认为这处于可以称为预测旅行偏好、以提供个性化旅行建议的边界上。然而，如果数据主体表达了进行类似整合的愿望，这个例子的性质可以说是由原来的目的所涵盖，或者说是一个新的、相容的目的。只有在收集个人数据时不能确定目的的情况下，对新目的的相容性的评估才有意义。如果Ruter在收集时已经认识到这种整合是可取的，则必须在收集之前评估这是否是一个新的目的。

另一个可以想象的新整合的例子是，Ruter引导用户做出良好的票务选择，例如购买一天的票，而不是在同一时间段购买四张单程票。我们发现，后者可能不属于提供个性化旅行建议的目的。我们进一步讨论了这种计划的后续研发是否能与最初的目的相容。在评估时必须考虑到若干个因素。

相容的目标

如果处理在收集时是可以预见的，或者是合乎逻辑的下一步，这可能表明目的是相容的。进一步的处理越是不可预测，就越是需要考虑目的的相容性。

在评估可预见性时，必须考虑数据主体如何看待该目的。第29条工作组在其关于目的限制的第03/2013号意见中指出，起决定性作用的是目的的解释而不是原来的用词。数据主体和控制者之间的权力平衡在评估中也可能是重要的。技术和组织措施也可能是相关的。这与考虑进一步处理对数据主体的可能后果有关。

使用个人数据对票务选择进行分析和建议，与接收个性化的旅行建议的目的相差无几。然而，对于那些同意对其数据进行一种分析的数据主体来说，他们可能会惊讶地发现，这些数据也被用于另一种分析。这就证明了不能认为目的是相容的。在讨论中，我们得出的结论是，这个例子处于可以认为是相容的边界上。

统计数据的重复使用是否兼容？

挪威数据保护局和Ruter进一步认为，改善其他服务不太可能属于提供个性化旅行建议的最初目的。特别是，Ruter设想，其可能从个人数据中产生统计数据，这些数据可能：

为研发其他服务提供参考、改善交通规划，以及在 Ruter 应用程序中找出哪种模型最为有效。

统计数据的其他进一步使用形式也可能与 Ruter 有关。然而，很难准确预测统计数字在未来可能有什么用途。

在沙盒项目中，我们研究了这些新的目的是否能与原来的目的相容。

根据 GDPR 第 5（1）(b) 条，只要控制者提供必要的保障措施以确保数据主体的权利和自由，参照 GDPR 第 89（1）条，统计目的并非不相容。

GDPR 鉴于部分第 162 条将统计目的描述为 "为统计调查或产生统计结果所需的任何个人数据收集和处理"。该术语涵盖了广泛的处理活动。 为公共和商业目的的使用统计数据都被涵盖。商业目的可能是使用统计数据来分析网站或市场研究。保护个人数据的措施可能包括匿名化或假名化，以及访问控制。这些措施必须在数据最小化原则的背景下看待。必须在可能的范围内对数据进行去识别和保护，以便仍能达到目的。

Ruter 正在研究将数据匿名化以便进一步使用的解决方案。目前，如果 Ruter 使用真正的匿名化，要在内部实现相关的再利用目的的是具有挑战性的。对于外部使用，Ruter 可以并将会对数据进行匿名化处理。然而，Ruter 希望在内部使用的统计数据将以这样一种方式进行处理，即可能很难以一种简单的方式从这些数据中得到个人数据。因此，个人数据将被假名化。在沙盒项目中，我们讨论了满足必要的保障条件所需的内容。

GDPR 鉴于部分第 162 条指出，"所述统计结果随后可用于各种目的，包括科学研究。统计目的意味着以统计为目的的处理结果不是个人数据，而是汇总数据，并且该结果或个人数据不用于支持有关特定自然人的措施或决定"。我们讨论得出的结论是，这可能意味着统计数据不应该用于需要重新识别个人身份的目的。我们还讨论了是否只有当个人数据不能再从统计数据中得出时，统计数据才能被用于新的目的。对这个问题的肯定回答似乎违背了 GDPR 第 89（1）条的措辞。 只有在使用匿名数据可以达到目的的情况下，该条款才要求这样做，否则就需要最小化数据。

当个人数据重新用于新的目的时，必须向数据主体提供信息。我们认为，

Ruter 必须在同意的时候就尽可能详细地提供关于进一步使用的信息。根据 GDPR 第 13 条第 3 款，关于新目的的其他信息最迟必须在进一步处理发生之前提供。这样一来，数据主体仍然能够行使其权利。根据 GDPR 第 5（1）(b）条，新目的必须保持具体、明确和合法。

Ruter 在使用阶段要告知什么?

在研发和使用阶段，当涉及 Ruter 必须提供哪些信息以及如何做到这一点时，很多内容是相当相似的。下文我们将仔细研究具体适用于使用阶段的内容。

告知关于画像和数据处理的方式

如前所述，Ruter 处理个人数据以提供个性化的旅行建议将涉及画像。在项目进入研发阶段之前，Ruter 不知道预训练人工智能模型的基本逻辑将如何运作。因此，本报告无法指出具体的底层逻辑，但会讨论必须向数据主体提供哪些信息，以及 Ruter 如何提供这些信息的一般性内容。

当人工智能模型准备好上线时，重要的是，Ruter 在该模型的画像中强调了哪些参数，又是如何强调这些参数，以便注册用户可以获得关于该模型一般如何得出旅行建议的信息。

沙盒提出的另一个话题是，为了实现数据主体的知情权，是否需要调整模型。例如，是否需要选择一个更容易解释的模型来满足这一要求？我们同意，在这种情况下，改变 Ruter 的模型来满足信息要求是不合适的，但不排除为了满足其他法律要求，可能有必要这样做。

关于在人工智能模型中使用反馈的信息

Ruter 希望让用户能够通过，例如带有大拇指或小拇指的按钮，对旅程建议进行反馈。该公司希望利用这些反馈来调整人工智能模型，从而提供更相关的旅程建议并改善服务。在这种情况下，我们已经讨论过，如果反馈构成个人数据，Ruter 必须以简单的方式提供关于如何处理反馈的信息。

如何向数据主体提供信息

Ruter 有一个现有的应用程序，个性化的旅行建议将整合到其中。因此，该公司有机会测试该解决方案中提供信息的不同方式。例如，信息可以通过弹窗方式提供。

我们已经讨论过，以一种容易理解的方式告知底层逻辑的可能方式是在隐私声明中写下这样的文字："我们如何给你提供个性化的旅行建议？在这个模型中，我们使用关于你何时何地使用我们的应用程序的信息，以及你在什么时间查询哪些旅程。该模型还使用关于你所在地区的其他人在什么时间和地点查询过哪些行程的信息。在此基础上，该模型计算出我们当前的旅行建议。"

然而，Ruter 需要在清楚其模型的工作原理后，对表述进行调整，以适应模型的基本逻辑。措辞也必须澄清人工智能模型使用了哪些个人数据。

同样重要的是，Ruter 以可理解的方式提供信息，例如什么是画像及其对用户意味着什么，以及数据链路和任何个人数据向欧洲经济区外的转移。

获得同意的具体信息要求

Ruter 计划通过一个带有按钮 / 复选框的信息页面来获得使用阶段的同意，该页面在应用程序更新时出现。与研发阶段类似，知情同意的最低要求将必须在第一层就得到满足。

讨论显示，研发和使用阶段的评估将相当相似。例如，关于撤回同意的权利的信息可以用同样的方式设定。在使用阶段可能有所不同的是，特别是目的限制和为新的目的重新使用个人数据。如前所述，为了保证同意的有效性，信息必须明确区分不同的目的。对于每一个新的目的，必须获得单独的同意。

提供给数据主体的信息对目的限制评估有影响。例如，在获得同意的情况下提供的目的信息，可能会影响何者可以视为相容的目的。

未来方向

Ruter 有着一个为所有人提供可持续的行动自由的愿景。在一个用户越来越期待更多的交通选择和更多的个性化服务的市场中，Ruter 拥有该地区交通服务的首选用户界面将是非常重要的。只有这样，他们才能影响并确保个人用户的需求也涉及出于可持续考虑的调整，包括环境、土地使用和所有人的可及性方面。

航线的服务是基于大型的网络系统。随着新的移动和运输形式成为服务的一部分，其复杂性不断增加。人工智能的使用提供了一个机会，利用新技术来开发可能性，并简化这一系统的使用。更好的出行建议，也就是沙盒项目的例子，可以让更多的用户使用 Ruter 所提供的服务。此外，如果人工智能可以被用来优化地利用移动系统的能力，那么在财政和资源方面的成本就可以减少，从而为人们提供更可持续的交通服务。

Ruter 已经意识到，沙盒项目中关于透明度、目的和负责任的讨论也与其正在进行的其他项目有关。因此，他们希望确保将专业知识进一步转移到该组织的其他部分。他们将继续探索人工智能在其服务中的使用，只要他们认为它可以积极改善用户体验或使服务更有效率。从沙盒项目中吸取的关于透明度、目的限制和告知义务的经验教训将有助于确保这些服务的发展符合监管框架、用户权利和期待。

对 Ruter 来说，信任是与用户和民众关系的基础。面对传统上不属于公共交通的新服务的发展，或者面对许多用户不熟悉的新技术的使用，保持这种信任至关重要。透明度是信任的基本先决条件。保护隐私的良好措施，加上公开和简单的解释，可以使用户对 Ruter 的信任得以维持，并使 Ruter 在类似的服务中被选择。

对于挪威数据保护局来说，本报告的目的是为希望确保其人工智能解决方案透明度的其他组织提供更实用的指导。这些评估对其他想要研发基于用户自身信息和行为模式的个性化推荐服务的行为者尤其重要，无论是在交通领域还是其他领域。关于如何提供人工智能中复杂的个人数据处理信息的讨论，也将与任何使用复杂技术解决方案的人有关——无论是包括人工智能，还是不包括人工智能。

附件十二　西班牙有关人工智能监管沙盒的皇家敕令

西班牙经济事务和数字化转型部 2023 年 11 月 8 日 817/2023 号皇家敕令，建立一个受控的测试环境，用于测试是否符合欧洲议会和欧盟理事会关于制定人工智能领域统一规则的条例的提案。

一

人工智能是一种颠覆性的技术，对经济和社会的影响能力极强。就经济领域而言，人工智能与其他数字技术一起，在提高生产力、开辟新的业务领域、开发新的产品或服务（例如，基于个性化、工业流程的优化或者价值链产品或服务的优化）、提高日常工作的便捷性、实现特定常规工作的自动化以及开发创新方面具有很大的潜力。这种潜力对经济增长、创造就业和社会进步具有积极影响。

然而，人工智能系统也可能对尊重公民的基本权利带来风险，例如与歧视和保护个人数据有关的权利，甚至给公民的健康或安全带来严重的问题。

因此，欧盟委员会提出了一项关于欧洲议会和欧盟理事会制定人工智能统一规则条例的提案，目的是确保尊重公民的基本权利，并在经济和社会中全面发展和使用人工智能的过程中建立信任。该条例旨在为欧洲联盟提供一个监管框架，以促进可信、合乎道德和稳健的人工智能。

该提案并不规范技术本身，而是规范人工智能的高风险应用。欧盟理事会和欧洲议会目前正在就这一条例提案进行谈判，并已根据两个机构提出的修正案公布了各自的立场。

在此背景下，西班牙政府与欧盟委员会合作，正在启动第一个受控的测试环境，以测试如何执行拟议的欧盟《人工智能法》中适用于高风险人工智能系统的要求，目的是通过这一经验，获得循证的规则和实验结果，以促进经济主体，特别是中小型企业和整个社会，与拟议的欧盟《人工智能法》的规定保持一致。这一受控测试环境的开发过程，将以 2022 年 11 月 25 日欧盟理事会的立场（见附件一）为参考。

这种受控测试环境还能通过促进人工智能的使用者和提供者之间的合作，从两方面验证高风险人工智能系统以及通用人工智能系统和基础模型是否符合未来欧洲法规的要求。

因此，该环境的目的是研究拟议欧洲法规所规定的要求的可操作性、对遵守这些要求的情况进行自我评估以及对参与主体的人工智能系统的后市场计划进行评估。预计这一举措将产生一份包含最佳做法和经验教训的报告，以及基于证据和实验的技术实施和监测准则。该文件可提供给欧盟委员会，用于制定欧洲准则，也可提供给标准化机构，作为对标准化进程的输入，还可向整个社会开放。

二

这一举措是西班牙的数字化转型战略《2026 数字西班牙议程》的一部分。该议程是西班牙政府推动国家数字化转型进程的路线图，集中包含西班牙经济复苏的战略支柱，以实现更强劲、更持续的增长，创造更多高质量的就业机会，提高生产率，促进社会和地区凝聚力，为全体公民带来繁荣和福祉。

《2026 数字西班牙议程》的结构分为三个方面：基础设施和技术、企业和人。具体而言，值得强调的是数字权利这一轴心，对于确保数字转型所涉及的变革进程以人为本具有重要意义。西班牙将以人为本的数字化作为其数字化转型的核心，确保那些构成民主社会的基础的原则、价值观和权利同样成为数字化交互的基础，并确保在人工智能中推动性别平等成为主导。

该议程以十项政策手段为基础，分为一系列投资和结构改革。这些政策相互关联、互为补充，并以支撑西班牙整体经济转型的四大支柱为基础：能源转型、数字化转型、社会和地区凝聚力以及性别平等，其中性别平等具有跨领域性质。

特别是，该议程是国家人工智能战略轴心的一部分，在恢复、转型和复原计划框架内与其构成部分相对应。该组成部分旨在支持大公司、公共行政部门、中小型企业和初创企业以及民间社会部署和大规模使用人工智能。

该条例是根据 12 月 21 日 28/2022 号法律第 16 条 "促进初创企业生态系统" 的授权发布的，该条规定可在有限的时间段内创建受控的环境，以评估技术创新应用于受监管活动、应用于提供和投入新商品或服务、应用于提供和投入新商品或服务的新的形式或其替代方案的实用性、可行性和影响，以便主管当局对其进行监督和控制。该条例还规定，为评估技术革新的影响而建立受控试验环境，必须以符合公众利益为首要理由。

应当指出的是，受到《数字权利宪章》的启发，该议程旨在通过推进《宪章》制定的指导西班牙以人为本的数字转型的路线图，使得西班牙 "建立一个加强保护个人和集体权利的伦理和监管框架" 的承诺具体化和实践化。

参与机构必须遵守适用的欧洲和国家立法，特别是欧洲议会和欧盟理事会 2021 年 2 月 12 日关于建立韧性和复原机制的 241/2021 号条例的规定。

就参与而言，任何被选中参与这一环境的主体都必须受到西班牙的司法管辖，这意味着其必须是一个居住在西班牙或者在西班牙设有场所的主体。

在这方面，应该指出的是，《欧盟运作条约》(《条约》) 第 63 条禁止限制欧盟成员国之间以及成员国与第三国之间的资本流动。然而，《条约》第 65 条第 1 款 b 项允许欧盟成员国以安全、公共秩序和公共卫生为由采取合理的措施。

在目前的情况下，考虑到需要检查的要求是适用于合格的高风险系统或通用人工智能系统和基础模型的要求，其有可能干扰西班牙的公共秩序或公共卫生。在上述条例通过之前，由于缺乏统一的人工智能系统法律框架，西班牙国家可能会要求，在本法律的范围内，参与的主体如果不是西班牙居民，则必须在西班牙设有场所，或者属于当地主体的一部分，其代表或唯一代理人作为主体成员，是参与的主体，且其场所或主要营业地点必须位于西班牙境内，符合 7 月 2 日 1/2010 号皇家敕令第 9 条的规定，该敕令批准了《公司法》的修订案。

诚然，受控测试环境不会为申请的主体带来收入，但其参与这一体验意味着其自愿奉献时间和资源，从公共行政关系的角度来看，这也是要求其设有场所的正当理由。

三

通过制定人工智能统一规则的条例提案，为人工智能系统制定了基于风险的欧洲统一条例。这为人工智能系统在欧盟的开发、投放市场和提供服务制定了统一规则，重点关注对个人健康和安全或基本权利具有"高风险"的人工智能系统。

在这方面，经济事务和数字转型部正在推动规范参与受控测试环境的人工智能系统的遴选程序，无论是高风险系统、通用人工智能系统还是基础模型，以及使用这些系统的使用者的作用、开发这些系统的人工智能系统提供者的作用、后者必须实施的要件、对其正确实施的验证的模式、监测的模式以及这些活动的支持渠道。

之所以将通用人工智能系统纳入受控测试环境的范围，是因为通用人工智能系统可以用于多种场景，并且可以集成到多个人工智能系统中，因此有很大可能转变为高风险人工智能系统。

同样，在基础模型方面，这些模型建立在迁移学习的思想以及深度学习和计算机系统的最新进展基础之上，并得到了大规模的应用，展示了新兴的能力，可以提高各种下游任务的性能。

另一方面，任何以自身名义或以其商标开发人工智能系统的私主体、公共行政部门或公共部门主体，履行人工智能系统提供者的角色，都可以参与验证法律要求的体验程序。

此外，西班牙的私主体或任何公共行政部门和公共机构主体都可以作为提供者所提供的人工智能系统的使用者进入受控测试环境，但其参与须以人工智能系统提供者的批准和参与为前提。

人工智能系统将获遴选进入该环境，前提是这些系统已经可以在市场上购买，而且其发展正处于重大变革阶段，有利于采取必要的措施来遵守拟议的欧盟《人工智能法》；或者这些系统暂时不能在市场上购买，但已达到足够先进的发展水平，可在该环境的时间框架内投放市场或者提供服务。

为选择参与该环境的主体，将发布申请通知，详细说明参与兴趣和要求。申请一经评估，入选主体将获得参与授权，并将收到初步指南和技术规范，以促进实施拟议的欧洲人工智能法规对高风险系统提出的要求。

一旦参与主体在该环境范围内开展了这项活动，其应就是否符合人工智能系统的要求进行自评估。这种合规性自评估在该环境的范围之外不造成任何影响。

另一方面，如果人工智能系统可能属于特定部门立法的范围，需要进行合格性评估，则合格性评估应独立于在受控测试环境中进行的合格性自我评估。将作为第三方执行部门合格性评估的相关通知机构可作为观察员参与该环境中的符合性自我评估。

在经验开发过程中，参与主体与数字化和人工智能国务秘书将就初步指南和技术规格中可能包含的改进内容进行信息交流。这将有助于对初步指南和技术规格进行更新，随后将作为最终实施指南发布，并向全社会提供。

从受控测试环境中获得的结果可以作为未来的软件平台的起点，为遵守拟议的《人工智能法》的原则提供首个不具约束力的自我评估。

四

该敕令按顺序分为一编、两章和七个附件。其中包括总则编，规定该法令的宗旨和适用范围，以及该法规条款中主要概念的定义。

第一编分为六章，具体规定了参与受控测试环境的资格和要求，规范了适用的法律制度；人工智能系统提供者的界定；资格标准；参与方式和准入程序；评估申请的方式；体验这一环境的特殊性和具体条件，以及参与主体的保证；交流渠道和在测试环境中完成体验。

为了能够参与受控测试环境，将举行专门的征集活动，符合特定参与和资格条件的人工智能系统提供者可以提交申请。随后，将对申请进行评估，以确保各种高风险、通用和基础模型人工智能系统以及各种主体类型都能参与。在对其资格做出决定后，实验即可开始。

第二章包含一系列关于当局、专家顾问和其他西班牙和欧洲机构之间合作与协调的规定。

第一条和第二条附加条款分别说明了受控测试环境的手段和预期结果，第一条和第二条的终则分别说明了法律名称及其有效性和生效日期。

鉴于启动受控测试环境的紧迫性，本皇家敕令将在《官方公报》发布的次日生效。此外，在欧洲议会和欧盟理事会制定人工智能领域统一规则的条例在西班牙王国生效之前，本皇家敕令将不会开始适用。受控测试环境应遵守本皇家敕令制定的规则。

五

受控测试环境是当前框架中创新成分较高的一项举措。该项目属于数字化和人工智能国务秘书的职权范围，是与欧盟及其成员国的其他行为者在人工智能领域发挥协同作用的一次机会。

人工智能注定会成为任何先进国家经济和社会发展的横向要素。在此基础上，公共当局应根据其各自的权限和法规来促进和支持人工智能的发展。

作为本敕令主题的受控测试环境的创建，并不构成在商业领域建立任何竞争优势或扰乱与此相关的市场。这样做的理由是，无论是呼吁参与该环境，还是开发该环境，以及随后得出相关结论，都将导致公开发布实践指南。这些指南也将提供给欧盟委员会和其他对此感兴趣的相关公共和私人行为者。

经过相应程序选定的主体参与体验，意味着其将纳入一个协作学习和共同决策的系统；其结果主要是为整个民间社会和经济领域带来益处。另一方面，从公共部门的角度来看，该环境的创建是一个突破，因为鉴于人工智能的动态性质，其将使人工智能领域的有意识的学习成为可能。

本皇家敕令符合 10 月 1 日 39/2015 号法律《公共行政机关共同行政程序法》第 129 条规定的必要性、有效性、合比例性、法律确定性、透明度和效率原则。

为此，遵守必要性和有效性原则的表现是，人们普遍有兴趣在实施拟议的《人工智能法》过程中试验人工智能系统，制定人工智能统一规则，以尊重公民在与人工智能互动过程中的权利，以及有必要通过为所有开发高风险人工智能系统、通用人工智能系统和基础模型的人，特别是中小型企业制定实施准则来促进这种遵守。我们认为，皇家敕令是确保实现上述目标的最合适文书。

该规则符合比例性原则，因为它没有超出对参与环境的主体的必要要求，并为实现上述目标建立了必要的框架。

这一敕令还符合法律确定性原则，与法律体系的其他部分保持一致和融贯。

在透明度原则方面，该敕令通过在经济事务和数字化转型部门户网站上公布，遵守了 11 月 27 日 50/1997 号法律第 26 条第 6 项规定的磋商程序。最后，在效率原则方面，本皇家敕令力求确保该条例给公民带来的行政负担尽可能少。

根据《西班牙宪法》第 97 条的规定，政府有责任依照《西班牙宪法》和法律行使管理权。

本皇家敕令是根据《西班牙宪法》第 149.1 条第 13 款和第 15 款的规定颁布的，该条款赋予国家在经济活动总体规划的基础和协调方面的专有权限，以及在促进和总体协调科学和技术研究方面的专有权限。

根据 3 月 28 日 2024/2023 号皇家敕令的规定，建立受控测试环境属于数字化和人工智能国务秘书的职权范围，该法令规定了经济事务和数字化转型部的基本组织结构。该皇家敕令具有明显的技术性，涉及将创新事项纳入行政行动框架。在这些前提下，按照既定的来源制度使用该皇家敕令是合理的。

在处理该敕令的过程中，遵守了政府 11 月 27 日 50/1997 号法律第 26 条规定的程序。在起草过程中，我们获得了以下报告：经济事务和数字化转型部技术总秘书处的报告、工业、贸易和旅游部的报告、内政部的报告、司法部的报告、西班牙数据保护局的报告以及国家市场和竞争委员会的报告。

本皇家敕令根据 12 月 21 日 28/2022 号法律《促进初创企业的生态系统》第 16 条和终则第 11 条的规定发布。

本皇家敕令是根据 1997 年 11 月 27 日 50/1997 号法律《政府法》第 21 条的规定批准的，根据该条规定，在任政府应将其管理限制在公共事务的正常管理范围内，除经正式认可的紧急情况或因明确认可的普遍利益原因外，不得采取任何行动。

据此，经由经济事务和数字化转型部部长提议，经由财政和公共职能部部长事先批准，并经国务委员会同意，由部长联席会议在 2023 年 11 月 7 日会议上审议后通过如下：

引言　一般性规定

第 1 条　宗旨

本皇家敕令旨在建立一个受控的测试环境，以测试可能对个人安全、健康和基本权利构成风险的特定人工智能系统是否符合特定要求。本敕令还规定了选择参与受控测试环境的系统和主体的程序。

第 2 条　适用范围

本皇家敕令既适用于第 3 条第 14 项所定义的公共行政部门和公共部门机构主体，也适用于受控人工智能测试环境中的特定私主体。

第 3 条　定义

为执行本皇家敕令的规定，应适用以下定义：

1. "主管机构"是指数字化和人工智能国务秘书处。

2. "受控测试环境或体验"是指在规定期限内，提供一个结构化的环境或体验，以开展必要的行动，使得高风险人工智能系统、通用人工智能系统和基础模型的提供者和使用者能够在主管机构的监督下，为执行本皇家敕令规定的要求进行必要的测试。

3."人工智能系统"是指设计为能在一定程度上自主运行的系统，能够根据机器或人类提供的输入数据，利用机器学习或逻辑和基于知识的策略，推断出如何实现一组既定目标，并生成输出信息，如内容（生成式人工智能系统）、预测、建议或决定，从而影响与其互动的环境。

4."高风险人工智能系统"是指符合下列条件之一的人工智能系统：

（a）构成本皇家敕令附件七所述欧盟协调立法所涵盖产品的人工智能系统，如其接受第三方合格性评估，以期根据该立法将该产品投放市场和/或提供服务，则应视为高风险产品；

（b）在欧盟统一标准所涵盖的产品中，作为组件使用的人工智能系统具有安全功能，其故障或失灵会危及人身或财产的健康和安全，如果根据适用的统一立法，该人工智能系统将接受第三方合格性评估，以便将该产品投放市场和/或提供服务，即使人工智能系统与产品分开投放市场或提供服务，上述规定也应适用；

（c）附件二中提到的人工智能系统，条件是该系统的反应与要采取的行动或决定有关，因此有可能对健康、工人的工作权利或安全或基本权利造成重大风险。

5."通用人工智能系统"是指这样的人工智能系统，无论其销售或提供服务的形式如何，包括作为开源软件而提供，系统提供者的意图是执行通用的功能，如文本、图像和语音识别；文本、音频、图像和/或视频生成；模式检测；问题解答；翻译及其他。

6."基础模型"是指在大量无标签的数据上进行大规模训练（通常是通过自监督学习和/或使用软件通过互联网自动爬取内容和数据）而形成的人工智能模型，该模型可适应各种下游任务。

7."人工智能系统的提供者"（以下简称"人工智能提供者"）：任何私主体法人、西班牙公共部门主体或其他机构，开发了人工智能系统或为其开发人工智能系统，并以自身名义或商标将其投放市场或提供服务，无论是以收费形式还是免费形式。人工智能提供者将根据流程的不同阶段以下列方式指定。

（a）"申请加入的人工智能提供者"是指申请加入受控测试环境的人工智能提供者；

（b）"参与的执行机构"是指获准进入受控测试环境的执行机构。

8."使用者"：在其授权下使用人工智能系统的西班牙私主体法人或公共行政部门和公共机构主体。使用者将根据其所处的流程阶段以下列方式指定。

（a）"申请使用者"是指申请进入受控测试环境的人工智能系统使用者；

（b）"参与使用者"是指进入受控测试环境并与人工智能提供者一同参与受控测试环境的人工智能系统使用者。

9."合格性自评估"是指核实是否符合要求、质量管理体系、技术文件和后市场监测计划的程序，所有这些在本皇家敕令中都有详细规定，由人工智能提供者执行，或在适当时由使用者执行，可作为制定人工智能领域统一标准的欧洲法案中规定的合格性评估的参考。合格性自评估仅限于本环境的范围，其不应等同于通过其他特定立法，特别是欧盟人工智能法案中要求的合格性评估。

10."投放市场"是指在商业活动过程中，为在欧盟市场上销售或使用而提供人工智能系统的任何行为，无论这种提供是有偿的还是免费的。

11."引入市场"是指人工智能系统在欧盟市场的首次商业化。

12."提供服务"是指提供人工智能系统，无论是供使用者直接使用或者由使用者自用，在欧盟范围内按照其预期目的的首次使用。

13."中小型企业"是指适用欧盟委员会用 2014 年 6 月 17 日 651/2014 号条例附件一第 2 条所载的中小型企业定义，该条例宣布特定类别的援助和《条约》第 107 条和第 108 条规定的内部市场相一致。

14."公共行政部门和公共机构"是指根据 2015 年 10 月 1 日 40/2015 号法律《公共部门法》第 2 条的定义，包括不同的公共行政部门和公共机构主体。

15."初创企业"是指适用 2022 年 12 月 21 日 28/2022 号法律第 3 条中关于促进初创企业生态系统的定义。

16."事件"是指不遵守特定程序，但未造成有害后果。

第一编 参与受控测试环境

第一章 一般性规定

第4条 法律制度

1. 在受控测试的环境框架内对人工智能系统进行评估和适用性测试，以检验各项要求的执行情况，应符合本皇家敕令的规定和根据本皇家敕令所批准的要求，以及所有因其性质而适用的规定。

2. 如果人工智能系统受到特定部门立法的管辖，并且在要求其参与受控测试环境之前尚未投放市场或提供服务，则其参与受控测试环境并不免除遵守人工智能系统在投放市场之前必须根据特定立法通过合格性评估的要求。在这方面，在处理个人数据时，必须遵守本皇家敕令第16条的规定。

3. 参与受控测试环境的执行机构和使用者不得接受任何形式的金钱或实物对价。

4. 本皇家敕令没有改变公共当局的权力。

第5条 参与环境的资格要求

1. 受控测试环境向以下机构和使用者开放：人工智能的提供者和使用者，或者居住在西班牙，或者在西班牙设有常设机构，或者属于集团的一部分，其中集团代表或者集团的唯一代理作为申请主体，且根据7月2日1/2010号皇家敕令批准的《公司法》第9条的规定，其场所或主要机构必须位于西班牙境内。

2. 第1款提及的使用第3条定义的高风险人工智能系统、通用人工智能系统或基础模型的私法律主体和公共管理部门及公共机构部门主体可作为参与使用者访问该环境，前提是相关人工智能提供者与参与使用者共同访问该环境。

3. 提出申请的人工智能提供者应根据相关呼吁中规定的条件，并按照第7条的规定，以一个或多个人工智能系统提交参与申请，前提是这些系统属于不同类别，包括高风险系统、通用人工智能系统和基础模型。根据2015年10月1日颁布的 39/2015 号法律《公共行政部门共同行政程序法》第 14 条第 2 款的规定，申请应以电子方式进行。主管机构将选择一个人工智能系统，允许其参与受控测试环境。

4. 提出申请的人工智能提供者可就高风险、通用或基础模型人工智能系统提交一份或多份提案。这些系统可以是新开发的系统，也可以是已有的系统。同时，这些人工智能系统必须达到足够先进的开发水平，以便在受控测试环境的时间框架内或完成后投放市场或或者提供服务。如果拟议的人工智能系统还不够成熟，申请将被拒绝。

5. 在适用的情况下，使用或处理个人数据的人工智能系统必须遵守本皇家敕令第 16 条规定的数据保护条例。

6. 提出申请的人工智能提供者所提出的人工智能系统不得属于以下情况：

（a）为军事、国防或国家安全活动而投放市场或提供服务的人工智能系统，不论从事这些活动的主体为何。

（b）使用潜意识技术的人工智能系统，这种技术超越了人的意识，其目的或效果是实际改变人的行为，从而对人或他人造成或有合理可能造成身体或心理伤害。

（c）人工智能系统利用特定人群因年龄或残疾或特定社会或经济状况而存在的任何弱点，其目的或效果是实际改变该人群中某人的行为，从而对该人或另一人造成或有合理可能造成身体或心理伤害。

（d）人工智能系统，旨在根据自然人的社会行为或已知或预测的个人或个性特征，在一定时期内对自然人进行评价或排序，从而使由此产生的社会排序产生以下一种或多种结果：

i. 在与最初生成或收集数据的场景无关的社会场景下，对某特定自然人或群体的有害或不利待遇；

ii. 对特定个人或群体的有害或不利待遇，而这种待遇是不合理的，或与其社会行为或其行为的严重性不合比例。

（e）为执法目的在公众可进入区域使用的"实时"远程生物鉴别系统，但为实现以下一个或多个目标而绝对必要的使用除外：

i. 有选择地寻找可能的特定犯罪受害者，包括失踪的未成年人，

防止自然人的生命或人身安全、关键基础设施或恐怖袭击受到具体、重大和迫在眉睫的威胁；

ii. 逮捕、查找、辨认或起诉犯有或涉嫌犯有欧洲理事会 584/2002/JHA 号框架决定第 2 条第 2 款所述任何罪行的人，根据有关成员国的现行法律，可对其判处监禁或最长至少三年的拘留。

第二章　受控测试环境中的录取程序

第 6 条　要求提供受控的测试环境

1. 本环境的参与征集须经数字化和人工智能国务秘书决议批准。申请通知应在主管机构的网站上公布。提交申请的最长期限为自发布申请通知次日起的 20 个工作日。

2. 参加受控测试环境的呼吁书应明确规定被选中的人工智能系统的数量、受控测试环境的期限、根据皇家敕令要求的参加条件、评估申请的标准及其权重、提交申请的截止日期、通信渠道以及统一的申请表和提交申请所需的文件。

第 7 条　申请加入受控试验环境

1. 参加受控试验环境需要根据本敕令的规定和相应的申请要求，事先提交申请。

2. 只有按照环境征集活动随附的模式而提交的申请才会被考虑。

3. 申请应通过经济事务和数字化转型部相关电子网站上的电子登记册提交，并应随附：一份技术报告，其中必须包括附件三所列内容，以及一份符合附件四的个人数据保护规定的声明。

4. 作为高风险人工智能系统或通用人工智能系统或基础模型使用者的西班牙私法律主体或公共行政部门和公共部门机构主体，可与此类系统的人工智能提供者商定共同参与该环境。然而，为了参与，他们必须提出相应的参与申请，并在申请中说明他们将与哪个人工智能提供者一起参与该环境。

5. 提交申请的截止日期之后，如果发现有任何申请不符合本皇家敕令和相应申请通知中规定的要求，将要求相关方在 10 日内补足或增列所需文件。如果当事人未能在 10 日内补足或增列所需文件，则将根据 10 月 1 日颁布的 39/2015 号法律《公共行政共同行政程序法》第 21 条规定的条款做出决议，视为撤回申请。

第 8 条　申请评估

1. 指导该程序的主管机构是人工智能和数字赋能技术总分局，并由隶属于数字化和人工智能国务秘书的数据办公室提供支持。这些机关都将负责评估为参与该环境而提交的申请。

2. 应评估参与该环境的申请，并对收到的每个人工智能系统进行以下评估：

（a）产品或服务的创新程度或技术复杂程度；

（b）拟议的人工智能系统对社会、商业或公共利益的影响程度；

（c）所介绍的人工智能系统中包含的算法的可解释性和透明程度；

（d）使得主体和人工智能系统遵从西班牙政府的数字权利法案；

（e）人工智能系统的高风险类型，力求在选项中体现各种类型；

（f）对于通用人工智能系统，还应评估其转变为高风险人工智能系统的可能性；

（g）对于人工智能的基础模型，应评估其部署和使用能力以及对经济和社会的相对的或绝对的影响；

（h）人工智能系统的成熟度，认为该系统足够先进，可在受控测试环境的时间框架内或在其完成时提供服务或投放市场，应当寻求不同的人工智能系统成熟度的代表；

（i）技术报告的质量；

（j）根据雇员人数或年营业额确定申请的人工智能提供者的规模或类型，积极评价新兴公司、小型或中型企业的条件，以确保参与公司的类型更加多样化。在遴选中，将寻求不同规模或类型的人工智能提供者；

（k）在适用的情况下，评估负责声明是否符合个人数据保护规定。同样，根据本皇家敕令附件五，还可要求提供其他认证文件。

第9条 决议提案

1. 调查机构在对申请进行评估后，应根据前一条规定提出合理的建议，以便作出决定。

2. 根据10月1日39/2015号法律第43条关于公共行政部门共同行政程序的规定，拟议决定将通知相关各方。通知应通过单一启用电子地址提供给相关方。同样，除通过单一启用电子地址外，还可在其电子总部或相关电子总部发出通知。

3. 提出申请的执行机构提供者以及在适当情况下提出申请的使用者可在收到建议通知后的10个工作日内提出任何适当的意见。

第10条 决议

1. 一旦收到申诉，或申诉期限已过但仍未提出申诉，主管机构应根据10月1日39/2015号法律《公共行政机关共同行政程序法》第21条第2款的规定，作出说明理由的决定。

2. 负责解决和通知的主管机构是数字化和人工智能国务秘书，最长期限为自征集申请发布之日起60个工作日内。

根据10月1日39/2015号法律第43条关于公共管理部门共同行政程序的规定，将通过电子方式发布通知。通知将通过单一电子地址提供给相关方。同样，也可在其电子总部或相关的电子总部以补充单一电子地址的方式发出通知。

3. 在未发布或通知明确决议的情况下，决议期限届满意味着利益相关方可认为其诉求已根据10月1日关于公共行政机关共同行政程序的39/2015号法律第25.1条被行政沉默驳回。根据10月1日39/2015号法律《公共行政机关共同行政程序法》第114.2条，该决议终止了行政程序。可根据10月1日39/2015号法律《公共行政共同行政程序法》和7月13日29/1998号法律《行政诉讼管辖权法》的规定，向作出明确决定的同一机构提出撤销决定的申诉，或直接向行政诉讼管辖权提出申诉。

第三章　测试开发、合格性评估、后续行动和事故

第 11 条　试验开发过程中的要求遵守情况

1. 参与受控测试环境的目的是，在受控测试环境期间，参与的人工智能提供者根据主管机构提供的规范，在人工智能系统中满足下列要求。这些要求是：

（a）建立、实施、记录和维护与相关人工智能系统有关的风险管理系统。

（b）对于涉及数据训练的人工智能系统，应确保已经或将要在训练、验证和测试数据集上进行开发，这些数据集应符合根据主管机构提供的说明而规定的质量标准。

（c）本皇家敕令附件六所列人工智能系统的技术文件，应按照主管机构提供的规格编写。在整个受控试验环境期间，应不断更新这些文件。

（d）人工智能系统应在技术上允许在系统的整个生命周期内自动记录事件，即日志。这些日志应由参与方保存。

（e）人工智能系统的设计和开发应当能够确保其运作对系统使用者有足够的透明度，以便向其解释系统结果，并避免产生歧视性的偏见，从而正确地使用该系统。

（f）人工智能系统应附有电子格式的使用说明，包括有关该系统的特点和性能的信息，这些信息应简明、完整、正确、最新、清晰、相关、便于使用并能为该系统的使用者所理解。

（g）人工智能系统的设计和开发应能使其在使用期间接受自然人的监督。为此，系统应包含适当的人机界面。如果由于人工智能系统的特性，这种监督不能实时进行，则应在与该系统透明度有关的通信中予以记录。

（h）人工智能系统的设计和开发应在考虑到其预期目的的情况下，达到足够的准确性、稳健性和网络安全性。这些方面应在其整个生命周期内始终如一。

2. 在受控试验环境开始时，应通过实施计划与主管机构共同商定每个参与方应满足的要求。

第 12 条　参加者进行测试

1. 一旦被接纳，参与的独立评估机构应开展行动，使其能够遵守本皇家敕令第 11 条所述要求和执行计划中商定的要求。主管机构可提供技术帮助指南和个性化建议，为执行机构在受控测试环境中执行任务提供便利。参与的人工智能提供者和参与的使用者与主管机构之间的合作形式应在要求中规定的受控测试环境开发计划中详细说明。

2. 对这些人工智能系统进行调整以满足要求，不应对可能受到影响的消费者、使用者和第三方的保护带来潜在风险。

3. 参与的人工智能提供者和参与的人工智能使用者可依靠现有标准以及以往根据这些标准进行的评估，向主管机构证明这些要求的执行和遵守情况。

4. 在开发受控测试环境期间，应在受控测试环境开始时向参与方提供的监测框架的基础上，建立参与的执行机构和参与的使用者与主管机构之间的对话和信息交流机制。应在呼吁中具体说明用于这种对话的渠道。该框架将详细说明参与的执行机构和参与的使用者将提供的关于其执行指南的经验及其认为可以改进之处的信息。

5. 还应举行会议，促进与所有参与方、执行机构和使用者以及相关部委或欧盟委员会等有权处理相关事项的其他机构的合作学习，并讨论受控测试环境的进展情况。这些会议应根据主管机构的倡议每月举行一次，但不妨碍为确保环境的成功而按照其他更加适当的时间间隔举行会议的可能性。

6. 在受控测试环境的整个开发过程中，主管机构可酌情更新由其提供的技术指南，并分发给参与的人工智能提供者和参与的使用者，以及其他相关当局以进行磋商。

7. 一旦在每个人工智能系统中完成要求的实施，人工智能提供者，并酌情与系统使用者一起，应进行性别影响报告。该报告将用于评估在每个参与系统中，要求的实施对缩小性别差距的影响。

第 13 条　合格性声明

1. 在第一阶段结束时，一旦参与的独立审计机构和参与的使用者为执行本皇家敕令第 11 条规定的要求采取了适当行动，参与的独立审计机构应发表合格性声明。

2. 该合格性声明以自我评估程序开篇，参与的人工智能提供者和、（如有）参与的使用者均应按照主管机构提供的建议评估对要求的遵守情况。

3. 参与的执行机构和（如适用）参与的使用者均应执行下列行动以完成自我评估：

（a）检查本皇家敕令第 11 条规定的各项要求在其人工智能系统中的正确执行情况，并符合事先商定的执行计划；

（b）核查质量管理体系是否符合主管机构提供的规范；

（c）核查人工智能系统的设计和程序开发及其上市后的监测是否符合主管机构提供的技术文件和规格；

（d）核实其人工智能系统的技术文件是否包括本皇家敕令附件六所规定的内容，以及核实是否符合上述各点的文件。

4. 一旦参与的人工智能提供者完成自我评估并核实符合前一点的要求，就应向数字化和人工智能国务秘书处电子总部提交指定文件。

5. 主管机构应审查与提供者执行机构提交的符合性声明有关的文件，主要是描述质量管理体系、技术文件或上市后监督计划的文件。

6. 如果主管机构认为提交给主管机构的文件评估结果良好，主管机构应邀请参与方介绍遵守要求的自评估情况。在向主管机构陈述时，参与的人工智能提供者应说明自我评估符合要求的相关性，并说明上述各点的理由。

7. 但是，如果主管机构在对提交给它的文件进行分析后，认为该参与方不符合通过履约声明的要求，则应给予三个月的期限，以便该参与方能够适当地满足要求。

在这方面，主管机构可根据本皇家敕令第 21 条的规定，要求提供具体证据，以核实结论的有效性。

一旦上述期限已过，如果未能满足通过合格性声明的要求，将意味着根据本皇家敕令第 25 条提前终止对该主体的测试。

8. 主管机构可与其他国际组织合作，在要求的自评估过程中担任顾问。

9. 鉴于已提交并经核实正确、完整的符合要求的自评估，受控试验环境的符合要求声明应顺利完成。

10. 这种合格性自评估在严格界定的环境范围之外没有任何影响。

第 14 条　上市后监测

1. 随后，参与的人工智能提供者和（如适用）参与使用者应与前者一同实施上市后监测系统。

2. 为此，参与的人工智能提供者应记录与人工智能系统的风险和预期用途相称的人工智能系统提供服务后监测系统。开发调试后监测系统所需的数据可在受控测试环境中从系统使用者或与系统有关的其他来源收集，以便参与的人工智能提供者持续评估本皇家敕令第 11 条所述要求的合格性。

3. 如果系统在纳入受控测试环境之前已经投放市场或提供服务，则这种事后监测系统的实施可能仅限于系统的一个或多个使用者。

4. 启动后的监测系统应以上市后监测计划为基础，该计划应包括在本皇家敕令附件六所规定的应提供的技术文件中。该计划应根据主管机构为此提供的规格起草。

5. 私法人或公共行政部门和公共机构主体在作为参与使用者时，应合作执行主管机构提供的准则中规定的措施，以便在实施人工智能系统后进行监测。如不遵守上述规定，主管机构可撤除参与的使用者，但须事先通知。

第 15 条　事件报告

如适用，参与的执行机构和参与的使用者一旦发现可能违反现行立法的任何严重系统事故，应立即向主管机构报告。

主管机构应为其建立一个沟通渠道，以便其报告事件，并提供证据证明已采取措施降低所发现的风险。

如果人工智能系统因其性质而受其他具体法律的管辖，主管机构应将报告转交主管部门当局，并由部门当局决定采取其认为适当的措施。

第四章　参与者的保证和责任

第 16 条　保护个人数据和实施知识产权

1. 参与受控测试环境的人工智能提供者和使用者应遵从 679/2016 号条例的规定，遵从 3/2018 号组织法的规定，并在适用的情况下，遵守 5 月 26 日关于保护为预防、侦查、调查和起诉刑事犯罪以及执行刑罚而处理的个人数据的 7/2021 号组织法的规定、5 月 26 日 7/2021 号组织法中关于保护为预防、侦查、调查和起诉刑事犯罪及执行刑罚之目的而处理的个人数据的规定，以及其他适用的部门规章，在参与人工智能提供者的私有系统中处理的所有个人数据中，或酌情在参与使用者的私有系统中处理的所有个人数据中，实施上述保护所包含的要求。这不妨碍本皇家敕令附件二所列的一些可能参与受控测试环境的高风险系统必须事先对处理的合法性进行分析。

2. 在受控试验环境框架内进行的数据处理应遵守前款规定。

3. 接受参与受控测试环境意味着承认遵守数据保护规则。

4. 参与受控测试环境的人工智能提供者和使用者应遵守知识产权规则的规定。接受参与受控测试环境意味着承诺并承认遵守知识产权规则。

第 17 条　环境参与者的责任

1. 如适用，参与的人工智能提供方和参与的使用者均应对任何人因在受控测试环境中应用人工智能系统而遭受的损害承担责任，条件是这些损害是因其违约行为或过失、疏忽或故意不当行为造成的。

2. 参与受控测试环境的使用者承诺遵守适用于其员工的劳动规则。

第 18 条　保密性保证

1. 保密性保证既适用于参与的执行机构提供的信息，也酌情适用于参与的使用者提供的关于公司或其他主体的内部流程、业务计划、行业知识和知识产权或商业秘密信息，还适用于自评估过程中提供的数据和信息。

2. 主管机构收集的信息在确保完全匿名并尊重参与的执行机构和参与使用者的商业利益的情况下，可用于由其自身或第三方编制良好实践指南、规则执行指南和编制结论文件。在不影响保密条件的情况下，主管机构可利用在受控测试环境开发过程中收集的信息，完善其所开发的指南。参与受控测试环境的结果报告也可与相关当局和在该领域有权限的公共机构共享。如果主管机构希望以举例的方式使用参与的特定人工智能提供者或者参与的特定使用者的特定做法或程序，则应征得该参与的人工智能提供者或使用者的同意。

3. 负责评估申请和解决要求参加受控试验环境的主管机构应负责保证根据本规定提供的信息的保密性。

第 19 条　人工智能系统的实质性修改

1. 如果在受控测试环境执行期间，参与测试的人工智能提供者的人工智能系统在参与环境的评估方面或在公司所有权方面发生重大变化，应事先通知数字化和人工智能国务秘书，由其决定参与测试的人工智能提供者是否继续参与，以及在何种条件下继续参与。

2. 如果参与者不同意主管机构规定的新条件，可以根据本皇家敕令第 24 条自愿退出测试。

第五章　沟通渠道、信息收集、完善指南和其他受控环境测试文件

第 20 条　传播渠道

1. 主管机构的电子总部应设立专门的咨询信箱，以便尽快提交和答复在受控试验环境中提出的任何疑问或问题。

2. 在开发受控测试环境期间，还应为紧急通报事故和故障提供一个渠道。该渠道应专门作为接收事故或紧急通信的机制。

3. 在受控试验环境中还应为参加者提供与主管机构联系的渠道。

4. 上述联系渠道应在招标书中加以具体说明。

5. 参与的执行机构之间和参与的使用者与主管机构之间的所有通信以及书面和任何其他视听文件都必须使用西班牙语。

第 21 条　获取有关环境的进展的信息

1. 在受控测试环境期间,人工智能和数字赋能技术总司应向参与的人工智能提供者和参与的使用者收集以下方面的信息:如何在每个人工智能系统中实施相关行动;如何进行合格性自评估;与每个人工智能系统相关的技术文件;以及附件或指南中所述的质量或风险管理系统。

2. 此外,人工智能和数字赋能技术总局可在环境过程中要求参与的人工智能提供者和参与的使用者提供其他信息,以便为编写环境文件或结论收集相关数据。主管机构可要求进行具体测试,以验证结论的有效性。

3. 根据本皇家敕令第 25 条的规定,如果人工智能提供者和使用者未能提供主管机构要求的信息,则可能导致后者提前终止其参与,同时应考虑第 15 条规定的保密因素。

第 22 条　更新、起草指南和其他文件

1. 数字化和人工智能国务秘书可以根据受控测试环境的经验,提供技术指南或其他文件,以可靠、稳健和合乎伦理的方式促进人工智能系统的发展,这些文件将有效和横向地纳入性别观点,并在主管机构决定的时间内免费向公众开放,并可在上述环境的整个发展过程中进行更新。

2. 主管机构制定的技术指南和文件应根据第 18 条的规定予以保密,直至主管机构认为可以公布时为止。

第六章　完成受控的测试环境

第 23 条　终止参与环境

1. 在完成之前,参与的人工智能提供者和参与的使用者均应向人工智能和数

字赋能技术总局提交一份报告。

2. 上述报告的内容应在主管机构提供的指南中说明。完成受控测试环境各阶段的主体应收到一份证明其参与受控测试环境的文件，以及一份关于所获结果的评估报告。

3. 主管机构今后可能会进一步征集申请。

4. 当主管机构认为受控试验环境已达到本皇家敕令规定的目的时，可决定终止受控试验环境，并应在主管机构的门户网站上发布相关公告。

第 24 条　参与者的自愿退出

1. 执行机构和使用者，如适用，可通过本皇家敕令第 20 条第 3 款规定的渠道向主管机构发出通知，要求出于正当理由自愿退出受控试验环境。

2. 程序执行完毕后，主管机构应在最长 15 个工作日内就自愿离境申请作出合理的决定。该决定结束了行政程序。行政沉默应是积极的决定。

3. 视情况而定，如果参与的执行机构或参与的使用者退出受控试验环境，则应履行准入决定中规定的保密义务。

4. 此外，在任何情况下，参与的执行机构和使用者的离开都不会导致对于主管机构的任何赔偿或补偿的权利。

5. 主管机构如认为对环境结果有利，可将自愿退出而腾出的位置由下一个根据征集建议书的规定申请参与的主体递补。

第 25 条　提前终止试验

1. 主管机构可在个案基础上宣布提前终止环境中的试验，在出现下列任何一种情况时，主管机构可作出合理的决定，终止该参与者或者，如适用，参与使用者的试验参与：

（a）在征集申请或录取决定中违反了本皇家敕令第 4 条规定的法律制度；

（b）不再符合本皇家敕令第 5 条所述的参加受控试验环境的任何初始要求；

（c）违反了本皇家敕令第 21 条规定的主管机构制定的监督框架所要求的信息

提供义务；

（d）人工智能系统发生严重事故或故障；

（e）发现了技术报告中未预见的风险；

（f）主体没有提供必要的资源来实施计划中商定的要求；

（g）该主体未按照本皇家敕令第13条的规定采取必要行动，以完成合格性声明；

（h）征集要求中预见的任何其他情况。

2. 一旦发现上述任何一种情况，主管机构将根据39/2015号法律《公共行政机关共同行政程序法》第82条的规定，在听取参与者的意见后，在最长15个工作日内作出合理的决定。该决议将结束行政程序。

3. 除上述情况外，如果执行机构提供者未在呼吁书规定的期限内采取使其符合本皇家敕令第11条所述要求的行动，在经过适当程序后不再构成受控试验环境的一部分，也将宣布提前终止试验。

4. 如果参与的人工智能提供者被迫离开试验，人工智能系统的使用者，如参与，也必须离开试验。

5. 受控试验环境的提前终止不应引起主管机构的任何赔偿。

6. 主管机构如认为对环境结果有利，可通过决议，将提前终止试验所腾出的位置由下一个根据征集申请规定提出申请的主体递补。

第二编　其他主体的参与和协调

第26条　当局间合作

其他公共行政部门、公共机构主体、国际组织以及欧盟其他成员国的其他主管机构，如有权处理与在该受控试验环境框架内开发的不同用例有关的事务，可与主管机构合作，以实现其正常运作，并应在其职权范围内，以适当的保障，促进其进展，无论其可能影响的地域范围如何。

第27条 专家顾问小组

1. 专家顾问小组应由在相关知识领域具有公认声望和技术经验的独立专业人士组成，其目前或过去曾在大学和学术领域、研究机构、其他类型的协会或企业部门任职。小组成员由数字化和人工智能国务秘书决议任命。专家顾问小组成员既不能作为参与测试环境的人工智能提供者，也不能作为参与测试环境的使用者。

2. 专家顾问小组的成员应包括一名或多名具有人工智能知识以及性别、数据保护、安全、伦理、法律或其他方面知识的多学科人员。

3. 专家顾问小组应确保在执行委托给他们的任务时遵守性别平等原则，其任命应考虑男女比例均衡的原则。

4. 该小组将有助于理解和掌握如何执行适用于高风险人工智能系统的要求，并为改进技术准则提供相关信息。

5. 这些专家应遵守第18条所述的保密规定，并应承诺协助参与的执行机构和参与的使用者遵守各项要求，并协助其对受控测试环境的遵守情况进行自我评估。

6. 专家顾问的合作不涉及任何经济上的考虑或任何其他形式的补偿。

第28条 私法人、公共行政部门和公共机构主体作为人工智能系统使用者的参与

1. 如果私法人或公共部门主体是高风险人工智能系统或通用人工智能系统或基础模型的使用者，可与此种系统的人工智能提供者商定共同参与受控测试环境。当公共部门主体作为使用者参与时，招标书应明确说明参与这种环境的机制。

2. 私法人或公共部门主体在作为参与使用者时，应配合执行主管机构提供的指导方针中规定的措施，以便在实施人工智能系统后进行监测，并酌情处理本皇家敕令第16条规定的个人数据。

3. 应邀请此类私法人或公共部门主体根据第19条参与履约申报，根据第21条与参与的执行机构协调参与启动后监测活动，以及提供专门知识以编制关于受控检测环境的指南或其他结论文件。

第 29 条　观察员主体的协作

1. 主管机构可邀请任何因其监督、控制、具体的监管合规保证活动，或者其他具体的权限，而可能与在受控测试环境中实施和审查人工智能系统所要实施的要求相关的主管机构作为观察员。

2. 在适当情况下，这种合作的目的是在参与的人工智能提供者或，参与的使用者所采取的行动可能涉及违反条例、不符合产品质量和安全标准或违反经济行为主体和公共部门主体的行为原则时，发表意见或发出警告。

第 30 条　与西班牙、欧洲和国际标准化机构的协调

主管机构应建立与西班牙、欧洲和国际标准化机构的合作渠道，以便根据受控测试环境的经验促进技术标准的起草，考虑这些机构的建议和审议意见，为参与其中的人工智能提供者和使用者提供更大的安全保障，并对人工智能领域已经发布或正在开发的标准化要素进行试验。

第一项补充规定　受控试验环境可利用的手段

遵守本皇家敕令，只能通过数字化和人工智能国务秘书可用的手段进行。

第二项补充规定　受控测试环境的结果

主管机构将根据在环境中取得的成果，在其门户网站上发布报告，其中包括有关发展的调查结果、良好做法和建议，以及欧盟环境中人工智能条例提案试点实施的其他相关方面。这些可酌情促进欧盟一级正在进行的标准化工作和其他筹备行动，以支持实施拟议的规定人工智能统一规则的条例。

在特定高风险人工智能系统领域拥有权限的各部门机关，可应主管机构的要求，参与起草上段所述调查结果的报告。

但是，其可以参加第 12 条第 5 款所述的关于受控测试环境进展情况的会议。主管机构可根据在受控测试环境中取得的结果，开发一个软件平台，对人工智能领域统一规则条例提案的原则遵守情况进行首次不具约束力的自我评估。

第一条终则　权限

本法是根据《西班牙宪法》第 149.1.13 条和第 149.1.15 条的规定通过的，前者

赋予国家在经济活动总体规划的基础和协调方面的专属权限，后者赋予国家在促进和全面协调科学技术研究方面的专属权限。

第二条终则　生效和效力

本敕令自其在《国家公报》上公布翌日起生效。

本皇家敕令的有效期最长为 36 个月，自其生效起算，或在适当情况下，直至欧洲议会和欧盟理事会规定人工智能统一规则的条例在西班牙王国适用为止。

2023 年 11 月 8 日在马德里颁布，

政府第一副总统

经济事务和数字化转型部长

附件 12-1　关于制定人工智能领域统一规则的
欧洲议会和理事会条例的建议

2021 年 4 月 21 日，欧盟委员会通过了关于制定人工智能领域统一规则的条例（《人工智能法》）的提案。欧盟委员会的提案旨在确保投放欧盟市场并在欧盟境内使用的人工智能系统是安全的，并尊重与基本权利和欧盟价值观相关的现行法律，确保法律的确定性以促进人工智能领域的投资和创新，改善治理并有效执行现行的基本权利和安全法律，同时促进合法、安全和可信的人工智能应用单一市场的发展，避免市场支离破碎。

欧盟委员会在其条例提案中，特别在附件三中列出了一份高风险人工智能系统清单，并在序言中作了一些引致。欧盟理事会在其审议过程中对该高风险人工智能系统附件进行了修改，并于 2022 年 12 月公布其立场。[1]本皇家敕令附件二载有理事会关于欧盟委员会条例提案的立场附件，以确保在选择参与环境的高风险人工

---

[1] 欧洲联盟理事会对欧洲联盟委员会条例提案的立场：https://data.consilium.europa.eu/doc/document/ST-14954-2022-INIT/es/pdf。

智能系统时的透明度和法律确定性。

高风险人工智能系统应符合欧盟理事会关于欧洲议会和理事会制定人工智能领域统一规则的条例提案的立场第 2 章中定义的要求：风险管理系统（第 9 条）、数据和数据治理（第 10 条）、技术文档（第 11 条）、记录留存（第 12 条）、透明度和向使用者传达信息（第 13 条）、人类监督（第 14 条）以及准确性、稳健性和网络安全（第 15 条）。

欧盟委员会的条例提案已分别由欧盟理事会和欧洲议会进行了审查，并分别提交了各自的立场和对欧盟委员会提案的修正案。在欧洲谈判期间，当对拟议条例进行与受控测试环境有关的重大修改时，将在发给被选中参加受控测试环境者的所有技术文件中更新必要的信息。

附件 12-2　特定高风险人工智能系统领域的清单

根据本皇家敕令的定义，人工智能系统在以下各个领域中视为高风险系统：

1. 远程生物识别系统。

2. 在重要数字基础设施、道路交通、水、气、热和电力供应的管理和运行中作为安全组件使用的人工智能系统。

3. 教育和职业培训：

（a）拟用于确定自然人进入或被各级教育和职业教育与培训计划或机构录取，或将自然人分配到这些计划或机构的人工智能系统；

（b）拟用于评估学习成果的人工智能系统，包括当这些学习成果被用于指导个人在各级教育和职业培训计划或机构中的学习过程时。

4. 就业、劳动管理和自营职业：

（a）拟用于招聘或选拔自然人的人工智能系统，特别是用于发布有针对性的招聘广告、筛选和过滤求职申请以及评估候选人的人工智能系统；

（b）用于决定晋升和终止雇佣性质的合同关系、根据个人行为或个人特质或特征分配任务以及监督和评估个人在这些关系中的表现和行为的人工智能。

5. 获得和享受基本的公共和私人服务及其福利:

(a)拟由公共当局或代表公共当局使用的人工智能系统,以评估个人获得基本公共援助服务和支持的资格,并授予、减少、撤销或收回此类服务和支持;

(b)拟用于评估自然人信用或确定其信用等级的人工智能系统,但2003/361/EC号建议附件所界定的微型和小型企业提供者为自用而运行的人工智能系统除外;

(c)用于调度或优先调度紧急情况下的急救人员(如消防和医疗服务)的人工智能系统;

(d)拟用于对自然人的人寿保险和健康保险进行风险评估和定价的人工智能系统,但由2003/361/EC号建议书附件所界定的微型和小型企业的提供者自用的人工智能系统除外。

6. 执法问题:

(a)供执法当局或代表执法当局用于评估自然人犯罪或再犯罪风险或自然人成为刑事犯罪潜在受害者风险的人工智能系统;

(b)供执法当局或代表执法当局使用的人工智能系统,如测谎仪和类似工具,或用于检测自然人的情绪状态;

(c)供执法当局或代表执法当局使用的人工智能系统,用于在调查或起诉刑事犯罪期间评估证据的可靠性;

(d)拟由执法当局或代表执法当局使用的人工智能系统,以根据2016/680号指令第3条第4款所述的自然人特征分析预测实际或潜在刑事犯罪的实施或重复,或评估自然人或群体的个性特征和特征或过去的犯罪行为;

(e)在侦查、调查或起诉刑事犯罪过程中,由执法机关或代表执法机关用于2016/680号指令第3条第4款所述的自然人特征分析的人工智能系统。

7. 移民、庇护和边境管制管理:

(a)供主管公共当局或代表主管公共当局使用的人工智能系统,作为测谎和类似工具,或用于检测自然人的情绪状态;

(b)供主管公共当局或代表主管公共当局使用的人工智能系统,以评估打算进入或已经进入某一成员国领土的自然人所带来的风险，如安全、健康或非正常移民风险；

（c）拟由主管公共当局或代表主管公共当局使用的人工智能系统，用于核查自然人旅行证件和证明文件的真伪，并通过检查其安全特征发现假证件；

（d）拟由主管公共当局或代表主管公共当局使用的人工智能系统，以审查庇护、签证和居留许可申请，以及关于寻求庇护的自然人的可受理性的相关主张。

8.（a）拟由司法当局或代表司法当局用于解释事实或法律以及对特定事实适用法律的人工智能系统。

附件 12-3 申请参与环境活动的技术报告的最低限度要求的内容

申请参加受控试验环境所附的技术报告应包含以下信息：

1. 人工智能提供者 / 人工智能系统申请人的名称、地址、税号、联系方式、雇员人数、所属生产或服务部门。

说明其是否属于一组主体，详细说明每个主体在这一点中的信息。

2. 如果通过第三方代表申请者提出参与申请，则应提供其名称、地址和详细联系信息。

3. 提交的人工智能系统名称。

4. 人工智能系统的类型：高风险、通用或基础模型。

5. 说明人工智能系统的预期目的。

6. 说明人工智能系统的操作和设计技术。

7. 关于申请的人工智能提供者在皇家敕令第 3 条所定义的人工智能系统中的作用的解释性说明。

8. 关于本皇家敕令第 3 条所定义的高风险、通用人工智能系统或基础模型的适用性的解释性说明。

9. 关于使用和应用人工智能系统的简要说明。

10. 人工智能系统的现状：已完全开发、提供服务、投放市场、尚未提供服务、通过 / 未通过特定立法要求的合格性评估、全面提供服务的预期时间表、使其提供服务的剩余步骤。

11. 如果人工智能系统将在欧盟其他成员国提供服务，提出申请的人工智能提供者应提供其打算在哪些具体国家部署该系统的信息。

12. 如果人工智能系统已经投放市场或提供服务，并且必须通过特定立法要求的合格性评估，则应详细说明：由指定机构颁发的证书的类型、编号和有效期，如适用，该指定机构的名称或识别号，以及证书副本。

13. 如果人工智能系统受特定立法管辖，且尚未投放市场或提供服务，则应详细说明为有关人工智能系统设计的特定部门立法合规计划。

14. 按受该系统影响的人数，估算该系统的覆盖范围。

15. 招标书中规定的任何其他信息。

根据本皇家敕令第 18 条的规定，所有提供的信息都将得到适当保密。

附件 12-4　遵守主动数据保护责任原则的负责任声明

先生 / 女士：

由其本人或其代表统一纳税号（NIF）为＿＿＿＿＿＿＿＿＿＿＿的主体联系。

您已提交申请，要求参与本皇家敕令规定的受控测试环境，该环境旨在测试是否符合欧洲议会和欧盟理事会关于制定人工智能领域统一规则的条例提案，声明：

人工智能系统在受控测试环境框架内进行的个人数据处理，无论是由人工智能提供者、使用者还是任何可访问这些数据的第三方进行的，均应严格遵从 2016/679 号条例、3/2018 号组织法以及其他适用的个人数据保护法规的规定。

为此，我们采取了附件五中所列的所有措施，以便在处理开展试验所需的个人数据时遵守主动负责的原则。为遵守数据保护条例的保证，可能需要环境参与者提供的文件。同样,省略非强制性措施也是有理由和文件证明的[1]。

在测试过程中,应酌情确定所采取措施的相关性或更新或修改这些措施的必要性,并记录在案,采取必要的措施,确保符合主动负责的原则。

根据 817/2023 号皇家敕令第 13 条的规定,如不遵守本规定,将最终终止试验,该法令规定了一个受控试验环境,用于测试是否符合欧洲议会和欧盟理事会关于制定人工智能领域统一规则的条例提案。

日期:

签字:

附件 12-5　为遵守个人数据处理规定而可能需要的文件

1. 数据处理的数据控制者或联合控制者(《通用数据保护条例》第 26 条)。

2. 处理活动记录。

3. 在适用情况下,指明所涉及的处理者(《通用数据保护条例》第 28 条)。

4. 监管合规清单(https://www.aepd.es/sites/default/files/2019-11/gu-AI-listado-de-cumplimiento-del-rgpd.pdf)。

5. 默认的数据保护措施和保障。

6. 对自然人权利和自由的风险分析。

7. 数据保护影响评估或不适宜进行该评估的理由。

8. 设计数据保护措施和保障。

9. 安全措施。

10. 安全漏洞管理程序。

11. 数据保护官关于人工智能系统遵守数据保护规定情况的报告,或说明该报

---

[1] 只有在未采取任何措施的情况下,因为这些措施不是相关数据处理的强制性措施。

告不适当的理由。

附件 12-6　实施要求完成后应提交的技术文件

作为人工智能系统要求的一部分，在受控测试环境中编制的技术文件应至少包含以下适用于有关人工智能系统的信息：

1. 人工智能系统的一般描述，包括：

（a）系统的预期目的、负责开发的人员、日期和版本；

（b）人工智能系统如何与不属于人工智能系统本身的硬件或软件，如适用，进行交互或可用于与之进行交互；

（c）相关软件或固件版本以及与版本升级有关的任何要求；

（d）说明人工智能系统引入或提供服务的所有方式，如硬件嵌入式软件包、可下载、应用编程接口（API）等；

（e）说明人工智能系统的运行硬件；

（f）如果人工智能系统是产品的一个组成部分，则应提供显示这些产品的外部特征、标记和内部布局的照片或插图；

（g）使用说明，并酌情包括安装说明。

2. 详细说明人工智能系统的要素及其适应本皇家敕令第 11 条规定要求的过程，包括：

（a）为将要求纳入人工智能系统而采取的方法和步骤，包括酌情使用第三方提供的预训练系统或工具，以及申请人工智能提供者如何使用、整合或修改这些系统或工具；

（b）系统的设计说明，即人工智能系统和算法的一般逻辑；关键的设计选择，包括所做的理由和假设，包括与系统打算使用的人或人群有关的理由和假设；主要的排序选择；系统的优化目标和不同参数的重要性；为满足第 11 条所列要求而采用的技术解决方案方面可能作出的权衡决定，以及主管机构为此提供的指导；

（c）系统架构说明，解释软件组件如何相互依赖或相互促进，以及如何集成到整体处理中；用于开发、训练、测试和验证人工智能系统的计算资源；

（d）在适用的情况下，以数据表的形式提出数据要求，说明培训方法和技术以及所使用的培训数据集，包括对这些数据集、其来源、范围和主要特点的一般说明；数据是如何获得和选择的；标注程序（如监督学习）、数据清理方法（如离群点检测）；

（e）就高风险系统而言，评估必要的人工监督措施，包括评估必要的技术措施，以便系统使用者解释人工智能系统的输出结果；

（f）在适当情况下，对人工智能系统及其性能的预定变化的详细说明，以及与为确保人工智能系统持续符合第 11 条规定的有关要求和主管机构为此提供的指导而采取的技术解决办法有关的所有相关信息；

（g）所使用的验证和测试程序，包括关于所使用的验证和测试数据及其主要特征的信息；用于衡量准确性、稳健性、网络安全和遵守第 11 条所列其他相关要求的度量，以及主管机构为此提供的指导意见，以及潜在的歧视性影响；测试记录（日志）和所有测试报告，包括第 f 点提及的预先确定的改变，须注明日期并由负责人签字。

3. 关于人工智能系统的监测、操作和控制的信息，特别是关于以下方面的信息人工智能系统的能力和性能限制，包括对打算使用该系统的特定个人或群体的准确度，以及与其预期目的有关的一般预期准确度；鉴于人工智能系统的预期目的，对健康与安全、基本权利和歧视的风险来源；根据第 11 条要求采取的人工监督措施和主管机构为此提供的指导，包括为便于系统使用者解释人工智能系统的输出信息而采取的技术措施；输入数据的适当规格；以及在适当情况下，考虑到数据处理或系统经过验证的预期目的和具体操作环境可能产生的影响，与个人数据处理有关的情况。

4. 第 11 条规定的风险管理系统的详细说明和主管机构为此提供的规格。

5. 申请方执行机构提供者在整个生命周期内对系统所作相关更改的说明。

6. 详细描述为评估人工智能系统在上市后阶段的性能而建立的系统，包括上市后监测计划。

根据本敕令第 18 条的规定，所有提供的信息都将得到适当保密。

附件 12-7　基于新立法框架的欧盟立法清单

1. 欧洲议会和欧盟理事会 2006 年 5 月 17 日关于机械，并修订 95/16/EC 号指令的 2006/42/EC 号指令（官方公报 157，2006 年 6 月 9 日，第 24 页）（为《机械条例》所废除）。

2. 欧洲议会和欧盟理事会 2009 年 6 月 18 日关于玩具安全的 2009/48/EC 号指令（官方公报 170，2009 年 6 月 30 日，第 1 页）。

3. 欧洲议会和欧盟理事会 2013 年 11 月 20 日关于休闲艇和私人水上摩托艇，并废除 94/25/EC 号指令的 2013/53/EU 号指令（官方公报 354，2013 年 12 月 28 日，第 90 页）。

4. 欧洲议会和欧盟理事会 2014 年 2 月 26 日关于统一欧盟成员国电梯和电梯安全组件法律的 2014/33/EU 号指令（官方公报 96，2014 年 3 月 29 日，第 251 页）。

5. 欧洲议会和欧盟理事会 2014 年 2 月 26 日关于协调成员国有关在潜在的爆炸性气体环境中使用的设备和保护系统的法律的 2014/34/EU 号指令（官方公报 96，2014 年 3 月 29 日，第 309 页）。

6. 欧洲议会和欧盟理事会 2014 年 4 月 16 日关于统一欧盟成员国有关无线电设备投放市场的法律，并废除 1999/5/EC 号指令的 2014/53/EU 号指令（官方公报 153，2014 年 5 月 22 日，第 62 页）。

7. 欧洲议会和欧盟理事会 2014 年 5 月 15 日关于统一欧盟成员国有关压力设备投放市场的法律的 2014/68/EU 号指令（官方公报 189，2014 年 6 月 27 日，第 164 页）。

8. 欧洲议会和欧盟理事会 2016 年 3 月 9 日关于缆道装置，并废除 2000/9/EC 号指令的 2016/424 号条例（官方公报 81，2016 年 3 月 31 日，第 1 页）。

9. 欧洲议会和欧盟理事会 2016 年 3 月 9 日关于个人防护设备，并废除欧盟理事会 89/686/EEC 号指令的 2016/425 号条例（官方公报 81，2016 年 3 月 31 日，第

51 页)。

10. 欧洲议会和欧盟理事会 2016 年 3 月 9 日关于燃烧气体燃料的设备，并废除 2009/142/EC 号指令的 2016/426 号条例（官方公报 81，2016 年 3 月 31 日，第 99 页)。

11. 欧洲议会和欧盟理事会 2017 年 4 月 5 日关于医疗器械，并修订 2001/83/EC 号指令、178/2002 号条例和 1223/2009 号条例，并废除欧盟理事会 90/385/EEC 号和 93/42/EEC 号指令的 2017/745 号条例（官方公报 117，2017 年 5 月 5 日，第 1 页)。

12. 欧洲议会和欧盟理事会 2017 年 4 月 5 日关于体外诊断医疗器械，并废除欧盟委员会 98/79/EC 号指令和 2010/227/EU 号决定的 2017/746 号条例（官方公报 117，2017 年 5 月 5 日，第 176 页)。

附件十三 《人工智能法》——前 12 个月关键节点的暂行概述

本工作文件由通信网络、内容和技术总局编写，暂时拟定在即将于 2024 年 5 月 21 日通过的《人工智能法》生效后的 12 个月内所计划的次级立法、指导文件和关键节点。本工作文件无意作为正式的承诺，也无意详尽列出欧盟委员会和成员国根据《人工智能法》应承担的所有义务。

即将出台的次级立法和委员会的其他成果

计划由委员会在前 6 个月完成：

——修订标准化任务的委员会实施法，第 40 条第 2 款

——委员会关于建立独立的专家科学小组的实施法案，第 68 条第 1 款（生效后 12 个月内的法定期限）

其他交付：

——委员会关于切实执行人工智能系统定义的指南（第 96 条第 1 款第 f 项）

——委员会关于具体实施禁止规定的指南（第 96 条第 1 款第 b 项）；其中将包括会员国关于为执法目的在公共场所使用实时远程生物识别的报告的模板，第 5 条第 6 款

计划由委员会在前 12 个月实施：

——委员会关于通用人工智能模型的评估方法的实施法案，第 92 条第 6 款

其他可交付成果：

——委员会关于严重事件报告的指南，第 73 条第 7 款

——评估是否需要更新附件三中的高风险用例清单和禁止实践清单的报告，第 112 条第 1 款

——用于训练通用目的人工智能模型的足够详细的内容摘要模板，第 53 条第 1 款第 d 项

关键时间节点：

2024 年 5 月 15 日

——提名欧洲人工智能委员会和另一委员会中的代表

2024 年 6 月 /7 月

——预期《人工智能法》生效

——在布鲁塞尔召开人工智能委员会第一次会议，通过议事规则；成立与实施人工智能相关的具体问题的工作组

——人工智能委员会的第一次会议，开始统计实施法案的优先级（待定）

生效后 3 个月内（大致是 2024 年 10 月）：

——成员国通知负责基本权利保护的机构

生效后 6 个月内（大致是 2025 年 1 月）：

——禁令开始适用；会员国为临时且例外使用实时远程生物特征识别制定法律事由，并在 30 天内向委员会发出通知

——委员会的交付成果：

○ 修订标准化任务的实施法案；

○ 建立独立专家科学小组的实施法案；

○ 关于切实执行人工智能系统定义的指导方针；

○ 具体实施禁令的指导方针；其中包括会员国使用实时远程生物识别技术的
  报告模板。

生效后 9 个月内（大致是 2025 年 1 月）：

——完成通用目的人工智能规则下的行为守则的起草工作

生效后 12 个月内（大致是 2025 年 7 月）：

——通用目的人工智能模型、治理和处罚的规则开始适用

——成员国指定、通知并公开发布主管机关，并制定处罚规则和其他执行措施

——委员会交付成果：

○ 关于通用目的人工智能模型的评估方法的实施法案；

○ 关于严重事件报告的指南；

○ 关于是否需要更新高风险使用案例和禁止实践清单的报告；

○ 用于训练通用人工智能模型的足够详细的内容摘要模板。

附件十四 欧洲人工智能委员会第一次会议的背景文件

（2024 年 6 月 19 日）

1. 人工智能委员会的运作结构

《人工智能法》第 65 条规定：欧洲人工智能委员会是其治理结构中的关键要素。为了有效地完成分配给人工智能委员会的任务（第 66 条），本说明提出了一个三级运作的结构。

人工智能委员会的组织结构包括：

1. 欧洲人工智能委员会——高级别代表

主要任务：制定战略议程、总体指导和协调，确保人工智能委员会的任务得以完成。

2.《人工智能法》规定的常设小组

主要任务：负责实施《人工智能法》规定的国家主管当局间的合作与交流，收集和分享成员国的技术和监管的专业知识和最佳实践，促进成员国行政实践的协调。最迟在《人工智能法》生效后的 12 个月内，根据第 65 条设立两个分组：市场监督机构（第 1 分组）和通知机构（第 2 分组）。

3. 附加分组

主要任务：由支持委员会审查需要详细的技术知识或部门知识的具体问题或可

交付成果。

拟议分组

建议在 2024 年内尽快成立以下分组：

1. 人工智能沙盒

2.《人工智能法》《医疗器械条例》《体外诊断器械条例》

——重点：支持委员会就《医疗器械条例》和《体外诊断器械条例》之间的相互作用制定指南

——组织：与另一委员会下设司局的联合小组，由欧盟委员会担任主席（由另一司局担任联合主席）

委员会（由通信网络、内容和技术总局和另一当局共同主持）

——重点：协调和分享成员国试点的运行经验，支持人工智能监管沙盒，包括国家沙盒和联合沙盒的建立和运行

——组织：从现有的人工智能和企业数字化高级别专家组转移人员和组织

3. 禁止规定和附件三

——重点：讨论与实施《人工智能法》相关的基本权利问题，尤其关注禁令和附件三

4. 行为守则指导小组

——重点：跟进第一份通用目的人工智能的行为守则

建议在 2025 年内增设以下分组：

➢ 安全组件

重点：制定人工智能产品的高风险分类指南

➢ 标准

重点：讨论与《人工智能法》的要求和义务有关的标准化要求的实施和标准制定

➢ 执法与安全

重点：讨论执法和安全部门的特殊规则和例外情况

➢ 金融服务

重点：讨论与欧盟金融服务立法的相互作用，以及与金融领域高风险用例相关

的具体规则和问题

治理与合作

每个分组的结构、期限、任务和职权范围应由人工智能委员会的高级别代表决定和批准。这些分组应向人工智能委员会高级别代表报告其进展情况。委员会和分组还将酌情与活跃在相关欧盟立法背景下的相关欧盟机构、专家组和网络开展合作。

2. 关于科学小组的组成和结构的建议

《人工智能法》引入了一个由人工智能领域的独立专家组成的科学小组，以协助人工智能办公室和市场监管机构开展执法活动并为其提供建议。科学小组在治理中发挥关键作用，可以提醒人工智能办公室注意模型的系统性风险，从而触发调查措施。

我们计划优先成立科学小组，使其能够就通用人工智能的首批交付成果提供建议。成立科学小组需要一项实施法案。我们的目标是在《人工智能法》生效后不久，就启动该执行法案的委员会程序。

组成：我们计划通过征集意向的方式，以公开透明的程序任命科学小组专家。实施法案将规定这一呼吁的一般条件，而详细要求和具体条件，如遴选标准，将在与人工智能委员会协商后，在呼吁本身中加以规定。

我们打算在质量标准的基础上，根据专业知识和能力选择专家。《人工智能法》要求专家具有独立性，我们将在遴选时考虑到这一点，并通过要求专家申报利益来确保这一点。

在第一次征集意向时，我们建议专家的总人数为60人。专家构成应确保公平的地域和性别平衡。

专家任期有限，在征集意向书时就已确定（最长三年），并可连任。鉴于《人工智能法》将逐步生效，我们建议第一个任期为两年，专门征集通用人工智能模型及其可能风险方面的专家。

3. 人工智能委员会参与起草第一份通用人工智能模型提供者规则下的行为守则

《人工智能法》规定了通用人工智能模型和具有系统风险的通用人工智能模型提供者的规则，这些规则将在《人工智能法》的生效 12 个月后生效。

通用人工智能模型的义务包括保持技术文件为最新，并将其提供给人工智能办公室和国家主管机关，以及向将模型集成到其系统中的下游提供者提供特定的信息和文件。提供者还应制定有效的政策，尊重欧盟版权法，并且公布用于模型培训的内容摘要。

对于具有系统性风险的通用人工智能模型，《人工智能法》规定了额外的规则，包括进行模型评估、评估和降低可能的系统性风险以及确保适当水平的网络安全保护的义务。

为了详细说明上述针对通用人工智能模型提供者的规则，《人工智能法》要求人工智能办公室鼓励并促进制定行为守则。行为守则应成为正确履行《人工智能法》义务的核心工具，因为提供者将能够依靠经过批准的行为守则来阐明其合规性。

行为守则的起草工作将在《人工智能法》生效后立即开始，为期 9 个月，目的是使提供者能够及时证明其遵守了规定。

在起草过程结束后，人工智能办公室和人工智能委员会将评估行为守则的适当性，并公布评估结果。评估结束后，欧盟委员会可能决定通过一项实施法案来批准行为守则，使其在欧盟内具有普遍的效力，按照通常的委员会程序，将由成员国代表参与。

目前，我们正在紧锣密鼓地准备行为守则的起草细则，国家代表、通用人工智能模型的提供者和其他相关利益方将参与其中。

起草过程将分为工作组和专题分组，由人工智能办公室密切监督。这些小组的工作节奏将会非常紧张，至少每周召开一次会议。行为守则的草案一旦定稿，将提交给人工智能办公室和人工智能委员会进行评估和评价。

考虑到 9 个月的期限，我们的共同目标是确保在透明地征求所有相关方的意见与高效、简洁地起草守则之间取得平衡。

各国的观点对编制行为守则至关重要。因此，我们建议在人工智能理事会内设立一个特设分组，作为指导小组，让成员国密切参与第一份行为守则的起草工作，人工智能办公室将每月向其通报一次最新进展情况。

附件十五　人工智能、人权、民主和法治框架公约

（斯特拉斯堡，2024 年 5 月 17 日）

序　言

欧洲理事会（Council of Europe）成员国及其他缔约方：

1. 考虑到欧洲理事会的宗旨是在尊重人权、民主和法治的基础上加强其成员之间的团结。

2. 认识到促进本公约缔约方之间的合作，并将这种合作扩大到具有相同价值观的其他国家的价值。

3. 意识到科学技术的加速发展，以及人工智能系统生命周期内的活动所带来的深刻变化，这些活动有可能通过加强进步和创新，从而促进人类繁荣以及个人和社会的福祉、可持续发展、性别平等、增强所有妇女和儿童的权能，以及其他重要的目标和利益。

4. 认识到人工智能系统生命周期内的活动可能为保护和促进人权、民主和法治提供前所未有的机会。

5. 担心人工智能系统生命周期内的特定活动可能会损害人的尊严和个人自主、人权、民主和法治。

6. 关切数字环境中的歧视风险，特别是涉及人工智能系统的歧视风险，及其可能造成或加剧不平等的影响，包括妇女和处于弱势地位的个人在享有人权以及充分、平等和有效地参与经济、社会、文化和政治事务方面所经历的不平等。

7. 关切人工智能系统的违反国际人权法的滥用，反对将此类系统用于违反国际人权法的压制性目的，包括通过侵蚀隐私和个人自主的任意或非法的监视和审查实践。

8. 意识到人权、民主和法治在本质上是相互交织的。

9. 深信有必要作为优先事项，建立一个全球适用的法律框架，规定共同的一般原则和规则，规范人工智能系统生命周期内的活动，有效维护共同价值观，并以有利于负责任创新的方式利用人工智能的益处，促进这些价值观。

10. 认识到有必要在人工智能系统的设计、开发、使用和退出方面促进数字素养、知识普及和信任。

11. 认识到《公约》的框架性质，可由进一步的文件加以补充，以解决与人工智能系统生命周期内的活动有关的具体问题。

12. 强调本公约旨在应对人工智能系统整个生命周期中出现的具体挑战，并鼓励考虑与这些技术有关的更广泛风险和影响，包括但不限于人类健康和环境，以及包括就业和劳动在内的社会经济的方面。

13. 注意到其他国际和超国家组织和论坛为促进国际社会对人工智能的了解和合作所做的相关努力。

14. 意识到适用的国际人权文件，如 1948 年《世界人权宣言》、1950 年《欧洲理事会保护人权与基本自由公约》、1966 年联合国《公民权利和政治权利国际公约》、1966 年联合国《经济、社会、文化权利国际公约》、1961 年《欧洲社会宪章》及其相应的议定书，以及 1996 年修订的《欧洲宪章》。

15. 还意识到 1989 年联合国《儿童权利公约》和 2006 年联合国《残疾人权利公约》。

16. 还意识到 1981 年欧洲理事会《关于在个人数据的自动处理方面保护个人的公约》及其议定书所适用和赋予的个体隐私权和个人数据的保护。

17. 申明缔约方承诺保护人权、民主和法治，并通过本公约提高人工智能系统的可信赖度。

兹协定如下：

第一章　总则

第1条　目标和宗旨

1. 本公约的规定旨在确保人工智能系统生命周期内的活动完全符合人权、民主和法治。

2. 各缔约方应采取或保持适当的立法、行政或其他措施，以落实本公约的各项规定。鉴于在人工智能系统的整个生命周期内对人权、民主和法治产生不利影响的严重程度和发生的可能性，这些措施应视其需要而分阶段和差异化。这可能包括无论其适用技术类型为何的具体或横向措施。

3. 为了确保缔约方有效执行公约的各项条款，本公约建立了一个后续机制，并规定了国际合作。

第2条　人工智能系统

在本公约中，"人工智能系统"是这样一种基于机器的系统，出于明确或隐含的目标，从接收的输入信息中推断出如何生成可能影响物理或虚拟环境的预测、内容、建议或决定等输出结果。不同的人工智能系统在部署后的自主性和适应性程度各不相同。

第3条　范围

1. 本公约的范围涵盖人工智能系统生命周期内有可能干扰人权、民主和法治的下列活动：

a. 各缔约方应将本公约适用于公共当局或代表其行事的私人行为者在人工智能系统生命周期内开展的活动；

b. 各缔约方应以符合《公约》目标和宗旨的方式，在第 a 项未及涵盖的范围内，处置私人行为者在人工智能系统生命周期内的活动所产生的风险和影响。

各缔约方应在签署或交存批准书、接受书、核准书或加入书时向欧洲理事会秘书长提交一份声明，具体说明打算如何履行这一义务，是将《公约》第二章至第六章规定的原则和义务适用于私人行为者的活动，还是采取其他适当措施履行本段规定的义务。缔约方可以在任何时候以同样的方式修改其声明。

在履行本款分段规定的义务时，缔约方不得减损或限制其为保护人权、民主和法治而承担的国际义务的适用。

2. 不得要求缔约方对人工智能系统生命周期内与保护其国家安全利益有关的活动适用本公约，但有一项谅解，即开展此类活动的方式应符合与民主制度和程序有关的适用国际法，包括国际人权法义务。

3. 在不影响第 13 条和第 25 条第 2 款规定的情况下，本公约不适用于尚未投入使用的人工智能系统的研究与开发活动，除非所开展的测试或类似活动有可能干扰人权、民主和法治。

4. 与国防有关的事项不属于本公约的范围。

第二章　一般义务

第 4 条　保护人权

各缔约方应采取或保持措施，确保人工智能系统生命周期内的活动符合适用的国际法和国内法规定的保护人权的义务。

第 5 条　民主进程的整全性和对法治的尊重

1. 各缔约方应采取或保持旨在确保人工智能系统不被用于破坏民主制度和程序的整全性、独立性和有效性的措施，包括权力分置和司法救助等。

2. 每个缔约方应采取或保持旨在保护其在人工智能系统生命周期内的场景中的民主进程的措施，包括个体机会公平和参与公开辩论，以及自由形成意见的能力。

第三章 与人工智能系统生命周期内的活动有关的原则

第 6 条 一般进路

本章规定了各缔约方应以适合其国内法律制度的方式在人工智能系统方面实施的一般共同原则和本公约的其他义务。

第 7 条 人的尊严和个人自主

各缔约方应采取或保持与人工智能系统生命周期内的活动有关的措施，以尊重人的尊严和个人自主。

第 8 条 透明度和监督

各缔约方应采取或保持措施，确保针对人工智能系统生命周期内的活动，包括人工智能系统生成内容的识别，制定适合具体情况和风险的充分的透明和监督要求。

第 9 条 可问责性和责任承担

各缔约方应采取或保持措施，确保人工智能系统生命周期内的活动对人权、民主和法治造成的不利影响具备可问责性和承担责任。

第 10 条 平等和不歧视

1. 各缔约方应采取或保持各种措施，以确保与人工智能系统生命周期有关的活动尊重平等，包括性别平等，并按照适用的国际法和国内法的规定禁止歧视。

2. 各缔约方承诺根据其适用的国内和国际人权义务，采取或保持旨在克服不平等的措施，以实现与人工智能系统生命周期内的活动有关的公平、公正和平等的结果。

第 11 条　隐私和个人数据保护

各缔约方应采取或保持措施，以确保在人工智能系统生命周期内的活动方面：

a. 通过适用的国内和国际法律、标准和框架等，保护个人隐私权和个人数据；

b. 根据适用的国内和国际法律义务，为个人提供有效的保证和保障。

第 12 条　可靠性

各缔约方应酌情采取措施，提高人工智能系统的可靠性及其产出的可信度，其中可包括与人工智能系统整个生命周期的适当质量和安全性有关的要求。

第 13 条　安全创新

为了促进创新，同时避免对人权、民主和法治产生不利影响，呼吁各缔约方在其主管当局的监督下，酌情为开发、测试和测试人工智能系统建立受控的环境。

第四章　救济

第 14 条　救济

1. 各缔约方应在其国际义务所要求的救济措施的范围内，并在符合其国内法律制度的情况下，采取或保持各种措施，以确保对人工智能系统生命周期内的活动所造成的侵犯人权行为提供可获得的有效救济。

2. 为支撑第 1 款，各缔约方应采取或保持以下措施：

a. 采取措施，确保有可能对人权产生重大影响的人工智能系统的相关信息及其相关使用情况被记录在案，提供给有权获取该信息的机构，并在适当且适用的情况下，提供或传达给受影响的人；

b. 确保第 a 项中提到的信息足以使得受影响的人对因使用该系统而作出的决定，或对实质上因使用该系统而获取其信息的决定提出异议，以及在相关和适当的情况下，对该系统的使用；

c. 有关人员向主管当局提出申诉的有效可能性。

第 15 条 程序保障

1. 各缔约方应确保，在人工智能系统对人权的享有产生重大影响时，受影响者可根据适用的国际法和国内法获得有效的程序性保证、保障和权利。

2. 各缔约方应努力确保，在适当情况下，与人工智能系统进行交互的人知晓其是在与人工智能系统，而不是人进行交互。

第五章 风险和不利影响的评估与缓解

第 16 条 风险和影响管理框架

1. 各缔约方应在考虑到第三章所述原则的情况下，采取或保持各种措施，通过考虑对人权、民主和法治的实际和潜在影响，识别、评估、预防和减轻人工智能系统带来的风险。

2. 这些措施应酌情而分阶段并差异化，并应：

a. 充分考虑人工智能系统的场景和预期用途，特别是人权、民主和法治方面的风险；

b. 充分考虑潜在影响的严重性和概率；

c. 酌情考虑相关的利益相关方的观点，特别是其权利可能受到影响的人的观点；

d. 在人工智能系统生命周期内的所有活动中迭代地应用；

e. 包括监测对人权、民主和法治的风险和不利影响；

f. 包括有关风险、实际和潜在影响以及风险管理方法的文件；

g. 在适当情况下，要求在人工智能系统首次投入使用之前以及在对其进行重大修改时对其进行测试。

3. 各缔约方应采取或保持旨在确保充分处理人工智能系统对人权、民主和法治的不利影响的措施。此类不利影响和应对措施应记录在案，并为第 2 款所述的相关风险管理措施提供依据。

4. 各缔约方在认为人工智能系统的特定用途与尊重人权、民主的运作或法治不相容时，应评估是否有必要暂停或禁止此类用途或采取其他适当措施。

第六章 公约的实施

第 17 条 不歧视

各缔约方应根据其国际人权义务，确保本公约各项条款以没有基于任何理由的歧视的方式实施。

第 18 条 残疾人和儿童的权利

各缔约方均应根据其国内法和适用的国际义务，适当考虑与尊重残疾人和儿童权利有关的任何特殊需要和脆弱性。

第 19 条 公众咨询

各缔约方应努力确保通过公开讨论和多利益相关方磋商，根据社会、经济、法律、伦理、环境和其他相关影响，酌情适当审议就人工智能系统提出的重要问题。

第 20 条 数字素养和技能

各缔约方应鼓励和促进各阶层人口掌握充分的数字素养和数字技能，包括负责识别、评估、预防和减轻人工智能系统所带来的风险的人员掌握具体的专业性技能。

第 21 条 对现有人权的保障

本公约的任何条款均不得解释为限制、减损或以其他方式影响缔约方的相关法律或其作为缔约方的任何其他相关国际协定所保障的人权或其他相关的法定权利和义务。

第 22 条 更广泛的保护

本公约的任何条款均不得解释为限制或以其他方式影响缔约方给予比本公约规定范围更广的保护措施的可能性。

第七章　后续机制与合作

第 23 条　缔约方大会

1. 缔约方大会应由公约缔约方的代表组成。

2. 各缔约方应定期磋商，以便：

a. 促进本公约的有效利用和实施，包括确定根据第 3 条提出的保留意见或根据本公约作出的声明所产生的问题和影响；

b. 审议对《公约》进行补充或修正的可能性；

c. 审议与本公约的解释和实施有关的问题并提出具体建议；

d. 促进交流与实施本公约有关的重要的法律、政策或技术发展方面的信息，包括在实现第 25 条目标方面的信息；

e. 必要时，促进友好解决与实施本公约有关的争端；

f. 促进与相关的利益相关方的合作，包括在必要时就公约实施的相关方面举行公开听证会。

3. 当欧洲理事会秘书长认为有必要时，以及在任何情况下，当大多数缔约方或者部长委员会要求召开缔约方大会时，欧洲理事会秘书长应召集缔约方大会。

4. 缔约方大会应在本公约生效后 12 个月内以协商一致的方式通过其议事规则。

5. 缔约方在履行本条规定的职能时，应得到欧洲理事会秘书处的协助。

6. 缔约方大会可向部长委员会提议适当的方式，使得相关专家参与支持公约的有效实施。

7. 任何并非欧洲理事会成员的缔约方均应为缔约方大会的活动提供资金。并非欧洲理事会成员缔约方的缴款应由部长委员会和该非欧洲理事会成员共同确定。

8. 缔约方大会可决定限制严重违反《欧洲理事会章程》第 3 条规定，从而根据《欧洲理事会章程》第 8 条不再是欧洲理事会成员的缔约方参与其工作。同样，部长委员会也可根据与《欧洲理事会章程》第 3 条所述类似的理由，决定停止与非欧洲理事会成员国的关系，从而对该成员国采取措施。

第 24 条　报告义务

1. 各缔约方应在成为缔约方后的前两年内向缔约方大会提交报告，并在此后定期提交报告，详细说明为落实第 3 条第 1 款第 a 项和第 b 项而开展的活动。

2. 缔约方大会应根据其议事规则确定报告的格式和程序。

第 25 条　国际合作

1. 各缔约方应合作实现本公约的宗旨。进一步鼓励各缔约方酌情协助非公约缔约方的国家按照本公约的规定行事，并成为本公约的缔约方。

2. 各缔约方应酌情就可能对人权享有、民主运作和对法治的信守产生重大积极或消极影响的人工智能的相关方面，包括在研究方面的风险和影响，以及与私营部门有关的风险和影响，相互交流相关的有用信息。鼓励缔约方酌情使得相关的利益相关方和非公约缔约方国家参与此类信息交流。

3. 鼓励各缔约方加强合作，包括酌情与相关的利益相关方合作，以防止和减轻人工智能系统生命周期内的活动对人权、民主和法治的风险和不利影响。

第 26 条　有效的监督机制

1. 各缔约方应建立或指定一个或多个有效机制，以监督公约义务的履行情况。

2. 各缔约方应确保此类机制独立、公正地履行职责，并确保其拥有必要的权力、专业知识和资源，以有效履行其监督缔约方履行公约义务情况的任务。

3. 如果缔约方规定了一个以上的此类机制，则应在可行的情况下采取措施，促进各机制之间的有效合作。

4. 如果缔约方规定了不同于现有人权机构的机制，则应在可行的情况下采取措施，促进第 1 款所述机制与现有国内人权机构之间的有效合作。

第八章　终则

第 27 条　公约的影响

1. 如果两个或两个以上的缔约方已就本公约所涉及的问题缔结了协定或条约，或以其他方式确定了其间在这些问题上的关系，只要其如此行事不违背本公约的目标和宗旨，其同有权适用该协定或条约，或相应调整其间的关系。

2. 属于欧洲联盟成员的缔约方应在其相互关系中适用欧洲联盟关于本公约范围内事项的规则，但不得妨碍本公约的目标和宗旨，也不得妨碍本公约对其他缔约方的充分适用。这同样适用于受此类规则约束的其他缔约方。

第 28 条　修正

1. 对本公约的修正可由任何缔约方、欧洲理事会部长委员会或缔约方大会提出。

2. 任何拟议修正案均应由欧洲理事会秘书长通报各缔约方。

3. 此外，缔约方或部长委员会拟议的任何修正案均应通报缔约方大会，缔约方大会应向部长委员会提交其对拟议修正案的意见。

4. 部长委员会应审议拟议修正案和缔约方大会提交的任何意见，并可批准修正案。

5. 部长委员会根据第 4 款批准的任何修正案应提交缔约方接受。

6. 根据第 4 款批准的任何修正案应在所有缔约方通知秘书长接受修正案后的第 30 天生效。

第 29 条　争议解决

如果缔约方之间在本公约的解释或实施方面发生争议，应根据第 23 条第 2 款第 e 项规定，通过谈判或自行选择的其他和平方式，包括通过缔约方大会，寻求解决争议。

第 30 条　签署和生效

1. 本公约应开放供欧洲理事会成员国、参与制定本公约的非理事会成员国和欧洲联盟签署。

2. 本公约须经批准、接受或核准。批准书、接受书或核准书应交存欧洲理事会秘书长。

3. 本公约应在五个缔约方，其中至少包括三个欧洲理事会成员国，根据第 2 款的规定表示同意接受本公约约束之日起的三个月期满后的下一个月的第一日起生效。

4. 对于随后表示同意接受公约约束的任何缔约方，公约应在其交存批准书、接受书或核准书之日起的三个月期满后的下一个月的第一日起生效。

第 31 条　加入

1. 在本公约生效之后，欧洲理事会部长理事会可在与本公约缔约方磋商，并征得其一致同意之后，根据《欧洲理事会章程》第 20 条第 d 项规定的多数，并经有权参加部长理事会的缔约方代表一致投票同意而作出决定，邀请任何未参加本公约制定工作的非理事会成员国加入本公约。

2. 对任何加入国而言，公约应在向欧洲理事会秘书长交存加入书之日起的三个月期满后的下一个月的第一日起生效。

第 32 条　地域适用

1. 任何国家或欧洲联盟均可在签署本公约时，或在交存批准书、接受书、赞同书或加入书时，指明本公约所适用的一个或多个地域范围。

2. 任何缔约方均可在日后通过向欧洲理事会秘书长提交一份声明，将本公约的适用范围扩大到声明中指明的任何其他地域范围。对于这些地域范围，本公约应在秘书长收到声明之日起的三个月期满后的下一个月的第一日生效。

3. 根据上述两款作出的任何声明，可通过向欧洲理事会秘书长发出通知，撤回对声明中所指地域范围的声明。撤回应在秘书长收到该通知之日起的三个月期满后的下一个月的第一日起生效。

第 33 条 联邦制条款

1. 联邦制国家可保留根据其关于中央政府与组成各州或其他类似的领土实体之间关系的基本原则，而承担本公约规定义务的权利，但本公约应适用于该联邦制国家的中央政府。

2. 对于本公约中属于联邦组成各州或其他类似领土实体管辖范围的条款的实施，如果联邦宪法制度没有规定这些实体有义务采取立法措施，联邦政府应将其同意意见告知这些州的主管当局，鼓励其采取适当行动，使这些条款生效。

第 34 条 保留

1. 任何国家在签署或交存批准书、接受书、赞同书或加入书时，均可书面通知欧洲理事会秘书长，声明其应用第 33 条第 1 款规定的保留。

2. 不得对本公约提出任何其他保留意见。

第 35 条 退出

1. 任何缔约方均可随时向欧洲理事会秘书长发出通知，宣布退出本公约。

2. 退约应自秘书长收到通知之日起的三个月期满后的下一个月的第一日起生效。

第 36 条 通知

欧洲理事会秘书长应将以下事项通知欧洲理事会成员国、参与制定本公约的非理事会成员国、欧洲联盟、任何缔约方和应邀加入本公约的任何其他国家：

a. 任何的签署；

b. 交存的任何批准书、接受书、核准书或加入书；

c. 本公约根据第 30 条第 3、4 款以及第 31 条第 2 款生效的任何日期；

d. 根据第 28 条通过的任何修正案以及该修正案的生效日期；

e. 根据第 34 条提出的保留意见和撤回保留意见；

f. 根据第 35 条提出的退约；

g. 与本公约有关的任何其他法案、声明、通知或函件。

本公约由以下签署人正式受权签署，以昭信守。

2024 年［月］日订于［地点］，用英文和法文草成，两种文本具有同等效力，一式一份，存入欧洲理事会档案。欧洲理事会秘书长应将核验无误的副本分送欧洲理事会各成员国、参与拟订本公约［享有欧洲理事会观察员地位］的非理事会成员国、欧洲联盟和应邀［签署或］加入本公约的任何国家。

图书在版编目(CIP)数据

欧盟《人工智能法》研究：以立法过程为视角 / 朱悦著. --上海：上海人民出版社，2025. --（"人工智能伦理、法律与治理"系列丛书 / 蒋惠岭主编).

ISBN 978-7-208-19257-7

Ⅰ. D950.217.4

中国国家版本馆 CIP 数据核字第 20242JP472 号

责任编辑 冯 静

封面设计 一本好书

"人工智能伦理、法律与治理"系列丛书

欧盟《人工智能法》研究
——以立法过程为视角

朱 悦 著

出 版 上海人民出版社
(201101 上海市闵行区号景路 159 弄 C 座)
发 行 上海人民出版社发行中心
印 刷 上海商务联西印刷有限公司
开 本 635×965 1/16
印 张 27.75
插 页 3
字 数 381,000
版 次 2025 年 1 月第 1 版
印 次 2025 年 1 月第 1 次印刷
ISBN 978 - 7 - 208 - 19257 - 7/D·4428
定 价 130.00 元